Der Handel mit Arzneimitteln

Europäische Hochschulschriften
Publications Universitaires Européennes
European University Studies

Reihe V
Volks- und Betriebswirtschaft

Série V Series V
Sciences économiques, gestion d'entreprise
Economics and Management

Bd./Vol. 2922

PETER LANG
Frankfurt am Main · Berlin · Bern · Bruxelles · New York · Oxford · Wien

Andreas Newzella

Der Handel mit Arzneimitteln

Erfolgsfaktoren im Apothekeneinzelhandel

PETER LANG
Europäischer Verlag der Wissenschaften

Bibliografische Information Der Deutschen Bibliothek
Die Deutsche Bibliothek verzeichnet diese Publikation in der Deutschen Nationalbibliografie; detaillierte bibliografische Daten sind im Internet über <http://dnb.ddb.de> abrufbar.

ISSN 0531-7339
ISBN 3-631-50075-0

www.peterlang.de

Der Handel mit Arzneimitteln – Erfolgsfaktoren im Apothekeneinzelhandel

Dieses Thema, welches Herr Dr. Andreas Newzella für seine Arbeit gewählt hat, ist in höchstem Maße vielschichtig, aber auch vielversprechend. Ich habe mich deshalb sehr gerne zu einem ausführlichen Gespräch mit Herrn Dr. Newzella zur Verfügung gestellt. Wir haben dabei gemeinsam aktuelle und künftige Herausforderungen für den Arzneimittelhandel ebenso erörtert wie die Frage, was sich alles hinter einer ordnungsgemäßen Versorgung mit Arzneimittel und einer unabhängigen, fachlich hochqualifizierten Beratung verbirgt.

Neben den zahlreichen Anforderungen an den Apothekerstand nach innen, die wir mit unseren Partnern im Gesundheitssystem auf kooperativer Basis zum Wohl der Patienten laufend zu lösen haben, sind nach außen alle Anforderungen zu erfüllen, die die Bevölkerung an uns Apotheker stellt, denn diese ist unser wichtigster Partner im Gesundheitssystem.

Ich freue mich, mit meinen Gedanken einen kleinen Beitrag zu diesem einmaligen Werk leisten zu dürfen.

Mag. pharm. Dr. Herbert Cabana
Präsident der Apothekerkammer

Geleitwort

„Das Arzneimittel ist eine Ware der besonderen Art". Mit diesem Satz beginnt Newzella die Zusammenfassung seiner Arbeit. Damit wird einerseits die Besonderheit der institutionellen Perspektive des Forschungsobjektes „Apotheke" angesprochen. Auf der anderen Seite ergibt die funktionale Betrachtungsweise, dass Apotheken im Grundsatz durchaus den Gegebenheiten eines Handelsunternehmens entsprechen. Das Spannungsfeld zwischen medizinischer Versorgungsperspektive und betriebswirtschaftlich orientierten Anreizsystemen zur Verringerung der Kosten im Gesundheitswesen macht die vorliegende Arbeit zu einer besonderen Herausforderung.

Umso mehr überrascht es, dass der „Apothekeneinzelhandel" in der wissenschaftlichen betriebswirtschaftlichen Literatur, wie es Newzella formuliert (S. 22), „stiefmütterlich" behandelt wird. Die vorliegende Arbeit ist demnach die erste österreichische wirtschaftswissenschaftliche Dissertation zum Themenbereich „Apotheke" seit 1955. Nicht viel anders ist die Situation in Deutschland.

Der Autor gliedert die Arbeit nach einer grundsätzlichen Einführung in die Problemstellung und einer Reflexion des Forschungszugangs in vier Hauptabschnitte: Begriffssystematische Grundlagen, Situationsanalyse im vertikal integrierten Arzneimittelmarkt, Situationsanalyse im Apothekeneinzelhandel und Erfolgsfaktorenforschung im Apothekeneinzelhandel in Österreich. Abgeschlossen wird die Dissertation mit einem Resümee und konkreten Beratungsempfehlungen für Betreiber von Apotheken. Darüberhinaus regt ein Interview mit dem Präsidenten der Österreichischen Apothekerkammer zu Reflexionen über die Zukunft der „Apotheken-Landschaft" an. Es gelingt dem Autor, zwei gesteckte Zielsetzungen in herausragender Qualität zu realisieren: Erstens wird eine in dieser Form im deutschsprachigen Raum einmalige Bestandsaufnahme und systematische Deskription des Apothekenwesens erarbeitet. Zweitens werden davon abgeleitete Hypothesen in einem empirischen Erhebungsprojekt wissenschaftlich untersucht und getestet. Durch die Unterstützung der Apothekerkammer gestaltete sich dabei eine besonders hohe Rücklaufquote bei der schriftlichen Apothekerbefragung in der Höhe von 26,5 %.

Die vorliegende Arbeit stellt somit insgesamt ein positives Beispiel dafür dar, wie fundierte wissenschaftliche Auseinandersetzung, akribische Arbeit mit Sekundärmaterial und praktische Umsetzungskompetenz sich gegenseitig befruchten können. Die Doktorarbeit von Newzella ist stilistisch gelungen und in der Abfolgelogik sehr gut nachvollziehbar. Man kann somit davon ausgehen, dass ihr die Aufmerksamkeit der Fachwelt im deutschsprachigen Raum gewinnen wird. Es bleibt zu hoffen, dass dieses Pionierprojekt eine Reihe von betriebswirtschaftlich orientierten Folgearbeiten auslöst. Die Ergebnisse der empirischen Untersuchung belegen jedenfalls, dass die Beschäftigung mit Marketingaktivitäten einen zunehmenden Stellenwert im Selbstverständnis der Apotheker gewinnt, wenn auch bis dato vor allem in Österreich nur ein kleiner „Hauch von Marktwirtschaft“ in der Apothekenbranche sichtbar wird.

Univ.-Prof. Dr. Peter Schnedlitz,
Wirtschaftsuniversität Wien

Vorwort des Verfassers

Im thematischen Fokus des vorliegenden Buch steht der Handel mit Arzneimitteln. Der Arzneimittelmarkt ist ein spezieller und regulierter Markt, der in seiner Komplexität mit keinem anderen Markt vergleichbar ist. Eine Globalisierung, wie in anderen Branchen gibt es nur auf der Herstellerseite, eine Europäisierung nur auf der Großhandelsseite und im Einzelhandel dominieren in Europa nationale Kleinstbetriebe – die Apotheken. Die Ursachen dafür liegen in der Historie, der mehr als 30 Staaten in Europa, die jeweils ein eigenes Gesundheitssystem in ihren Grenzen geschaffen haben – von Harmonisierung kann also keine Rede sein, wenn man von den in den Jahren ´95 und ´98 eingeführten gemeinschaftlichen EU-Zulassungsverfahren absieht. Dieses Werk richtet sich an Jeden, der sich mit dem Gesundheitsmarkt beschäftigt und mehr über diesen erfahren möchte. Das Buch sorgt für Transparenz und zeigt dem Laien die verschiedenen Vertriebskanäle einer lebenswichtigen Ware auf. Den im Gesundheitsmarkt Tätigen werden angrenzende Segmente bereichsübergreifend näher gebracht und einem internationalen Vergleich unterzogen. Wie ein roter Faden durchzieht sich in der vorliegenden Publikation die Gegenüberstellung des deutschen und des österreichischen Arzneimitteldistributionssystems, weil nur diese können aufgrund ihrer großen Gemeinsamkeiten miteinander verglichen werden. Aber diese Abhandlung wäre eine Schlechte, wenn sie nur zusammenträgt, vergleicht und zusammenfaßt, was Andere geschrieben und artikuliert haben. Das eigentlich Neue gemeint sind die Ergebnisse der Apothekerbefragung steht in den Kapiteln 5 und 6. In dieser Sache habe ich meinem Doktorvater, Herrn Univ.-Prof. Dr. Peter Schnedlitz zu danken, der mich immer wieder zur Empirie gedrängt hat. Neben der beschriebenen Komplexität, die im Gesundheitswesen ein Faktum ist, wollte der Verfasser dieser Arbeit konkrete Handlungsempfehlungen für den einzelnen Apotheker ableiten und das ist so glaubt er, durch die umfassende Befragung bezogen auf die Themen: Entwicklungstendenzen, Standort-, Personal-, Sortiments- und Servicepolitik einerseits sowie Verkaufsraumgestaltung, Werbung und Verkaufsförderung einer Apotheke andererseits, gelungen. Das Werkzeug oder die Theorie, die dieser Arbeit zu Grunde liegt, war und ist im Handel seit Jahrhunderten die Gleiche: Früher hieß es "Abkupfern" heute "Benchmarking" oder "Erfolgsfaktorenforschung" oder noch einfacher ausgedrückt: Was machen die erfolgreichen Apotheker anders als die nicht Erfolgreichen? (vgl. Kap. 6.2).

Ich will in diesem Vorwort aber auch die Gelegenheit wahrnehmen, denjenigen zu danken, die dafür gesorgt haben, dass dieses Buch nun vor Ihnen liegt. Das sind allen voran meine Eltern, Frau Brigitte und Herr Dr. Michael Newzella, die es mir psychisch und finanziell ermöglicht haben, Ausbildung, Studium und bis hin zum Abschluss der Promotion zu gelangen. Ihr unaufhörlicher Glaube an meiner Person hat mir sehr geholfen. Die direkte Möglichkeit zur Promotion hat mir Herr Prof. Dr. Peter Schnedlitz gegeben, weiter gab er mir die Möglichkeit zur Mitarbeit an einer Studie über den pharmazeutischen Großhandel gemeinsam mit meinem Kollegen und Freund Herrn Dr. Horst Leder. Für die schnelle und unkomplizierte Zusammenarbeit mit meinem Zweitbegutachter, Herrn Prof. Dr. Eugen Hauke, Generaldirektor der Wiener Krankenanstalten und seiner Mitarbeiterin Frau Dr. Elke Holzer danke ich ebenso. Fachliche Begleiter und Förderer dieser Arbeit waren weiter der stellvertretende Direktor des Apothekerverbandes Herr Dr. Peter Krüger, der mir alle Wege ebnete und mich im Hintergrund unterstützte. Ihm gilt mein expliziter Dank. Auf Seiten des Apothekerverbandes unterstützte mich in statistischen Fragen weiter Herr Mag. Sven Abart und mit seinem Anschreiben an Österreichs Apotheker der Präsident, Herr Mag. Gottfried Bahr. Von Seiten der Apothekerkammer danke ich Herrn Mag. Martin Traxler und natürlich dem Präsidenten, Herrn Dr. Herbert Cabana, der sich drei Stunden einem ausführlichen und konstruktiven Interview gestellt hat, welches in Kapitel 6.3 aufgeführt ist.

Für den permanenten, kollegialen und interdisziplinären Meinungsaustausch danke ich meinen Brüdern, Herrn Dr. Christoph und Matthias Newzella, Herrn Dr. Ingo Bäker, Frau Dr. Adriana Toso, Herrn Andreas Vogelsinger, den Herren Diplomkaufleuten Christian Tietz, Tim Brieger und Michael Frese. Für die Korrektur meiner Arbeit gilt mein ausdrücklicher Dank Frau Hildegard Graban und Frau Gerlinde Schöffmann.

Last but not least gilt mein persönlicher Dank meiner damaligen Freundin und heutigen Ehefrau Nicole, die mich während den letzten 1½ Jahren meiner Promotion kennen lernte und trotz allem bei mir geblieben ist.

Dr. Andreas Newzella

Verzeichnisse

1. Kapitel: Vorgehensweise und Einordnung des Problemfeldes

2. Kapitel: Begriffsabgrenzungen und Theorien

4. Kapitel: Säulen des Apothekeneinzelhandels

5. Kapitel: Analyse der nationalen Apothekerbefragung

Abbildungsverzeichnis

Tabellenverzeichnis

Abkürzungsverzeichnis

ABDA	Bundesvereinigung Deutscher Apothekerverbände
AEP	Apothekeneinstandspreis
AM	Arzneimittel
AMG	Arzneimittelgesetz
AMZ	Arzneimittel Zeitung
ApoEH	Apothekeneinzelhandel
ApoG	Apothekengesetz
ARGE Pharmazeutika	Arbeitsgemeinschaft des pharmazeutischen Großhandels (Dachverband in A)
ASW	Absatzwirtschaft
AVP	Apothekenverkaufspreis
BAH	Bundesfachverband der Arzneimittel-Hersteller (D)
BM	Benchmarking
BMAGS	Bundesministerium für Arbeit Gesundheit und Soziales (A)
BPI	Bundesverband der pharmazeutischen Industrie e.V. (D)
BPR	Business Process Reengineering
bzw.	beziehungsweise
ca.	circa
d.h.	das heißt
DIN	Deutsche Industrie Norm

EH	Einzelhandel
etc.	et cetera
EU	Europäische Union
EW	Einwohner
EWG	Europäische Wirtschaftsgemeinschaft
F&E	Forschung und Entwicklung
FAP	Fabrikabgabepreis
FIP	Fédération Internationale Pharmaceutique[1] (weltweite Dachorganisation für Pharmazie und pharmazeutischen Wissenschaften)
GIRP	Groupement International de la Répartition Pharmaceutique Européenne (International Pharmaceutical Distribution Data)
GKV-Markt	Markt der Gesetzlichen Krankenversicherung
GRG	Gesundheits-Reform-Gesetz
GSG	Gesundheits-Struktur-Gesetz
Hrsg.	Herausgeber
HS	Handelsspannne
i.S.	im Sinne
IMS	Institut für medizinische Statistik
KK	Krankenkasse

[1] Anmerkung. Die FIP vertritt, als Dachorganisation, weltweit 600.000 Pharmazeuten bei 87 Mitgliedsorganisationen in 70 Ländern der Welt und arbeitet eng mit der WHO zusammen.

KV	Krankenversicherung
LEH	Lebensmitteleinzelhandel
LZ	Lebensmittelzeitung
NPW	Nettoproduktionswert
Nr.	Nummer
o.V.	ohne Verfasser
ÖAK	Österreichische Apothekerkammer
ÖAZ	Österreichische Apothekerzeitung
ÖBIG	Österreichisches Bundesinstitut für Gesundheit
OTC	Over the counter
Pharmig	Vereinigung pharmazeutischer Unternehmer (A)
PKA	Pharmazeutisch-kaufmännischer Assistent
PR	Public Relations (Öffentlichkeitsarbeit)
S.	Seite
s.o.	siehe oben
SB	Selbstbedienung
SM-Markt	Selbstmedikationsmarkt
SPSS	statistical package for social sciences (Statistik-Programmpaket, mit dem die Apothekerbefragung 2001 ausgewertet wurde).
Swot-Analyse	Chancen-/Risiken-Analyse (Strengths-Weaknes-ses, Opportunities, Threats)-Analyse

u.a.	unter anderem / und andere
UI-Apotheken	Apotheken, die bis zu 1.1 Mio. € im Jahre umsetzen.
UII-Apotheken	Apotheken, die zwischen 1.1 Mio. und 1.8 Mio. € im Jahr umsetzen.
UIII-Apotheken	Apotheken, die mehr als 1.8 Mio. € im Jahr umsetzen.
USP	Unique Selling Proposition
VAP	Verband aktiver Pharma-Unternehmer (D)
VFA	Verband forschender Arzneimittelhersteller (D)
Vgl.	vergleiche
WKZ	Werbekosten Zuschüsse
WU-Wien	Wirtschaftsuniversität Wien
WWS	Warenwirtschaftssystem
z.B.	zum Beispiel

1. Einleitung

1.1 Problemstellung

Der Apothekenmarkt in Europa wird in den kommenden Jahren tiefgreifenden Veränderungen ausgesetzt sein, inwieweit sich dieser Wandel auch auf den österreichischen und deutschen Apothekeneinzelhandel[2] auswirkt, bleibt abzuwarten. Wiederkehrende Finanzierungsprobleme der Gesetzlichen Krankenkassen und dadurch bedingte Maßnahmen der Politik[3] zur Reduzierung von Preisen, Spannen und Ausgaben für Arzneimittel, sich immer hektischer verändernde Zuzahlungsregeln für Arzneimittel[4], Konkurrenz durch neue Vertriebswege wie Versandhandel, E-commerce, Drogeriemärkte, Discounter, Tankstellen etc., internationale und nationale Konzentrationsprozesse im Großhandel und bei den Herstellern bedrohen, das traditionelle Distributionsschema Hersteller – Großhandel – Apotheke.

Bis vor gut zehn Jahren hatten Apotheker kaum Existenzsorgen. Insbesondere seit der Einführung der jährlichen Arzneimittelbudgets 1993 in Deutschland kam es zu empfindlichen Umsatz- und Handelsspannenreduktionen (auch in Österreich) (vgl. Erdmann, 1996, S. 52f). Eine Durchführung von Betriebsvergleichen im Apotheken-

[2] Etymologisch ist das Wort „Apotheca" griechischen Ursprungs und bedeutet Niederlassung, Kramladen oder Lagerhaus. Die Ursprünge des Apothekenwesens reichen bis in das 13. Jahrhundert zurück, zu diesem Zeitpunkt etwa kam es zu einer Trennung der Pharmazie von der Medizin. Im Verlauf der folgenden Jahrhunderte bildeten sich drei Entwicklungsrichtungen heraus: Das mediterrane Modell, das angelsächsische Modell und das mitteleuropäische Modell. Entscheidend für unsere Breitengrade ist das mitteleuropäische Modell, das sich in Österreich und den deutschen Fürstentümern entwickelte. Dieses Modell war durch die Kontrolle der Apotheker seitens der jeweiligen Zivilbehörden charakterisiert. Es wurden daher schon frühzeitig strengste Regeln und erhebliche Einschränkungen hinsichtlich der freien Berufsausübung aufgestellt. Das Standeswesen (bzw. das Kammerwesen) spielte in der Geschichte des Apothekers, wie auch heute eine wichtige Rolle. Die Erlaubnis zur Errichtung und Ausübung einer Apotheke wurde als herrschaftliches Privileg (Apothekenprivileg) verliehen. Auf diese Weise wurde schon damals, und das ist bis heute (in Österreich) evident, die Zahl der Apotheken limitiert. Hinzu kam beim mitteleuropäischen Modell die Schaffung des Mehrbesitzverbotes (ein Apotheker - eine Apotheke) und genaue Vorschriften über das Sortiment, über Pflichten des Apothekers etc. (vgl. Gehe 1997, S. 30ff).

[3] Die überall in Europa eingesetzten „Kostenexpansionen" im Gesundheitswesen und die dadurch induzierten Bemühungen der Länder, Einsparungen in diesem Bereich zu erzielen, setzen nahezu regelmäßig im Arzneimittelsektor an, obwohl dieser Bereich nur EU-weit zwischen 9 und 14 % der jeweiligen Gesundheitsausgaben verursachen (vgl. Rosian et al., 1998, S. 236).

[4] Die neu gewählte österreichische Bundesregierung (ÖVP/FPÖ-Koalition) legte im April 2000 ein Modell einer Ambulanzgebühr und eines Behandlungsbeitrages vor. Diese Maßnahmen beinhalten u.a. auch die Erhöhung des Selbstbehaltes (Rezeptgebühr) um 20 % (von 46 auf 55 öS pro Rezept), als Beitrag zur Sanierung des Gesundheitssystems. Insgesamt sollen 5, 7 Mrd. öS eingespart werden, 2.5 Mrd. öS davon sollen Pharmaindustrie, Großhandel und Apotheken durch Preisnachlässe beisteuern (vgl. Semrau et al., 2000, S. 45f).

einzelhandel im Auftrag des Institutes für Handelsforschung an der Universität zu Köln ergab, daß der Anteil der Betriebe mit negativem Betriebsergebnis mittlerweile 45 % ausmacht (vgl. Wirtz, 1999, S. 79). Zu ähnlichen Ergebnissen kommt auch der ABDA: in Deutschland wiesen 1997 rund 40 % aller Apotheken ein negatives Betriebsergebnis aus (vgl. ABDA, 1998, S. 11). Die Fachzeitschrift „Der Handel" berichtete 1997 sogar von knapp der Hälfte aller Apotheken in Deutschland, die ein negatives Betriebsergebnis aufwiesen. In Westdeutschland ist das Verhältnis Einwohner pro öffentlicher Apotheke bei 3600, in Österreich ist die Kennzahl doppelt so hoch. Weiter lag die durchschnittliche Umsatzrendite pro Apotheke 1996 im Westen Deutschlands bei 0,2 %, die in Österreich bei 1,4 %. (vgl. Oschmann/Rosmanith, 1997, S. 27; Traxler/Koessler 1999, S. 41).

Eine große Gefahr für den derzeitigen traditionellen Apothekeneinzelhandel in Österreich könnte von den evtl. zu erwartenden Lockerungen im Fremd- und Mehrbesitzverbot durch EU-weite Harmonisierungstendenzen in der Gesundheitspolitik ausgehen. Auch der derzeitige (2001) Präsident der österreichischen Apothekerkammer Herbert Cabana sieht sich und seine Apotheker mit diesen Problemen konfrontiert:

> *Fragen wie Arzneimittelabgabe nur über Apotheken, bedarfsgerechte oder gewinnorientierte Niederlassungsmöglichkeiten für Apotheken, Apothekenketten, geregelte oder freie Preise oder E-Commerce mit Arzneimitteln werden in Zukunft weitgehend auf internationaler Ebene entschieden (Cabana, 2000, S. 817).*

Die Gestaltung und Umsetzung einer gemeinsamen Gesundheitspolitik innerhalb der EU wird eines Tages auf der Agenda in Brüssel und Straßburg stehen.

> *Die Gesundheitssysteme sind im Wandel. Mit mehr oder weniger Dynamik versucht man bestehende Strukturen an neue Anforderungen zu adaptieren (Hauke, 1993, S. 11).*

Eine Umfrage[5], die im Auftrag des Institutes für Versicherungsbetriebslehre an der Universität Hannover durchgeführt wurde, ergab, daß kaum Unstimmigkeiten darüber bestehen, daß das Fremd- und Mehrbesitzverbot für Apotheker fallen werde. Die Mehrheit der befragten Experten ist der Meinung, daß dies innerhalb der nächsten 10

[5] Die Umfrage, die Anfang des Jahres 2000 durchgeführt wurde, basierte auf 15 verschiedenen zweistündigen Expertengesprächen über die Zukunft des Arzneimittelmarktes. Der Kreis der Befragten setzte sich aus Führungskräften der Industrie, des Großhandels und der Apothekerdachverbände zusammen.

Jahre geschehen würde. Als Hauptgründe werden von den Experten die schlechte wirtschaftliche Situation vieler (hauptsächlich deutscher) Apotheken genannt, die einen Zusammenschluß unausweichlich macht (vgl. Schulenburg/Wähling, 2000, S. 36).

Das Entstehen von Apothekenketten (z.B. Boots, Lloyds & Co), wie sie heute schon in Großbritannien, Belgien, Irland, Niederlanden, Italien und der Schweiz bestehen, wäre aus der derzeitigen Sicht für den österreichischen und deutschen Apotheker ein „Horrorszenario", welche ihn und seinen Stand in seinem Fundament erschüttern könnte. In der Frage der „Apothekenketten" verfolgen die europäischen Marktführer im Pharmagroßhandel[6], als Haupttransaktionspartner der Apotheken ein ambivalentes Vorgehen – auf der einen Seite beschwören die Großhändler auf nationaler Ebene immer die Wertschöpfungspartnerschaft mit den Apothekern im Lande, auf der anderen Seite haben sie international begonnen Apothekenketten in Großbritannien, Italien und Tschechien zu erwerben (vgl. Schnedlitz/Newzella, 2001, S. 156f).

Weiter kann die Position des Apothekeneinzelhandels durch staatliche Eingriffe in Folge von Kosteneinsparungen im Gesundheitswesen direkt, beispielsweise in Form von Apothekenspannenkappungen[7] oder indirekt durch Großhandelsspannenkappungen (Weitergabe an Apotheken durch Streichung von Preisvorteilen) beeinträchtigt werden. Denkbar wäre auch eine Änderung der Arzneimittelpreisverordnung zum Nachteil der Apotheker. Solchen Entwicklungen kann der Apotheker aber entgegen steuern, indem er systematisch die Dienstleistungsfunktion ausbaut. Ähnlich argumentierte auch der Betreuer der vorliegende Arbeit Peter Schnedlitz im Rahmen der Millenniums FIP 2000 in Wien:

---

[6] Die in Europa existierenden nationalen (Bsp. Großbritannien) wie regionalen (Bsp. Italien) Apothekenketten werden zunehmend von den mittlerweile international tätigen Pharmagroßhändlern im Rahmen einer vertikal integrierten Vorwärtsstrategie übernommen. So hat der Marktführer in Europa, die GEHE AG, die britische Apothekenkette Llyods mit ihren 1300 Apotheken und einem Marktanteil von 10 % übernommen. Weiter wurden regionale Apothekenketten in Italien und Osteuropa akquiriert. Weitere Akquisitionen von Apotheken in Finnland stehen bevor (vgl. Gehe 1997, S. 1ff).

[7] Die Sparmaßnahmen der österreichischen Regierung tangierten indirekt auch die Apothekenspannen. Die zum 1. April 1995 in Kraft getretene Reduktion der Großhandelsspannen wurde z.T. an die Apotheken in Form verminderter Einkaufskonditionen weitergegeben. Direkt wurden die Apothekenspannen am 1. Februar 1997 reduziert (Traxler/Koessler, 1999, S. 47f).

Die Apotheken verfügen über Kundennähe, die sie pflegen müssen, um Ihre Kernkompetenz zu erhalten. Dazu dienen auch Stammkundenkonzepte, um mit Dienstleistungsqualität die Kundenbindung zu erhöhen (zitiert nach Klement, 2000, S. 916).

Denkbar wäre ein deutlicher Ausbau der Kundenbindung, indem vermehrt auf die Bedürfnisse des älteren Kundensegmentes eingegangen wird. Vorstellbar wären beispielsweise Hausbelieferungen durch den Apotheker, die heute in besonderen Fällen in einem Umkreis von vier Kilometern zulässig sind.

Die genannten zusätzlichen Servicefunktionen am Patienten könnte der Apotheker übernehmen, da er am Ende der Wertkette operiert und durch seine Nahversorgungsfunktion mehr Patientenkontakte als irgend ein anderes Mitglied der Pharmawertkette auf sich vereinigt. Damit könnte die Apotheke zur zentralen Informationsstelle über Arzneimittel, Gesundheit und Ernährung werden und damit neue Aufgaben in der Gesundheitsvorsorge und –erziehung übernehmen.

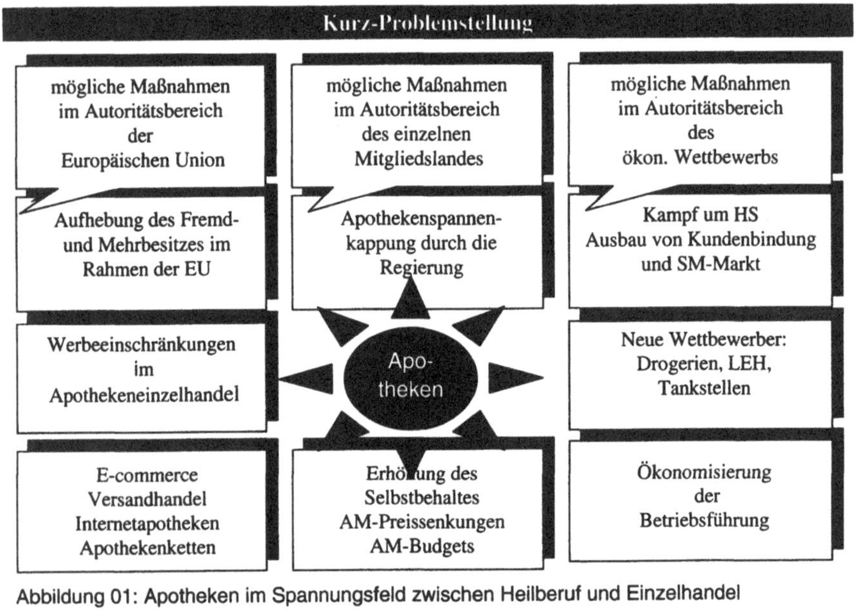

Abbildung 01: Apotheken im Spannungsfeld zwischen Heilberuf und Einzelhandel

Quelle: eigene Darstellung

1.2 Forschungsmethode

Die Methodologie ist gewissermaßen der Schatten der Wissenschaft (Schanz, 1988, S. 1).

Unter einer Methode versteht man im allgemeinen die Art und Weise, wie man zur Erreichung bestimmter Ziele bzw. zur Lösung bestimmter Probleme vorgeht (Raffée, 1995, S. 11).

Insbesondere für die Betriebswirtschaftslehre[8] ist die Methodologie[9] von zentraler Bedeutung, da auch methodisch eine Anpassung an die sich ständig verändernden und immer komplexer werdenden Marktbedingungen von Seiten der Wissenschaftslehre erfolgen muß (vgl. Schanz, 1988, S. 47). Daher fungiert die Methodologie als evolutionärer Prozeß innerhalb der Wissenschaftstheorie und bildet somit das methodische Gerüst auf die sich in der Praxis vollziehenden Wandlungsprozesse.

Im Bereich der Methodologie gibt es diverse Ansätze der Klassifikation von Methoden als Mittel der Theorieentwicklung. Man unterscheidet zwischen Entdeckungs- und Begründungsmethoden, als auch zwischen Informationsverarbeitungs- und Planungsmethoden etc. (vgl. Chmielewicz, S. 1549f). Die traditionellen grundlegenden Methoden der Theorieentwicklung sind die der Induktion und die der Deduktion[10]. Bei der Induktion werden einzelne Phänomene beobachtet und diese werden dann anschließend verallgemeinert (vgl. Bortz/Döring, 1995, S. 275). Bei der Deduktion wird genau umgekehrt vorgegangen. Bei der Deduktion schließt man vom Allgemeinen

[8] Die Betriebswirtschaftslehre steht in enger Korrelation mit den Sozialwissenschaften. Die genaue Ein- bzw. Abgrenzung der BWL zu den ihr verwandten Wissensdisziplinen wird in der Literatur nicht eindeutig definiert. Für Schauenberg ist sie beispielsweise nicht Teil der Sozialwissenschaften, sondern eine Nachbarwissenschaft (vgl. Schauenberg, 1993, S. 47), während Schanz die BWL als angewandte Sozialwissenschaft (vgl. Schanz, 1988, S. 15) konzipiert. Einig ist man sich darüber, daß die BWL eine Wissenschaft mit intensivem Praxisbezug darstellt und somit in die Kategorie der Realwissenschaften[8] einzuordnen ist. Betriebswirtschaftliche Analysen befassen sich demzufolge vielfach mit den Eigenschaften von tatsächlich existierenden Zusammenhängen, die nach logischer Wahrheit und empirischer Bestätigung verlangen (vgl. Schanz, S. 9f).

[9] Die Methodologie setzt sich inhaltlich mit speziellen Methodenfragen anderer Disziplinen auseinander und hat demnach die Funktion einer Metadisziplin (vgl. Schanz, 1998, S. 1).

[10] Etymologisch kommen die beiden Begriffe aus dem Lateinischen. Deduktion bedeutet „Herbeiführung" bzw. Ableitung des Besonderen aus dem Allgemeinen dem gegenüber wird die Induktion als „Einführen" oder „Zuleiten" bzw. das Schließen vom Einzelnen auf etwas allgemeines definiert (Bortz/Döring, 1995, S. 29f).

auf das Besondere, vom Ganzen auf das Einzelne, vom Abstrakten auf das Konkrete (Bortz/Döring, 1995, S. 275).

Als grundlegende Methode dieser Arbeit wird primär die Induktion gewählt. Die Induktion galt insbesondere in den älteren Lehrbüchern als die Grundlagenmethode der Betriebswirtschaftslehre und als die einzige Strategie zur Gewinnung neuer Erkenntnisse. Trotz der Kritik von Popper[11] kommt der induktiven Vorgehensweise als Methode zur Gewinnung von Hypothesen nach wie vor eine erhebliche Bedeutung zu (vgl. Raffée, 1995, S. 15; Bortz/Döring, 1995, S. 275).

Das Ziel der empirischen Befragung ist die Gewinnung von Hypothesen. Es sollen bei der Befragung in Kapitel fünf alle unabhängigen Apothekeneinzelhandelsunternehmen in Österreich angesprochen werden. Aus den Ergebnissen der Empirie wird dann versucht, ein allgemeines Erfolgskonzept zu entwickeln, welches zur Optimierung der Rentabilität in Apotheken beitragen soll.

Bei der angestrebten Erfolgsfaktorenforschung geht es um die Identifikation und Analyse von Schlüsselfaktoren, die in den befragten Apothekeneinzelhandelsbetrieben zu suchen sind (hypothesenerkundende Vorgehensweise) und einzelfallübergreifend, um die Entdeckung kritischer Variablen (Schlüsselfaktoren) durch die sich exzellente Unternehmungen, also die „Gewinner" von den „Verlierern" signifikant unterscheiden (vgl. Ahlert/Schröder, 1998, S, lf). Daher wird in der vorliegenden Arbeit zum einen eine Unternehmens- und Umfeldanalyse durchgeführt um Problemfelder aufzudecken. Die Lokalisierung von Stärken und Schwächen in der Unternehmung oder der Apotheke deckt gleichzeitig die Chancen und Risiken der Umwelt für das zu betrachtende Einzelhandelsunternehmen auf. Zum anderen werden diese eher deskriptiven Analysen kombiniert mit Berichten, die aus dem Einzelfall abgeleitet werden und dann verallgemeinert werden (induktive Sichtweise). Als Ergänzung dieser induktiven Sichtweise kommen dann durch die Erkenntnisse der Erfolgsfaktorenforschung auch deduktive Elemente hinzu, die darauf abzielen, strategische Erfolgsfaktoren als Determinanten des Unternehmenserfolges aufzudecken (vgl. Meffert, 1988, S. 1ff).

Dieser Forderung versucht man nachzukommen, indem, wie aus der Gliederung und dem Titel der Arbeit ersichtlich, sowohl der Praxisbezug, als auch die Empirie sinnvoll kombiniert werden sollen. Der Praxisbezug soll in Form der Situationsanalyse und der darauf aufbauenden Swot-Analyse hergestellt werden. Die nationale empirische Apotheker-Befragung soll zum einen mit Hilfe des „materiellen Forschungsansatzes der Erfolgsfaktorenforschung" (vgl. Ahlert, 1994, S. 35) eine empirische Bestätigung herbeiführen und zum anderen Ausgangspunkt für neue Forschungsschwerpunkte sein.

Nachdem nun die Methodik der vorliegenden Untersuchung in groben Zügen dargelegt worden ist, soll nun das Thema (Inhalt und Motivation), die Ziele (Wissenschaft und Praxis) und das Vorgehen (Gliederung) der Arbeit in die Forschungsfelder der Real-, Betriebs- und Handelswissenschaft erläutert, und eingeordnet werden.

[11] Popper kritisierte die induktive Vorgehensweise aus Einzelbeobachtungen Gesetzmäßigkeiten abzuleiten mit einer Metapher: „Bekanntlich berechtigen uns noch so viele Beobachtungen von weißen Schwänen nicht, daß alle Schwäne weiß sind" (Popper, 1971, S. 3). Nach Raffée bleibt jedoch anzumerken, daß die Klärung des Pluralismus der Methoden und Konzepte der Betriebswirtschaftslehre nicht mit einem allgemeinverbindlichen Richtigkeitsanspruch beantwortet werden kann (vgl. Raffée, 1995, S. 3).

1.3 Einordnung der Arbeit in das wirtschaftswissenschaftliche Forschungsfeld

Das Thema der vorliegenden Arbeit "Der Handel mit Arzneimitteln - Erfolgsfaktoren im Apothekeneinzelhandel" bezieht sich nicht nur auf den komplexen Gesundheitsmarkt, sondern berührt auch eine ganze Anzahl von verschiedenen Forschungsfeldern, wie die untenstehende Abbildung zeigen soll. Die stark gefärbten Felder in der Matrix zeigen an, welche Bereiche in der vorliegenden Arbeit intensiv - die schwach gefärbten Felder berücksichtigen Gebiete der Forschung, die nur rudimentär - bearbeitet wurden. Die weißen Flecken bleiben auch in dieser Arbeit weiß bzw. unbehandelt.

Wirtschaftswissenschaften						
	Betriebswirtschaft				Volkswirtschaft	
	Handelsbetriebslehre				Nationalstaat	EU
Institutionell / ***Funktionell***	Industrie	Groß-handel	Einzel-handel	Versand-handel		
Beschaffung						
Produktion						
Absatz						
• ***Standortpolitik***						
• ***Personalpolitik***						
• ***Sortimentspolitik***						
• ***Servicepolitik***						
• ***Verkaufsraumgestaltung***						
• ***Werbung & Verkaufsförderung***						
Finanzierung						

Abbildung 02: Einordnung der Arbeit in ein wirtschaftswissenschaftliches Forschungsfeldes

Quelle: eigene Darstellung.

Ohne Zweifel erfolgt die Blickrichtung dieser Arbeit aus wirtschaftswissenschaftlicher Perspektive. Zum einen sprechen die äußeren Rahmenbedingungen, unter denen die Arbeit entstanden ist, für diese Perspektive: Der Verfasser ist Absolvent einer wirtschaftswissenschaftlichen Fakultät und schrieb diese an der größten Wirtschaftsuniversität Europas. Die Arbeit wurde angefertigt am Institut für Handel und Marketing der WU-Wien - einer Hochschule mit langer Handelstradition (u.a. Oberparleiter (1918): "Die Funktionen des Handels") und die einzige Universität Europas, an der nach wie vor das Studium Handelswissenschaften mit dem Abschluß eines Doktorgrades angeboten wird (vgl. Schenk, 1991, S. 8). Zum anderen ist es das Thema der Arbeit, das sich bereits in der Formulierung im Spannungsfeld zwischen Betriebswirtschaft, Volkswirtschaft und der speziellen Betriebswirtschaft (vgl. Lechner/Egger/Schauer, 1997, S. 39f) - der Handelsbetriebslehre - befindet.

> *Ideengeschichtlich stand die Lehre vom Handel stets im Spannungsverhältnis von Volkswirtschaftslehre und Betriebswirtschaftslehre (Barth, 1996, S. 14).*

Jeder forschende Wirtschaftswissenschaftler denkt nach dem letzten Satz an die, in der ersten Hälfte des letzten Jahrhunderts intensiv geführte Diskussion um die Entwicklung von der Handelswissenschaft zur Betriebswirtschaft (vgl. Barth, 1996, S. 14ff; Schenk, 1991, S. 16ff, Lechner/Egger/Schauer, 1997, S. 49f). Diese soll und kann hier nicht vertieft werden, denn das wäre ein Fragestellung für (mindestens) eine eigenständige wissenschaftliche Arbeit zu diesem Bereich. Die Schlagworte Handel, Erfolgsfaktorenforschung (näheres dazu in Kapitel 2.2.2) und Apothekeneinzelhandel (näheres dazu in Kapitel 2.2.3.1.2) sind eindeutig Begriffe, die der Handelslehre zuzuordnen sind.

Während die Vokabeln "Arzneimittel" und "Apotheken" dem Bereich der Gesundheitspolitik zugehörig sind, die nur teilweise betriebswirtschaftliche Aspekte behandelt und zum Großteil einer volkswirtschaftlichen Betrachtung unterliegt, denn kein Markt ist derartig stark reguliert und durchdrungen mit gesetzlichen Vorschriften und EU-Richtlinien im Bereich der Abgabe, der Standortwahl und -gestaltung, der Sortimentspolitik, der Personalpolitik, der Werbepolitik und der Preispolitik von Arzneimittelabgabestellen.

Die Handelsforschung war immer ein Bereich, wo sich verschiedene Marktsphären überlappt haben (vgl. Schenk, 1991, S. 27).

> *Heute befaßt sich die Handelsforschung hauptsächlich mit betriebswirtschaftlichen, aber auch mit volkswirtschaftlichen Fragestellungen (Trommsdorff/Bienert, 1995, S. 1461).*

Der wissenschaftliche Schwerpunkt der Arbeit fokussiert sich auf die Handelsbetriebslehre, die in dieser Arbeit funktionale und institutionelle Anwendungsfelder aufweist. Die Vielschichtigkeit und die Mehrdimensionalität der verschiedenen Transaktionspartner im Gesundheitswesen erfordert aus Sicht des Verfassers eine institutionelle Vorgehensweise.

> *Der Hauptzweck der Institutionenanalyse besteht darin, die verschiedenen Distributionsorgane zu beschreiben, unter bestimmten Fragestellungen zu klassifizieren sowie vor allem die Fülle der in der Wirtschaftspraxis beobachtbaren Formen zu ordnen (Ahlert, 1996, S. 47).*

Jeder der Transaktionspartner hat seine Funktion im komplexen Arzneimittelhandel und um diese transparent zu machen, ist nach Meinung des Verfassers die Institutionenlehre des Handels ein richtiger Ansatz.

> *Die wohl wichtigste Aufgabe dieses Forschungsansatzes ist in der Ökonomisierungsfunktion zu sehen. Einen Weg zu dieser Ökonomisierung liefert der Betriebsvergleich. Dieser Betriebsvergleich ist, wie später darzustellen sein wird, gekoppelt mit einer systematischen Betriebsanalyse als ein Instrument der Führungshilfe, das diagnostische und therapeutische Einsichten in die Effizienz der handelsbetrieblichen Faktorkombinationen und Funktionsausübung liefert (Barth, 1996, S. 15).*

Dieser "wichtigsten Aufgabe" (s.o.) versucht auch diese Arbeit nachzukommen. Auf welche konkrete Art und Weise, damit allgemeine und spezifische Ziele angesprochen und operativ umgesetzt werden sollen, wird im folgenden Abschnitt dargelegt.

1.4 Forschungsziele und Fragestellungen

Als allgemeines Ziel der Wissenschaft und damit auch der speziellen Betriebswirtschaftslehre läßt sich festhalten, daß sie Hilfe zur menschlichen Daseinsbewältigung leisten soll (Raffée, 1995, S. 3). Ziel der Forschung muß es sein, zur Lösung von wichtigen und vorrangigen Problemstellungen der ökonomischen, sozialen und ökologischen Praxis beizutragen (Tomczak, 1992, S. 77). Weitere Ziele, die sich aus dem oben genannten ableiten, sind die Aufklärungs- und die Steuerungsfunktion, die insbesondere in der Betriebswirtschaft hohe Bedeutung erlangen. Es geht hierbei um das Endecken neuer Konzepte, um das Aufwerfen neuer Fragestellungen und als weitere Aufgabe der Wissenschaft, auf Grundlage der Kritik des Status quo, „gezähmte Utopien“ zu entwerfen (vgl. Raffée, 1995, S. 4).

Die Forschung muß sowohl die Grundlagen abdecken, soll aber so praxisnah sein, daß Forschungsergebnisse auch in der Praxis umgesetzt werden (Hauke, 1999, S. 5). Diesen Zielen widmet sich auch diese Arbeit, sie will über das bestehende System im Arzneimittelhandel aufklären und im Rahmen der Erfolgsforschung neue „Möglichkeiten des Erkennens und Gestaltens“ (Raffée, 1995, S. 4) entdecken und darauf aufbauend Prognosen bzw. „gezähmte Utopien“ über die künftige Entwicklung im Apothekeneinzelhandel zu kreieren.

Für die meisten Gebiete in der Handelslandschaft liegen umfangreiche wissenschaftliche Arbeiten vor. Eine Ausnahme bildet der Apothekeneinzelhandel, der in der Literatur bisher immer „stiefmütterlich“ behandelt wurde. Die vorliegende Arbeit ist die erste Dissertation zum Themenbereich „Apotheke“ an der Wirtschaftsuniversität Wien[12] und damit auch gleichzeitig die erste österreichische Dissertation zu diesem Thema seit 1955.

---

[12] Anmerkung: Laut einer Recherche in der Universitätsbibliothek der Wirtschaftsuniversität Wien, die 2001 durchgeführt wurde, wurden unter dem Stichwort „Apotheke“ nur 16 Beiträge gefunden, wobei die Hälfte der Beiträge nach 1995 veröffentlicht wurden. Auch dies zeigt ein wachsendes Interesse am Apothekeneinzelhandel, da es sich bei den jüngeren Beiträgen in erster Linie um Diplomarbeiten handelt.

Der FEH, dem auch der Apothekeneinzelhandel zuzurechnen ist, zählt zu den weitgehend vernachlässigten Forschungsfeldern in der Handelslandschaft (vgl. Kalka, 1996, S. VII). Dies lag auch an der eher passiven Rolle des Apothekers, der zwischen Industrie, Großhandel, Verschreibungsverhalten der Ärzte und gesetzlichen Reglementierungen kaum eigene Impulse setzten konnte (vgl. Schöffski 1995, S. 7), der sich aber, wenn er auch in Zukunft existieren möchte, verstärkt betriebswirtschaftlichen Fragestellungen widmen muß (vgl. Kaapke/Wirtz, 1998, S. 60).

Im Rahmen der Handelsforschung ist es das Ziel der vorliegenden Arbeit wissenschaftliche Aussagen eines im Vergleich zum Lebensmitteleinzelhandel kaum beachteten stark reglementierten Nischenmarktes (ca. 5% des EH-Umsatzes) im Bereich der Handelslandschaft zu gewinnen. Aufgrund der Konzentrationsprozesse im europäischen Großhandel richtet sich das Forschungsinteresse der Wissenschaft im Regelfall auf Großkonzerne und Handelsketten (Filialsysteme). Verglichen mit der Erforschung von Erfolgsfaktoren von Großunternehmen des Handels muß die Untersuchung der Erfolgsursachen in Klein- und Mittelbetrieben des Handels als unterentwickelt angesehen werden (Hurth, 1998, S. 2). Dabei wird ignoriert, daß in der EU nach wie vor die fachhandelsorientierten Betriebstypen mit weniger als 10 Mitarbeitern dominieren (Kalka, 1996, S. V).

Exakt hier setzt diese Untersuchung an, sie soll den Facheinzelhandel, respektive den Apothekeneinzelhandel, der durchschnittlich neun Mitarbeiter (sechs Mitarbeiter) pro Betriebsstätte in Österreich (in Deutschland) aufweist, beleuchten (vgl. Traxler/Koessler, 1999, S. 17; ABDA, 1998, S. 3f). Es soll damit ein Beitrag zu einem bisher nur unzureichend bearbeiteten Segment der Handelsforschung geleistet und das Forschungsdefizit zum Thema Apothekeneinzelhandel aus Handelsperspektive reduziert werden.

Die Basis bilden vier Forschungsfragestellungen, die als Leitfaden für die Bearbeitung des Themas gelten sollen:

Forschungsfragestellungen

(1) Welche Position nimmt der Apothekeneinzelhandel im Arzneimitteldistributionssystem ein?

(2) Welche Charakteristiken, Stärken und Schwächen weist der Apothekeneinzelhandel derzeit auf?

(3) Welche Erfolgsfaktoren und –konzepte zeichnen sich im traditionellen Apothekeneinzelhandel ab?

(4) Mit welchen neuen Trends und Entwicklungen, auch vor dem Hintergrund der EU wird der Arzneimittelhandel künftig konfrontiert werden und welche Konsequenzen ergeben sich daraus für das traditionelle Apothekensystem?

Die erste der genannten vier Forschungsfragestellungen wird in dem vorliegenden Teil der Arbeit im zweiten Kapitel ausgearbeitet, wobei in Teilbereichen die zweite Fragestellung schon grob angerissen wird. Die erste Forschungsfrage, welche die Stellung der Apotheke im Arzneimittelhandel aufzeigen soll, ist für die Aufarbeitung des Themas von zentraler Bedeutung. Das Gesundheitswesen und sein Teilbereich Arzneimittelmarkt respektive der „Handel mit Arzneimitteln“ lassen infolge der vielen nationalen Reglementierungen und der Teilnahme einer großen Anzahl von Transaktionspartnern, die europäischen Gesundheitssysteme als komplex erscheinen. Bei dem zu bearbeitenden Thema geht es um Arzneimittel. Um dem Thema, der „Handel mit Arzneimitteln“, gerecht zu werden, wird daher in Kapitel drei eine Beschreibung der, neben dem Apothekeneinzelhandel, anderen Absatzkanäle für Arzneimittel vorgenommen. Die Anzahl derjenigen, die sich an diesem Handel EU-weit beteiligen und künftig beteiligen wollen, wird ansteigen, da der Gesundheitsmarkt per se als Wachstumsmarkt (demographische Entwicklung) gilt, an dem viele partizipieren wollen (vgl. Kaapke, 1998, S. 5).

Nach wie vor stehen die Apotheken im Mittelpunkt des Arzneimittelhandels, da über diesen Absatzkanal EU-weit der Hauptteil der Arzneimittel an die Endkonsumenten abgegeben wird. In einer Mikro-Analyse wird eine spezifische Swot-Analyse im Apothekeneinzelhandel durchgeführt, die in Kapitel vier diskutiert wird und damit z.T. die dritte Forschungsfrage behandelt. Auf deren Ergebnissen wurde dann ein Fragebogen zur Erfolgsfaktorenforschung entwickelt, der an die Grundgesamtheit von über 1000 österreichischen Apotheken im Land verschickt wurde. Dieser ist in Absprache mit der Abteilung Handel und Marketing der WU Wien und mit dem österreichischen Apothekerverband konzipiert worden. Die Ergebnisse der Apothekerbefragung 2001 werden in Kapitel fünf dargelegt, die damit implizit die dritte und vierte Forschungsfragestellung behandelt. Im Schlußkapitel 6 erfolgt eingangs eine Zusammenfassung der wichtigsten Resultate der Untersuchung, die seit 1955 die erste wissenschaftliche Arbeit (Dissertation) in Österreich ist, die sich umfassend mit den wirtschaftlichen Aspekten des Apothekeneinzelhandels beschäftigt (vgl. Anhang, S. 112). Resultierend aus den Ergebnissen der Erfolgsfaktorenforschung werden in Kapitel 6.2 Empfehlungen für UI- und UII-Apotheken ausgesprochen, bzw. dargelegt durch welche Maßnahmen Umsatzsteigerungen erzielt werden könnten. Darüber hinaus gibt der Verfasser seine persönlichen Einschätzungen hinsichtlich der künftigen Entwicklung des Apothekeneinzelhandels, die auf Basis der vorliegenden Untersuchungen gewonnen wurden, weiter. Nach den Ergebnissen der Sekundär- und Primärforschung werden in Kapitel 6.3 der Status Quo, die künftigen Entwicklungen und Trends im Arzneimittelhandel in einem ausführlichen Interview (Umfang 28 Seiten) mit dem Präsidenten der österreichischen Apothekerkammer, der in seiner Funktion alle 4300 selbständigen und angestellten Apotheker in Österreichs repräsentiert, diskutiert. Mit diesem Beitrag wird auch der letzten Forschungsfrage der vorliegenden Arbeit Rechnung getragen.

2. Begriffssystematische Grundlagen

2.1 Begriff und Bedeutung der Arzneimittel

2.1.1 Anforderungen an Arzneimittel

Bereits 1965 wurde infolge des EWG-Vertrages der Arzneimittelbegriff innerhalb der damaligen Mitgliedsstaaten einheitlich geregelt. Die Definition von Arzneimitteln, die durch die Richtlinien 93/39/EWG, 75/318/EWG und 75/319/EWG in den letzten Jahren angepaßt wurde, geht aber in ihrem Kern auf die Richtlinie 65/65/EWG, Art. 1, Nr. 2 zurück (vgl. Vogler et al., 1999b, S. 9).

Nach dieser Definition sind Arzneimittel „alle Stoffe und Zubereitungen aus Stoffen, die dazu bestimmt sind, durch Anwendung am oder im menschlichen oder tierischen Körper

1. Krankheiten, Leiden, Körperschäden oder krankhafte Beschwerden zu heilen, zu lindern, zu verhüten oder zu erkennen,
2. die Beschaffenheit, den Zustand oder die Funktionen des Körpers oder seelische Zustände erkennen zu lassen,
3. vom menschlichen oder tierischen Körper erzeugte Wirkstoffe oder Körperflüssigkeiten zu ersetzten,
4. Krankheitserreger oder Parasiten oder körperfremde Stoffe abzuwehren, zu beseitigen oder unschädlich zu machen oder
5. die Beschaffenheit, den Zustand oder die Funktionen des Körpers oder seelische Zustände zu beeinflussen" (AMG, 1976, § 2, Abs. 1).

In § 2, Abs. 3 AMG ist ausdrücklich festgelegt, daß Arzneimittel nicht

1. Lebensmittel i.S. des § 1 LMBG,
2. Tabakerzeugnisse i.S. des § 3 des LBMG und
3. kosmetische Mittel i.S. des § 4 des LBMG sind.

Der zuletzt genannte § 2, Abs. 3 war notwendig, da nach der umfassenden Definition des Arzneimittelbegriffes des § 2, Abs. 1 und Abs. 2 auch die eben genannten Erzeugnisse als Arzneimittel gelten würden (vgl. Reuter, 1998, S. 16f). Das wird um so deutlicher, wenn man sich die Definition in § 1 des LMBG vor Augen führt:

> *Lebensmittel i. S. dieses Gesetzes sind Stoffe, die dazu bestimmt sind, in unveränderten, zubereitetem oder verarbeitendem Zustand von Menschen verzehrt zu werden; ausgenommen sind Stoffe, die überwiegend dazu bestimmt sind, zu anderen Zwecken als zur Ernährung oder zum Genuß verzehrt zu werden.*

Beispielsweise gelten Hustenbonbons zum Teil als Lebensmittel, wenn sie nicht unter Angabe über arzneiliche Zweckbestimmungen in den Verkehr gebracht werden. Enthalten Hustenbonbons aber Wirkstoffe, die in der Verordnung über apothekenpflichtige Stoffe und Zubereitungen aufgeführt sind, so gelten sie als Arzneimittel. Orangen oder Karottenfruchtsäfte gelten beispielsweise als Lebensmittel während Säfte aus Löwenzahn oder Brennesselkraut als Arzneimittel gelten. Ähnlich ist es bei Honig, der Bienenhonig zählt zu den Lebensmitteln und der Fenchelhonig zu den Arzneimitteln, da er oft als Hustenmittel für Kinder verwendet wird. So gibt es noch eine ganze Reihe von Überschneidungen zwischen Arzneimitteln und Lebensmittel. Ähnlich sind die Überschneidungen zu kosmetischen Mitteln. Die Seife kann sowohl als Kosmetikum als auch als Arzneimittel (Schwefelseife) gelten. Beim Mundwasser ist es genauso – dient es der Erfrischung zählt es zu den Kosmetika, dient es der Desinfektion gilt es als Arzneimittel. Haarwässer, die als Verhütung von Haarausfall dienen, gelten als Kosmetika, Haarwässer mit arzneilicher Zweckbestimmung als Arzneimittel (vgl. Reuter, 1998, S. 19ff).

Gegenstand der weiteren Betrachtung werden im folgenden ausschließlich human pharmazeutische Produkte sein. Wobei auch zwischen den human pharmazeutischen Produkten eine Differenzierung erfolgen muß: in manuell und industriell gefertigte Produkte. Ursprünglich wurden in Apotheken nur manuell gefertigte Erzeugnisse hergestellt. Heute werden diese, auf Grund eines ärztlichen Rezeptes, speziellen und individuell aufbereiteten Produkte nur noch selten angeboten. Der Arzneimittelumsatz einer Apotheke bestimmt sich zu ca. 95 % aus industriell gefertigten Fertigarzneimitteln (vgl. Wähling, 1996, S. 9).

Weiter sind auch die Anforderungen an Arzneimittel EU-weit einheitlich geregelt, es gelten die Kriterien der Qualität, Unbedenklichkeit und Wirksamkeit. Trotz dieser relativ frühen einheitlichen Begriffsdefinitionen und Anforderungen an die besondere Ware Arzneimittel qualifizieren die Mitgliedstaaten identische Produkte recht unterschiedlich. So kann es beispielsweise vorkommen, daß in Deutschland ein Produkt als Arznei beurteilt wird und in Frankreich dieses identische Produkt als Kosmetikum vertrieben wird (vgl. AMZ, 1999, S. 14).

Dieses hat jedoch entscheidende und weitreichende Konsequenzen auf die Art und Weise des Vertriebs und die Werbung. Um an diesem Beispiel festzuhalten wird das Arzneimittel in Deutschland über den klassischen Apothekeneinzelhandel mit dem bekannten Werbeverbot für Arzneimittel vertrieben und das Kosmetikum in Frankreich als Aktionsware mit Handzettelwerbung über den Absatzkanal Drogerie als Wellnessprodukt an den Konsumenten weitergegeben.

2.1.2 Zulassung von Arzneimitteln

Im Zulassungsverfahren von Arzneimitteln ist der Nachweis von Qualität, Wirksamkeit und Unbedenklichkeit zu erbringen. Mit dem Beitritt Österreichs zur europäischen Union zum 1.1.1995 wurden sukzessive auch alle Richtlinien, die den Arzneimittelsektor betreffen ins österreichische Recht umgesetzt, obwohl bereits das AMG, 1984 dem europäischen Standard entsprach. 1996 wurden die EU-Richtlinien zur Herstellung und Inverkehrbringen von Arzneimitteln in einer dritten großen Novelle, nach 1988 und 1993, im österreichischen AMG verankert[13]. Die AMG-Novelle 1996 war notwendig, da mit dem Inkrafttreten der EWG Verordnung Nr. 2309/93, die das Gemeinschaftsverfahren festgelegt und dem „Future System" der Arzneimittelzulassung Rechnung trägt, bisherige diesbezüglich geltende nationale Gesetze außer Kraft gesetzt, angepaßt und etabliert werden mußten. So wurde in der österreichischen AMG-Novelle, daß bis dato geltenden Mehrstaatenverfahren und Konzertierungsverfahren, das in § 18, AMG geregelt war außer Kraft gesetzt. Etabliert wurde in § 2,

[13] vgl. BGBl. Nr. 185/1993, in der Fassung BGBl. 748/1988, BGBl. Nr. 107/1994, BGBl. 1105/1994 und BGBl. 379/1996 – gültig ist die Fassung von 1996.

Abs. 20, AMG die EU-weit geltenden Verfahren der „zentralen Zulassung“ und das in § 2, Abs. 7, AMG verankerte „dezentrale Verfahren“ bzw. das „gegenseitige Anerkennungsverfahren“, das im folgenden näher erläutert werden soll (vgl. Steindl, 1997, S. 72a).

Ein Arzneimittel kann in der EU über drei verschiedene Zulassungsverfahren eine Verkehrserlaubnis erhalten. Dies kann geschehen durch die beiden Gemeinschaftsverfahren,

1. dem zentralen Zulassungsverfahren[14] oder
2. dem dezentralen Zulassungsverfahren und
3. dem nationalen Zulassungsverfahren.

Welches dieser Verfahren angewendet wird ist abhängig von der Art des Arzneimittels und seinem künftigen Geltungsbereich. Die Zulassungsanträge der Industrieunternehmen müssen bei der europäischen Arzneimittelagentur (EMEA) in London eingereicht werden, die 1995 gegründet wurde. Dieser zentralen Institution obliegt die Bewertung, die Koordination (u.a. der 2000 bis 3000 nationalen Beamten) und letztendlich die Entscheidung (im Sinne eines Schiedsgerichtes), der an sie gerichteten und gestellten Zulassungsanträge (vgl. Clement et al., 1995, S. 122). Die operativen Arbeiten werden von den beiden Ausschüssen der EMEA der CPMP (Committee for the evaluation of Prorietary Medicinal Products) und der CVMP (Committee for the evaluation of Veterinary Medicinal Products) durchgeführt. Jedes Mitgliedsland entsendet jeweils zwei Mitglieder in die beiden Ausschüsse. Die Durchführung eines Zulassungsantrages wird jeweils von einem Rapporteur (einem Mitglied der CPMP) begleitet, der als Projektkoordinator agiert. Mit dem Abschluß des EMEA internen Verfahrens erfolgt die Einschaltung der jeweiligen nationalen Zulassungsstellen. Hier kommt es zwischen den 14 nationalen Zulassungsstellen teilweise zu gravierenden

[14] Anmerkung: Entsprechend der EWG-Verordnung Nr. 2309/93 hat das zentrale Zulassungsverfahren 1995 das Hochtechnologie- oder das Konzentrierungsverfahren abgelöst, welches seit 1987 galt.

zeitlichen „Fits"[15], was deren Bearbeitungszeit bis zur Zulassung eines AM anbelangt (vgl. AMZ, 1999, S. 34ff).

Nationale Zulassungen gibt es nach wie vor in jedem Mitgliedsland der EU. Insbesondere Phytopharmaka (pflanzliche Arzneimittel) werden über ein vereinfachtes Zulassungsverfahren auf den Markt gebracht. Im Rahmen der nationalen Zulassung wird zwischen Vollzulassung und verkürzte Zulassung unterschieden. Diese Zulassungen gelten nur für den jeweiligen Nationalstaat und sind darüber hinaus recht unterschiedlich ausgeprägt.

Am Fallbeispiel Österreich soll kurz dargestellt werden, wie eine nationale Zulassung erfolgt. Grundsätzlich gilt, daß eine Arzneispezialität in Österreich nur dann abgegeben darf, wenn die Zulassung durch den Bundesminister für Arbeit, Gesundheit und Soziales erfolgt ist (vgl. AMG, 1984, § 11ff)[16]. Das vereinfachte Zulassungsverfahren wird in §17a des AMG abgehandelt. Für die Zulassung von Humanarzneimitteln ist die Bundesanstalt für chemische und pharmazeutische Produkte und die Bundesanstalt für experimentell-pharmakologische und balneologische Untersuchungen in Wien zuständig. Im Zulassungsverfahren muß der pharmazeutische Unternehmer Wirksamkeit, Unbedenklichkeit und Qualität des Fertigarzneimittels durch Vorlage entsprechender Unterlagen belegen. Neue Präparate müssen in Österreich einer Standardindikation entsprechen, und deren Wirkstoffe müssen Bestandteil der verschiedenen Positivlisten sein. Nur dann ist eine Zulassung nach §17a zulässig. Gesetzlich verankert ist ein Zulassungszeitraum für 6 Monate, der aber regelmäßig überschritten wird (vgl. AMZ, 1999, S, 63). Bisher mußte man in Österreich mit einer durchschnittlichen Registrierungszeit von 22,7 Monaten (in Deutschland: 28 Monate) rechnen. Unabhängig , welches Zulassungsverfahren angewendet wird unterliegen Arzneispezialitäten in Österreich einem gesonderten Preisgenehmigungsverfahren,

---

[15] Anmerkung: In Anlehnung an Meffert wird hier der Ausdruck „Fit" verwendet. Ein Fit ist die nicht Übereinstimmung zwischen Strategie und Unternehmen oder ein unerwarteter Wechsel der Rahmenbedingungen infolgedessen Planungskonzepte vorzeitig zum Scheitern gebracht werden (vgl. Meffert, 1998, S. 1013).

[16] Anmerkung: Um Ausnahmen handelt es sich bei den oben angesprochenen EU-weit geltenden zentralen Zulassungsverfahren oder bei Arzneispezialitäten, die unter den § 5 des Arzneiwareneinfuhrgesetzes, den § 12 des Tierseuchengesetzes oder wenn es sich um Arzneispezialitäten, die § 1 des Arzneibuches entsprechen, homöopathische Arzneispezialitäten, die unter den § 11, AMG, Abs. 2 und 2a fallen bzw. magistrale Zulassungen gemäß § 11, Abs. 7 handelt.

welches i.d.R. 3-5 Monate in Anspruch nimmt. Primär durch die komplexe Entwicklung eines Medikamentes, aber eben auch durch die langen Registrierungsverfahren laufen 2/3 der Patentlaufzeit von 20 Jahren ab, bevor das Präparat auf den Markt gelangt (vgl. Zeidler, 1997, S. 11). Die Rationalisierung und die Verkürzung des Zulassungsverfahrens zählen zu den großen Vorteilen des zentralen Zulassungssystems in der EU. Probleme bringt aber das zentrale Verfahren für die Industrie, denn eine negative Zulassungsentscheidung bringt eine Verbannung des Präparates auf allen Märkte mit sich (vgl. Clement et al., 1995, S. 122).

Zulassungsverfahren	*Zentrales Verfahren*	*Dezentrales Verfahren*	*Nationale Sonderverfahren*
Geltungsbereich	AM darf in allen EU-Staaten vertrieben werden	AM darf nur in bestimmten EU-Staaten vertrieben werden	AM darf nur in einem Land angeboten werden
Arzneimittelform	• biotechnologische AM der Liste A[17] • wahlweise auch AM der Liste B[18].	• innovative AM der Liste B, • Generika • u.a.	• homöopathische AM i.S. der §§ 16, 16a, AMG) • nicht rezeptpflichtige AM i.S. der §§ 17a, 17b, AMG • u.a.
Behörde	EMEA und nationale Zulassungseinrichtungen (z.B. BMAGS)		
Dauer des Verfahrens	maximal 240 Tage + 3 Monate bis zum Erhalt der EU-weiten Zulassungen	maximal 90 Tage + 1 Monat bis zum Erhalt der nationalen Zulassungen	mindestens 180 Tage
Gültigkeitsdauer der Zulassung	mindestens 5 Jahre		

Tabelle 01: Europa - Modifizierte Darstellung der AM-Zulassung

Quelle: eigene Darstellung

[17] Die Liste A beinhaltet alle AM, die durch biotechnologische Verfahren hergestellt werden (vgl. AMZ, 1999, S. 41).

[18] Die Liste B enthält u.a. alle innovativen AM, die neue Wirkstoffe enthalten, die durch neue technische Fertigungsverfahren produziert werden, die für vollkommen neue Indikationen entwickelt worden sind und AM, die aus menschlichen Blut oder Blutplasma gewonnen werden (vgl. AMZ, 1999, S. 41).

2.1.3 Apothekenmarkt als Bestandteil des Arzneimittelmarktes

Der Arzneimittelmarkt ist sehr heterogen und zersplittert in viele Teilmärkte. Die verschiedenen Segmente des Arzneimittelmarktes können nach den folgenden Kriterien abgegrenzt werden:

- nach dem Vertriebsweg in den Apothekenmarkt (apothekenpflichtige Produkte) und den Markt für freiverkäufliche Produkte,
- nach dem Abgabestatus rezeptpflichtig und rezeptfrei,
- nach den Kostenträgern in den erstattungsfähigen- (KK-/GKV-Markt) und den nicht erstattungsfähigen Markt,
- nach dem Innovationsgrad in den patentgeschützten und dem Generika-Markt[19].

Im wesentlichen soll in dieser Arbeit, nicht zuletzt wegen ihrer handelswissenschaftlichen Ausrichtung, eine horizontale Klassifikation nach dem Vertriebsweg in den Apothekenmarkt und den Markt für freiverkäufliche Produkte (Verkauf in Drogerien, Reformhäusern, Supermärkten) erfolgen.

Der Apothekenmarkt erfaßt alle abgesetzten (apothekenpflichtige- und freiverkäufliche) Waren, die im Apothekeneinzelhandel über den Ladentisch gehen. Nach den Bestimmungen des AMG unterscheidet man, nach der Risikobehaftung der Medikamente, zwischen verschreibungspflichtigen, apothekenpflichtigen und freiverkäuflichen Arzneimitteln. Freiverkäufliche Produkte können im Gegensatz zu apothekenpflichtigen, auch außerhalb der Apotheke (in alternativen Einzelhandelsbetriebsformen[20]) verkauft werden. Apothekenpflichtige Arzneimittel unterliegen in der Mehrzahl der Verschreibungspflicht. Freiverkäufliche Arzneimittel in der Apotheke unterliegen nicht der Verschreibungspflicht können aber dennoch verschrieben werden.

---

[19] Anmerkung: Eine Klassifikation des Arzneimittelmarktes nach dem Innovationsgrad wird primär von der Industrie und von den Krankenkassen praktiziert. Aus der Sicht des Einzelhandels ist eine solche Aufteilung jedoch weniger zielführend. Dennoch findet eine Differenzierung zwischen dem generischen und dem Markt für innovative Arzneimittel in der vorliegenden Arbeit im Unterkapitel „Arzneimittel in der Industrie“ statt.

[20] Betriebsformen stellen unternehmensübergreifende Systematiken von Handelsbetrieben dar. Eine Betriebsformensystematik kann durch eine Klassifikation oder durch eine Typisierung erstellt werden. Wird sie durch Typisierung erstellt, bilden die entstehenden Betriebsformen unternehmensübergreifende Typen ab (Olbrich, 1998, S. 112).

Ein solcher Fall wäre dann sinnvoll, wenn die Kosten der ärztlichen Verordnung von der jeweiligen Krankenkasse getragen werden. Die Verschreibungspflicht ist auf der anderen Seite jedoch kein Indikator dafür, daß der Sozialversicherungsträger die Kosten tatsächlich übernimmt. Beispiele dafür sind die in den letzten Jahren auf den Markt gekommenen Lifestyle-Produkte. Eines der bekanntesten Lifestyle-Produkte ist „Viagra®". Dieses Produkt ist rezeptpflichtig und muß damit vom Arzt verschrieben werden, die Kosten des Arzneimittels trägt aber vollständig der Bezieher.

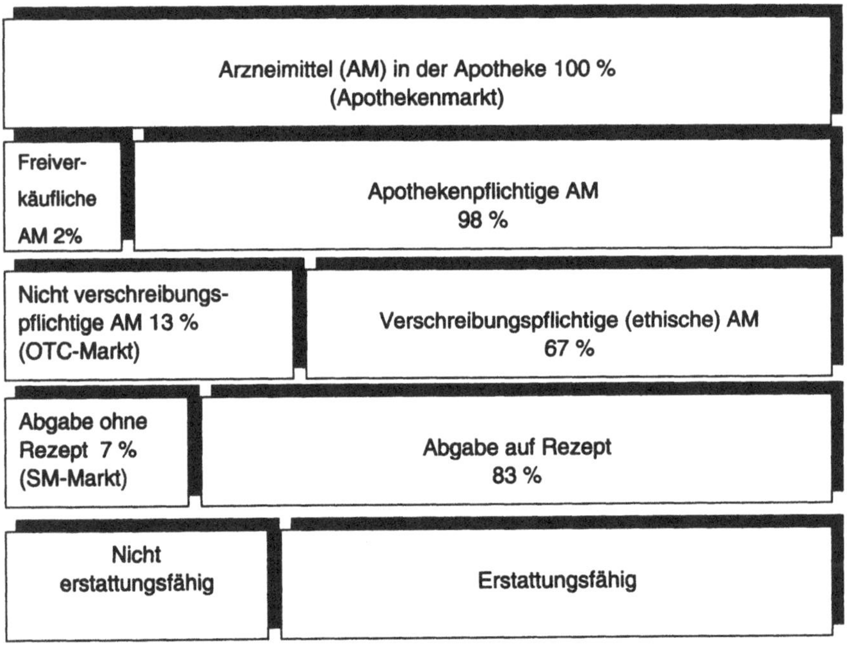

Abbildung 03: Deutschland – Apothekenmarkt 1998

Quelle: adaptiert nach Schulenburg/Wähling, 2000, S. 12.

Als eigenständige Teilsegmente umfaßt der Apothekenmarkt sowohl den KK-/GKV-Markt, der sich wiederum mit dem Markt für ethische, innovative und Nachahmer bzw. Generika-Produkten überschneidet, als auch den OTC- und SM-Markt, die für den Apotheker als absolute Wachstumsmärkte gelten. Wertmäßig teilen sich die Märkte für das Jahr 1998 wie folgt auf:

Umsätze in €	*Österreich*	*Deutschland*
Apothekenmarkt (AVP)	2,08 Mrd.	21,6 Mrd.
• *KK-/ GKV-Markt*	1,6 Mrd.	17,1 Mrd.
• *SM-/ OTC-Markt (AVP)*	394, 4 Mio.	4,6 Mrd.

Tabelle 02: Österreich und Deutschland - Apothekenmarktsegmente 1998

Quelle: Daten entnommen aus IWI, 2000, S. 32; HV.d.SV., 1999, S. 10; Schulenburg/Wähling, 2000, S. 14f; Snicek, 1999, S. 9f

Der KK-Markt basiert auf allen verordneten apothekenpflichtigen Arzneimitteln, die vom Arzt verschrieben werden und vom Sozialversicherungsträger (Krankenkassen) bezahlt werden. Im wesentlichen wird dieser Markt explizit vom Verschreibungsverhalten der Ärzte und implizit von möglichen staatlichen Eingriffen in den Arzneimittelmarkt gesteuert. Dieser Markt ist der wichtigste Teilmarkt im Apothekenmarkt und nimmt durchschnittlich knapp 70 % des Umsatzes der Apotheken ein (vgl. Scheifele, 2000, S. 14). Österreich hat gegenüber den anderen europäischen Ländern traditionell eine strenge Rezeptpflicht. 86,1 % aller Arzneimittel sind in Österreich rezeptpflichtig. Dieses Faktum ist unter anderem ein Grund dafür, daß der SM-Markt[21] in Österreich derzeit keine bedeutende Rolle spielt (vgl. Snizek, 1999, S. 18).

Der SM-Markt umfaßt alle nicht verschreibungspflichtigen Produkte. Hier kauft der informierte Patient (im Sinne eines „smart shopper") verschreibungsfreie Arzneimittel selbst, ohne dafür die Leistungen der sozialen Krankenversicherung in Anspruch zu nehmen. Dem Apotheker kommt im Rahmen der Selbstmedikation eine Schlüsselrolle zu, da er in diesem Markt als erster und oftmals einziger Ansprechpartner für den Patienten bei der Sortimentswahl fungiert. Diese Erkenntnis, die mit dem Wandel des Einkaufsverhalten einhergeht bzw. durch die Begriffe „Emanzipation oder Mündigkeit des Kunden" umschrieben werden, sind auch von führenden Apothekenfunk-

[21] Selbstmedikation ist laut der Pharmig Definition, die Selbstbehandlung durch den Patienten oder seiner Umgebung (Angehörige etc.), die bei einer Störung des Befindens ohne Einschaltung des Arztes ergriffen werden, um das Wohlbefinden wiederherzustellen oder Befindlichkeitsstörungen vorzubeugen bzw. gar nicht erst aufkommen zu lassen. Selbstmedikation bedeutet daher, daß rezeptfreie Medikamente privat gekauft werden, ohne dafür die Leistungen der sozialen Krankenversicherung in Anspruch zu nehmen (Snizek, 1999, S. 8).

tionären akzeptiert, wie die folgende Äußerung durch den Vizepräsidenten der Wiener Apothekerkammer, deutlich macht:

> *Die Patienten werden immer mündiger und haben längst das Wissensmonopol der Ärzte und Apotheker gebrochen (vgl. Wellan, 2001, S. C 5).*

Der SM-Markt hängt eng mit dem OTC-Markt zusammen. Beide Märkte gelten als Wachstumsmärkte. Zwischen 1992 und 1998 ist der deutsche SM-Markt um 27 % gestiegen, 1997 lag der Anteil der Selbstmedikation bei 17,7 %. In Österreich liegt der Anteil des Selbstmedikationsmarktes am gesamten Arzneimittelmarkt bei 9,5 % im Gegensatz zur Schweiz, wo der Anteil am Selbstmedikationsmarkt 1997 bei 25,8 % lag, d.h., jedes vierte Präparat wird in der Schweiz direkt vom Konsumenten in den Apotheken erworben. Damit weist die Schweiz europaweit den höchsten Anteil auf. (vgl. Snicek, 1999, S. 16).

Der OTC-Markt ist räumlich gesehen nicht, wie der SM-Markt, nur auf die Apothekeneinzelhandelsbetriebe zu beziehen, sondern OTC-Produkte werden auch in alternativen Einzelhandelsbetriebsformen verkauft, wie in Drogerien, Reformhäusern und im Lebensmitteleinzelhandel (Nahrungsergänzungs- und Verzehrprodukte). Im Gegensatz zum SM-Markt überschneidet sich der OTC-Markt theoretisch mit dem KV-Markt. Die Diskrepanz der beiden Märkte ist gering, da einzelne rezeptfreie Medikamente vom Arzt trotzdem verschrieben werden können und von der Krankenversicherung dann erstattet werden. Letzteres Marktsegment spielte aber immer eine unbedeutende Rolle und wies in den letzten Jahren monoton fallende Marktanteile auf (vgl. BPI, 1998, S. 10).

2.2 Begriff und Bedeutung der Erfolgsforschung

2.2.1 Begriff des Erfolgs

Erfolg ist ein komplexer Begriff, der durch seine Vielschichtigkeit und seine Mehrdimensionalität je nach Zielausrichtung und Betrachtungsweise geprägt ist. Die Frage, was ist Erfolg und wie ist Erfolg meßbar, wird automatisch aufgeworfen, wenn man sich mit diesem Begriff auseinandersetzt. Seibert führt dazu aus, daß Erfolg ein subjektiv empfundenes Phänomen, darstellt und daher nur schwer meßbar ist (vgl. Seibert, 1988, S. 53). Erfolg kann allgemeinwissenschaftlich und betriebswirtschaftlich definiert werden. Die Brockhaus-Enzyklopädie interpretiert „Erfolg" von der betriebswirtschaftlichen Seite her, als das Ergebnis der wirtschaftlichen Tätigkeit eines Unternehmens während einer Betrachtungszeit (Jahr, Quartal, Monat). In der BWL kann Erfolg als Differenz des gesamten Wertentstehung und dem Werteverzehr einer Periode sowohl negativ als auch positiv sein (vgl. Brockhaus, 1997, S. 529). Mit anderen Worten heißt dies, wenn man von dem Erfolg einer Unternehmung spricht, kann es sich dabei um einen Gewinn oder Verlust einer Periodenerfolgsrechnung handeln. Dies allein zeigt die Bandbreite des Begriffes Erfolg, der somit als eine Variable gesehen werden darf.

Allgemein wird unter Erfolg jedoch etwas Positives gesehen. Meyers Enzyklopädisches Lexikon setzt Erfolg mit dem Erreichen eines Zieles gleich. Damit wäre Erfolg eine Art Gradmesser der Zielerreichung. Das Erlebnis des Erfolges hängt weniger von der absoluten Höhe der Leistung, als von ihrer Übereinstimmung mit den selbst gesetzten Erwartungen ab. Wird das gesetzte Ziel nicht erreicht, so handelt es sich um einen Mißerfolg, erfüllt man die gesteckten Erwartungen, wird dies als Erfolg gewertet. Bei zu einfachen und zu komplexen Aufgaben, so die Enzyklopädie weiter, treten Erlebnisse des Erfolgs oder Mißerfolgs nicht auf (vgl. Meyers Enzyklopädie, 1973, S. 104). Erfolg ist ein Konstrukt, welches quantitativ z.B. durch die Höhe des Gewinnes oder qualitativ durch die den Grad der Zielerreichung gemessen werden kann (vgl. Hurth, 1998, S. 54). Erfolg ist somit abhängig von Zielen und muß wie diese operational definiert werden, dies geschieht in der Regel durch die Festlegung von Indikatoren.

2.2.2 Einordnung der Erfolgsforschung als Bestandteil der Handelsforschung

Die viel zitierte These vom „Wandel im Handel“ spiegelt nicht nur das Marktgeschehen innerhalb der Handelsbranche (vorwärtsdrängender Modernisierung) in den letzten Jahrzehnten wieder, sondern er ist auch von einem „Wandel der Handelswissenschaft“ geprägt (vgl. Schenk 1991, S. 16). Diese Entwicklung ist aber nachvollziehbar, wenn man sich eine Grundregel im Handel vor Augen führt: „Handel und Markt bedingen einander. Ohne Markt kein Handel – ohne Handel kein Markt.“ (Schenk 1999, S. 444). Aufgrund dessen kommt dem Handel eine besondere Bedeutung zu: „Er ist Schlüsselfaktor der ökonomischen, aber auch der politischen, gesellschaftlichen und kulturellen Entwicklung“ (Wölk 1991, S. 48). Den permanenten Veränderungsprozessen, die sich im Handel und im Markt vollziehen, konnte sich die Handelswissenschaft und auch die Handelstheorie nicht entziehen. Geschichtlich gesehen stand die Geschichte des Handels bzw. der Handelslehre im Spannungsfeld zwischen der Volkswirtschafts- und der Betriebswirtschaftslehre[22]. Bis in die zwanziger Jahre des letzten Jahrhunderts war eine namentliche Identität von Betriebswirtschafts- und Handelsbetriebslehre festzustellen. Heute ist die Handelsbetriebslehre nach Barth als eine „wirtschaftszweigspezifische Konkretisierung der Allgemeinen Betriebswirtschaftslehre zu verstehen“ (vgl. Barth 1996, S. 14f.).

Nach dem Ende des zweiten Weltkrieges hat eine neue Zeitepoche im Handel begonnen, die des „modernen Handels“ (Schenk 1999, S. 445). In den fünfziger Jahren des letzten Jahrhunderts standen neuartige Betriebsvergleiche, Konsumentenanalysen und erste Preis- und Sortimentsvergleiche im Hinblick auf die Selbstbedienung im Vordergrund des Forschungsinteresses.

Die 60er Jahre waren von dem bis heute anhaltenden und damals einsetzenden Konzentrationsprozessen geprägt. Schwerpunkte der Forschung waren großangelegte Branchenanalysen des Groß- und Einzelhandels mit dem Ziel, künftige Umsatz

---

[22] Die Betriebswirtschaftslehre ist neben der Volkswirtschaftslehre ein Teil der Wirtschaftswissenschaften. Grob lassen sich diese Teildisziplinen insofern unterscheiden, daß die Betriebswirtschaftslehre das Verhalten von Unternehmen auf Märkten untersucht und die Volkswirtschaftslehre sich primär mit den Ordnungsrahmen der Märkte auseinandersetzt (vgl. Schauenberg, 1998, S. 3).

und Flächenproduktivitäten zu ermitteln und die Auseinandersetzung mit der Frage nach der optimalen Betriebs- und Unternehmensgröße.

In den siebziger Jahren fokussierte man sich auf personalpolitische Probleme im Handel – Konzepte zur Personaleinsatz- und Personalentwicklungsplanung standen im Vordergrund der Betrachtungen. Darüber hinaus bildeten neue Kooperationssysteme im Handel weitere Forschungsinhalte.

In den 80er Jahren wurde der Einfluß der Berater auf die Handelsforschung zunehmend stärker. Computergesteuerte Warenwirtschaftssysteme, Managementinformations-, Marktbearbeitungs- und Erfolgsrechnungssysteme waren dominierende Elemente der Handelsforschung.

Die neunziger Jahre waren durch die gewaltige Veränderung der politischen Rahmenbedingungen geprägt. Der Zusammenbruch des kommunistischen Systems und die Bildung der europäischen Wirtschafts- und Währungsunion nahmen damit auch Einfluß auf die Handelsforschung. Um die neuen internationalen Märkte (Globalisierung) erobern zu können, wurden strategische Entscheidungen und ihre Einflußfaktoren auf den Erwerb von Wettbewerbsvorteilen gegenüber der Konkurrenz von entscheidender Bedeutung. Seitdem liegt ein Forschungsschwerpunkt in der Identifikation von Einflußfaktoren für den Erfolg von Handelsunternehmen. Die Erfolgsforschung, als Grundlage des evolutionären Handelsmanagements, wird unter den neueren Lehren der Charakter einer zukunftsweisenden Managementlehre attestiert (vgl. Ahlert/Schröder, 1998, S. 51). Die daraus entstandene Erfolgsfaktorenforschung versucht, strategisch bedeutsame Parameter als Ziel und Planungsgrößen offenzulegen (vgl. Barth 1996, S. 21f.).

Anders ausgedrückt bemüht sich die Erfolgsfaktorenforschung, als neues Teilgebiet in der Betriebswirtschaftslehre der Frage nachzugehen, was erfolgreiche Unternehmen von weniger erfolgreichen unterscheidet (vgl. Müller-Hagedorn 1998, S. 39). Diese entscheidenden Fragestellungen betreffen nahezu ausnahmslos die Problematik der strategischen Stoßrichtungen der Unternehmenspolitik. In diesem Zusammenhang wird regelmäßig auf die Befunde der Erfolgsfaktorenforschung zurückgegriffen, die in den letzten Jahren einen gewaltigen Aufschwung erlebt hat (vgl. Nieschlag/Dichtl/Hörschgen 1997, S. 115).

2.2.3 Forschungsansätze der Erfolgsforschung

Nach Ahlert gilt es, zwischen der Erfolgsforschung, der Erfolgsfaktorenforschung und dem Benchmarking zu unterscheiden. Diese drei termini technici werden all zu oft miteinander verwechselt oder es findet gar keine Unterscheidung zwischen diesen drei Forschungsansätzen statt. Die Erfolgsforschung basiert auf der Erfolgsfaktorenforschung und dem Benchmarking. Die Erfolgsforschung als Oberbegriff orientiert sich an erfolgreichen Vorbildern und dient der Erforschung exzellenter Konzeptionen und Praktiken. Der Begriff Erfolgsforschung wird in den letzten Jahren sukzessive durch den angloamerikanischen Ausdruck Benchmarking ersetzt bzw. oftmals gleichgesetzt. Die Erfolgsforschung ist aber dahingehend weiter gefaßt, indem sie noch die Erfolgsfaktorenforschung beinhaltet. (vgl. Ahlert/Schröder, 1998, S. If).

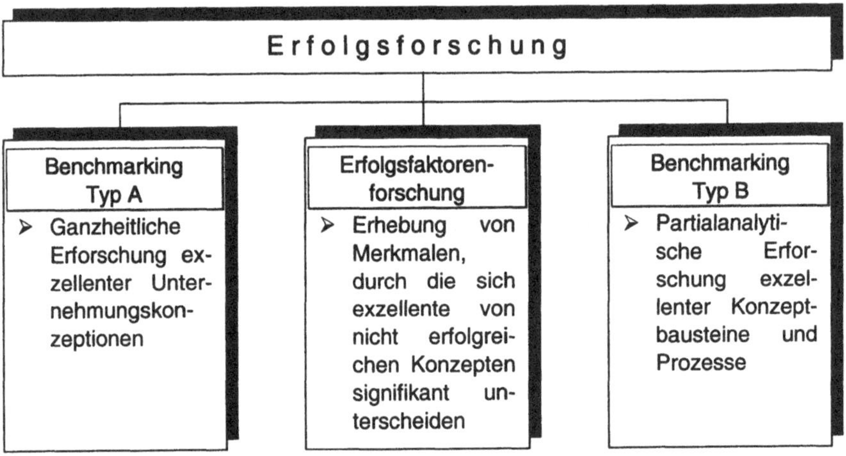

Abbildung 04: Elemente der Erfolgsforschung

Quelle: adaptiert nach Ahlert/Schröder 1998, S. I.

Die Erfolgsforschung (Orientierung an erfolgreichen Vorbildern) besteht demnach aus der Erfolgsfaktorenforschung (Identifikation und Analyse von Schlüsselfaktoren) und BM (Identifikation von internen und externen Konzepten und Konzeptbausteinen). Sinn und Zweck der Erfolgsforschung ist es, exzellente Organisationen zu identifizieren und deren Konzepte zu analysieren, um Ideen für eigene Veränderungen zu gewinnen, um sie dann adaptierend auf das eigene Unternehmen (Profitcenter, strategisches Geschäftsfeld etc.) anzuwenden (vgl. Eickhoff 1997, S. 2).

Nach Ahlert kann die Erfolgsforschung (Benchmarking) sowohl

- innerhalb der eigenen Unternehmung (internal Benchmarking) oder
- außerhalb der eigenen Unternehmung (external Benchmarking) erfolgen (vgl. Ahlert 1994, S. 2).

Gegenstand der Erfolgsforschung ist somit die Suche und Analyse von Informationen über erfolgreiche Konzepte. Die Aufgaben der Erfolgsforschung sind komplex und haben unterschiedliche Dimensionen, wie folgende Abbildung zeigen soll:

Dimensionen der Erfolgsforschung	*Fragestellung*	*Beispiel*
• ***Subjektbezogene personelle Dimension***	Wer initiiert...	Ein Institut für Handel und Marketing initiiert...
• ***Zeitliche Dimension***	wann...	im Jahr 2001...
• ***Sachliche Dimension***	die Erfolgsforschung welcher erfolgreicher Konzepte...	die Erforschung erfolgreicher Apothekeneinzelhandelsunternehmen...
• ***Räumliche Dimension***	wo...	innerhalb von Österreich...
• ***Objektbezogene personelle Dimension***	bei wem...	bei allen öffentlichen Apotheken...
• ***Instrumentelle Dimension***	und wie?	durch eine schriftliche Befragung.

Abbildung 05: Dimensionen der Erfolgsforschung

Quelle: adaptiert nach Ahlert et al., 1996, S. 102.

Das Ziel der Erfolgsforschung ist, im Gegensatz zur Erfolgsfaktorenforschung, umfassender, da sich die Erfolgsforschung nicht nur auf die Ermittlung, Identifikation und Analyse einzelner Faktoren bezieht, sondern erfolgreiche Gesamtkonzepte und Konzeptbausteine entdeckt, ihre Rahmenbedingungen ermittelt, die Erfolgsursachen ergründet und Gestaltungsempfehlungen für die Übertragung auf die eigene Unternehmung entwickelt (vgl. Ottenjann, 1996, S. 21).

Im Rahmen der Erforschung von Erfolgsfaktoren unterscheidet man zwischen quantitativen und qualitativen Untersuchungen. Basierend auf den unterschiedlichen Erhebungs- und Analysenmethoden versucht die quantitative Variante, über die standardisierte Erhebung von Unternehmensdaten und deren bi- oder multivariater Auswertung Wirkungszusammenhänge zwischen quantitativen Erfolgsfaktoren und Erfolgsgrößen aufzudecken. Als Beispiel wird in diesem Zusammenhang immer wieder die PIMS-Studie[23] angeführt, die jedoch nur eine mangelnde Repräsentativität für die Handelsbranche aufweist, da nur wenige Handelsunternehmen bei dieser umfassenden Studie befragt worden sind. Die qualitative Ermittlung von Erfolgsfaktoren wird im Gegensatz dazu in explorativen oder strukturierten Gesprächen mit Experten gewonnen. Ergebnisse dieser Analysen basieren in erster Linie auf „soft facts“, wie beispielsweise der Unternehmenskultur, Unternehmensgrundsätze und Führungskultur (vgl. Müller-Hagedorn/Greune, 1992, S. 122; Hurth, 1998, S. 47).

Letztendlich kann die Generierung von Erfolgsfaktoren sachlich gesehen aus:

- theoretischen Erkenntnissen,
- Plausibilitätsüberlegungen,
- situationsspezifischem Wissen und aus
- Erkenntnissen empirischer Analysen

gewonnen werden (vgl. Hurth, 1998, S. 48).

---

[23] „Das PIMS-Programm (Profti Impact of Market Strategies) stellt die umfassendste Datensammlung zur empirischen Fundierung von Geschäftsbereichsstrategien dar. Insgesamt sind strategisch relevante Merkmale von ca. 3000 strategischen Geschäftseinheiten erfaßt. 250 Unternehmen unterschiedlicher Branchen und Länder stellen derzeit Daten zur Verfügung" (Meffert, 1994, S. 57).

2.2.3.1 Erfolgsfaktorenforschung

Die Erfolgsfaktorenforschung im Handel ist so alt wie der Handel selbst. Nicht unter diesem terminus technicus, sondern früher und heute kannte man dazu im deutschsprachigen Raum nur die Begrifflichkeit des „Abkupferns“.

> *Fehlende Schutzrechte, eine hohe Umstellungsflexibilität der Konkurrenz und gute Erfolgsaussichten bei schnellen Imitationen charakterisieren die Angebotsmärkte im Handel (Ahlert/Schröder, 1998, S. 1).*

Im Apothekeneinzelhandel dreht sich auf Grund der zahlreichen Reglementierungen das „wheel of retailing“ langsamer. Trotzdem werden in den nächsten 10 Jahren große Veränderungen auf den Apothekeneinzelhandel zukommen (vgl. Schulenburg/Wähling, 2000, S. 36). Vom Apotheker wird dadurch verlangt, sich ähnlich schnell, wie in der sonstigen Handelslandschaft, an die veränderten Rahmenbedingungen anzupassen. Neue Lösungskonzepte müssen daher entwickelt oder bereits vereinzelt vorhandene erfolgreiche Praktiken sollten übernommen werden. Für die Umsetzung dieser neuen und alten Konzepte liefert die Erfolgsforschung die Informationsgrundlage.

Die Analyse von Erfolgsfaktoren ist Bestandteil verschiedener betriebswirtschaftlicher Forschungsansätze (Porter, 1990, S. 26). Das Ziel der Erfolgsfaktorenforschung im Einzelhandel ist eine Verbesserung des Unternehmenserfolges, indem Parameter gesucht werden, die den Erfolg eines Unternehmens beeinflussen. Sie geht dabei von dem Prinzip aus, daß je nach Branche und Marktbedingungen, in der das betrachtete Unternehmen operiert, einige wenige Bestimmungsfaktoren existieren, die den Erfolg oder Mißerfolg eines Unternehmens bestimmen (Eisenmann/Gielen, 1998, S. 181f).

Die Erfolgsfaktorenforschung konzentriert sich auf die Identifikation und Analyse von Schlüsselfaktoren, die in der eigenen Unternehmung zu suchen sind, „dabei geht es im Unterschied zum Benchmarking nicht um die Analyse einzigartiger (Einzel-) Praktiken, sondern einzelfallübergreifend um die Entdeckung kritischer Variablen (Schlüsselfaktoren), durch die sich exzellente Unternehmungen oder strategische

Geschäftseinheiten, also die Gewinner, von den Verlierern signifikant unterscheiden" (Ahlert/Schröder 1998, S, If).

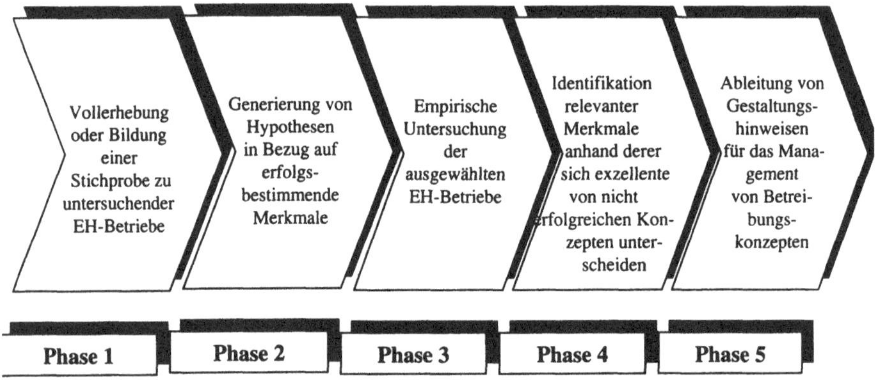

Abbildung 06: Phasen der Erfolgsfaktorenforschung

Quelle: adaptiert nach Ahlert/Schröder, 1998, S. II.

Aufgabe der Erfolgsforschung ist es, wesentliche Einflußparameter auf den Erfolg zu identifizieren und zu systematisieren. Hierbei geht man von zwei verschiedenen Arten von Erfolgsfaktoren aus: Zum einen, die ein Einzel- oder Handelsbetrieb selbst steuern kann (interne Faktoren) und zum anderen den sogenannten Umweltfaktoren (externe Faktoren), die gerade im Apothekeneinzelhandel einen wesentlichen Einfluß auf den Erfolg von Apotheken ausüben (vgl. Müller-Hagedorn, 1993, S. 90ff).

Erfolgsfaktoren			
Interne Faktoren			Externe Faktoren
• Strategie	• Finanzierung	• Service	• Standort
• (Betriebsgröße[24])	• Beschaffung	• (Preis)	• Nachfrage
• Organisation/Führung	• Ladengestaltung	• (Werbung)	• Wettbewerbs-
• Personal	• (Sortiment)		situation

Tabelle 03: Systematik von Erfolgsfaktoren im Handel

Quelle: Eisenmann/Gielen, 1998, S. 182.

[24] Anmerkung: Die hier kursiv gedruckten und in Klammern gesetzten vier wesentlichen Erfolgsfaktoren gelten im Apothekeneinzelhandel nicht als interne Einflußfaktoren für den Erfolg der Apotheke, da sie nur rudimentär vom Apotheker selbst beeinflußbar sind.

Erfolgsfaktoren sind keine standardisierten Größen, die sich beliebig auf andere Unternehmen übertragen lassen, sie sind abhängig von der Unternehmensumwelt und den jeweiligen Marktbedingungen und Reglementierungen, die gerade im vorliegenden Gesundheitsmarkt herrschen. Erfolgsfaktoren lassen sich grundsätzlich auch nicht 1:1 auf andere Unternehmen übertragen, sondern sind immer unternehmens- und situationsspezifisch (vgl. Schulte-Zurhausen, 1999, S. 81).

Bruhn, 1999, S. 16:	„Erfolgsfaktoren können auch Maßnahmen bzw. Leistungen des Unternehmens sein, die vom Kunden nicht wahrgenommen werden, die aber trotzdem maßgeblich zum Erfolg des Unternehmens beitragen (z.B. ein umfassendes internes Informations- und Kommunikationssystem)."
Steiner, 1969, S. 19:	„Strategic factor refers to an action, element, or coordination which for a business may be of critical importance in its success or failure. It can refer both to a force outside company as well as one within an enterprise"
Müller-Hagedorn, 1993, S. 90:	Erfolgsfaktoren sind Größen, die den Erfolg eines Unternehmens beeinflussen.
Trommsdorf/Kube 1991, S. 17:	„Erfolgsfaktoren und ihre Beziehungen untereinander sind Grundlage für strategische Entscheidungen, insbesondere in der Erzielung von Wettbewerbsvorteilen."

Tabelle 04: Definitionen von Erfolgsfaktoren

Wie die Abbildung zeigt, besteht in der Literatur keine Einigkeit darüber, wie Erfolgsfaktoren zu definieren sind. Nach Adam sind aber drei generelle Denkstile festzustellen:

- Erfolgsfaktoren werden als Ergebnis bestimmter Verhaltensmuster oder Grundtugenden von Unternehmen und Betrieben gesehen,
- Erfolgsfaktoren werden als Ergebnis genereller, unternehmens- und branchenübergreifender strategischer Gesetzmäßigkeiten (Bsp. PIMS) gesehen,
- Erfolgsfaktoren werden als Ergebnis unternehmensindividueller, den langfristigen Erfolg beeinflussender Stärken und Schwächen gesehen. Strategische Lücken im

Marktauftritt, Service und Ladengestaltung etc. sollen identifiziert und möglichst konkrete Konzepte für erfolgversprechende Maßnahmen entwickelt werden. Anschließend sind diese neuen Ideen auf Ihr Risiken- und Chancenpotential zu überprüfen (vgl. Adam, 1996, S. 322).

Dieser Arbeit soll, was die Definition des „Erfolgsfaktors" bzw. deren Denkrichtung anbelangt, die dritte und letzte Denkrichtung zu Grunde gelegt werden. Die ersten beiden Denkstile haben den Nachteil, daß eigentlich nicht die Strategien, sondern die Sekundärwirkungen der Maßnahmen auf Faktoren wie KU, UR, geringe Rentabilität etc. untersucht werden. Für die strategische Planung stellt sich aber die Frage, wie die Ursachen für die erkannten negativen Sekundärwirkungen zu beseitigen sind und wie eine neue strategische Ausrichtung implementiert werden kann. Dies kann aber nur geschehen, wenn der Vergleich zur Konkurrenz eingehend untersucht wird und konkrete Stärken und Schwächen des zu analysierenden Betriebstyps aufgezeigt werden (vgl. Adam, 1996, S. 335).

Infolgedessen wird auch in dieser Arbeit in Kapitel vier eine spezifische Situationsanalyse im Apothekeneinzelhandel durchgeführt, welche die genannten Kriterien berücksichtigt, bevor dann im folgenden eine empirische Befragung bei Apothekern durchgeführt wird.

Zentrale Erfolgsfaktoren sollen in der vorliegenden Arbeit als Faktoren bezeichnet werden, die bei erfolgreichen Apothekeneinzelhandelsunternehmen überdurchschnittlich häufig auftreten und bei weniger erfolgreichen Apotheken unterdurchschnittlich oft ausgeprägt sind. Das Konstrukt Erfolg kann quantitativ oder qualitativ gemessen werden.

In dieser Arbeit soll der Erfolg quantitativ gemessen werden in Form des Apothekenumsatzes. Apothekeneinzelhandelsbetriebe gelten demnach als erfolgreich, wenn sie Umsatzmaximierung betreiben – eine in der Betriebswirtschaft recht riskante und gewagte These. Im Apothekenmarkt sind jedoch Absatzpreise und Spannen per Gesetz und Verordnung festgelegt. Dies läßt den Umkehrschluß zu, daß bei steigendem Absatz, der mit steigendem Umsatz positiv korreliert, durch eine staatliche fixierte Preispolitik auch die fixierten Spannen ansteigen und somit der Gewinn der Apotheken proportional zum Umsatz steigt.

2.2.3.1.1 Erfolgsfaktorenforschung als Bestandteil der strategischen Unternehmensführung

Aufgabe des strategischen Handelsmanagements ist es, Erfolgspotentiale zu schaffen und auszubauen, um die Überlebensfähigkeit der Unternehmung zu sichern (Ahlert et al., 1996, S. 97). Demgegenüber obliegt es dem operativen Handelsmanagement, die vorhandenen Erfolgspotentiale optimal auszuschöpfen (Ahlert/Schröder, 1998, S. 14).

Ausgehend vom Bestseller von Peters und Waterman die „In Search of Excellence" (ein Beispiel für eine qualitative Erfolgsfaktorenanalyse) sowie der zahlreichen anderen Publikationen[25] zu diesem Thema und der derzeitigen Marktsituation der stagnierenden und schrumpfenden Wachstumsraten im Handel, bekam die Erfolgsfaktorenforschung im Handel einen veränderten Hintergrund, der sich mit der strategischen Orientierung, der Frage nach einem längerfristigen Erfolgskonzept und dem Wettbewerbsvorteil befaßt. Bis in die späten 80er Jahre wurden Händler oftmals als „prototypische Nichtstrategen" bezeichnet. Das Einsetzen der Erfolgsforschung führte dazu, daß sich die Handelsmanager zunehmend mit den Inhalten der strategischen Unternehmensplanung auseinandersetzten.

Die strategische Unternehmensplanung ist ein Bestandteil des strategischen Managements. Dieser wird jedoch eine strategische Analyse vorgeschaltet, die aus einem induktiven und einem deduktiven Teil besteht. Zum einen werden Unternehmens- und Umfeldanalysen durchgeführt um Problemfelder aufzudecken. Die Lokalisierung von Stärken und Schwächen in der Unternehmung oder der Apotheke deckt gleich-

[25] Laut einer Recherche in der Universitätsbibliothek in Köln wurden in den letzten Jahren allein 108 Publikationen zu diesem Thema veröffentlicht (Müller-Hagedorn, 1999, S. 739).

zeitig die Chancen und Risiken der Umwelt für das zu betrachtende Einzelhandelsunternehmen auf. Diese eher deskriptiven Analysen werden oft kombiniert mit Berichten, die aus dem Einzelfall abgeleitet werden und dann verallgemeinert werden (induktive Sichtweise). Als Ergänzung dieser induktiven Sichtweise kommen nunmehr durch die Erkenntnisse der Erfolgsfaktorenforschung deduktive Elemente hinzu, die darauf abzielen, strategische Erfolgsfaktoren als Determinanten des Unternehmenserfolges aufzudecken (vgl. Meffert, 1988, S. 1ff).

Patt unterscheidet qualitative und quantitative strategische Erfolgsfaktoren wie folgt:

> *Unter **qualitativen strategischen Erfolgsfaktoren** sind inhaltlich beschriebene und verallgemeinerte Unternehmensgrundsätze bzw. Grundtugenden unternehmerischen Handelns zu verstehen, die überdurchschnittlich erfolgreiche Unternehmen von anderen erfolgreichen Unternehmen unterscheiden. Als **quantitative strategische Erfolgsfaktoren** werden hingegen Situationen, Elemente, Strukturen oder Leistungsfaktoren bezeichnet, die einen signifikanten Einfluß auf den Erfolg eines Unternehmens oder einer strategischen Geschäftseinheit ausüben (Patt, 1990).*

Die Erfolgsfaktorenforschung basiert auf der Erkenntnis, daß es einige zentrale Bestimmungsgrößen gibt, die den Erfolg eines Unternehmens maßgeblich bestimmen. Im Rahmen der strategischen Unternehmensplanung wird der Identifikation dieser strategisch relevanten Variablen ein hoher Stellenwert zugeordnet, da die Analyse dieser Erfolgsfaktoren eine wichtige Basis für die Entwicklung einer künftigen Unternehmensstrategie darstellt (Müller-Hagedorn/Greune, 1992, S. 122). Dies gilt um so mehr, da wie oben dargelegt, gerade die externen Umweltfaktoren einen im Verhältnis zu anderen Handelsbranchen großen Einfluß auf den Apothekenerfolg haben.

Die Bestimmung strategischer Erfolgsfaktoren kann prinzipiell auf verschiedenen Ebenen erfolgen:

- branchenübergreifende Erfolgsfaktoren,
- branchenspezifische Erfolgsfaktoren,
- unternehmensspezifische Erfolgsfaktoren und
- geschäftsfeldspezifische Erfolgsfaktoren (vgl. Hurth, 1998, S. 46f).

Aufgrund der bereits angesprochenen und im weiteren Verlauf der Arbeit noch dargelegten internen und externen komplexen Rahmenbedingungen im Apothekenmarkt, beschäftigt sich die vorliegende Arbeit mit der Analyse von branchen- und auch betriebsspezifischen Erfolgsfaktoren, da im rezept- und apothekenpflichtigen Bereich des Arzneimitteleinzelhandels in Österreich und Deutschland bisher nur der Betriebstyp Apotheke als Vertriebskanal zulässig ist. In diesem Sinne führt auch Hurth aus:

> *Aufgrund von Situationsbesonderheiten sind möglichst spezifische Untersuchungen zu empfehlen, z.B. innerhalb einer Branche (Hurth, 1998, S. 49).*

2.2.3.1.2 Erfolgsfaktorenforschung im Apothekeneinzelhandel

Nach Seyffert ist die Handelsforschung pragmatisch orientiert, da sie sich allen Problemfeldern zuwendet, die mit dem organisierten Güteraustausch zwischen den Wirtschaftsgliedern zu tun haben (vgl. Schenk, 1991, S. 97).

Letztendlich dient die Erfolgsfaktorenforschung als Teil der Handelsforschung dem Zweck, der Praxis bei der strategischen und operativen Planung und Analyse (abhängig je nach Forschungsfragestellung) Hilfestellung zu leisten. Die Entscheidungsträger, im vorliegenden Fall die Apotheker, sind im besonderen Maße von der Komplexität[26] politischer, wirtschaftlicher und marktwirtschaftlicher Gegebenheiten geprägt. Sie verfolgen in einem stark reglementierten Markt, in dem Preise und Sortimente gesetzlich vorgeschrieben sind, die betriebswirtschaftliche Kernaufgabe, Gewinne zu erzielen, um den Unternehmensfortbestand zu gewährleisten. Daher ist es gerade für die Apotheker von besonderer Wichtigkeit, Erfolgsfaktorenforschung zu betreiben, da die Umsetzung von identifizierten Erfolgsfaktoren im Apothekenmarkt unternehmerisch notwendig (insbesondere, wenn man sich den deutschen Apothekenmarkt vor Augen führt) und auch einfacher ist, da eine ganze Anzahl von internen und externen Erfolgsfaktoren wie Betriebsgröße, Sortimente, Preise, Werbung,

[26] Nach Adam versteht man unter Komplexität (complexus, lat. = umfassend) die Gesamtheit aller Merkmale eines Zustandes oder Objektes im Sinne von Vielschichtigkeit. Komplexität ist ein mehrdimensionales Phänomen und kommt in verschiedenen Erscheinungsformen zum Ausdruck (Adam 1998, S. 30f.).

als auch Standort und Wettbewerb vom Gesetzgeber fest geschrieben sind, so daß nur noch eine übersichtliche Anzahl von Faktoren (wie z.B. Serviceleistung, Reputation/Image, Kundenbindung) übrig bleiben, die es zu optimieren gilt.

Es bleibt die Frage, nach welchen Spitzenleistungen im Apothekeneinzelhandel gesucht werden soll? Als zentrale Maßgrößen des Wettbewerbs liegt es nahe, die strategischen Erfolgsgrößen Qualität, Kosten und Zeit einer Erfolgsforschung im Apothekeneinzelhandel zugrunde zu legen. Genau hier bedarf es aber im Apothekeneinzelhandel einer genaueren Analyse. Die strategische Erfolgsgröße Qualität[27], hiermit ist die Qualität der Produkte und Sortimente gemeint, übernimmt zu weit mehr als 95 % die pharmazeutische Industrie – sie sorgt im Rahmen des Arzneimittelgesetzes für die Qualität der Produkte, da heutzutage Arzneimittel eben kaum noch in der Apotheke hergestellt werden (vgl. Wähling, 1996, S. 9).

Einigkeit besteht mittlerweile in der Literatur darüber, daß Qualität aus objektiven (technischen) und subjektiven (abnehmerbezogenen) Gesichtspunkten besteht. Die heutige Qualitätssicht ist umfassender und geht über die klassische produktorientierte Sichtweise hinaus. Meffert sieht heute „Qualität als Erfüllungsgrad eines Abnehmerbedürfnisses“ (Meffert, 1994, S. 129).

Das Arzneimittel ist eine für den Kunden relevante Dimension. Im Apothekeneinzelhandel wird die komplette Betreuung des Patienten beim Kauf (Beratungsgespräch) und nach dem Kauf zunehmend bedeutsamer. Der Apothekenmarkt in Österreich und Deutschland darf als gesättigt[28] bezeichnet werden - Apotheken erzielen dort nur dann einen komparativen Konkurrenzvorteil, wenn der subjektive Aspekt der neuen Qualitätssicht (Servicequalität, Kommunikationsqualität) ausgebaut und von den Mitarbeitern gelebt wird (vgl. Adam 1998, S. 134).

[27] Qualität wird nach der klassischen Qualitätssicht nach DIN 55350, Teil 11 definiert, als die Gesamtheit von Eigenschaften und Merkmalen eines Produktes oder einer Tätigkeit, die sich auf deren Eignung zur Erfüllung gegebener Erfordernisse bezieht.

[28] Anmerkung: Obwohl beide Märkte als gesättigt bezeichnet werden, ist doch zwischen dem österreichischen und deutschen Apothekenmarkt und deren Sättigungsgrad zu unterscheiden: in Deutschland findet derzeit eine Sättigung mit Verdrängungswettbewerb (Kannibalisierung) statt, in Österreich ist von einer natürlich gewollten und geplanten Sättigung zu sprechen, da diese durch die Vergabe von Konzessionen gesteuert wird.

Was den strategischen Wettbewerbsvorteil „Zeit“ anbelangt, so ist hier die Leistung des pharmazeutischen Großhandels direkt angesprochen. Dieser beliefert die Apotheke bis zu fünfmal pro Tag, bietet zusätzlich noch Blitzlieferungen an und liefert in dringenden Fällen auch nachts Arzneimittel an die Apotheken.

Was am Ende bleibt sind die Kosten bzw. das Ziel der Kostenreduktion als strategischer Wettbewerbsvorteil. Hier besteht die Möglichkeit, Kostenreduktionen beim Einkauf von Arzneimitteln gegenüber der Industrie (Direktbelieferung) und den Pharmagroßhändlern (Nutzung von Inter- und Intrawettbewerb) durchzusetzen. Bezogen auf den Pharmagroßhandel besteht die Möglichkeit zwischen den verschiedenen Anbietern auszuwählen, wobei zu berücksichtigen ist, daß oligopolistische Marktverhältnisse vorliegen. Darüber hinaus kann im Bereich der Pharmagroßhändler zwischen den Teilsortimentern und den Vollsortimentern unterschieden werden, die gerade die A-Produkte zu verschiedenen Preisen anbieten. Kostenreduktionen könnten auch im Bereich der Personalsteuerung eine Rolle spielen, die Gefahr besteht jedoch, daß dies zu Lasten des Wettbewerbsvorteils Qualität (Dienstleistung gegenüber Kunden) geht.

In den Verkäufermärkten[29] war das Ziel der Kostenreduktion und der hohen Kapazitätsauslastung dominant – die Unternehmen waren in dieser Zeit effizienzorientiert. Die Maßgröße Effizienz, ist als internes Leistungsmaß mit den Erfolgsfaktoren: Kosten und Zeit (Schnelligkeit und Flexibilität) verbunden. Der Marktwandel führte in anderen Branchen dazu, daß neben der Effizienz auch verstärkt Effektivitätsaspekte beachtet werden. Die Maßgröße Effektivität ist als externes Leistungsmaß mit dem Erfolgsfaktor: Qualität (Produktqualität, Servicequalität, Kommunikationsqualität) verbunden. Als Zielsystem beschreiben die Maßgrößen Effektivität und Effizienz die Wurzeln unternehmerischen Handelns, nämlich Streben nach Kundenorientierung und Streben nach Kostenorientierung (vgl. Adam 1998, S. 28f.).

[29] Anmerkung: Der Arzneimittelmarkt war im Gegensatz zu fast allen anderen Teilmärkten niemals einem Marktwandel vom Käufer- zum Verkäufermarkt unterzogen. Jedes Arzneimittel wurde seit je her, ob früher von Pharmazeuten oder heute von der pharmazeutischen Industrie immer nur dann entwickelt, wenn ein Bedarf infolge von Krankheiten vorlag. Somit wurden immer schon versucht kunden- bzw. patientengerechte Produkte zu generieren. Ausgangspunkt eines jeden Forschung und Entwicklungsansatzes ging demnach immer vom Menschen bzw. vom Patienten aus. Diese kundenorientierte Unternehmenspolitik setzte in anderen Branchen erst mit Beginn der 70er Jahre ein.

Daher gilt in der vorliegenden Arbeit, die zu behandelnde Erfolgsfaktorenforschung[30] im Apothekeneinzelhandel sowohl auf die Erfolgsfaktoren Kosten als auch auf die Faktoren Qualität und Zeit zu beziehen, soweit sie vom Apotheker, im Rahmen seiner Funktion in der Pharmawertkette, beeinflußbar sind. Am Anfang der Analyse stellt sich somit die Frage, welche Faktoren einen wesentlichen Beitrag zur Unternehmensleistung beitragen und welche Kernkompetenzen für die Apotheken ausschlaggebend sind? Müller-Hagedorn zählt zu den Erfolgsfaktoren im Bereich Apotheken den Umsatz, den Standort, die Sortimentsstruktur und den Personaleinsatz (vgl. Müller-Hagedorn, 1998, S. 39).

Der Verfasser erlaubt sich jedoch darauf hinzuweisen, daß im allgemeinen (auch von Apothekerseite) zusätzlich ein künftiger maßgeblicher Erfolgsfaktor von dem Aspekt der Qualität bzw. der Dienstleistungsfunktion gegenüber dem Patienten ausgehen wird.

Die zunehmende Effektivitätsdenke in den Unternehmen und Betrieben wird auch von dem Havard Professor Robert Eccles bestätigt, der Finanzdaten als nach wie vor wichtige Indikatoren der wirtschaftlichen Leistung bezeichnet, doch gleichzeitig deutlich macht, daß „nichtfinanzielle Maßstäbe" wie Qualität, Kundenzufriedenheit oder Marktperspektive weit mehr über den Zustand und die künftige Entwicklung des Unternehmens ausmachen. Insbesondere bei Zunahme des Wettbewerbs (Bsp. Apothekenmarkt in Deutschland) werden qualitätsorientierten Strategien entwickelt, die auf die Zufriedenheit der Kunden abzielen. Ein logischer Folgeschritt so Eccles für die Kundenzufriedenheit ist die Qualität der Kundenbedienung, mit der implizit auch die Qualität der Mitarbeiter angesprochen wird (vgl. Eccles 1994, S. 14ff).

Da, wie oben bereits ausgeführt, dem Apotheker aufgrund der stark reglementierten gesetzlichen Rahmenbedingungen nur ein sehr begrenzter betriebswirtschaftlicher

[30] Anmerkung: Bei der angestrebten Untersuchung kann es sich nur um eine externe Erfolgsfaktorenforschung handeln. Die interne Erfolgsfaktorenforschung kann nur erfolgen, wenn eine Unternehmung über eine Mehrzahl von vergleichbaren Betriebsstätten verfügt, wie es beispielsweise bei den Massenfilial- und kooperativen Handelssystemen der Fall ist (vgl. Ahlert/Schröder, 1998, S. 10). Eine solche Analyse ist aufgrund des Mehr- und Fremdbesitzverbotes im Apothekeneinzelhandel rein rechtlich gesehen nicht möglich.

Spielraum innerhalb seines Einzelhandelsbetriebes bleibt, steht bei der vorliegenden Erfolgsfaktorenforschung der zentrale strategische Wettbewerbsvorteil Qualität bzw. die Effektivität im Vordergrund der Betrachtungen. Im Rahmen der subjektiven Qualitätssicht oder im Hinblick auf die Touch-Dimension des Qualitätsbegriffes, welche sich in erster Linie auf die Dienstleistungs- und Servicefunktion des Apothekers beziehen kann, hat dieser in diesem Bereich den größten Handlungsspielraum.

2.2.3.2 Benchmarking

Benchmarking (BM) ist ein Planungs- und Managementinstrument, das in den Vereinigten Staaten durch den außerordentlichen Erfolg bei den bisherigen praktischen Anwendungen (Xerox, Ford, DuPont, Alcoa) für Aufsehen sorgte. In Europa wird das BM, wenn man die USA als Vergleichsmaßstab sieht, erst von relativ wenig Unternehmen durchgeführt. Laut der Unternehmensberatung Kienbaum führen 80% der „Fortune 500 companies", die gleichzeitig die umsatzstärksten Unternehmen in den USA repräsentieren, BM-Vorhaben durch - BM gilt als Schlüssel und Voraussetzung zu Effizienzsteigerung im Unternehmen (vgl. Kienbaum, 1999, S. 1).

> *Wenn Du Deine Gegner und Dich selbst kennst, brauchst Du den Ausgang keines Gefechts zu fürchten (Sun Tzu – Chinesischer General, 500 v. Chr.).*

Etymologisch ist der Begriff Benchmark (BM) der Landvermessung entnommen und bezeichnet dort einen Orientierungspunkt bei der Ermittlung von Höhenunterschieden. Benchmarking ist aber auch ein feststehender Begriff in der Computerindustrie und dort seit Jahren in Gebrauch. Benchmarking Tests werden dort bei Leistungsvergleichen durchgeführt, um bei den verschiedenen Computersystemen das leistungsstärkste zu ermitteln (Rabitsch, 1997, S. 6).

Die in den späten 80er Jahren aufkommende prozeßorientierte Analysemethode BM, die sich ursprünglich aus dem anglo-amerikanischen Schrifttum entwickelt hat, hat in der Literatur und in der Praxis recht hohe Bedeutung erlangt. Sie wird jedoch seitdem teilweise sehr unterschiedlich definiert.

Ahlert/Schröder 1998, S. 1:	„BM ist eine Methode, die nach Spitzenleistungen sucht, ihre Ursachen erforscht und anschließend prüft, inwieweit die Leistungen auf die eigene Unternehmung übertragen werden können. BM ist damit ein Prozeß zur Beschaffung und Analyse von Informationen über erfolgreiche Praktiken."
Kotler/Bliemel 1999, S. 406:	„BM ist die Kunst herauszufinden, ob und wie einige Unternehmen bestimmte Aufgaben erfüllen können als andere Unternehmen"
Meffert 1994, S. 152:	„Als eine erweiterte Form der Konkurrentenanalyse ist das Benchmarking anzusehen."
Camp 1994, S. 13:	„BM ist ein kontinuierlicher Prozeß, Produkte, Dienstleistungen und Praktiken zu messen gegen den stärksten Mitbewerber oder die Firmen, die als Industrieführer angesehen werden."
Becker 1998, S. 102:	„Beim BM handelt es sich um die gezielte und umfassende Suche nach Vergleichsgrößen und Richtwerten (Benchmarks), die repräsentativ sind für die besten Verfahren und Methoden in einem Industriezweig (in einer Branche oder evtl. branchenübergreifend). Auf diese Weise sollen die besten Lösungen (best practices) identifiziert werden, die ein Unternehmen zu Spitzenleistungen führen. Dieser Ansatz ist zwar nicht völlig neu: hier sind u.a. Fragestellungen bzw. Analysen der klassischen Konkurrenzforschung wie auch der Kennzahlenvergleiche berührt."
Fromm 1994, S. 121f:	„Der Leistungsvergleich zwischen Unternehmen ist dabei nicht auf einen Produkt- oder Bilanzvergleich beschränkt, sondern zieht Prozesse, Strategien und Handlungsweisen mit ein. Die eigenen Leistungen werden am Leistungsstand des Spitzenreiters in der eigenen oder in einer vergleichbaren Branche gemessen. Hierdurch werden Leistungsdefizite in der eigenen Organisation sichtbar. Das BM soll damit Anstöße geben, bisher für nicht lösbare gehaltene Probleme anzugehen."
Müller-Hagedorn 1999, S. 739:	„Benchmarking ist eine Umschreibung für Wettbewerb".

Tabelle 05: Definitionen von Benchmarking

Der Begriff Benchmarking ist eng mit dem im Handel und auch insbesondere im Apothekeneinzelhandel weit verbreiteten Betriebsvergleichen verbunden, die seit

1967 vom Institut für Handelsforschung in Köln im Rahmen von Jahresbetriebsvergleichen angeboten werden. Möglich wird dieser Jahresbetriebsvergleich durch die finanzielle Unterstützung der deutschen ABDA – für die Apotheken ist die Teilnahme an den Jahres- und Tertialvergleichen kostenlos (vgl. Kaapke/Wirtz 1998, S. 67). In Österreich wird ein jährlicher Betriebsvergleich vom Apothekerverband durchgeführt, an dem alle Verbandsmitglieder kostenlos und anonym teilnehmen können. Durchschnittlich nahmen in den letzten Jahren 40 % aller österreichischen Apotheken an der Kennzahlenanalyse teil, die sowohl Fragen der Standort- und Personalstatistik betreffen, als auch sich auf die Auswertungen der Bilanz- und Erfolgspositionen der jeweiligen Apotheke beziehen.

Weiter wird BM oftmals mit der Konkurrenzanalyse verglichen, die zur Vorbereitung von Strategieentscheidungen dient. Die Konkurrenzanalyse beschränkt sich meist jedoch auf die eigene Branche, öffentlich zugängliche Daten werden gesammelt und verarbeitet, interne Daten über die Vorgehensweise der Konkurrenten sind in der Regel nicht erhältlich. Die Konkurrenzanalyse leitet oftmals den Benchmarkingprozess ein. Im Gegensatz zum BM konzentriert sich die Konkurrenzanalyse auf die drei zentralen Aspekte:

1. Analyse der Produkte und Dienstleistungen in bezug auf Kosten und Qualität
2. Analyse der Wirtschaftlichkeitskennzahlen der Konkurrenten
3. Analyse der Einstellungen von Partnern in der Wertschöpfungskette mit dem Ziel ergänzende Hintergrundinformationen zu gewinnen.

Die Punkte zeigen bereits, daß BM weit mehr umfaßt, als die Konkurrenzanalyse. Diese deckt nur einen Teil der BM-Anforderungen ab. Qualität, Kundenorientierung und der Wille zur Veränderung liegen dem BM zugrunde (vgl. Rabitsch, 1997, S. 9ff).

Die Gründe für die Durchführung eines BM-Prozesses liegen in der Erhöhung der Effizienz und der Effektivität des zu analysierenden Prozesses oder Geschäftsfeldes. Die Voraussetzung dafür ist die Bereitschaft, eigene Konzepte in Frage zu stellen. BM ist ein kontinuierlicher und systematischer Prozeß, der sich mit Menschen, Produkten und Prozessen beschäftigt, um die eigene Wettbewerbsposition zu verbessern. Dabei bewegt sich das BM immer im Spannungsfeld zwischen Innovation und Imitation. Der Königsweg zur Erfolgsunternehmung liegt in der Kombination von Innovation und Imitation (Ahlert/Schröder, 1997, S. 7).

Nach Ahlert/Schröder gibt es drei Marschrouten:

1. Reine Innovation (BPR), d.h., die Erfindung und Umsetzung völlig neuer Lösungen, indem Quantensprünge durch Erfolgssteigerung angestrebt werden. Die Gefahr liegt aber darin, daß das „Rad neu erfunden werden muß" und dies wiederum mit einem hohen Kosten- und Zeitaufwand verbunden ist;
2. Reine Imitation (BM) bedeutet im klassischen Handelssinne nur „abkupfern" vom jeweils Besten in der Branche. Es finden demnach keine eigenen Innovationen statt. Adam bezeichnet diesen Weg als Technik für Silbermedaillengewinner, „denn wer ewig in die Fußstapfen des anderen tappt, wird diesen nie überholen können";
3. vorbildorientierte Konstruktion, d.h., es werden unterschiedliche, exzellente Konzeptbausteine zu einem neuartigen, eigenwilligen Bauwerk zusammengesetzt und somit eine optimale Kombination von Innovation und Imitation gesucht (vgl. Ahlert/Schröder, 1998, S. 5ff).

Das BM kann nach Ahlert/Schröder nur gelingen, wenn es zu einer aktiven Beteiligung der Mitarbeiter kommt. Darüber hinaus ist, wie bereits angeführt, eine systematische Vorgehensweise und arbeitsteilige Durchführung elementar. Der BM-Prozeß ist auf die Freisetzung kreativer Potentiale der Mitarbeiter angewiesen und im Hinblick auf die zentrale Kundenorientierung bei allen neu durchzuführenden Prozessen auszurichten. Führungskräfte sind in der Regel Initiatoren und damit Promotoren von BM-Analysen, doch soll das BM eigentlich Aufgabe aller Mitarbeiter sein. Es gilt Betroffene zu Beteiligten zu machen und die Bereitschaft zum Teilen von individuellen Wissen zu suchen und zu fördern. Wenn möglich sollten auch Wettbewerber, befreundete Unternehmen, Lieferanten und Interessenverbände in den BM-Prozeß mit einbezogen werden. Das BM-Projektteam sollte als interdiziplinäre und multipersonale Organisationseinheit zusammengesetzt sein und mit den notwendigen Kompetenzen, die zur Durchführung der relevanten Teilprozesse erforderlich sind, ausgestattet sein. Dabei sollten nach Ottenjann folgende Prozesse als Orientierung dienen:

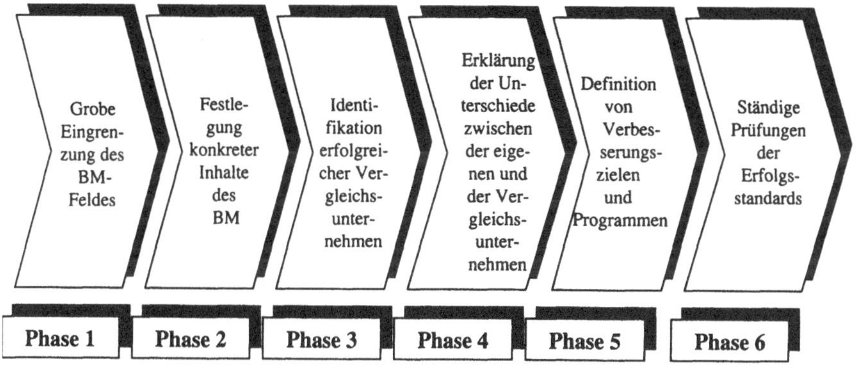

Abbildung 08: Phasen des Benchmarking

Quelle: Ahlert/Schröder, 1998, S. 60.

Im Rahmen von BM wird sehr oft von Spitzenleistungen usw. gesprochen. Es stellt sich somit die Frage nach der Definition bzw. an Hand welcher Beurteilungskriterien Spitzenleistungen gemessen werden. Helfen sollen hier die strategischen Wettbewerbsvorteile Qualität, Kosten und Zeit. Es gilt zunächst einmal die Leistungslücken (beispielsweise im Bereich persönliche Verhaltensweisen, Strategien, Prozesse oder bei Produkten) oder „GAP's“[31] in den verschiedenen Bereichen des Unternehmens aufzudecken, wie etwa im Absatzbereich bei der Sortimentsgestaltung, beim Ladenbau, bei der Warenpräsentation, der Werbung, den Betreibungskonzepten, den Eigenmarken oder den Preisstrategien. Weiter sind BM-Maßnahmen im Beschaffungsbereich möglich, indem die WWS, die EDV, die Lagerhaltung, die Logistik genauer untersucht werden. Ebenso wichtig ist die Analyse der effizienten Gestaltung der Hintergrundsysteme einer Unternehmung, gedacht wird hier an die Betriebsorganisation, die Personalführung, die Vergütung, das Rechnungswesen und an das Informa-

[31] Anmerkung: Die Gap-, oder Lückenanalyse ist ein klassisches Instrument der strategischen Planung. Der Gap-Analyse liegt das Prinzip zu Grunde für einen bestimmten Zeitraum eine quantitativ geplante Zielgröße mit der erwartete Entwicklung (Zielerreichungsgrad) gegenüberzustellen. Von einem Gap spricht man dann, wenn das erwartete Ziel unter der geplanten Entwicklung bleibt (vgl. Becker, 1998, S. 413).

tionsmanagement. Bei diesen Untersuchungen greift das BM sowohl auf Erhebungsmethoden der Sekundär- und Primärforschung zurück. Als interne Quellen können hier Außendienstmitarbeiter, Verkaufspersonal, Controllingtools, u.a. herangezogen werden. Externe Quellen sind Kunden, Lieferanten, Wettbewerber, Berater und Verbände. Bei der Heranziehung von den genannten Quellen sind immer Kriterien zur Beurteilung der Information zu beachten wie Kosten, Umfang, Genauigkeit, Aktualität, Zugriffsgeschwindigkeit und Zugriffsmöglichkeit (vgl. Ahlert/Schröder, 1998, S. 59ff).

Die klassischen Fehler bei BM-Prozessen sind moralische und rechtliche Bedenken (keine Schutzrechte für Handelskonzeptionen), die grundsätzliche Ablehnung fremder Problemlösungen (not invented-there- und not invented-here-Syndrom), hinzu kommt oftmals die fehlende Bereitschaft zur Umorientierung bei den eigenen Mitarbeitern, aber auch infolge interdisziplinärer Teams die gestörten Kommunikationsbeziehungen (Techniker↔Kaufleute) oder Mißtrauen und Machtkämpfe hinter den Kulissen (vgl. Ahlert/Schröder, 1998, S. 52ff).

2.3 Begriff und Bedeutung des Einzelhandels

2.3.1 Problemfeld Einzelhandel

Der Handel ist weit mehr als Warenverteiler, er wird von Schlecht als Lebensnerv einer Volkswirtschaft bezeichnet, deren Wirtschaftstätigkeit nicht nur zu den ältesten der Welt gehört, sondern gleichzeitig von Modernität, Dynamik und Marktwirtschaft geprägt ist (vgl. Schlecht, 1999, S. 281).

Der Einzelhandel[32], mit seinem Strukturprofil, seinen Qualitäts- und Leistungsstanddards und seiner Innovationsdynamik, ist ein valider Gradmesser des ökonomischen Entwicklungsstandes einer Volkswirtschaft. Laut einer Untersuchung des IMD (1998) zur Effektivität des Distributionssystems ist festgestellt worden, je geringer der Anteil des Einzelhandelsumsatzes am BIP eines Landes, um so positiver wurde von der Bevölkerung ihre Lebensqualität und Lebenszufriedenheit bewertet (Greipl/Müller/Gelbrich, 1999, S. 78ff).

Doch dominieren in den vergangenen Jahren negative Meldungen über den Einzelhandel. Von einer weitreichenden räumlichen und betrieblichen Konzentration und Konsolidierung ist die Rede (vgl. Roth, 1999, S. 121). Von der Verelendung der Innenstädte durch das Aussterben der Betriebsform Facheinzelhandel. Die Klein- und Mittelbetriebe im Einzelhandel sind ebenfalls vom Aussterben bedroht – eine Kettenepedemie fällt über die Innenstädte herein. Das Bild von den Citylagen in den Großstädten gleicht sich mehr und mehr an – überall die gleichen Einzelhandelsketten, die das Innenstadtbild bzw. die Innenstadtbilder prägen.

Die Gründe für diese Entwicklung sind vielfältig: von sinkenden Umsatzzuwächsen (durch eine im Handel zur Usus gewordenen Sonderpreispolitik), von steigendem

[32] Einzelhandel im funktionellem Sinne liegt vor, wenn Marktteilnehmer Güter, die sie in der Regel nicht selbst be- oder verarbeiten, von anderen Marktteilnehmern beschaffen und an private Haushalte absetzen. Einzelhandel im institutionellen Sinne auch als Einzelhandelsunternehmung, Einzelhandelsbetrieb oder Einzelhandlung, umfaßt jene Institutionen deren wirtschaftliche Tätigkeit ausschließlich oder überwiegend dem Einzelhandel im funktionellen Sinne zuzurechnen ist (Begriffsdefinitionen aus der Handels- und Absatzwirtschaft 1995, S. 41).

Mietdruck (unter denen auch die Apotheken in den Innenstädten zu leiden haben), von dem scheinbar unaufhaltsamen Wachstum discountierender Betriebstypen[33], von einer nicht zu übersehenden Konkurrenz großflächiger Einzelhandelsmärkte am Stadtrand („auf der grünen Wiese") mit einer im Vergleich zu den Innenstadtoutlets vielfach besseren Infrastruktur bezüglich Erreichbarkeit und Parkplatzangebot (vgl. Roth, 1999, S. 121f; Diller, 1999, S. 351).

Im Einzelhandel setzen sich seit geraumer Zeit die filialisierenden Handelssysteme in allen Bereichen durch. Jedes zehnte Geschäft im deutschen Einzelhandel ist im Besitz eines Filialgroßbetriebes (Großbetriebe mit mehr als 50 Filialen) – mittlerweile vereinigen die Filialgroßbetriebe etwa 45.000 Outlets auf sich. Im Lebensmittelbereich ist der Konzentrationsgrad auf der Einzelhandelsstufe bisher am weitesten fortgeschritten. Jede dritte Verkaufsstelle gehört zu einem Großbetrieb (vgl. Erdmann, 1996, S. 50f). So erreichten die acht größten Unternehmen im deutschen Lebensmitteleinzelhandel (1997) einen Marktanteil von über 80 % (Meffert, 1998, S. 716). Bis zum Jahr 2005 sollen Schätzungen zur Folge die Top 5 im LEH zwei Drittel des Branchenumsatzes auf sich vereinigen (vgl. Meffert, 1999, S. 409). Einen ähnlich hohen Konzentrationsgrad weist der Möbeleinzelhandel auf, die vierzehn größten Unternehmen vereinigen ein Viertel des Branchenumsatzes auf sich (vgl. Erdmann, 1996, S. 50f).

> *Kooperation und Konzentration sind ohne Zweifel prägende Elemente des modernen Handels (Schenk, 1999, S. 453).*

Die Konzentration im Handel ist ubiquitär vorhanden und ein Ende ist derzeit noch nicht abzusehen. Im Handel dominiert bisher noch eine nationale Konzentrationspolitik, vielfach bedingt durch unterschiedliche nationale rechtliche Hürden (vgl. Schnedlitz, 1999, S. ?).

---

33 Betriebstypen stellen unternehmensindividuelle Systematiken von Betreibungskonzepten dar. Sie entstehen durch Typisierung der Betreibungskonzepte eines Unternehmens (Olbrich, 1998, S. 112).

Der Internationalisierungsgrad des Konsumgüterhandels ist bis auf wenige Ausnahmen (Wal-Mart, Carrefour, Metro-Gruppe) abgesehen, verschwindend gering und erst in den Anfängen begriffen (vgl. Greipl/Müller/Gelbrich, 1999, S. 103).
Die von Bruno Tietz aufgestellte These „Retailing is local" greift daher implizit im sonstigen Einzelhandel aber explizit im Apothekeneinzelhandel. Aufgrund der Reglementierungen im Arzneimittelhandel ist auf der Einzelhandelsstufe bisher jede Art von Internationalisierung in Deutschland und Österreich unmöglich. Daher gilt die von Tietz aufgestellte These im Apothekeneinzelhandel mehr als in jeder anderen Einzelhandelsbranche, da für den Apotheker die Standortpolitik ein absoluter Erfolgsfaktor darstellt. Filialisierung und Kettenbildung ist aufgrund des Verbotes von Mehr- und Fremdbesitz nicht zulässig.

> *Der Satz „All business is local" ist eine Metapher, die dies griffig zum Ausdruck bringt. Dem stationären Handel ist es verwehrt, was für viele Industriezweige selbstverständlich ist: mangelnden Binnenumsatz durch vermehrten Export zu kompensieren (Conradi, 1999, S. 40).*

Im Apothekenmarkt kann nicht einmal vom Binnenumsatz, sondern lediglich vom Umsatz, den der Apotheker in einem geographischen Raum von ca. 5 qkm Umkreis (Bedarfsplanung) generieren kann. Daher ist ein Schlüsselfaktor des Erfolges aus Apothekersicht die optimale Anpassung an den Standort, beispielsweise in Form der Sortimentspolitik, die auf die demographische Struktur des Einzugsgebietes abgestimmt werden sollte.

Ein ganz anderes Bild zeigt sich im Pharmagroßhandel, wo Fremd- und Mehrbesitz erlaubt ist. Seit den neunziger Jahren wurde hier begonnen, über eine Politik der Kooperation und Konzentration (ähnlich wie auch im Lebensmittelhandel), auch international durch Größe eine Einkaufsmacht gegenüber der Industrie und durch Systemvorteile im Bereich der Warenwirtschaft zu erlangen. Lange Zeit galt im Pharmahandel der Grundsatz: „Großhandel sei ein lokales Geschäft". Von dieser im tietzerischen Sinne aufgestellte These wird im Rahmen der eingesetzten Europäisierung im pharmazeutischen Großhandel zunehmend Abstand genommen.

2.3.2 Einzelhandel und Apotheken

Die öffentlichen Apotheken sind grundsätzlich als Gewerbebetrieb nach privatwirtschaftlichen Gesichtspunkten organisiert. Gemäß der funktionellen[34] und institutionellen[35] Sichtweise gelten Apotheken als Einzelhandelsbetriebe. Für Berekoven sind Apotheken dem Einzelhandel im engeren Sinne zuzuordnen (vgl. Berekoven, 1995, S. 22).

> *Die Apothekenarbeit hat sich im Laufe des letzten Jahrhunderts weg von der Produktion und hin zum Fachhandel verlagert (Abart/Karg, 2000, S. 2).*

Apotheken unterscheiden sich aber teilweise erheblich von anderen Einzelhandelsbetrieben. Beispielhaft sollen hier auf die folgenden Unterschiede hingewiesen werden, die ihre Ursachen im Apothekengesetz (ApoG[36]), in der Apothekenbetriebsordnung (ABO[37]), in der Arzneitaxe[38] bzw. der Arzneimittelpreisvordnung etc. haben:

- Der Gesetzgeber fordert gemäß § 1 Abs. 1 ApoG vom Apotheker die Sicherstellung einer ordnungsmäßigen Arzneimittelversorgung der Bevölkerung. Einen solchen Versorgungsauftrag ist dem sonstigen FEH fremd.
- Dem Apotheker werden durch die Apothekenbetriebsordnung das anzubietende Arzneimittelsortiment und das Nebensortiment vorgeschrieben. Eine solche Positivliste im Rahmen der Sortimentspolitik ist für andere Einzelhandelsunternehmen unvorstellbar.
- Das AMG schreibt vor, daß Arzneimittel nicht im Wege der Selbstbedienung in den Verkehr zu bringen sind. Gemäß § 2 Abs. 1 und 2 der Pharmazeutischen Fachkräfteverordnung ist festgelegt, daß die Abgabe von Arzneimitteln nur der

[34] Einzelhandel im funktionellem Sinne liegt vor, wenn Marktteilnehmer Güter, die sie in der Regel nicht selbst be- oder verarbeiten, von anderen Marktteilnehmern beschaffen und an private Haushalte absetzen (Begriffsdefinitionen aus der Handels- und Absatzwirtschaft, 1995, S. 41).

[35] Einzelhandel im institutionellen Sinne auch als Einzelhandelsunternehmung, Einzelhandelsbetrieb oder Einzelhandlung, umfaßt jene Institutionen deren wirtschaftliche Tätigkeit ausschließlich oder überwiegend dem Einzelhandel im funktionellen Sinne zuzurechnen ist (Begriffsdefinitionen aus der Handels- und Absatzwirtschaft, 1995, S. 41).

[36] Anmerkung: Das ApoG regelt insbesondere die persönlichen und sachlichen Voraussetzungen für den Betrieb einer Apotheke bzw. für die Neuerrichtung einer Apotheke, die Zulässigkeit des Betriebes in der Rechtsform einer Personengesellschaft unter bestimmten Voraussetzungen, die Leitung einer Apotheke, Betriebszeiten und Bereitschaftsdienst und die Befugnisse, der in den Apotheken beschäftigten Personen (Krüger/Prinz, 1999, S. 42).

[37] Anmerkung: Die ABO regelt insbesondere die allgemeinen Betriebsvorschriften für die verschiedenen Apothekenbetriebstypen. Weiter enthält sie Bestimmungen zur Abgabe von AM, zur Betriebsüberprüfungen und zur Arzneitaxe (vgl. Krüger/Prinz, 1999, S. 49).

[38] Anmerkung: In der Arzneitaxe sind die Apothekenspannen für AM und die Vergütungssätze für magistrale Rezepturen, durch Verordnung vom BMAGS auf Grundlage einer Verordnungsermächtigung im Apothekengesetz festgelegt (vgl. Krüger/Prinz, 1999, S. 71).

pharmazeutischen Fachkraft überlassen werden darf. Solche Restriktionen sind im heutigen LEH undenkbar, da sowohl der Aspekt der Selbstbedienung, als auch die Beschäftigung von branchenfremden Personal bei Billa, Spar und Co. Usus ist.

- Stark eingeschränkt ist der Apotheker in seiner Preis- und Konditionenpolitik, auch hier greifen wiederum gesetzliche Bestimmungen und standespolitische Vorgaben. Ein weiterer eklatanter Unterschied zum LEH ist gerade im Bereich der Konditionenpolitik (Rabatt-ABC[39]) zu sehen, der vom Aktionsrabatt, über den Europarabatt, dem Preiseinhaltungsrabatt, den Regalmeterrabatt bis zum Zweitplazierungsrabatt reicht. Natürlich gewähren auch Pharmaindustrie und Pharmagroßhandel dem Apothekeneinzelhandel Rabatte – nur in sehr eingeschränktem Maße, da die Arzneimittelpreisverordnung Preise und Spannen für Arzneimittel für alle pharmazeutischen Wertschöpfungspartner festlegt. Damit entfällt implizit auch eine Preispolitik von seiten des pharmazeutischen GH und EH, wie wir sie beispielsweise aus dem LEH in Form der „Sonderangebotsaktionitis" her kennen. Erschwerend hinzu kommen die geltenden Werbeeinschränkungen für Apotheken und Arzneimitteln.

Die hier nur exemplarisch genannten Restriktionen im operativen Apothekengeschäft erklären die zahlreichen Eingriffe in die Autonomie des „Unternehmens Apotheke" und tragen dadurch nicht zur Komplexitätsreduktion bei. Zu beachten ist jedoch, daß sowohl der klassische Einzelhändler als auch der Apotheker vom Verkauf leben. Auch hier stößt man wieder an die bereits erwähnten Grenzen des Gesundheitsmarktes, der die beiden Aspekte Gesundheit und Markt vereinigt. Bei der Gesundheit ist der Apotheker Heilberufler und im Markt ist er Einzelhändler (vgl. Erdmann 1996, S. 50). Gerade aber für den letzteren Aspekt hat der approbierte Pharmazeut und Inhaber einer Apothekeneinzelhandelsunternehmung im Rahmen seines Studiums keine wirtschaftliche Ausbildung erhalten.

[39] Nach Ahlert umfaßt das Rabatt-ABC eines großen Markenartikel-Produzenten über 50 verschiedene Spezialitäten, die nicht einmal den Anspruch auf Vollständigkeit erheben (vgl. Ahlert, 1995, S. 51).

Rechtliche Rahmenbedingungen haben in den meisten Fällen den ökonomischen Spielraum des Apothekers immer weiter eingeschränkt, den Zwang zur ökonomischen Betriebsführung also verstärkt. Auf der anderen Seite hat die Betriebswirtschaftslehre ihren Platz in der pharmazeutischen Ausbildung (früher im sog. 2. Studienabschnitt) verloren – eine in ihrer Gegenläufigkeit zu den allgemeinen wirtschaftlichen Rahmenbedingungen der Apothekenführung kaum verständliche Entwicklung (Franzen et al., 1995, S. 5).

2.3.3 Entwicklung des Apothekeneinzelhandels

Der Apothekeneinzelhandel (ApoEH) in Deutschland und Österreich ist, schon aus historischen Gründen heraus, von den rechtlichen als auch von den politischen Rahmenbedingungen durchaus vergleichbar. In beiden Fallbeispielen liegen auf der Apothekenstufe polypolistische Marktstrukturen vor – einer Vielzahl von Verbrauchern steht eine Vielzahl von Anbietern gegenüber. Deutschland, Österreich und Frankreich sind die einzigen Länder Europas, die ein striktes Fremd- und Mehrbesitzverbot bei Apotheken aufweisen. Letzten Endes besteht aber doch ein wichtiger Unterschied zwischen den beiden Apothekenwesen. In Österreich besteht eine Bedarfsplanung für Apotheken und in Deutschland eine sogenannte Niederlassungsfreiheit. Ursprünglich waren bis zum Jahre 1958 auch die deutschen Apotheken einer Bedarfsplanung unterworfen. Diese Bedarfsplanung, die im einzelnen noch in Kapitel drei erläutert wird, hat bedeutende Auswirkungen auf die wirtschaftliche Situation der Apothekenbranche, da zusätzlich zum gesetzlichen fixierten Vorbehalt bei der Vergabe von Arzneimitteln (Apothekenvorbehalt) in Österreich noch ein „Standortschutz“ für jede Apotheke hinzu kommt.

Im Laufe seiner Geschichte fand der Apothekenstand sich mit seiner vom Gesetzgeber reglementierten und eingeschränkten Rolle, die er im Einzelhandel spielen mußte, ab. Eine weitere Ursache für diese Entwicklung ist aber auch in der eher passiven Rolle des Apothekers zu sehen, der zwischen den Produkten der Pharmaindustrie und dem Verschreibungsverhalten der Ärzte kaum eigene Impulse setzen konnte und durfte (vgl. Schöffski 1995, S. 7).
Die Theorien des „wheel of Retailing“ oder der „Dynamik von Betriebsformen“ konnte im Apothekeneinzelhandel nie greifen, da die Preispolitik nicht im Einflußbereich des

Einzelhändlers Apotheker liegt. Der Apotheker wird aber heute, aus den veränderten wirtschaftlichen Rahmenbedingungen, zur Dynamik und zur Generierung von Erfolgsfaktoren angehalten, da er sonst vor dem wirtschaftlichen Ruin steht. Diese Arbeit soll im weiteren Verlauf Erfolgsfaktoren identifizieren um dem Apotheker Möglichkeiten aufzuzeigen, in denen er seine derzeitige Position verbessern kann.

Der Apothekeneinzelhandel ist von seiner Betriebsform dem Facheinzelhandel zuzuordnen. Im direkten Vergleich mit anderen Fachhandelsbranchen bezüglich der Betriebshandelsspannen fällt auf, daß die durchschnittliche Apothekenhandelsspanne im absolut unteren Bereich liegen, wenn man den Facheinzelhandel mit Lebensmitteln ausklammert.

Facheinzelhandelsbranche	*Betriebshandelsspanne**	*USt.**	*BHSP +USt.**	*Wareneinsatz**	*Summe (in %)*
Uhren, Juwelen	43,6	12,9	56,5	43,5	100
DOB	37,9	13,0	50,9	49,1	100
Parfümerien	38,2	12,9	51,1	48,9	100
Drogerien	33,5	12,3	45,8	54,2	100
Reformhäuser	31,5	8,6	40,1	59,9	100
Apotheken	28,1	12,8	40,9	59,1	100

* Alle Angaben in Prozent des Umsatzes

Tabelle 06: Deutschland – Kennzahlen im FEH

Quelle: Hüsgen, 1998, S. 24.

In den Reformhäusern, im Möbeleinzelhandel und den Drogerien werden Spannen zwischen 32 und 34 % erzielt. An der Spitze liegt aber der Textileinzelhandel mit knapp 40 % Spanne, dicht gefolgt vom Glas-, Keramik- und Porzellaneinzelhandel (38,2 %) und dem Schuheinzelhandel von 38,1 % (vgl. Erdmann, 1996, S. 53).

Die Tabelle zeigt, daß der im Handel gängige Ausdruck „Apothekerpreise", der immer im Zusammenhang mit einer Hochpreispolitik genannt wird, nicht mehr zeitgerecht ist. Zumindest nicht, wenn dadurch implizit die Handelsspanne gemeint ist (vgl. Dichtl/Lingenfelder, 1989, S. 428).Zusammenfassend sollen die beiden folgenden

Tabellen Kennzahlen zum Einzelhandel und zum Apothekeneinzelhandel in Deutschland und in Österreich vergleichend gegenüberstellen.

Einzelhandel in Österreich und Deutschland								
Länder 1997	EW in Mio.	EH-Umsatz		EH-Geschäfte		Verkaufsfläche		
		Absolut in Mrd. €	je EW in €	Absolut (1000)	je 1000 EW	Absolut (1000)	je EW (qm)	je Geschäft (Ø qm)
A	8,1	29,9	3685	33	4,1	12000	1,5	364
D	82	409,5	4994	471	5,7	100.000	1,2	212

Tabelle 07: Österreich und Deutschland – Kennzahlen zum EH

Quelle: Greipl/Müller/Gelbrich[40], 1999, S. 107.

Apothekeneinzelhandel in Österreich und Deutschland								
Länder 1997	EW in Mio.	ApoEH-Umsatz		EH-Geschäfte (öffentliche Apotheken)		Verkaufsfläche		
		Absolut in Mrd. € (o. MwSt.)	je EW in €	Absolut (1000)	je 1000 EW	Absolut (1000)	je EW (qm)	je Geschäft (Ø qm)
A	8,1	1,4	172,8	1,1	7,4	220	0,03	200
D	82	23,1	281,8	21,5	3,8	3526	0,04	164

Tabelle 08: Österreich und Deutschland – Kennzahlen zum Apotheken-EH

Quelle: vgl. Traxler/Kroesser, 1999, S. 12; Wirtz, 2000, S. 23; ABDA, 1998, S. 10.

Der Vergleich der beiden Tabellen macht deutlich, daß der deutsche Apothekeneinzelhandel ca. 5,6 % und der österreichische ApoEH nur ca. 4,7 % des Umsatzes der gesamten jeweiligen nationalen Einzelhandelsbranche repräsentiert. Grob ausgedrückt bedeutet dies, daß jeder zwanzigste Euro (€) im Einzelhandel den Apotheken zufließt. Pro Kopf der Bevölkerung sind dies in Österreich 173 € und in Deutschland 282 € pro Jahr.

[40] Anmerkung: Die Zahlen entstammen einer IMD Studie aus dem Jahre 1998 und beziehen sich auf die Umsätze des Jahres 1997. Alle Wert-Angaben wurden in US-$ angegeben. Um dem Einheitlichkeitsprinzip zu folgen wurden von Seiten des Verfassers in dieser Arbeit alle Wert-Angaben in Euro angegeben. Es wurde bei dieser Tabelle der Durchschnittsdollarkurs des Jahres 1997 in Höhe von 1 $ = 1,72 DM als Umrechnungskurs angesetzt.

3. Situationsanalyse im vertikal integrierten Arzneimittelmarkt

3.1 Verhaltensbeziehungen im Arzneimittelmarkt

3.1.1 Zielbeziehungen im Arzneimittelmarkt

Als formalwissenschaftliche Disziplin kommt der Verhaltenstheorie im Handel eine besondere Bedeutung zu (vgl. Ahlert, 1994, S. 34f). Wesentliche Grundvoraussetzung für ein erfolgreiches Absatzkanalmanagement ist jedoch die Kenntnis der vielfältigen Verhaltensbeziehungen in Distributionssystemen (Meffert, 1998, S. 592). Daher werden in diesem Kapitel nun neben den Ziel-, auch die Rollen- und die Machtbeziehungen im Gesundheits- bzw. Arzneimittelmarkt aufgezeigt und anschließend differenziert auf die einzelnen Elemente des Absatzkanalsystems eingegangen.

Zentrales Anliegen der verschiedenen Aufgabenträger im Gesundheitsmarkt ist die Gesundheit. Gesundheit ist ein sehr spezielles Gut („Gesundheit ist nicht alles, aber ohne Gesundheit ist alles nichts"), dessen Leistungen infolge des komplexen Systems im Arzneimittelmarkt nicht auf normalen Märkten gehandelt wird. Vielmehr gehört das Gesundheitswesen zu den Bereichen der Wirtschaft, die am stärksten reguliert sind (vgl. Schulenburg, 1995, S. 5).

Zu den Aufgaben- und Funktionsträgern im Gesundheitswesen zählen neben den Mitgliedern der Pharmawertkette: die Industrie, der Großhandel, der Apothekeneinzelhandel, die Krankenkassen, die Ärzte, und der Staat. Alle beteiligten Funktionsträger haben das gemeinsame Ziel, bei möglichst vielen Menschen den Zustand der Gesundheit wieder herzustellen oder zu erhalten.

> *Gesundheit ist ein Zustand völligen körperlichen, geistigen und sozialen Wohlbefindens und nicht nur das Fehlen von Krankheit und Gebrechen (WHO-Definition).*

Jeder der genannten Transaktionspartner hat auf Grund seiner spezifischen Funktion innerhalb dieses Systems eine jeweils andere Vorstellung, wie dieses Ziel erreicht werden kann. Diese verschiedenen Wege zum Ziel sind auch notwendig, da jede

Institution im Gesundheitswesen aus einem anderen Blickwinkel heraus operiert. Dabei werden die heutigen Aufgabenträger im Gesundheitswesen von bedarfswirtschaftlichen und erwerbswirtschaftlichen Prinzipien geleitet, wobei letzteres in den vergangenen Jahren zunehmend an Einfluß gewinnt. Die Kombination dieser Prinzipien in einer Institution, die Koordination der interdependenten Subziele untereinander zu einem Oberziel führen immer wieder zu Zielsetzungsdefekten und letzten Endes zur Komplexität im Gesundheitswesen.

> *Das österreichische Gesundheitswesen ist sehr komplex, da die Träger nicht unbedingt identisch mit den Finanziers sind (Clement, 2000, S. 14).*

Diese Komplexität ist eben auch das Ergebnis der Hersteller und Handelsunternehmen (der Arzneimittelbranche) bedingt durch deren konfliktärer Zielsetzungen, die in vielen Forschungsarbeiten zum vertikalen Marketing identifiziert wurden. Als weitere Ursache von Konflikten gilt die asymmetrische Machtverteilung, die gerade im Gesundheitswesen durch das Eingreifen des Staates in die Preispolitik greift. Weiter kann es zu Planungsdefekten durch die gegenseitigen Erwartungshaltungen bezüglich der Rollen- und der Funktionsverteilung im Arzneimitteldistributionssystem, die durch die Realität nicht erfüllt werden kann (vgl. Meffert, 1999, S. 411). Beispielsweise erwartet der Patient, wie auch in den vergangenen Jahrzehnten, seine Arzneien möglichst ohne Selbstbeteiligung in den Apotheken zu erhalten. Das Besondere auf der Nachfragerseite (und damit auch das komplexitätstreibende) am Arzneimittelmarkt ist die Tatsache, daß der konsumierende Bezieher nach Arzneimitteln, die entgegengenommene Ware in den Apotheken nicht direkt bezahlt – sondern das die Krankenkassen dies in der Regel über die vom Arbeitseinkommen eingezogenen Krankenversicherungsanteil indirekt (Solidaritätsprinzip[41]) begleicht. Darüber hinaus entscheidet der konsumierende Patient auch nicht über Art und Umfang der bezogenen Ware, das entscheidet der Arzt im Rahmen seiner Therapiefreiheit (vgl. Wähling, 1996, S. 13f).

Im Arzneimittelmarkt muß daher zwischen Angebots- und Nachfragezielen unterschieden werden. Angeboten werden Arzneimittel von der Industrie, dem Großhandel

---

[41] Das Solidaritätsprinzip (ein Grundprinzip der GKV) ist charakterisiert durch einkommensabhängige Beiträge und beitragsunabhängige Leistungsgewährung (Wähling, 1996, S. 44).

und dem Apothekeneinzelhandel. Genau so erfolgt eine Dreiteilung auf der Nachfrageseite, die durch den Patienten, den Arzt und die Krankenkassen stattfindet.

Ziele der Angebotsseite	
pharmazeutische Industrie	➢ Entwicklung qualitativer, wirksamer und unbedenklicher AM ➢ Erreichen von optimaler Rentabilität
pharmazeutischer Großhandel	➢ Optimierung der Warenwirtschaft ➢ Verfolgung einer Marktdurchdringungsstrategie durch das Angebot von „value added services“ für Apotheker ➢ Erreichen von optimaler Rentabilität
Apotheke	➢ Optimierung des Beratungsgespräches mit dem Patienten im Rahmen der Rezeptvorlage (Hinweis auf Wechselwirkungen) und der Selbstmedikation ➢ Erreichen eines optimalen Kundenbindungsgrades mit dem Ziel der Steigerung der Kundenzufriedenheit, indem Stammkunden und Wiederkäufer gewonnen werden (Cross-selling-Potential) ➢ Erreichen von optimaler Rentabilität

Ziele der Nachfrageseite	
Patient	➢ Erzielen eines Zustands des körperlichen Wohlbefindens ➢ Optimale Betreuung und Beratung durch Arzt und Apotheker ➢ Minimierung der Zuzahlungen und Sozialversicherungsabgaben
Arzt	➢ Erstellen einer optimalen Therapie und gleichzeitig einer effektiven und effizienten Verordnung zur Verbesserung des Gesundheitszustandes des Patienten ➢ Erreichen eines optimalen Kundenbindungsgrades (Krankenscheine) ➢ Erreichen von optimaler Rentabilität
Krankenkasse	➢ Erfüllung des gesetzlich fixierten Leistungskatalogs ➢ Sicherung des eigenen Status quo

Abbildung 08: Ziele der Angebots- und Nachfrageseite im AM-Markt

Quelle: eigene Darstellung

3.1.2 Rollenverteilung im Arzneimittelhandel

Das Arzneimitteldistributionssystem soll hier, „als ein Gefüge sozialer Positionen", einer rollentheoretischen Analyse unterzogen werden. Charakterisiert sind diese durch bestimmte Gemeinsamkeiten in bezug auf Funktionserfüllung (Position der Industrie und des Groß- und Einzelhandels), auf deren Verhaltensmerkmale und deren Machtfülle (vgl. Ahlert, 1996, S. 93). Eine wesentliche Voraussetzung für ein erfolgreiches Absatzkanalmanagement (insbesondere im regulierten Arzneimittelhandel) ist die Kenntnis der komplexen Verhaltensbeziehungen in Distributionssystemen (vgl. Meffert, 1998, S. 592).

Als Vertriebsstufen zwischen der pharmazeutischen Industrie und den Endverbrauchern bzw. den Patienten übernehmen der Großhandel, die Krankenhäuser und die Apotheken einen Großteil der Distributionsaufgaben. Hinsichtlich der Arzneimittelversorgung besitzen die Apotheken eine Schlüsselposition im Pharmahandel (Apothekenvorbehalt – Monopol bei der Distribution von Arzneimittel an den Endkonsumenten). Der Apothekeneinzelhandel wird in seiner Rolle jedoch maßgeblich von weiteren Transaktionspartnern beeinflußt. Gemeint sind die Krankenkassen, die Ärzte und die staatlichen Institutionen, deren Rollen im folgenden kurz erläutert werden soll.

Rolle der Krankenversicherung

Das Gesundheitswesen in Österreich ist wie ein Sozialversicherungsmodell organisiert, basierend auf einer gesetzlichen Pflichtversicherung, der rund 99 % der Bevölkerung angehören (vgl. Vogler et al., 1998, S. 225). Die gesetzliche Krankenversicherung bildet neben der Unfall- und Pensionsversicherung eine der drei Säulen des Sozialversicherungssystems, das in Österreich seit 1948 vom „Hauptverband der Sozialversicherungsträger" koordiniert wird. Die Sozialversicherung ist nach dem Prinzip der Selbstverwaltung organisiert, unterliegt jedoch der staatlichen Aufsicht des Bundesministeriums für Arbeit, Gesundheit und Soziales (vgl. AmZ 1998, S. 78). Die Krankenversicherung, als Bestandteil der Sozialversicherung, wird in Österreich von 19 Krankenkassen und neun Versicherungsanstalten getragen. Von besonderem

Interesse sind in diesem Zusammenhang die durchschnittlichen Ausgaben der einzelnen Sozialversicherungen für Arzneimittel in Österreich (142 €) und Deutschland (205 €). An der Spitze in Europa steht Frankreich mit Pro-Kopf-Ausgaben für Arzneimittel von 226 € (vgl. Pharmig, 1999, S. 36).

Das Problem liegt, wie bereits unter Kapitel 2.1.3 aufgeführt, in der Diskrepanz zwischen Einkaufsentscheider (Arzt) und dem Endverbraucher (Patient). Der Arzt verordnet die Präparate, die aus seiner Sicht einen optimalen Therapieerfolg gewährleisten. Der Patient erhält das vom Arzt verordnete Präparat in der Apotheke, die primär durch den Großhandel und sekundär durch die Industrie beliefert wird. Der Patient bezahlt in der Apotheke für sein Rezept den Selbstbehalt[42] direkt beim Kauf. Das rezeptpflichtige Präparat, unabhängig davon wie lange es bereits auf Lager liegt, wurde bereits vom Apotheker über den Großhandel bezahlt. Die Kosten des Rezeptes verrechnet der österreichische Apotheker über die „Pharmazeutische Gehaltsklasse" (vgl. Kap. 4.1.6) indirekt mit der Krankenkasse. Der Patient zahlt monatlich durch seine Beiträge (und die des Dienstgebers) seine Beitrag zur Krankenversicherung. Allein dieser kurze Einblick zeigt die Komplexität der Abrechnung bei einem einzigen Kreditgeschäft durch Abgabe eines Rezeptes, daß über die Krankenkassen verrechnet wird. In Österreichs Apotheken wurden allein 1998 42,5 Mio. Rezepte eingelöst mit durchschnittlich 1,91 Packungen pro Rezept (vgl. Traxler/Kroesser, 1999, S. 54).

Rolle der Ärzte

Die ambulante Versorgung erbringen primär die niedergelassenen Ärzte (Kassen- und Wahlärzte), die im Gegensatz zu Deutschland für sich das Prinzip der Niederlassungsfreiheit in Anspruch nehmen dürfen. Eine weitere Besonderheit gegenüber Deutschland ist die Existenz von 993 selbstdispensierenden Ärzten in Österreich (Stand 1998), die zur Führung einer Hausapotheke bzw. zur Abgabe von Arzneimit-

[42] „Den Selbstbehalt führt die Apotheke komplett an die Sozialversicherung ab. Im Gegenzug erhalten die Apotheken den listenmäßigen Kassenpreis, der jährlich zwischen pharmazeutischer Industrie und Sozialversicherungsträgern ausgehandelt wird. Vom Kassenpreis ist den Sozialversicherungsträgern noch ein gesetzlich vorgeschriebener Rabatt in Höhe von durchschnittlich 7,5 % - abhängig vom Umsatz der jeweiligen Apotheke – zu gewähren" (BMAGS, 1998, S. 45).

teln berechtigt sind (vgl. Traxler/Kroesser, 1999, S. 7; Rosian et al., 1998, S. 160). Die stationäre Versorgung der österreichischen Patienten erfolgt in den 328 Krankenanstalten, die im europäischen Vergleich überdurchschnittlich,[43] nämlich zu 31,2 %, am gesamten Arzneimittelumsatz beteiligt sind (vgl. Pharmig, 1998, S. 28; BMAGS, 1998, S. 43). Die Ärzte, unabhängig davon ob sie im ambulanten oder stationären Bereich tätig sind, sind die „Gate Keeper" im Arzneimittelhandel – sie entscheiden über Art und Umfang der Arzneimittel im Markt und sind damit aus Sicht des industriellen Pharmamarketing zentraler Ansprechpartner im Verordnungsmarkt.

Rolle des Staates

1999 betrugen die gesamten Gesundheitsausgaben 19,7 Mrd. €, das sind 10,1 % des BIP Österreichs. Im internationalen Vergleich kalkuliert die OECD mit anderen statistischen Gruppen, daher ermittelt die OECD für Österreich nur einen Anteil von 8,3 % des BIP an relativen Gesundheitsausgaben. In absoluten Zahlen ausgedrückt betrug der gesamte Arzneimittelumsatz 1999 in Österreich 1,66 Mrd. €, wobei 70 % der Ausgaben auf den Absatzkanal Apotheke und 30 % auf den Krankenhaussektor entfielen (vgl. Pharmig, 2001, S. 8ff).

Um Einsparpotentiale im Gesundheitswesen zu erzielen, leiteten die jeweiligen verantwortlichen Institutionen in den letzten Jahren folgende Reformansätze ein:

- Spannenkappungen sowohl für Pharmagroßhändler und Apotheker als auch staatlich verordnete Preissenkungen für die Industrie,
- Automatische jährliche Erhöhungen der Rezeptgebühr,
- Modifizierung der Apothekenbedarfsprüfungen,
- Rahmenvertrag zwischen Pharmaindustrie und Sozialversicherung,
- Implementierung eines zentralen Bundesinstituts für Arzneimittel (vgl. Rosian et al., 1998, S. 229f).

[43] Österreich hat die höchste Spitalsfrequenz in Europa. Die Zahl der Ambulanzfälle ist in den letzten Jahren um 42 % gestiegen. Dies hat erhebliche finanzielle Folgen: Pro Ambulanzpatient fallen durchschnittlich Kosten von 2200 öS an, während beim niedergelassenen Praktiker lediglich 500 bis 650 öS anfallen (vgl. o.V., 2000b, S. 9).

Die unten stehende Tabelle soll detailliert aufzeigen, welche regulierenden Maßnahmen seit Anfang der neunziger Jahre im österreichischen Arzneimittelsektor vollzogen worden sind:

Monat/ Jahr	Maßnahmen im Arzneimittelbereich	
	Bezeichnung	Beschreibung
1/1991	Automatische Anpassung der Rezeptgebühr	Jährliche Anpassung der Rezeptgebühr von 26 öS auf 27 öS.
1/1992	Automatische Anpassung der Rezeptgebühr	Jährliche Anpassung der Rezeptgebühr von 27 öS auf 28 öS.
1/1993	Automatische Anpassung der Rezeptgebühr	Jährliche Anpassung der Rezeptgebühr von 28 öS auf 30 öS.
1/1994	Automatische Anpassung der Rezeptgebühr	Jährliche Anpassung der Rezeptgebühr von 30 öS auf 32 öS.
1/1995	Automatische Anpassung der Rezeptgebühr	Jährliche Anpassung der Rezeptgebühr von 32 öS auf 34 öS.
4/1995	1.Senkung der Großhandels- und Apothekenaufschlagssätze	Umstellung des bislang fixen Aufschlagssatzes für den Großhandel in Höhe von 20 % auf ein degressives Schema und Senkung der Höchstaufschlagssätze des Großhandels sowie der Apotheken.
Ab 1996	Kooperationsprojekt	Gemeinschaftsprojekt „Arznei und Vernunft" der Sozialversicherung, Pharmaindustrie in Kooperation mit den Ärzten, Apotheken und Patienten zur Förderung des vernünftigen Umgangs mit den Arzneimitteln.
1/1996	Automatische Anpassung der Rezeptgebühr	Jährliche Anpassung der Rezeptgebühr von 34 öS auf 35 öS.
8/1996	Außerordentliche Erhöhung der Rezeptgebühr	Erhöhung der Rezeptgebühr von 35 öS auf 42 öS.
1-12/96	Switches	Rezeptfreistellung von ca. 600 Arzneimittel.
1996/ 1997	Streichung von Arzneimitteln aus dem Heilmittelverzeichnis	Streichung von etwa 50 Arzneimitteln aus dem Heilmittelverzeichnis zwischen Juli 1996 und April 1997 und damit Wegfall des automatischen Erstattungsstatus.
1/1997	Automatische Anpassung der Rezeptgebühr	Jährliche Anpassung der Rezeptgebühr von 42 öS auf 43 öS.
1/1997	Preissenkungen der pharmazeutischen Industrie	Vereinbarung der Sozialversicherung mit der Industrie zur Senkung der Herstellerpreise, die schon 1996 vereinbart wurde, tritt in Kraft.
2/1997	2. Senkung der Großhandels- und Apothekenaufschlagssätze innerhalb von 22 Monaten	
1/1998	Parallelimporte	Erstmals Parallelimporte in Österreich.
7/1998	Rahmenvertrag zwischen Pharmaindustrie und Sozialversicherung	Vertrag regelt Abrechnungsmodelle und Aufnahmeverfahren für Arzneimittel ins Heilmittelverzeichnis.
7/1998	Errichtung eines Bundesinstitutes für Arzneimittel (ÖBIG)	Zusammenlegung der drei bestehenden Bundesinstitute für die Zulassung von Arzneimitteln.
1/1999	Automatische Anpassung der Rezeptgebühr	Jährliche Anpassung der Rezeptgebühr von 43 öS auf 44 öS.
1/2000	Automatische Anpassung der Rezeptgebühr	Jährliche Anpassung der Rezeptgebühr von 44 öS auf 55 öS.
	Einführung des Solidaritätsmodells	Vereinbarung zwischen Apothekerschaft und Hauptverband der Sozialversicherungsträger über den Sonderbeitrag von Umsatzzuwächsen von Apotheken an die Krankenversicherungsträger.
6/2000	3. Senkung der Großhandelsspanne innerhalb von 5 Jahren	
1/2001	Außerordentliche Erhöhung der Rezeptgebühr	Erhöhung der Rezeptgebühr von 55 öS auf 56 öS.

Tabelle 09: Österreich – Steuerungseingriffe im AM-Markt.

Quelle: eigene Darstellung und adaptiert nach Rosian et al., 1998, S. 169f.

Rolle des Handels

Hinsichtlich der Arzneimittelversorgung besitzen die Apotheken eine Schlüsselrolle im Pharmahandel (Apothekenvorbehalt – Monopol bei der Distribution von Arzneimitteln an den Endkonsumenten). Die folgende Tabelle zeigt auf welchem Wege bzw. über welche institutionellen Einrichtungen Arzneimittel an den Letztverbraucher, den Patienten gelangen.

Länder	*Öffentliche Apotheken*	*Kranken-häuser*	*Hausapotheken (SD-Ärzte)*	*Ketten-Apotheken*
A	62 %	29 %	8 %	0 %
D	84 %	16 %	0 %	0 %
CH	50 %	10 %	10 %	30 %
NL	74 %	13 %	8 %	10 %

Tabelle 10: Patientenversorgung mit AM (in %)

Quelle: DG-Bank 1996, S. 4.

Die Tabelle zeigt auch international die zentrale Bedeutung der verschiedenen Betriebsformen im Apothekeneinzelhandel. In Österreich gibt es derzeit (1998) 1065 öffentliche Apotheken, das entspricht einem Schnitt von 7.606 Einwohnern pro Apotheke, eine im EU-Vergleich niedrige Dichte. Zu berücksichtigen sind zusätzlich aber auch noch die 993 selbstdispensierenden Ärzte, die auch im Rahmen gesetzlicher Bestimmungen ihre eigene Hausapotheke führen dürfen – der Schnitt verändert sich dadurch auf 3698 Einwohner pro Apotheke – eine im EU-Vergleich eher höhere Dichte. 16 % aller Allgemeinärzte verfügen über eine Hausapotheke (vgl. Vogler et al., 1998, S. 237).

Dies zeigt die besondere Rolle des Apothekenwesens in bezug auf die gesamtwirtschaftliche Nahversorgungsfunktion. Österreichs Apotheken werden zu 95 % vom pharmazeutischen Großhandel mit Arzneimitteln beliefert und das zwischen zwei bis fünfmal pro Tag. Das Direktgeschäft zwischen pharmazeutischer Industrie und den Apotheken unter Umgehung des Pharmagroßhandels macht vom Marktvolumen in Österreich etwa 5 % und in Deutschland ca. 8 % aus. Der Spitzenwert wird in Großbritannien erzielt, dort werden ca. 20 % des Marktvolumens, bedingt durch die Existenz von Apothekenketten, durch die Direktbelieferung an Apotheken erzielt (vgl. Clement et al., 1995, S. 28f). Auf die Rolle der pharmazeutischen Industrie und des Großhandels wird im Kapitel über die vertikalen Absatzkanalstrukturen vertiefend eingegangen.

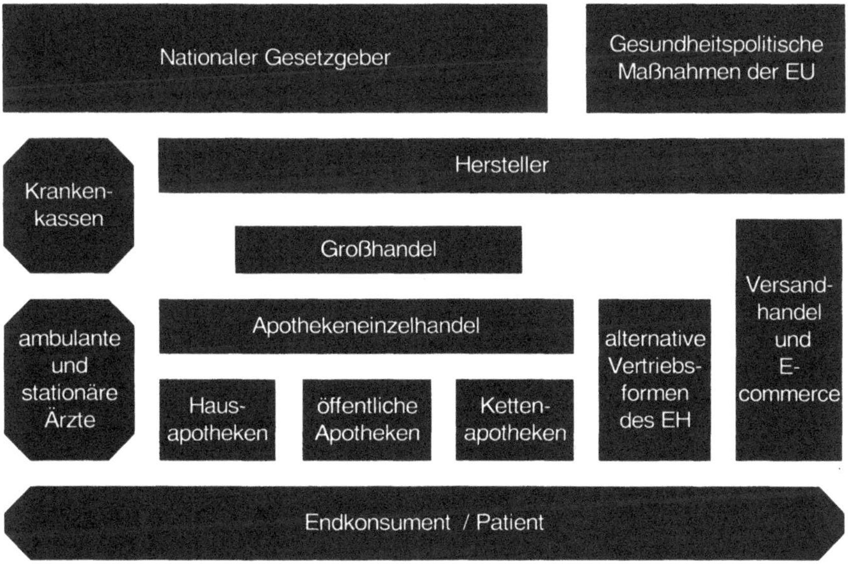

Abbildung 09: Europa – Rollen im AM-Handel

Quelle: eigene Darstellung

3.1.3 Machtverteilung im Arzneimittelhandel

Der Begriff „Macht", respektive die Nachfragemacht (Machtübergewicht des Handels gegenüber der Industrie), wird im Handel immer wieder kontrovers diskutiert (vgl. Ahlert, 1991, S. 114). Nachfragemacht ist gegeben, wenn ein Nachfrager aufgrund seiner Marktstellung von einem Anbieter Bedingungen fordern kann, die er ohne diese Macht nicht durchsetzen könnte (Tietz, 1993, S. 511). Die Nachfragemacht an sich ist aber wettbewerbspolitisch noch nicht bedenklich. Ein Mißbrauch liegt erst dann vor, wenn Leistungen ohne entsprechende Gegenleistungen zur Verfügung gestellt werden oder wenn von großen Lebensmitteleinzelhandelsunternehmen Vorzugsleistungen (z.B. Werbekostenzuschüsse (WKZ)) in Anspruch genommen werden, die gleichartigen Wettbewerbern bei gleicher Leistung nicht eingeräumt werden (vgl. Tietz, 1993, S. 511). Wettbewerbspolitisch wird im Handel daher zwischen der originären und der derivativen Nachfragemacht unterschieden.

Derivative Nachfragemacht	*Originäre Nachfragemacht*
• Käufermarktsituation führt zu Nachfragemacht des Verbrauchers • Handel bündelt diese Macht und gibt sie an die Hersteller weiter ➢ Wettbewerbspolitisch nicht relevant!	• Käufermarktsituation führt zu Nachfragemacht des Verbrauchers • Handelsleistung ist ebenfalls knapp, d.h. Verkäufermarktsituation in bezug auf den Handel ➢ Nachfragemacht und Angebotsmacht ist wettbewerbspolitisch bedenklich!

Abbildung 10: Problemfeld Nachfragemacht

Quelle: Ahlert, 1991, S. 118f.

In einer Käufermarktsituation auf der Endverbraucherstufe, bezogen auf Handelsware und Handelsleistung, entfalten Händler keine originäre Nachfragemacht, sie fungieren mehr als verlängerter Arm der Verbraucher. Liegt aber eine Verkäufermarktsituation auf der Herstellerstufe vor, fungieren die Handelsunternehmen dagegen in der Regel als verlängerter Arm der Hersteller und entfalten ebenfalls keine originäre Macht. Eine eigene originäre Machtposition auf der Nachfragerseite (gegenüber den Herstellern) bzw. auf der Angebotsseite (gegenüber den Verbrauchern) erlangen Handelssysteme nur dann, wenn z.B. aufgrund von Marktzugangsbeschränkungen der Faktor Handelsleistung (Regalplatz) zum dominierenden Engpaßfaktor wird. Originäre Nachfragemacht setzt keine absoluten Monopole im gesamten Teilmarkt voraus. Es reicht aus, wenn regionale Marktbeherrschung, Monopolstellungen in bestimmten Marktsegmenten oder erahnender Wettbewerb zwischen den großen Handelssystemen vorliegt (vgl. Ahlert, 1991, S. 118ff). Von „einer derartigen Verschiebung der Marktmacht zugunsten der Einzelhandelsebene“ (Schnedlitz/Reutterer, 1999, S. 1131) kann im Apothekeneinzelhandel nicht gesprochen werden. Eine Nachfragemacht kann derzeit im österreichischen und deutschen Pharmahandel nicht ausgemacht werden, weil zum einen staatliche Einflüsse und Kontrollen (Preispolitik) und zum anderen die Struktur innerhalb der Handelslandschaft (Fremd- und Mehrbesitzverbot bei Apotheken) vollständig andere Formen annimmt.

In Deutschland und Österreich gibt es knapp 24.000 unabhängige, selbständige Einzelhandelsbetriebe (Apotheken), die nur mit gering abweichenden Marktanteilen gemessen am Gesamtmarkt, Arzneimittel an den Endkonsumenten abgegeben. Im Gegensatz zum LEH, wo beispielsweise in Österreich die 6 größten Einzelhandelsunternehmen/Einkaufskooperationen einen Marktanteil von knapp 82 % besaßen (vgl. Key Account, 1999, S. 1). Das extremste Beispiel für die Marktkonzentration im europäischen Einzelhandel bietet Finnland, dort besitzen die Top 3 Unternehmen einen Marktanteil von knapp 86 % (vgl. Greipl/Müller/Gelbrich, 1999, S. 97).

Konzentration (Herausbildung von zunehmend weniger und umsatzmäßig größeren Handelskonzernen) und Konsolidierung (weniger und großflächigere Outlets auf Einkaufsstätten-Ebene), (Schnedlitz/Reutterer, 1999, S. 1131) auf der Einzelhandelsstufe im Arzneimittelbereich ist definitiv in Österreich und Deutschland nicht gegeben. Sollte jedoch, wie allgemein angenommen, der Fremd- und Mehrbesitz in Zukunft fallen (vgl. Schulenburg/Wähling, 2000, S. 36), würde damit der Bildung von Apothekenketten nichts mehr im Wege stehen, wird dies zu einer vollständigen Umstrukturierung des Arzneimittelhandelssystems führen. Auf dieses Szenario wird im späteren Verlauf dieser Arbeit noch einmal vertiefend eingegangen. Bezogen auf die Anbieter und Nachfrager in der Pharmawertkette herrschen im derzeitigen pharmazeutischen Handels- und Distributionssystem eine atomistische Angebots- und Nachfragestruktur, da den bereits erwähnten knapp 24.000 Apothekeneinzelhandelsunternehmen in Österreich und Deutschland knapp 1.400 Pharmahersteller[44] gegenüberstehen (vgl. AMZ, 1998, S. 21, S. 79).

Im pharmazeutischen Großhandel liegen oligopolistische Marktverhältnisse vor. In Österreich beherrschen die führenden drei Anbieter, in Deutschland die führenden

[44] Anmerkung: Der größte Pharmakonzern der Welt (Glaxo SmithKline, (GB)) besitzt einen Weltmarktanteil von knapp 7,5 % und machte 1998 einen Umsatz von 17,8 Mrd. $ (vgl. Salz, 2000, S. 60).

fünf Anbieter mehr als 80 % des Gesamtmarktes (vgl. Schulenburg/Wähling, 2000, S. 20). Als Außenstehender könnte man hier am ehesten „Machtansätze" vermuten. Zu berücksichtigen ist aber, daß der pharmazeutische Großhandel von gesetzlich fixierten Handelsspannen lebt. Sowohl der FAP als auch der AVP bei rezeptpflichtigen Arzneimitteln ist von der Industrie, den Sozialversicherungsverbänden, als auch von staatlichen Institutionen direkt oder indirekt festgelegt. Daher nimmt der Pharmagroßhandel in der Pharmawertkette eine „nicht unproblematische Sandwichposition" als verlängerter Arm der Industrie und als Dienstleister der Apotheker ein. Macht spielt aber dennoch im Arzneimittelmarkt eine Rolle in Form von Interessengruppen und Verbandsstrukturen.

Effizienzüberlegungen sind eine Begründung für staatliche Eingriffe in das Gesundheitswesen, macht- und verteilungspolitische Erwägungen eine andere. Letztere spielen im Gesundheitswesen eine bedeutende Rolle (Wähling, 1996, S. 69).

In der Pharmabranche haben sich verschiedene Verbandsstrukturen herausgebildet, die alle marktrelevanten Aufgaben (Preisfestsetzung, Qualitätsstandards, Leistungsvolumen etc.) für ihre Mitglieder übernehmen.

Auf der Industrieseite sind in Deutschland der Bundesverband der pharmazeutischen Industrie (BPI), der Verband forschender Arzneimittelhersteller (VfA), der Bundesfachverband der Arzneimittel-Hersteller (BAH), deren Mitglieder OTC-Produkte vertreiben, und der Verband der Generikahersteller (VAP) tätig. In Österreich werden die Interessen der 230 Pharmahersteller von der Pharmig wahrgenommen. Bei jedem neuen zugelassenen Produkt verhandelt die Pharmig mit dem BMAGS und dem Hauptverband der Sozialversicherungsträger um die Preisgestaltung dieses neuen auf den Markt drängenden Produktes.

Die pharmazeutischen Großhändler werden in Österreich durch die ARGE Pharmazeutika in Wien und in Deutschland durch die deutsche Phagro vertreten. Die österreichischen Apotheker sind in der österreichischen Apothekerkammer (ÖAK) und im österreichischen Apothekerverband organisiert. Die ÖAK ist eine öffentlich-rechtliche Körperschaft, deren Mitglieder sich aus den in öffentlichen und in Krankenhausapotheken arbeitenden angestellten und selbständigen Apotheker zusammensetzen. Der österreichische Apothekerverband hingegen vertritt die spezifischen unternehmer- und einzelhandelskaufmannsorientierten Interessen der Eigentümer und Pächter von Apotheken auf Basis eines privatrechtlichen Vereins, mit freiwilliger Mitgliedschaft (näheres dazu in Kapitel 4.1.6). Die 22.000 deutschen Apotheker sind in der Bundesvereinigung Deutscher Apothekerverbände, die zum einen aus den 17 Landesapothekenkammern des BAK (Zwangsmitgliedschaft) und zum anderen aus den 17 Landesapothekenverbänden des DAV (freiwillige Mitgliedschaft) besteht (vgl. Oschmann/Rossmanith, 1997, S. 30).

Auf ärztlicher Seite sind es die bundesländerweise organisierten kassenärztlichen (Pflicht)-Vereinigungen. Auf Seiten der Versicherten – in Österreich 99 % der Bevölkerung – bildet die Krankenversicherung den organisatorischen Rahmen (vgl. Vogler et al., 1998, S. 225). Eine weitere Besonderheit dieser Branche ist das nationale Auftreten der Verbände, denn die Gesundheitspolitik ist heute noch, trotz WHO und EU-Harmonisierungstendenzen, national ausgelegt.

Macht kann der einzelne Arzt nur mit seiner Mitgliedschaft in der kassenärztlichen Vereinigung gegenüber den Krankenkassen, wenn es um Honorarverhandlungen geht, ausüben. Mit einer solchen Pflichtmitgliedschaft ist der zugelassene Kassenarzt an die Beschlüsse der Vereinigung gebunden. Die kassenärztlichen Vereinigungen garantieren den Krankenkassen, daß der gesetzlich verankerte Leistungskatalog von den Ärzten eingehalten wird. Der Arzt hat den Vorteil der vereinfachten Leistungsabrechnung seiner Patienten, dieser erfolgt über die Kassenärztliche Vereinigung, die wiederum mit dem Hauptverband der Sozialversicherungsträger abrechnet und nicht mit jeder einzelnen Krankenkasse. Die Verbandsstruktur und Organisation im Arzneimittelmarkt macht die einzelnen Transaktionspartner mächtiger und auch unabhängiger gegenüber dem Staat. Oftmals ist beispielsweise ein gemeinsames Vorgehen zwischen Großhandelsverband und Apothekerkammer zu beobachten. Weiter besteht eine gegenseitige Abhängigkeit zwischen Pharmaindustrie und kassenärztlicher Vereinigung. Die Ärzte sind auf Arzneimittel angewiesen, um eine Therapie erfolgreich durchzuführen und die Industrie ist aus Rentabilitätsgründen darauf angewiesen, daß der Arzt ihre Produkte verschreibt. Aus diesem Grunde haben sich in der Vergangenheit in Deutschland diese Verbände permanent gegen Arzneimittelbudgets für Arztpraxen eingesetzt, die infolge des GSG 1993 eingeführt wurden (vgl. Wähling, 1996, S. 69ff).

3.2 Vertikale Absatzkanalstrukturen im Arneimittelhandel

Nach Seyffert ist die Handelsforschung pragmatisch orientiert, da sie sich allen Problemfeldern zuwendet, die mit dem organisierten Güteraustausch zwischen den Wirtschaftsgliedern zutun haben (vgl. Schenk, 1991, S. 97). Auch Arzneimittel unterliegen einem organisierten und komplexen Güteraustausch zwischen den Wirtschaftsgliedern. Um diese Komplexität transparenter zu machen, wurden in Kapitel 2.2 die Ziel-, Rollen-, und Machtbeziehungen der verschiedenen Transaktionspartner im Arzneimittelmarkt dargelegt, denn die „Grundvoraussetzung eines erfolgreichen Absatzkanalmanagements ist die Kenntnis der vielfältigen Verhaltensbeziehungen im Distributionssystemen“ (Meffert, 1998, S. 592).

Nun soll im letzten Abschnitt des Kapitels zwei direkt auf die vertikale Absatzkanalstruktur des Arzneimittelhandels eingegangen werden, um die Rolle des Apothekeneinzelhandels im Arzneimitteldistributionssystem mit allen seinen erwerbs- und bedarfswirtschaftlichen Prinzipien und Regulativen verstehen zu können. In den EU-Ländern kommt den Apotheken die zentrale Drehscheibenfunktion bei der Distribution von Arzneimitteln zu. Gleichzeitig stellt der Apothekeneinzelhandel das letzte Glied im Arzneimittel-Absatzkanalmanagement dar. Daher ist es nach Meinung des Verfassers sinnvoll, kurz auf die jeweiligen anderen Absatzkanalteilnehmer einzugehen, bevor in Kapitel drei eine spezifische Situationsanalyse im Apothekeneinzelhandel durchgeführt wird.
Die in diesem Kapitel vorgenommene Marktanalyse erfolgt in ihrer Klassifikation nach dem Vertriebsweg in den Apothekenmarkt und den Markt für freiverkäufliche Arzneimittel (Verkauf in alternativen Einzelhandelsbetriebsformen).

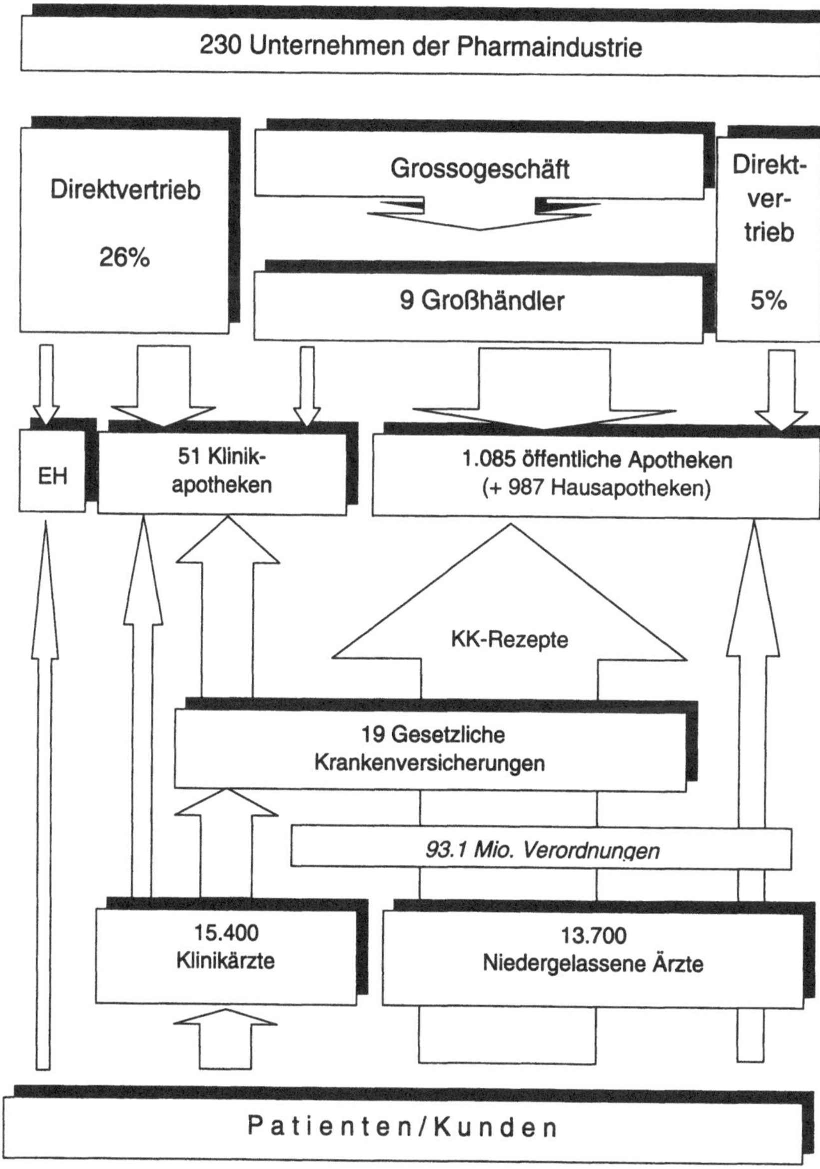

Abbildung 11: Österreich - Distributionsstruktur im Gesundheitswesen

Quelle: adaptiert nach Schnedlitz/Leder/Newzella, 1999, S. 25.

3.2.1 Funktionen der Pharmaindustrie

Die forschende, pharmazeutische Industrie gehört zur zukunftsorientierten High-Tech-Branche und stärkt den Wirtschaftsstandort Europa (vgl. VFA, 1999, S. 5). 1999 wurden weltweit Arzneimittel im Wert von 337,2 Mrd. $ umgesetzt – ein Zuwachs von 11% gegenüber dem Vorjahr. Knapp 80 % dieser Umsätze wurde in den 10 führenden Weltmärkten erwirtschaftet. Der Arzneimittelmarkt in Europa ist nach den USA (MA: 40 %) der zweitgrößte Pharmamarkt der Welt. 1999 lag das europäische Marktvolumen bei 90 Mrd. $ (ein Zuwachs von 8 %) das entspricht ca. 27 % des gesamten Weltmarktanteils. Deutschland und Frankreich belegen in Europa die ersten Plätze – weltweit liegen die bedeutendsten Märkte Europas an dritter und vierter Stelle. Österreich nahm 1999 den 10. Platz in Europa und den 24. Platz weltweit ein (vgl. IMS, 2000, S. 814f).

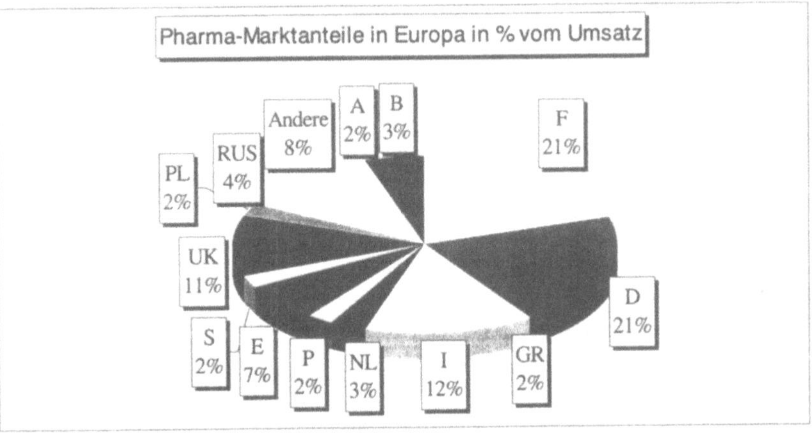

Abbildung 12: Europa - Marktanteile im AM-Handel

Quelle: adaptiert nach GIRP 1999, S. 9.

Der europäische Arzneimittelmarkt ist ein Wachstumsmarkt und vertraut man den Prognosen, wird es in den nächsten Jahren kaum zu einer Änderung dieser Situation kommen. IMS erwartet bis zum Jahr 2004 einen Anstieg des Arzneimittelumsatzes von derzeit 90 Mrd. $ auf 119 Mrd. $ (vgl. IMS, 2000, S. 815). Das Durchschnittsalter der Menschen in der industriellen Gesellschaft steigt weiter kontinuierlich an und wird insgesamt durch einen Rückgang der Bevölkerungszahl begleitet. Exemplarisch soll am Fallbeispiel Deutschland diese Entwicklung aufgezeigt werden: Der Anteil der 65-jährigen und Älteren, der 1995 bei 15,4 % lag, wird im Jahr 2040 auf 30,6 % ansteigen, gleichzeitig wird die Bevölkerungsanzahl in den genannten Jahren von 81,5 Mio. auf 68,8 Mio. sinken (vgl. Schulenburg/Wähling, 2000, S. 28).

Auf dem österreichischen Pharmamarkt agieren 230 Pharmahersteller, wobei 103 Firmen 95 % des Pharmaumsatzes repräsentieren mit insgesamt 9.260 Beschäftigten (vgl. Pharmig, 2001, S. 15ff). Der Pharmaimport beträgt knapp 1,74 Mrd. € und der -export in andere Länder nimmt einen Wert von knapp 1,45 Mrd. € ein. Damit hat sich das Außenhandelsbilanzdefizit mit Pharmazeutika seit 1988 um 78 % erhöht und betrug 0,29 Mrd. €, (vgl. AMZ, 1998, S. 79). Insgesamt betrug 1999 das Marktvolumen im österreichischen Arzneimittelmarkt 1,8 Mrd. $ (vgl. IMS, 2000, S. 815). Die folgende Grafik zeigt die Entwicklung in Österreich auf.

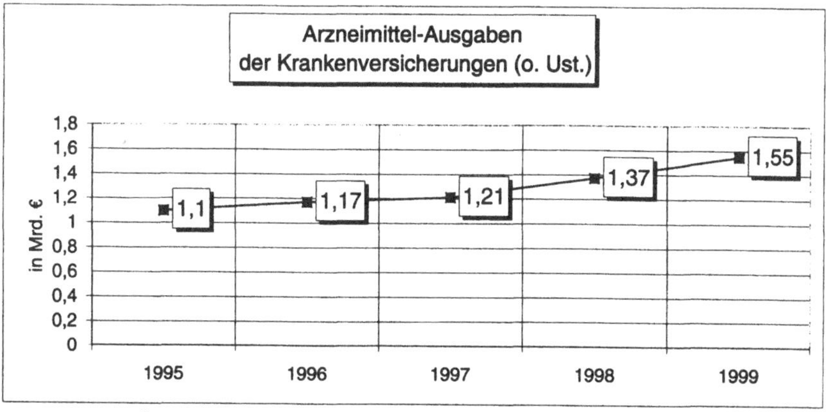

Abbildung 13: Österreich - Arzneimittel-Ausgaben der Krankenversicherungen

Quelle: adaptiert nach Hauptverband der österreichischen Sozialversicherungsträger, 2001, S. 17.

Der Anteil der Pharmaindustrie am Nettoproduktionswert (NPW) der Industrie in Österreich ist zwischen 1976 und 1993 von 0,8 % auf über 2,3 % angestiegen (vgl. Juricek/Kolb, 1995, S. 5). An diesen Zahlen wird sehr deutlich, daß die Pharmaindustrie in Österreich im Vergleich zu den anderen Wirtschaftszweigen des Landes schwach ausgeprägt ist, was insbesondere auch mit dem starken Preisdirigismus von staatlicher Seite zu begründen ist – die Arzneimittelpreise in Österreich sind durchschnittlich seit 1986 linear um 0,25 % jährlich angestiegen (vgl. Pharmig, 1997, S. 4). Nicht eine einzige Pharmafirma in Österreich schafft es mit ihrem reinen Inlandsumsatz, sich unter den 500 größten österreichischen Unternehmen zu plazieren (vgl. Pharmig, 1998, S. 18). Die umsatzgrößten Pharmaunternehmen Österreichs waren 2000 im Ranking die Firmen: Biochemie Kundl GmbH (Novartis), Baxter AG (vormals Immuno AG), Nycomed Austria GmbH, Richter Pharma AG und Boehringer Ingelheim Austria GmbH (vormals Bender), (vgl. Korinek, 2001, S. 118).

Anders stellt sich der pharmazeutische Markt in Deutschland dar. In der Vergangenheit gehörte das deutsche Gesundheitswesen zu den Musterbeispielen in der Welt – „im High-Tech-Bereich Arzneimittelforschung galt Deutschland als Apotheke der Welt" (Wenninger, 1994, S. 72). Deutschland ist gemessen am Arzneimittelumsatz der Apotheken nach den USA und Japan der drittgrößte Pharmamarkt der Welt und zusätzlich der weltgrößte Arzneimittelexporteur. 1998 wurden über 50 % des Umsatzes im Ausland erzielt, dies entspricht einer Steigerung von knapp 26 % gegenüber dem Vorjahr (vgl. Schulenburg/Wähling, 2000, S. 22). Die größten Pharmaunternehmen Deutschlands, gemessen am Umsatz waren 1997 die Firmen: Novartis Pharma, Hoechst (Aventis), Ratiopharm, Boehringer (Roche, Syntex) und Bayer (vgl. Schulenburg/Wähling, 2000, S. 21).

Land	*Anzahl der Unternehmen*	*Anzahl der Mitarbeiter*	*Branchen-Umsatz in € (FAP)*	*Ø Marge in %*	*Anzahl der Arzneimittel am Markt*
D	1.100	113.900	16,3 Mrd.	62,8	45.000[45]
A	230	9.260	1, 5 Mrd.	62,3	10.890

Tabelle 11: Österreich und Deutschland – Kennzahlen zur Pharmaindustrie

Quelle: vgl. BPI, 1999a, S. 5ff.; Pharmig, 1999, S. 28; Herba Chemosan, 1999, S. 29; GIRP, 1998, S. 35.

[45] Anmerkung: Die hohe Anzahl von Arzneimitteln in Deutschland hängt mit einer anderen Zählweise zusammen. Im Gegensatz zu den anderen Ländern wird jede einzelne Packungsgröße – 20er, 50er, 100er – als eigenen Medikament gewertet. Hinzu kommt daß gleiche Medikamente wie Tabletten, Zäpfchen, Saft und Tropfen separat gezählt werden. Tatsächlich hat Deutschland nach Aussage des Apothekerpräsidenten Friese kaum mehr Arzneimittel als Frankreich und Großbritannien – dort wird von 10.000-12.000 Medikamenten gesprochen (vgl. Kieselbach, 2000, S. ?).

3.2.2 Typen der Pharmaindustrie

Auf dem Pharmamarkt herrscht nicht nur ein Interwettbewerb zwischen den weltweit tätigen Pharmakonzernen, sondern auch ein Intrawettbewerb zwischen den verschiedenen Betriebstypen innerhalb der Pharmaindustrie. Der Interwettbewerb hat seine Ursachen in den im folgenden Teilkapitel dargelegten Text. Der Intrawettbewerb existierte ursprünglich schon immer – nur wurde er in Zeiten von Wachstum und Wohlstand bloß ansatzweise ausgetragen. Diese Zeiten sind spätestens seit Ende der 80er Jahre, mit den in Europa einsetzenden Regulierungs- und Reformansätzen von staatlicher Seite, vorbei. Bereits Anfang der 80er Jahre haben kleine und mittelständische Unternehmen begonnen Nachahmerprodukte (Generika) herzustellen und zu vertreiben. Durch konsequentes unternehmerisches Handeln wurde die Problematik der 'Kostenexplosion' erkannt und relativ früh die Chance genutzt, qualitativ vergleichbare und preiswertere Nachahmerprodukte im Markt zu implementieren. Anfangs wurden Generika nur durch Ärzte verordnet, die sich der 68er Generation sowie der Gruppe der Alternativen und Grünen Bewegung zurechnen würden. Sie lehnten die traditionellen, innovativen und hochpreisigen Medikamente der Originalhersteller ab und verschrieben Generika. Der Verordnungsanteil von Generika in Deutschland stieg von 36,9 % im Jahre 1989 auf über knapp 55 % im Jahre 1998, d.h., jede zweite Verordnung ist heute ein Generikum (vgl. Schulenburg/Wähling, 2000, S. 22).

Einher mit diesen rasanten Wachstumszahlen ging auch das Wachstum der Generikaunternehmen in Deutschland. Die beiden Marktführer in Deutschland: Ratiopharm und Hexal haben es innerhalb von nur zehn Jahre nach Ihrer Gründung geschafft, Umsätze von mehr als 500 Mill. € zu lukrieren. Auch der Nummer drei im Markt der Stada AG, ein ursprünglich von Apotheker gegründetes Herstellerunternehmen (ähnlich wie die Herba Chemosan, Wien) ist es gelungen, mit einem neuen Management an der Spitze, seine Umsätze innerhalb von 10 Jahren zu verzehnfachen. Aufgrund dieser Entwicklungen begann auch die forschende pharmazeutische Industrie sich im Generikamarkt zu engagieren, jedoch im Rückblick mit wenig Erfolg. Der Konkurrenzkampf zwischen den generischen Firmen nimmt mittlerweile in Teilbereichen ruinöse Formen an. Früher spielte sich bei Patentablauf eines Originalproduktes der Konkurrenz- bzw. Preiskampf zwischen dem Originalhersteller und den auf den Markt drängenden ein oder zwei Generikaherstellern ab. Der Preisabschlag gegenüber dem Originalpräparat lag im Durchschnitt bei ca. 30 %. Bei einem bedeutenden Patentablauf strömen mittlerweile Dutzende von Generikafirmen auf den Markt (vgl. Rahner, 1995, S. 243). Wo auch immer die Arzneimittelkosten im Gesundheitswesen gesenkt werden sollen, werden Generika davon profitieren. Die großen 'Verlierer' der zunehmenden Verschreibung von Generika sind die Apotheker. Zum einen entstehen dem Apotheker, infolge der bei jedem Patentablauf auf den Markt strömenden Nachahmerprodukten, ein Lagerraum- (den ACE-Hemmer Captopril führen 36 Generikahersteller in ihrem Sortiment) und ein Lagerkostenproblem (ein Meter Regalfläche kostet etwa 7700 €). Zum anderen verdient der Apotheker bei den niedrigpreisigen Generika nur unzureichend auf Grund der degressiv gestaffelten Apothekenpreisspannen.

Zu den neuen Betriebstypen in der Pharmaindustrie zählen die bio- und gentechnologischen Start-Up Unternehmen. Die Gen- und Biotechnik gelten heute bereits als Leitwissenschaften des 21. Jahrhunderts. Die neuen, innovativen Therapie- und Forschungsansätze lassen erwarten, daß in Zukunft Krankheiten wie Aids, Rheuma und Arteriosklerose ursächlich behandelt werden können. Mit Hilfe der Gentechnik werden heute bereits Biopharmaka entwickelt, die herkömmlichen chemisch synthetisierten Arzneimitteln überlegen sind (vgl. BPI a, 1999, S. 52). Das Zeitalter der Gen- und Biotechnologie hat in der weltweiten Pharmaindustrie bereits begonnen und wird einen Strukturwandel nach sich ziehen, deren Ende noch nicht absehbar ist. Tatsache ist, wie folgende Tabelle zeigen soll, daß die Pharmaindustrie bisher wertvolle Zeit verschenkt hat, was Patentanmeldungen in diesem Bereich betrifft:

Gentechnologie				Biotechnologie			
	USA	J	D		USA	J	D
1995	446	552	118	*1995*	2.235	1.549	500
1996	737	548	192	*1996*	2.055	2.154	629
1997	1186	575	179	*1997*	2.041	3.014	649

Tabelle 12: Patentanmeldungen in der Gen- und Biotechnologie

Quelle: adaptiert nach Schulenburg/Wähling, 2000, S. 44.

Die im Verhältnis zu den USA und Japan erfolgte niedrige Anzahl von Patentanmeldungen in Deutschland korreliert auch mit der Anzahl der Biotech-Unternehmen. Laut einer Studie von Schitag Ernst & Young existierten 1998 in Deutschland 173 Unternehmen mit 4000 Mitarbeitern und einem Gesamtumsatz von knapp 300 Mio. € In den Vereinigten Staaten hingegen operieren in diesem neuen innovativen Teilsegment des Pharmamarktes 1300 Biotech-Unternehmen (vgl. BPI a, 1999, S. 55).

3.2.3 Leistungen der Pharmaindustrie

Der Arzneimittelmarkt ist, ähnlich wie der derzeitige Soft- und Hardwarebereich und auch der Telekommunikationsmarkt, auf ständige Innovationen angewiesen und daher von permanenten Veränderungen geprägt. Die Forschung und Entwicklung (F&E) neuer Wirkstoffe, Substanzen und Produkte spielt dabei die entscheidende Rolle, die Gewinner von Verlierern unterscheidet. Die Forschungs- und Entwicklungsaktivitäten sind aber mit einem immensen Kosten- und Risikoaufwand verbunden.

> *Nach Schätzungen des Centers for Medicines Research (CMR) gab die pharmazeutische Industrie weltweit 1996 etwa 43,8 Mrd. US-Dollar für die Forschung aus (BPI b, 1999, S. 47).*

Durchschnittlich rechnet man mit F&E Ausgaben von 150 Mio. € pro Arzneimittel. Diese gigantische Summe resultiert aus der hohen Ausfallrate: Von 5000 untersuchten Substanzen erreicht nur eine einzige die Marktreife (vgl. Schulenburg/Wähling, 2000, S. 17).

International stand 1997 die USA bei der Entwicklung neuer Substanzen auf Platz 1, Platz 2 belegte Europa mit 19 Substanzen, Japan mit sieben Substanzen auf Platz drei. 1998 investierte die pharmazeutische Industrie in Europa rund 14 Mrd. € in die Forschung und Entwicklung von Arzneimitteln. Seit 1980 sind die F&E-Ausgaben damit in Westeuropa um das sechsfache gestiegen, in den 80er Jahren um bis zu 12 % jährlich. Großbritannien (3,7 Mrd. €) steht an der Spitze bei den F&E-Ausgaben,

dicht gefolgt von Deutschland (2,8 Mrd. €) und Frankreich (2,4 Mrd. €). Österreich[46] rangiert an letzter Stelle mit F&E Aufwendungen von 0,3 Mrd. € in Westeuropa (vgl. Pharmig, 2001, S. 10).

International strebt man auf Herstellerseite einen jährlichen Forschungsetat von etwa 15 % des jeweiligen Umsatzes an, um die jeweiligen Forschungsaktivitäten möglichst effektiv und effizient zu halten.

Hohe Anforderungen werden an die Sicherheit und Wirksamkeit eines Wirkstoffes bis zur Zulassung gestellt (vgl. Schulenburg/Wähling, 2000, S. 17). Bis zur Zulassung, die zentral (EU-weit) oder dezentral (national) erfolgen kann, muß ein Arzneimittel folgende Prozesse durchlaufen:

- Präklinische und klinische Prüfungen,
- Prüfung auf Stabilität, Haltbarkeit, Lagerfähigkeit etc.
- Nachweis der Unbedenklichkeit und Wirksamkeit,
- Nachweis der Qualität und
- Antrag auf Zulassung

Diese Prozesse, von der Entdeckung bis zur Marktreife, dauern durchschnittlich zwischen 10 und 12 Jahren. Bei einer Patentzeit von 20 Jahren bleiben dem Originalhersteller maximal nur ca. 8 Jahre, um die hohen Kosten für Forschung und Entwicklung zu amortisieren.

Die Bestandssicherung in der Pharmaindustrie ist aber in einem hohen Maße von einer erfolgreichen Forschungstätigkeit abhängig. Unabdingbare Voraussetzung dafür ist eine solide Umsatzrendite und eine adäquate Preispolitik von seiten der jeweiligen relevanten Einflußnehmer.

[46] Nach einer Studie des IWI-Institutes, die den österreichischen Pharmamarkt in große (NPW > 250 Mio. öS) und kleine Unternehmen (NPW < 250 Mio. öS) aufgeteilt hat, belaufen sich die F&E Aufwendungen, gemessen am Umsatz für die großen Unternehmen auf 8,4 % und für die kleinen Unternehmen auf 6,7 % des Umsatzes (Stand 1993). Im internationalen Vergleich sind damit die F&E Aufwendungen sehr gering (vgl. Clement et al. 1995, S. 3).

3.2.4 Verdrängungswettbewerb in der Pharmaindustrie

Im Rahmen der zunehmenden Internationalisierung der Absatz- und Beschaffungsmärkte sowie der steigenden Marktdynamik wird auch der Konkurrenzdruck auf die Pharmahersteller immer stärker.

Bei vielen Arzneimitteln sind sinkende Marktanwesenheitszeiten zu beobachten. Dies äußert sich in immer kürzeren Produktlebenszyklen für neue Produktgenerationen. Den Pharmakonzernen verbleibt eine immer kürzere Zeitspanne für die Amortisation der Forschungs-, Entwicklungs- und Markteinführungskosten. Gleichzeitig hat sich bei vielen forschenden Pharmaunternehmen die Entwicklungsdauer verlängert. Ursache dafür ist nicht allein der gestiegene interne Koordinationsbedarf der Projekte, sondern der gestiegene Zeitbedarf, um Produktentwicklungen gegen rechtliche Rahmenbedingungen in den jeweiligen Nationalstaaten abzusichern. Es ist indifferent, ob es sich um das dezentrale oder zentrale Zulassungsverfahren bei Arzneimitteln handelt, die Behörden und Stellen lassen sich ungewöhnlich viel Zeit bei der Erteilung von medizinischen Zulassungen. Dies schränkt die Patentzeit erheblich ein.

Ein Ausweg aus dieser Situation, der kürzeren Produktlebenszyklen und der steigenden Entwicklungsdauer, wäre eine Steigerung der Innovationsraten. Gerade im Pharmabereich haben sich zwischen 1985 und 1994 die durchschnittlichen Entwicklungskosten für einen neuen Wirkstoff fast vervierfacht (vgl. VfA, 1998, S. 26). Schätzungen zu Folge betragen die Kosten für F&E für einen neuen Wirkstoff zwischen 200 und 300 Mill. € inklusive der Kosten fehlgeschlagener Entwicklungen (vgl. BPI, 1998, S. 49).

Aufgrund dieser Entwicklungen hat der Konzentrationsprozeß in der Pharmaindustrie nochmals an Bedeutung gewonnen. Die Pharmakonzerne sind durch Fusionen und Kooperationen bemüht, Forschungsressourcen und Produktpipelines zusammenzulegen, um weiter wettbewerbsfähig zu bleiben (vgl. Sanacorp, 1998, S. 14).

Die folgende Tabelle zeigt den rasanten Konzentrationsprozeß, der allein in den letzten 14 Jahren die Anzahl der vierzig größten Pharmahersteller mehr als halbierte.

1986 —— *15 Jahre* ——► *2001*	
• Abbott	• Abbott (BASF)
• American Home Products	• AHP
• Astra	• AstraZeneca
• BASF	• Aventis (HMR & RPR)
• Bayer	• Bayer
• Beecham	• BM Squibb
• Boehringer	• Boehringer Ingelheim
• Boots	• Glaxo Smith Kline (Glaxo & SKB)
• Bristol Meyers	• Johnson & Johnson
• Carlo Erba	• Lilly
• Ciba Geigy	• MSD
• Cyanamid	• Novartis (Sandoz & Ciba)
• Fisons	• Novo Nordisk
• Glaxo	• Pfizer Warner (Cyanamid, Robins, Warner Lambert)
• Hoechst	• Pharmacia & Upjohn (Montsanto)
• Johnson & Johnson	• Roche Syntex Boehringer M.
• Lilly	• Sanofi Sterling, Synthélabo
• Marion	• Schering AG
• Merrell Dow	• Schering Plough
• Merck Sharpe Dome (MSD)	
• Nordisk	
• Nova	
• Pfizer	
• Pharmacia	
• Robins	
• Roche	
• Rorer	
• Rhone Poulenc	
• Sandoz	
• Sanofi	
• Schering AG	
• Schering Plough	
• Smith Kline	
• Squibb	
• Sterling	
• Syntex	
• Upjohn	
• Warner Lambert	
• Wellcome	
• Zeneca	

Abbildung 14: Konzentrationsprozeß in der Pharmaindustrie.

Quelle: eigene Darstellung

3.3 Arzneimittel im Großhandel

3.3.1 Funktionen[47] des Großhandels

Der Großhandel versteht sich nach wie vor als Dienstleister des Apothekers und ist der wichtigste Transaktionspartner des Apothekers in der Pharmawertkette (Schnedlitz/Newzella, 2001, S. 141).

Dem pharmazeutischen Großhandel kommt die wichtigste Drehscheibenfunktion bei der Distribution von Arzneimitteln zwischen Hersteller und Apothekeneinzelhandel zu, die nur durch permanente Investitionen in den Bereichen Technik und Logistik aufrechterhalten werden kann (vgl. Herba Chemosan, 1999, S. 33).

Die Sicherstellung der Arzneimittelversorgung, als Mittler zwischen Hersteller und Einzelhandel, gemäß der strengen europäischen GDP[48]-Richtlinien ist die Kernkompetenz des pharmazeutischen Großhandels. Der pharmazeutische Großhandel sieht sich mit relativ schwierigen Rahmenbedingungen konfrontiert, es werden seitens der Apothekerschaft hohe Qualitätsanforderungen gestellt, erwähnt seien in diesem Zusammenhang die hohe Lieferfrequenz, sowie die erwartete Liefergeschwindigkeit (30 Minuten in Ballungsgebieten). Hinzu kommen noch logistische Erschwernisse in Form der topographischer Gegebenheiten eines Landes, der Sortimentsbreite und –tiefe, der Vielzahl von Hausapotheken, die mit einer ähnlichen Serviceintensität zu betreuen sind, wie die öffentlichen Apotheken usw. (vgl. Schnedlitz, 2000, S. 30; Clement et al., 1995, S. 37).
Im wesentlichen übernimmt der Pharmagroßhandel vier Basisfunktionen wie die Raumüberbrückungsfunktion Funktion, die Zeitüberbrückungsfunktion (Übernahme

[47] Der Terminus des Großhandelsbegriffes kann sowohl funktional als auch institutional interpretiert werden. Die funktionale Betrachtungsweise beschränkt sich auf die Tätigkeit der einzelnen Anbieter im Großhandel sprich der Transformation einer Ware von einer Wirtschaftsstufe auf die jeweils nächstfolgende. Daraus folgt jedoch, daß eigentlich alle Unternehmen am Markt Großhandelstätigkeiten ausüben, daher tendiert man in der Literatur eher zur institutionellen Sichtweise. Die institutionelle Interpretation befaßt sich mit der Abgrenzung von verschiedenen Großhandelsaufgaben. Unter dieser Betrachtungsweise versteht man alle Unternehmen, die schwerpunktmäßig Großhandelsfunktionen ausüben, d.h. das diese in erster Linie gegenüber gewerblichen Abnehmern ihre Verkäuferfunktion erfüllen und nur in geringem Maße an Letztverbraucher liefern (vgl. Dohet-Gremminger, 1997, S. 10f).

[48] Die Good Distribution Practice enthält auf EU-Ebene Leitlinien, die von allen Großhändlern eingehalten werden müssen um die Qualität der Arzneimittelversorgung sicherzustellen (vgl. Vogler et al, 1998, S. 2f).

der Lagerung für Hersteller und Apotheken), die Quantitative Funktion (Ausgleich der Mengenunterschiede zwischen Erzeugern und Verbrauchern) und die Qualitative Funktion (Sortimentsbildungsfunktion), (vgl. Tietz, 1993, S. 239).

3.3.2 Typen des Großhandels

Es gibt unterschiedliche Betriebstypen innerhalb des pharmazeutischen Großhandels – den Vollsortimentsgroßhandel und den Teilsortimentsgroßhandel. Der Vollsortimentsgroßhandel distribuiert alle gelisteten pharmazeutischen Produkte. Im Gegensatz dazu konzentriert sich der Teilsortimentsgroßhandel primär auf den Handel von A-Produkten (vgl. Vogler et al., 1998, S. 327).

Neben der Voll- und Teilsortimentern unterscheidet man im europäischen Großhandel zusätzlich noch den Tatbestand der Einkanals- und Mehrkanalsdistribution. In Schweden und Finnland ist unter den Pharmagroßhändlern die sogenannten Einkanalsdistribution als System etabliert. Der Hersteller schließt mit einem Pharmagroßhändler einen Exklusivvertrag über ein bestimmtes Produkt oder Produktsortiment ab (vgl. Rosian et al., 1998, S. 353), was bedeutet, daß ein einziger Großhändler für die Lagerhaltung und Lieferung eines Produkts landesweit verantwortlich ist. Hierdurch ergibt sich aber das Problem der Monopolstellung, da den Apotheken die freie Wahl ihres Lieferanten verwehrt bleibt. Im übrigen Europa dominiert jedoch die Mehrkanalsdistribution, wie man sie in Österreich und Deutschland vorfindet.

3.3.3 Leistungen des Großhandels

In der EU stellen knapp 680 pharmazeutische Großhandelsunternehmen mit insgesamt über 1300 Betriebsstätten die Versorgung der Apotheken mit Spezialitäten und Arzneimitteln sicher. Die eigentliche Leistung des Großhandels liegt in der Ausübung der vier Basisfunktionen. Besonders deutlich wird die Leistung des Großhandels, wenn man einmal modellhaft von der Erfüllung der Raum- und Zeitüberbrückungsfunktion absieht. Allein diese Vorstellung ist ausreichend, denn aus volks- und betriebswirtschaftlicher Perspektive und nicht auch zuletzt aus Gründen der Transaktionskostentheorie kann es weder effektiv noch effizient sein, wenn die ca. 3000 Pharma-Hersteller die ca. 115.000 Apothekeneinzelhandelsunternehmen in der EU direkt beliefern würden (Balligh/Richartz-Effekt). Im Durchschnitt werden in der EU 100 Apotheken von einer Betriebsstätte aus versorgt. Dies ist von Land zu Land aber sehr unterschiedlich – die Kennzahl Apotheke/Betriebsstätte liegt für Österreich bei 40 und für Deutschland bei 200 (vgl. Vogler et al., 1998, S. 328f; Clement et al., 1995, S. 29).

Österreichs Apotheken werden zu 95 % vom pharmazeutischen Großhandel mit Arzneimitteln beliefert und das zwischen zwei bis fünfmal pro Tag (vgl. Clement et al., 1995, S. 37).

Leistungskennzahlen des Pharmagroßhandels Fallbeispiel des österreichischen Marktführers der Herba Chemosan AG
• 160 Fahrzeuge (ca. 8 Mio. km pro Jahr)
• 2.000.000 Auftragszeilen pro Monat
• 6.000.000 Packungen pro Monat
• 42.500 Gesundheitsprodukte auf Lager
• 2-5 Auslieferungen pro Tag pro Apotheke
• 7.000 Telefonate mit Kunden pro Tag
• 30 Minuten Kommissionierzeit pro Auftrag

Abbildung 15: Österreich – Leistungskennzahlen des Pharmagroßhandels

Quelle: adaptiert nach Herba Chemosan, 1999, S. 3.

Der pharmazeutische Großhandel sieht sich als Dienstleister für den Apotheker. Neben den genannten vier Hauptfunktionen wird die Dienstleistungsfunktion respektive die „value added services" immer wichtiger im Wettbewerb um die Apotheker.

> *Durch die Schaffung von Value Added Services erhofft sich der Großhandel eine verstärkte und bessere Kundenbindung und damit einen strategischen Vorsprung gegenüber jenen Mitbewerbern, die keine entsprechenden Serviceleistungen anbieten können (Leder, 1999, S. 83).*

Beispielsweise gewährt der Großhandel approbierten Pharmazeuten ein Start-up Darlehen, indem er dem Jung-Apotheker ein Darlehen für die Unternehmensgründung zur Verfügung stellt. Dieses Darlehen ist meist mit der Bedingung verknüpft, daß über einen bestimmten Zeitraum zumindest 75 % des Handelsumsatzes über den darlehensgebenden Großhändler abzuwickeln ist. Weitere Mittel einer „unauffälligen" Bindung sind in manchen Fällen an Apotheker gewährte Rabatte oder der Zuschuß von Kapital bei ungünstigem Geschäftsgang der Apotheke. Der Pharmagroßhandel gewährt den bestehenden Apotheken zusätzlich Lieferantenkredite, die insbesondere im deutschen Apothekenmarkt den einzelnen Pharmazeuten in ein bedenkliches Abhängigkeitsverhältnis bringt. Zusätzlich werden vom Großhandel Aus- und Weiterbildungsseminare für Apotheker angeboten. Das Fortbildungsangebot umfaßt folgende Themenbereiche: Weiterbildung der Apotheker bei Produktneuheiten, Merchandising in der Apotheke, Verkaufs- und Kommunikationstraining, Systemberatung bei EDV-Lösungen in der Apotheke, Warenwirtschaft[49], Lagerhaltung, Buchhaltung, Shop- und Schaufenster-Beratung, Management Consulting für Apotheker, Ärzte und Spitäler, Systemberatung bei EDV-Lösungen, Marketing-Beratung für Apotheken, Ladengestaltung, Produktpräsentations- und Schaufensterseminare (vgl. Leder, 1999, S. 206ff; Schnedlitz/Newzella, 2001, S. 146f).

3.3.4 Horizontale und vertikale Integration im Großhandel

Durch die Globalisierung, die Komplexität der Märkte, die vielfältigen Veränderungen in der Aufgabenumwelt von Handelsunternehmen und durch die zunehmende Wettbewerbsintensität kam es in den letzten zwanzig Jahren in Europa zu einer Konzentrationswelle im Pharmagroßhandel, die in den meisten Ländern der EU zu Oligopolmärkten führten. In den 70er und 80er Jahren des letzten Jahrhunderts handelte es sich noch um nationale Übernahmen und Merger von großen und regionalen Pharmagrossisten. Mit Beginn der 90er Jahre vollzog sich ein Wandel von einer nationalen zu einer grenzüberschreitenden Konzentrationspolitik der Pharmagroßhandelsunternehmen, die bis heute anhält. Das Vorgehen ist immer gleich: Begonnen

[49] Anmerkung: In Deutschland werden bereits 93 % aller Bestellungen durch den Apothekeneinzelhandel, die beim pharmazeu-

wird mit Kooperationsvereinbarungen und Minderheisbeteiligungen der „Transaktionspartner“ unterein- bzw. miteinander. In absehbarer Zeit werden dann aus Minderheitsbeteiligungen Mehrheitsbeteiligungen, um am Ende den „Partner“ zu dominieren, denn lose Kooperationen haben im europäischen Großhandelsgeschäft selten zu langfristigen und nachhaltigen Erfolgen geführt (vgl. Schnedlitz/Newzella, 2001, S. 139).

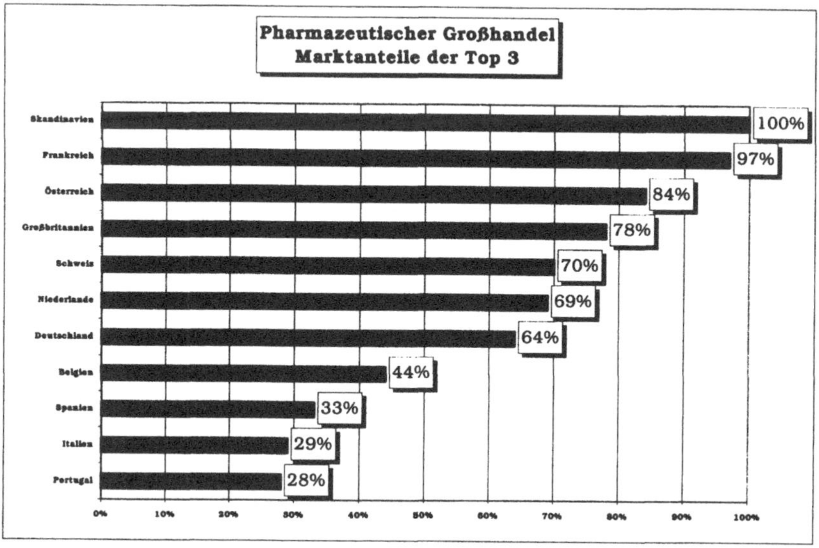

Abbildung 16: Europa – Marktanteile im Pharmagroßhandel.
Quelle: Schnedlitz/Newzella, 2001, S. 155.

Die Konzentrations- und Strukturbereinigungsprozesse finden derzeit sowohl auf der Herstellerebene als auch auf der Großhandelsseite statt. Bruno Tietz vertrat in seinem Buch „Großhandelsperspektiven für die BRD bis zum Jahr 2010“ die Ansicht, daß je weiter die Konzentration in der internationalen Pharmaindustrie fortschreitet, desto enger wird infolge dessen der Markt für Pharmagroßhändler. Allein in Deutschland gab es in den 60er Jahren noch über 90 Großhandelsunternehmen, heute existieren davon noch 17 bei einem Rückgang der Betriebsstätten von 180 auf

tischen Großhandel eingehen, elektronisch übertragen (vgl. Scheifele, 2000, S. 10).

102. Tietz sieht eine der Ursachen für die Konzentration im pharmazeutischen Großhandel durch die Regulierungsgesetze und die Reformen (GSG), die nach wie vor einschneidende Auswirkungen auf den Markt für pharmazeutische Artikel besitzen. Er prognostiziert, daß im Falle Deutschlands die Konsolidierung soweit fortschreitet, daß es zu einem Triopol oder Dyopol im pharmazeutischen Großhandelsmarkt kommt (vgl. Tietz, 1993, S. 496f; Scheifele, 2000, S. 10). Eine Parallelentwicklung vollzieht sich zur Zeit in Europa. Das sehr ausgeprägte Oligopol überträgt sich auf den europäischen Markt und wird immer enger (vgl. Morck, 1998). Im Jahr 1997 teilten sich die vier größten europäischen pharmazeutischen Großhandelsfirmen mehr als 50 % des europäischen Großhandelsmarktes (vgl. Herba Chemosan, 1997, S. 47). Bezeichnend für den Großhandel mit Arzneimitteln war bis dato immer das starke regionale, wenn nicht das lokal geprägte Geschäft. Nach einer Welle von nationalen Mergers & Acquisitions sind es heute nun zunehmend supranationale Übernahmen und Kooperationen, die im Pharmahandel stattfinden. „Small is beautiful" wird mehr und mehr abgelöst durch die eingesetzte Konsolidierungswelle, die in den kommenden Jahren die meisten kleinen und mittelständischen Pharmagroßhändler wegspülen wird – übrig bleiben eine Anzahl von Marktführern und einige wenige „Local heroes". Die stark divergierenden Rahmenbedingungen der nationalen Gesundheitssysteme in Europa verhinderten bisher, daß der Pharmahandel im Gegensatz zum Lebensmittelhandel allein durch die Größe Einkaufsmacht entfalten kann. Je weiter jedoch die Harmonisierung der EU-Gesundheitspolitik fortschreitet, die zur Zeit noch in den Anfängen steckt, werden zukünftig mehr und mehr Synergiepotentiale verwirklicht werden (Schnedlitz/Newzella, 2001, S. 153). Marktführer in Europa ist die GEHE AG, die allein zwischen 1990 und 1997 ihren Umsatz versechsfacht hat. Die GEHE AG ist eine Tochter der Haniel-Gruppe, einem traditionsreichen Familienunternehmen in Duisburg, das u.a. 33 % des großen europäischen Handelskonzerns Metro besitzt. In den letzten sechs Jahren ist der Auslandsanteil am GEHE-Umsatz von 15 % auf 78 % gestiegen. 1997 machte der Stuttgarter Pharmagroßhändler GEHE mit 23.800 Mitarbeitern einen Konzernumsatz von knapp 13 Mrd. € Nachdem sich die GEHE 1996 von der Pharmaproduktion getrennt hatte, übernahm man im

Rahmen einer vertikalen Vorwärtsintegration die britische Apothekenkette Llyods (vgl. Gehe, 1997, S. 1ff).

An zweiter Stelle steht umsatzmäßig die Nummer zwei im Markt: Alliance Unichem, die etwa 60 % des Umsatzes des Gehe Konzerns erwirtschaftet. Alliance Unichem ist erst kürzlich aus einer europäischen Mega Fusion im Großhandelsbereich entstanden. Diese Fusion der britischen Nummer zwei Unichem und der Nummer zwei auf dem französischen Markt die Alliance Santé war für die Pharmawelt Ende 1997 völlig überraschend. Ein Jahr zuvor kam es zu einem langen Übernahmekampf zwischen der Unichem und der GEHE als es um die Übernahme der britischen Apothekenkette Lyods Chemists ging – Gehe bekam damals den Zuschlag (vgl. Stinnel, 1998, S. 19).

Nummer drei in Europa und Nummer eins im deutschen Markt ist die Mannheimer Phoenix Gruppe. Die Phoenix entstand 1994 durch die Übernahme der Pharmagroßhändler Hageda, Reichelt, Stumpf, und Schulze durch die Merckle-Gruppe. 1997 betrug ihr Auslandsanteil am Umsatz knapp 37 %. Im gleichen Jahr setzte der Phoenix Konzern mit 8200 Mitarbeitern über 6 Mrd. €um (vgl. Phoenix, 1998, S. 2ff).

Exkurs: Pharmazeutischer Großhandel in Österreich und Deutschland

Den österreichischen Pharmagroßhandelsmarkt mit 1,38 Mrd. € Umsatz teilten sich 1999 zehn Pharmagroßhändler (vgl. Krammer, 2000, S. 808). Sie beliefern 1.065 öffentliche Apotheken und 993 Hausapotheken. Knapp 70 Prozent des Umsatzes für pharmazeutische Produkte werden über den Großhandel vertrieben. Davon werden 83 % an die öffentlichen Apotheken, 12 % an selbstdispensierende Ärzte und 5 % an die Krankenanstalten geliefert (vgl. Vogler et al., 1998, S. 233).

Der Großhandel beliefert vor allem die öffentlichen Apotheken und die Ärzte mit Hausapotheke – die Industrie beliefert vor allem die Krankenanstalten. Im Jahr 1999 waren im österreichischen Distributionskanal Pharmagroßhandel zehn Großhändler mit insgesamt 27 Betriebsstätten tätig. Der österreichische Markt wird von 3 Firmen beherrscht – deren kummulierter Marktanteil betrug 1997 84 Prozent. Marktführer ist die Herba-Chemosan Apotheker AG, die seit dem Spätsommer 1999 mehrheitlich zum europäischen Großhandelskonzern GEHE AG gehört. Platz 2 belegt die zur deutschen Phoenix-Gruppe gehörende Hestag. Nummer 3 im Markt ist das österreichische Traditionsunternehmen Kwizda, welches sich im Familienbesitz befindet (vgl. Krammer, 2000, S. 808; Vogler et al., 1998, S. 234).

TOP 3 in Österreich	Umsatz €	Marktanteil
Herba-Chemosan Apotheker AG	579 Mio.	50 %
Hestag Arzneiwaren Ges.m.b.H	231 Mio.	20 %
Kwizda Ges.m.b.H	162 Mio.	14 %

Tabelle 13: Österreich – Marktführer im Pharmagroßhandel.
Quelle: vgl. Herba Chemosan, 1999, S. 30; Phoenix, 1997/98, S. 35.

Von den Top 3 im österreichischen Pharmagroßhandel sind derzeit die Handelsunternehmen Herba Chemosan und Kwizda national tätig. Die Hestag bearbeitet derzeit nur den ostösterreichischen Markt, während die Nummer vier im österreichischen Großhandel der Pharmagroßhändler Jacoby in Westösterreich und Kärnten aktiv ist. Die übrigen sechs Unternehmen sind regional aktiv und beliefern vorwiegend die ärztlichen Hausapotheken (vgl. Homan, 1999, S. 4). Das durchschnittliche Warenlager des österreichischen Pharmagroßhandels umfaßt etwa 30.000 Artikel. Der Lagerstamm (d.h. die jederzeit erhältlichen Produkte) des pharmazeutischen Großhandels umfaßt ca. 103.000 gelistete Produkte (vgl. Schnedlitz, 2000, S. 30; Krammer, 2000, S. 808). Für seine Leistung erhält der pharmazeutische Großhandel (wie auch der Apothekeneinzelhandel) eine Handelsspanne, die mit Ausnahme von Dänemark, Schweden und der Schweiz, vom jeweiligen Gesetzgeber festgelegt wird. Die Handelsspanne ist ein zentraler Erfolgsfaktor im pharmazeutischen Großhandel. Im März 1999 betrug die durchschnittliche Großhandelsspanne in Österreich 12,74 % (Basis AEP). Die Nettospanne ist geringer, da den Apotheken im operativen Geschäft noch Rabatte und Skonti eingeräumt werden.

Im deutschen Pharmagroßhandelsmarkt wurden 1999 Arzneimittel im Wert von 16,5 Mrd. € (1998: 15,5 Mrd. €) umgesetzt. 17 Großhändler mit 102 Niederlassungen beliefern über 21.000 Apotheken bis zu fünfmal am Tag (vgl. Scheifele, 2000, S. 10ff). In Deutschland werden wertmäßig 84 % des gesamten Arzneimittelumsatzes über den Großhandel ausgeliefert. Marktführer im deutschen pharmazeutischen Großhandelsmarkt ist die Phoenix Gruppe, die aus einer vertikalen Vorwärtsintegration der inhabergeführten Merkle Gruppe (Ratiopharm) entstanden ist. Europas Marktführer GEHE belegt in Deutschland nur den zweiten Platz. Den dritten Platz belegt die ANZAG (Andreae-Noris Zahn AG), ein apothekennahes Großhandelsunternehmen.

TOP 3 in Deutschland	*Umsatz* €	*Marktanteile*
Phoenix AG & Co.	3,92 Mrd.	28 %
GEHE AG	2,78 Mrd.	19 %
ANZAG AG	2,26 Mrd.	16 %

Tabelle 14: Deutschland – Marktführer im Pharmagroßhandel

Quelle: adaptiert nach Schulenburg/Wähling, 2000, S. 20; Phoenix, 1999, S. 2; Gehe, 1998, S. 36; Anzag, 1998, S. 1.

Vier Grossisten sind national und die weiteren 13 sind regional tätig. Sowohl Phoenix, als auch Gehe haben in den letzten Jahren begonnen, im europäischen Ausland Apothekenketten aufzukaufen. Allein Gehe besitzt mittlerweile in Großbritannien 1225 Apothekeneinzelhandelsbetriebe (vgl. Gehe, 1999, S. 46).

Land	*Anzahl der Unternehmen*	*Anzahl der Mitarbeiter*	*Branchen-Umsatz 1998 AVP*	*Ø Marge 1998*	*Anzahl der gelisteten Artikel*
D	17	ca. 16.000	15,4 Mrd. €	12,4 %	320.000
A	9	ca. 2.000	1,2 Mrd. €	12,7 %	103.000

Tabelle 15: Österreich und Deutschland – Kennzahlen zum Pharmagroßhandel

Quelle: adaptiert nach BPI, 1999a, S. 5ff.; Herba Chemosan, 1999, S. 28f; Scheifele, 2000, S. 11; ÖBIG, 1999a, S. 216; S. 290, Homan, 1999, S. D4; Stinnel, 1998, S. 20.

3.4 Arzneimittel im Versandhandel

3.4.1 Problemfeld Versandhandel

Die enorme Diffusionsgeschwindigkeit des Internets führt zum Wegfall nationaler Grenzen und nationaler Handelshemmnisse. Dies führt in vielen Märkten zu einer wachsenden Zahl von Wettbewerbern und zu einer Zersplitterung der Marktstrukturen (vgl. Meffert, 1998, S. 716). Der Arzneimittelmarkt ist, durch die bereits mehrfach erwähnten einzelstaatlichen Reglementierungen, national geprägt, und daher wird auch das globale Medium Internet nicht ohne Folgen für den Handel mit Arzneimitteln sein.

Es gibt bisher (2001) in der EU kein konformes Reglement zum Thema Versandhandel. Das Europäische Parlament hat das Einsetzen zweier Arbeitsgruppen beschlossen, die eine Liberalisierung der Werberichtlinie und Möglichkeiten des E-Commerce mit Arzneimitteln prüfen sollen. Derzeit greifen noch die bestehenden nationalen Versandhandelsverbote in den meisten Ländern der EU, die in Deutschland, Österreich, Frankreich, Italien, Finnland, Griechenland, Irland, Luxemburg, Spanien und Portugal greifen (vgl. Oberdorfer, 2000, S. 5). Diese genannten Versandhandelsverbote sind aber unterschiedlich stark ausgeprägt – in Österreich ist seit 1994 der Versandhandel mit allen Arzneimitteln gemäß § 59, Abs. 9, AMG untersagt, während in Deutschland nur der Versandhandel mit apothekenpflichtigen Arzneimitteln seit der 8. AMG-Novelle (1998) verboten ist. Die Niederlande und die Schweiz beispielsweise stehen dem Versandhandel äußerst liberal gegenüber. In Großbritannien ist der Versandhandel von Medikamenten zwar grundsätzlich nicht erlaubt – trotzdem darf ein Teil des Sortiments, der zum allgemeinen Verkauf bestimmt ist (und in der General Sales List erscheint), frei verkauft und versendet werden (vgl. Vogler et al., 1998).

Deutsche und Österreicher könnten also theoretisch im Rahmen des EU-Rechts Medikamente aus dem Vereinigten Königreich oder von Internetapotheken aus den Niederlanden bestellen, und diese werden ihnen per Post zugestellt, obwohl dies national verboten ist. Diese nationalen Verbote sind aber mangels Zollkontrollen in der EU nicht durchsetzbar. Die Politik ist zusehends machtlos und gesteht dies auch in der

Öffentlichkeit ein, wie das folgende Zitat der damaligen deutschen Gesundheitsministerin Andrea Fischer von den Grünen auf dem Apothekertag im November 2000 in Köln zeigt:

> *Der Prozeß findet statt, und er läßt sich auf nationaler Ebene nur begrenzt beeinflussen. Denn es ist eine der zentralen Eigenschaften des Internets, daß es keine Grenzen kennt. Daß nationale Verbote scheitern, diese Erfahrungen machen wir bereits (Löffler, 2000, S. 1130).*

Martin Bangemann, bis 1999 EU-Kommissar, setzte sich in vielen Bereichen für die Deregulierung im Arzneimittelhandel ein. Er war in seiner Amtszeit ein Befürworter des Versandhandels mit Arzneimitteln und verurteilte das Versandhandelsverbot in Österreich und Deutschland. Bangemann begründete seine Ablehnung gegen das Versandhandelsverbot damit, daß keine Branche sich den Herausforderungen der Globalisierung und Informationsgesellschaft entziehen könne. Er forderte weiter, daß die Rechtsvorschriften der Mitgliedsstaaten im stark regulierten Arzneimittelmarkt mit denen der EU in Einklang zu bringen seien und daß „die Vollendung des Binnenmarktes nicht nur ein politisches Ziel, sondern auch eine wirtschaftliche Notwendigkeit" ist und daß letztendlich nationale Alleingänge, wie das österreichische und deutsche Versandhandelsverbot (8. AMG-Novelle), nach seiner Ansicht nur schlecht durchsetzbar sind (vgl. Opfermann, 1997, S. 28).

In einer Mitteilung der Europäischen Kommission über den Binnenmarkt für Arzneimittel kommt die Generaldirektion Industrie zum Thema „Elektronischer Handel und Patientenaufklärung" zu folgendem Ergebnis, welche die Apotheken direkt betreffen:

> *In etlichen Mitgliedsstaaten machen die Leistungen der Apotheken über 25 % der Endkosten (ohne Steuern) eines Arzneimittels aus. Es dürfte nur eine Frage der Zeit sein (und der Fähigkeit, Zugang zum Markt zu bekommen), daß neue Systeme für die Abgabe von Arzneimitteln an den Verbraucher – insbesondere angesichts der wachsenden Möglichkeiten des elektronischen Handels – die Regulierungsbehörden veranlassen, Überlegungen darüber anzustellen, welche Einsparungen sich bei diesem Anteil an ihren Arzneimittelausgaben vornehmen lassen (Europäische Kommission, 1998, S. 20).*

Weiter stellt das Gutachten der Kommission die Forderung auf, verschreibungspflichtige Produkte via E-Commerce an den Patienten weiterzugeben, solange die Unbedenklichkeit nicht darunter leidet. Nach Meinung der Kommission ist dieser Vertriebsweg mit deutlich geringeren Kosten für die Gesundheitssysteme verbunden, als der durch den traditionellen Vertriebskanal Apotheke (vgl. Europäische Kommission, 1998, S. 21).

Die Hausärzte haben starke Bedenken, was den Versandhandel und E-Commerce anbelangt. Ihnen geht es vordergründig nicht um die Arzneimittelsicherheit, wie beispielsweise den Apothekern, sondern sie haben Angst vor übermächtigen Versandapotheken, die anhand von Anwendungsstudien Standards vorgeben und so letztendlich in die Therapiefreiheit der Ärzte eingreifen. Eine solche Vorgehensweise ist heute schon in den USA existent, wo mächtige Versandapotheken Ärzte auffordern, ihr Verschreibungsverhalten zu ändern, wenn nach deren Meinung von seiten der Ärzteschaft unökonomisch verschrieben wird. (vgl. Rücker, 1997). In solchen Fällen führt der US-Pharmaversender Caremark an, daß es deren Kostendämpfungsmanagern in drei von fünf Fällen gelingt, den verschreibenden Arzt zu überzeugen, die preisgünstigeren Medikamente von der eigenen Medikamentenliste zu verordnen (vgl. Kotler, 1999, S. 817).

3.4.2 Versandhandel in den USA

Ursprünglich kommen die „Mail-Order-Pharmacies“ aus den USA, die dort schon seit dem Ende des zweiten Weltkrieges als Distributionskanal etabliert sind. Infolge des amerikanischen Cost-containments erwirtschaftete die American Managed Care Pharmaceutical Association (AMCPA), der Verband der Versandapotheken in den Staaten, 1981 einen Umsatz von 100 Mio. \$, der sich aber bis 1992 auf 4 Mrd. \$ hinauf katapultierte. Aus Effizienzgesichtspunkten heraus stellt der Versandhandel von Arzneimitteln nur bei einer hochpreisigen Dauermedikation eine wirkliche Vertriebsalternative dar. Das Klientel der Versandapotheken in den USA besteht in erster Linie aus Versicherten, die sich einer dauerhaften medikamentösen Therapie unterziehen müssen: Chronisch Kranke und ältere Menschen mit eingeschränkter Mobilität (vgl. Schleert, 1995, S. 46f).

Mehr als die Hälfte aller Amerikaner beziehen ihre Arzneimittel über die Pharmaversender, die bereits heute in den USA eine Gate-Keeper-Rolle einnehmen. Die folgende Tabelle zeigt die führenden Pharmaversandhandelsunternehmen auf:

Pharmaversender	*Anzahl der Kunden*
Diversified Pharmaceutical Services (SKB)	44 Mio.
PCS (McKesson)	45 Mio.
Medco (Merck)	38 Mio.
Caremark (McKesson)	28 Mio.

Tabelle 16: USA – Marktführer im Pharmaversandhandel.
Quelle: Kotler, 1999, S. 817.

PCS und Caremark sind Tochterunternehmen des größten pharmazeutischen Großhändlers McKesson in den USA, während Medco 1993 für 6,3 Mrd. $ von dem forschenden Pharmakonzern Merck gekauft worden ist. Das heute weltweit führende Pharmaunternehmen Glaxo SmithKline (damals SKB) übernahm Diversified Pharmaceutical Sevices, und andere europäische Pharmahersteller wie RPR und BMS haben Verträge mit Caremark abgeschlossen. Die Gründe der Akquisitionen liegen auf der Hand: die Versandhändler arbeiten mit Medikamentenlisten – jeder Hersteller versucht, ähnlich wie im LEH in Europa, gelistet zu werden (vgl. Kotler, 1999, S. 817).

Exkurs: Versandhandel in der EU am Fallbeispiel 0800DocMorris.com

Im Juni 2000 wurde die erste Internetapotheke in Europa gegründet. Zu diesem Zeitpunkt nahm die Onlineapotheke „0800DocMorris.com“ mit Sitz in den Niederlanden den Versandhandel mit Arzneimitteln auf. In den Niederlanden ist der Versandhandel von Medikamenten erlaubt. Kunden können sich dort via Internet über Arzneimittel informieren und sowohl freiverkäufliche als auch rezeptpflichtige Arzneimittel bestellen. Bei einem verschreibungspflichtigen Präparat muß der Kunde vorher ein entsprechendes Rezept einsenden, um das entsprechende Arzneimittel zu erhalten (vgl. Landgericht Frankfurt, 2000, S. 1).

Von Anfang an konzentrierten sich die Betreiber des neuen Betriebstyps "Internetapotheke" auf den deutschsprachigen Markt. 80 Prozent der Lieferungen von DocMorris gehen nach Deutschland, da die niederländischen Apothekenpreise für Arzneimittel z.T. bis zu 50 Prozent niedriger sind als in Deutschland (vgl. Siedenburg, 2000, S. 262).

Folgende Tabelle vergleicht die Preise von ausgewählten Medikamenten zwischen österreichischen und deutschen Apotheken sowie der Internetapotheke in den Niederlanden.

Arzneimittel	*Apotheke in Österreich*	*Apotheke in Deutschland*	*Internetapotheke DocMorris in den Niederlanden*
Viagra ***12 Tabletten (50mg)*** ***(Potenzmittel)***	159,5 €	134,7 €	115,2 €
Xenical ***42 Tabletten*** ***(Fettleibigkeit)***	72,5 €	53,7 €	45,9 €
Diane Mite (35) ***63 Tabletten*** ***(Hormonpräparat)***	30,4 €	25,9 €	24,4 €
Aspirin ***20Tabletten (500mg)*** ***(Schmerzmittel)***	2,6 €	3,9 €	3,3 €

Tabelle 17: AM-Preisvergleich zwischen traditionellen Apotheken und Internetapotheken

Quelle: eigene Erhebungen.

Durch den Preisvergleich ist zu erkennen, daß die Internetapotheke die gleichen Medikamente i.d.R. preiswerter anbietet als die deutsche und auch die österreichische Apotheke. Weiter entfällt beim Kauf von Medikamenten zu Lasten der Krankenversicherung bei DocMorris die Rezeptgebühr und die Selbstbeteiligung, die im traditionellen Apothekeneinzelhandel zu entrichten ist. Ab einem Bestellwert von 40 € entfallen bei DocMorris die Versandkosten. Bei jeder ersten Bestellung entfallen sie zur Gänze.

Die Preispolitik ist ein wichtiges, wenn nicht das wichtigste Instrument des Handelsmarketing. Jedoch ist das Arzneimittel eine Ware der besonderen Art und dessen Handel muß besonderen (gesetzlichen) Schutzbedingungen unterworfen sein. In Österreich und Deutschland ist der Versandhandel mit Arzneimitteln nach den §§ 59, IX und 43, I AMG verboten. Der pharmazeutische Großhandel sowie die Apotheken sehen das Versandhandelsverbot für Arzneimittel als gelebten Verbraucherschutz, der vor allem der Arzneimittelsicherheit diene und damit ein wichtiges Gemeinschaftsgut darstellt (vgl. Graw, 2000, S. 40). Der deutsche Apothekerverband hat gemeinsam mit Europas größtem Pharmazeutischen Großhändler, dem GEHE Konzern eine Klage gegen DocMorris eingereicht. Am 9. November 2000 hat das Landgericht in Frankfurt/Main eine einstweilige Verfügung gegen die niederländische Internetapotheke DocMorris erlassen: Die Betreiber wurden aufgefordert den Versand von Arzneimitteln nach Deutschland zu unterlassen. Bei Zuwiderhandlung drohen dem Geschäftsführer ein Ordnungsgeld von 250.000 € oder eine Haftstrafe von 6 Monaten (vgl. Landgericht Frankfurt, 2000, S. 1). In der Urteilsbegründung mußten die Richter jedoch einräumen, daß das deutsche Versandhandelsverbot für Arzneimittel möglicherweise nicht für alle Zukunft aufrechterhalten werden könnte (vgl. Landgericht Frankfurt, 2000, S. 4f). Im Januar 2001 wurde vom Stuttgarter Landgericht die einstweilige Verfügung gegen DocMorris wieder aufgehoben, da bedingt durch eine EU-Regelung, in den Niederlanden zugelassene Arzneimittel auch nach Deutschland versendet werden dürfen. Diese Regelung bestätigte zuvor auch das Berliner Landgericht (vgl. o.V., 2001, S. 50). Als Reaktion darauf reichte im Juli 2001 der Deutsche Apothekerverband in Luxemburg vor dem Europäischen Gerichtshof eine weitere Klage gegen DocMorris ein, auf deren Ausgang man gespannt sein darf (vgl. o.V., 2001, S. 699). Unbeeindruckt von dem Urteil bietet die niederländische Internetapotheke weiterhin deutschsprachigen europäischen Kunden ihre Produkte an. DocMorris empfiehlt dem Onlinekunden einen Kurierdienst, der die Medikamente direkt in der DocMorris Apotheke in Landgraaf/NL abholt und sie dann dem Kunden ausliefert, wobei die zusätzlichen Distributionskosten übernommen werden. Das Unternehmen ist der Auffassung, daß man sich damit im Einklang mit der Verfügung des Frankfurter Landgerichtes befindet. Die gerichtliche Auseinandersetzung erhöhte den Bekanntheitsgrad von DocMorris und infolgedessen verdreifachten sich die Bestellungen (vgl. Meyer, 2000, S. 68).

Wie auch immer die Diskussion um die Internetapotheke DocMorris ausgehen wird bleibt festzuhalten, daß die Internetapotheke die Nahversorgungsfunktion des traditionellen Apothekeneinzelhandel nicht ersetzen kann. Eine flächendeckende Vollversorgung mit Arzneimitteln durch Internetapotheken wird nach Meinung des Verfassers auch in naher Zukunft nicht möglich sein. Der Verfasser ist der Meinung, daß der neue Betriebstyp Internetapotheke sich langfristig in der EU nicht aufhalten läßt. Dafür hat die Internetapotheke im Rahmen der permanenten Diskussion um Kostendämpfung im Gesundheitswesen bzw. im Arzneimittelhandel zu viele Fürsprecher von Seiten der Politik und den Krankenversicherungen. Weiter ist der Verfasser der Meinung, daß für kranke bettlägrige Patienten, die im Rahmen einer Langzeitmedikation auf eine regelmäßige Einnahme von Arzneimitteln angewiesen sind, Internetapotheken durch ihren unbürokratischen, diskreten und bequemen ("convenience Gedanke") Weg der Zustellung von Medikamenten Vorteile bieten, die der traditionelle Apothekeneinzelhandel nur in Einzelfällen (im seltenen Fall der Hauszustellung) anbieten kann. Für den Betrieb einer Internetapotheke müssen aber erst EU-weit Qualitätskriterien definiert und auch ratifiziert werden, um eine tiefere Diskussion in Sachen "Versandhandel mit Arzneimitteln" zu beginnen.

3.5 Arzneimittel im Einzelhandel

3.5.1 Einzelhandel und Wellness

Die Erkenntnis, daß der Gesundheitsmarkt, nicht zuletzt infolge der demografischen Entwicklung in den nächsten Jahrzehnten, als Wachstumsmarkt gilt (vgl. Kaapke, 1998, S. 5), hat sich mittlerweile auch in den angrenzenden Betriebsformen des Apothekeneinzelhandels herumgesprochen. In der Einzelhandelslandschaft hat sich in den letzten Jahren ein neuer Markt entwickelt, der durchschnittlich pro Jahr um 4-5 % ansteigen wird (vgl. o.V., 2000, S. 14), in den USA wächst dieser Bereich jährlich um 15-20 % (vgl. Kühn, 2000, S. 45). Die Rede ist vom sogenannten „Wellness-

Markt"[1]. Sowohl der Begriff Wellness, als auch Wellness-Produkte sind derzeit im Handel und Schrifttum nicht einheitlich definiert und abgegrenzt. Die Lebensmittelzeitung hat in dem Spezial 2/2000 zum Thema Wellness den Versuch unternommen, Begriffsdefinitionen herbeizuführen: „Wellness ist das Zauberwort der Marketingleute, der Modebegriff der Trendsetter, der Rettungsanker der Gestressten, Untrainierten und nicht mehr ganz Schlanken – und die Hoffnung vieler Dienstleister" (Mehler, 2000, S. 3). Wellness-Produkte sind nach Definition der LZ: „solche, die nachweislich Gesundheit fördernd bzw. unterstützend sind und solche, bei denen ein glaubwürdiger Gesundheit fördernder Zusatznutzen nachvollziehbar ist" (LZSpezial, 2000, S. 29).

Wellness-Produkte werden über die Vertriebskanäle Apotheke, Drogeriemärkte, Versandhandel, SB-Warenhäuser und Super- und Verbrauchermärkte veräußert (vgl. Rossbach, 2000, S. 42). Von besonderen Interesse für diese Arbeit ist der Bereich des Wellness-Food-Marktes. Dieser hatte 1999 allein in Deutschland ein Marktvolumen von 31,6 Mrd. €und setzt sich aus folgenden Teilsegmenten zusammen:

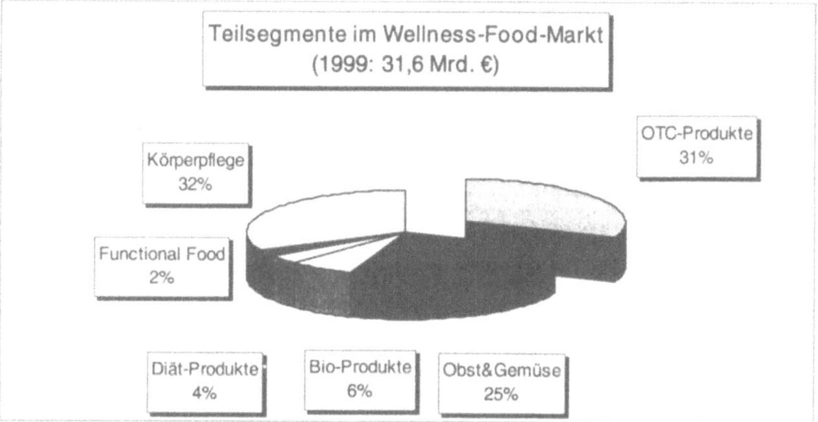

Abbildung 17: Deutschland – Teilsegmente im Wellness-Food-Markt

Quelle: adaptiert nach Rosbach, 2000, S. 29.

Erklärungsbedürftig ist nur das neue Segment „Functional Food", ein Teilmarkt, der im Grenzfeld zwischen Pharma- und Nahrungsmittel entsteht. Functional Food[50] ist ein Sammelbecken für Produkte unterschiedlichster Art. Sowohl Probiotika, Prebitioka als auch Synbiotic-Produkte werden zu diesem Teilmarkt gerechnet. Dies impliziert die Teilnahme bedeutender Markenartikelkonzerne wie Nestlé mit LC1, Danone mit Actimel und Müller mit Procult. Aber auch die Pharmafirmen haben begonnen, Food Functional Divisions zu gründen, wie beispielsweise Novartis Consumer Health (Digestive Health) oder die BASF mit ihrer neu gebildeten Health & Nutrition Division. Weitere mögliche Produkte in diesem Bereich wären Joghurts gegen Gallensteine, Bonbons gegen Thrombose oder Säfte gegen Herzrythmusstörungen (vgl. Kühn, 2000, S. 44ff).

Der Apothekeneinzelhandel wird in erster Linie jedoch von den diesbezüglichen Aktivitäten der Pharmaindustrie, der Drogerien und der anderen Einzelhandelsbetriebsformen im Bereich des Segmentes OTC bedrängt. Seit Anfang des Jahres 2000 wurden 118 OTC-Neuheiten in Deutschland auf den Markt gebracht. Der Hersteller Klosterfrau hat in diesem Jahr neun verschiedene Produktneueinführungen (Dragees, Kapseln, Salben, Kautabletten und Tees) im Markt implementiert, die sowohl in Apotheken als auch in Drogerien, SB-Warenhäusern und in Super- und Verbrauchermärkten vertrieben werden dürfen. Selektivstrategien finden immer weniger statt (vgl. Rosbach, 2000, S. 40ff).

Das Thema Wellness steht bei fast allen großen Handelsunternehmen auf den Strategieplänen. Die Suche nach geeigneten erfolgversprechenden Sortimentseinführungskonzepten ist in vollem Gange. Benchmarks konnten jedoch noch nicht identifiziert werden. Es gibt aber eine Reihe von Pilotprojekten, die von den Großkonzernen des Handels wie Wal-Mart, Metro, Edeka oder Globus mittlerweile durchgeführt werden. Die Metro Tochter Real begann 1998 mit Tests in den Regiebetrieben in Esch-

---

[50] Im LZSpezial werden Functional Food Produkte wie folgt definiert: „Lebensmittel, die einen nachweislichen Effekt auf eine oder mehrere Körperfunktionen haben. Neben ernährungsphysiologischen Effekten sollen die Produkte den Gesundheitszustand der Verbraucher verbessern, für Wohlbefinden sorgen oder Risiken einer Krankheit vermindern" (Schlitt, 2000, S. 22).

born und St. Augustin ihr Wellness-Sortiment unter dem Slogan „Für ihre Gesundheit“ (eine Zusammenstellung von Blutruckmesser, Badeschlappen, Tees, Vitamintabletten, Stützbänder, Lesebrillen etc.) den Konsumenten näherzubringen. Im Jahr 2000 waren bereits 13 der 260 Outlets mit Gesundheitszentren ausgestattet – bis zum Ende des Jahres soll sich diese Zahl verdoppeln. Ganz anders geht das Einzelhandelsunternehmen Globus vor, das in den letzten Jahren in vielen Bereichen mit eigentümlichen Konzepten in der Branche von sich reden machte. Globus richtet sogenannte „Medicus Shops“ ein, mit einer Quadratmeterfläche von 160 (im Vergleich: die durchschnittliche Apothekengröße liegt bei 164 qm) mit Parkettboden, Halogenlicht und 1,40 hohen Regalen und bietet dort alles, was irgendwie der Gesundheit und dem Wohlbefinden dient. Auch bei Globus steckt man erst in den Anfängen der Umsetzung, aber Globus differenziert sich von seinen Wettbewerbern dadurch, daß in den Medicus Shops sowohl ein Apotheker als auch kompetentes Fachpersonal respektive medizinisch technische Assistentinnen beschäftigt werden (vgl. Vogel, 2000, S. 61ff).

> *Wellness-Konzepte stehen und fallen nicht mit der Logistik, sondern mit der Dienstleistung. Der SB-Handel hat damit seine Probleme (Vogel, 2000, S. 61).*

Für den weiteren Verlauf dieser Arbeit bleibt festzustellen, daß dies nicht nur ein Problem der SB-Warenhäuser ist, sondern auch eines im Apothekeneinzelhandel. Dies wird in den weiteren Kapiteln dieser Arbeit, insbesondere auch bei der Erfolgsfaktorenforschung, versucht zu belegen.

Natürlich gab es bisher auch Fehlschläge bei der Implementierung von Wellness-Konzepten in Einzelhandelsunternehmen. So hat die Ratio Handels AG ein Pilotprojekt in einer ihrer Filialen nach einem dreiviertel Jahr wegen Mißerfolg abgebrochen. Ähnlich wie bei Globus wurden auf 130 qm alle Wellness-Produkte aus den anderen Abteilungen zusammengefaßt und örtlich konzentriert – ohne Erfolg. Anzumerken bleibt, daß hier keine Investitionen, wie bei Globus, in das Fachpersonal getätigt worden sind (vgl. Vogel, 2000, S. 63).

3.5.2 Arzneimittel in alternativen Betriebsformen des Einzelhandels

Im österreichischen Handel hat die Nummer 1 im Markt der Wellness-Produkte[51] zu Beginn des Jahres 1998 den Bereich freiverkäufliche Arzneimittel und Nahrungsergänzungsmittel erheblich ausgebaut: Mittlerweile stehen in jeder dM-Filiale rund sieben Regalmeter für den Pharmabereich zur Verfügung. dM sieht seinen Schwerpunkt in der Prävention mit der Absicht der Gesundheitsvorsorge. Laut einer Studie, die von der Fachzeitschrift für Markenartikel „REGAL“ zu diesem Thema beim Gallup-Institut in Auftrag gegeben wurde, wurde auch von Konsumentenseite dem Drogerie-Filialisten „dM“ eine führende Rolle auf die folgende Frage zuerkannt:

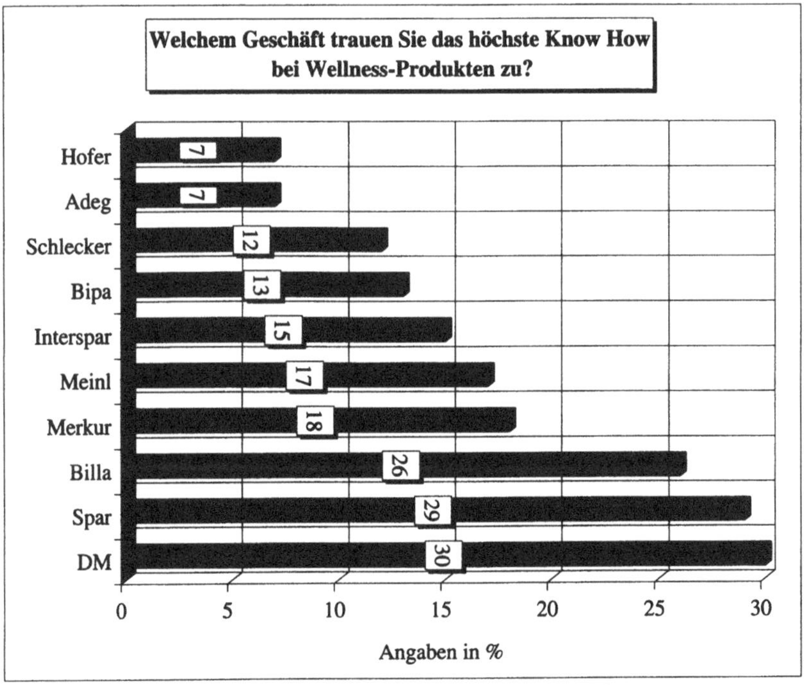

Abbildung 18: Österreich – Marktführer im Markt für Wellnessprodukte.

Quelle: o.V., 1999a, S. 51.

Im Rahmen einer Vorstudie ergab bereits 1998, daß „DM" neben der Apotheke und dem Reformhaus die höchste Kompetenz bei Nahrungsergänzungsmitteln, sowie Diät-, Reform- und Naturkost aufweist (vgl. o.V., 1999a, S. 50f). Im Oktober 1998 kam es zu einem neuen Höhepunkt in diesem Prozeß, als der BP-Konzern ankündigte, in ausgewählten Tankstellen sogenannte Pharmatheken aufzustellen. Diese grün-gelben Pharmatheken umfassen 50 nicht apothekenpflichtige Produkte, u.a. Hühneraugenpflaster (€ 2,55), Digital-Thermometer (€ 5,10), Hustensaft (€ 4,59) und sogar einen Schwangerschaftstest für € 10,22. Mittlerweile existieren in den alten Bundesländern Deutschlands etwa 100 solcher Pharmatheken in den BP-Tankstellen. Bis Ende 1999 sollen weitere 100 in den neuen Ländern eingeführt werden (vgl. Schneider, 1998).

Dieses Vorgehen wurde vom Präsidenten der Deutschen Apothekerverbände aufs schärfste kritisiert, er kommentierte das Vorgehen als „einen ungeheuerlichen Schritt in amerikanische Verhältnisse" und führte weiter aus: „Arzneimittel sind keine Konsumgüter und haben nichts zwischen Motorenöl, Frostschutzmitteln und Benzinkanistern zu suchen." Abschließend wertete er das Verhalten von BP als schwerwiegenden Angriff auf die Arzneimittelsicherheit. Er hielt dem BP-Management vor, sie wolle den vorgeschriebenen Warnhinweis für Medikamente umwandeln in: „Zu Risiken und Nebenwirkungen fragen Sie Ihren Tankwart." (o.V., 1998b).

Wirkliche Gefahren für das Apothekengeschäft gehen derzeit nicht von dem Engagement der verschiedensten Betriebsformen des Einzelhandels aus. In Deutschlands Apotheken gingen allein 1996 rund 1,6 Mrd. verschreibungspflichtige und apothekenpflichtige Medikamentenpackungen über den Ladentisch, diese sind nicht Bestandteil der dargelegten Diskussion. Es geht vielmehr um den reinen freiverkäuflichen Arzneimittelmarkt, der im gleichen Jahr etwa 150 Mio. Packungen umfaßte, wobei 2/3 dieser Packungen schon vor dem Aldi Engagement über Drogerien, Reformhäuser und Verbrauchermärkte abgesetzt wurden. Die restlichen 50 Mio. Pakkungen sind also Gegenstand der Diskussionen, mit ihnen machen die Apotheker etwa 1,5 % ihres bundesweiten Gesamtumsatzes, das sind ca. 360 Mio. € (vgl. Kieselbach, 1997).

Apothekenpflichtige Arzneimittel		Freiverkäufliche AM
Abgabe in Apotheken auf ärztliche Verschreibung	Abgabe in Apotheken ohne ärztliche Verschreibung	Abgabe im stationären Einzelhandel
AMG, § 48 u. § 49 Abs. 1: • Verschreibungspflicht für AM mit verschreibungspflichtigen Bestandteilen	AMG, § 43 Abs. 1: • Apothekenvorbehalt – Apothekenpflicht für alle AM	AMG, § 2 Abs. 2 Nr. 2-4: • Keine Apothekenpflicht für „Fiktive AM"
	VO über apothekenpflichtige und freiverkäufliche AM: §§ 3, 8-10: • Zäpfchen, Aerosole u.a.	
AMG § 44 Abs. 1: • „Nicht Heilmittel", wie Vorbeugungs - und Stärkungsmittel		
AMG, § 44 Abs. 2: • Heilwässer, Badezusätze, Seifen, Säfte, Desinfektionsmittel für Mund und Rachen		
VO über apothekenpflichtige und freiverkäufliche AM; §§ 1, 2 und 4: • Lutschmittel gegen Husten und Heiserkeit, Hühneraugen und Hornhautmittel		

Tabelle 18: Abgrenzung von AM

Quelle: adaptiert nach Reuter, 1998, S. 49.

Gefährlich ist jedoch die Tendenz und ihre strategische Relevanz für die Zukunft des Arzneimittelmarktes, wenn der Staat aufgrund von Kostendämpfungsmaßnahmen beginnen sollte, ermuntert durch die aggressive Dumpingpreispolitik discountierender Betriebsformen, apothekenpflichtige Arzneimittel per Verordnung in den OTC-Bereich zu entlassen. Durch die Erhöhung des Marktvolumens von freiverkäuflichen Arzneimitteln könnte es zukünftig sehr wohl zu nachhaltigen Umsatzeinbußen auf dem Apothekenmarkt kommen, der sich auch dadurch begründet, daß für Arzneimittel, die aus der Apothekenpflicht entlassen werden, automatisch die Preisbindung entfällt, die sowohl bei rezept- als auch apothekenpflichtigen Arzneimitteln existiert.

3.5.3 Fallbeispiel Aldi

Als erster Lebensmitteleinzelhändler waren es, wie auch oft in der Vergangenheit, die Albrecht-Brüder, die mit der Listung von Gesundheitsprodukten in ihren Filialen den Apothekeneinzelhandel und deren Verbände in Aufruhr versetzte. Gegenstand der Diskussion, insbesondere in Deutschland, war die Einführung eines OTC-Sortiments des Discounters Aldi im Oktober 1997. Aldi stieß damit in eine Domäne vor, die bisher von Apotheken, Drogerien und dem Pharmagroßhandel beherrscht wurde. Unter dem Namen „St. Benedikt" (Aldi Süd) begann man damals, mit einem Sortiment von nur neun Artikeln, darunter Hustensaft, Kräutertee und Erkältungsmitteln, zu vermarkten. Im März 1998 zog auch Aldi Nord gleich, indem deren Arzneimittelsortiment unter der Handelsmarke „St. Christoph" eingeführt wurde.

Dieses Vorgehen führte zu Protesten und intensiver Diskussion unter Apothekern und Pharmagroßhändlern. Aldi ist für seine harte Preispolitik bekannt und gefürchtet. Allgemein wurde ein Strukturwandel auf dem Markt für OTC-Produkte erwartet. In der Vergangenheit bewies die Einzelhandelskette ihre Preisaggressivität bereits mit dem Markteinstieg bei Vitamin-Brausetabletten, der in den Folgeperioden zu einem Preisverfall von 1,5 € auf 0,65 € pro Röllchen führte – ein Preisverfall um 57% (vgl. o.V., 1997).

Im Marktsegment Multivitamine ist Aldi mittlerweile nach Packungen Marktführer, nach Umsätzen sind es aber nach wie vor die Apotheken. Diese verlieren pro Jahr etwa drei Prozent Marktanteil, den der Lebensmittelhandel aber nicht in vollem Umfang auffangen kann (vgl. Stinnel, 1998, S. 18).

Laut einer Emnid-Umfrage, die der Bauer Verlag in Auftrag gegeben hat, um der Frage nachzugehen, wie der Verbraucher den Vorstoß von Aldi in den Arzneimittelmarkt sieht, haben 45,1 % der Aldi-Kunden die Handelsmarke „St. Benedikt" wahrgenommen und dies nur sechs Monate nach Produkteinführung. Knapp 30 % der Personen, denen das OTC-Sortiment aufgefallen ist, haben diese Artikel zum Teil gekauft (vgl. o.V., 1998a). Die folgende Grafik zeigt die meist gekauften Artikel dieses Sortiments.

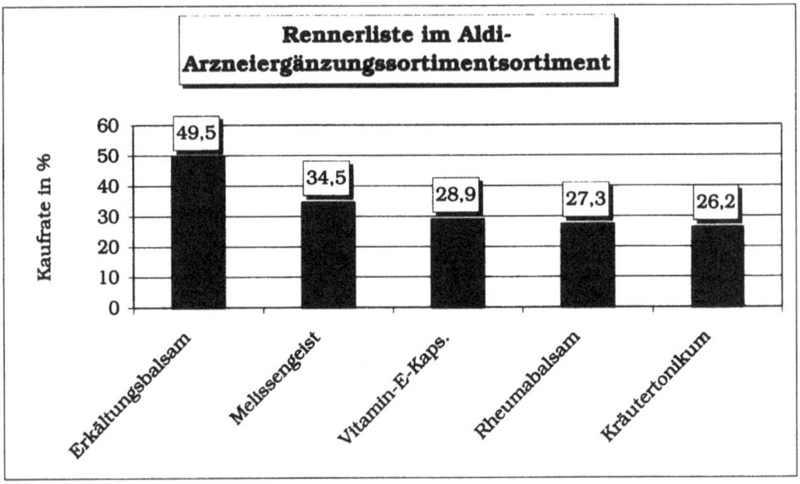

Abbildung 19: Deutschland – A-Produkte im Aldi OTC-Sortiment.
Quelle: adaptiert nach o.V., 1998a.

Im Jahr 1997 wurden neben den genannten Produkten 70 % des Hustenbonbonumsatzes und 75 % des Umsatzes mit medizinischen Gesundheitsbädern außerhalb der Apotheke getätigt (Phoenix, 1998, S. 19).

Der Aldi-Konzern hat mit der Listung eines OTC-Sortimentes im Lebensmitteleinzelhandel wieder einmal eine Vorreiterrolle übernommen und damit bereits 1997 einen Prozeß in Gang gesetzt, dem sich in Zukunft noch weitere Handelsriesen anschließen werden, wie die nahe Vergangenheit zeigt.

4. Situationsanalyse im Apothekeneinzelhandel

4.1 Anforderungen an den Apothekerberuf

4.1.1 Ausbildung von Pharmazeuten

Die Ausbildung zum Pharmazeuten geht zurück auf ein Dekret (Medizinalordnung) von König Friedrich II. im Jahr 1241, das damals die Trennung von Medizin und Pharmazie durchsetzte und somit die Basis für einen neuen Berufsstand geschaffen hat (vgl. Lusczak, 2000 S. 802). An den drei österreichischen Hochschulen (Wien, Graz und Innsbruck) waren im Studienjahr 1998/99 2.568 Studenten der Pharmazie inskribiert, d.h., pro Jahr beenden ca. 200 AbsolventInnen ihr Studium als „Magister der Pharmazie". 10-15 Absolventen schließen pro Semester ihre wissenschaftliche Arbeit als „Doctor rerum naturalium" ab (vgl. Klement, 2000, S. 789).

Die durchschnittliche Studiendauer ist in den letzten Jahren auf knapp unter 17 Semester angestiegen. Der derzeit gültige Studienplan für die Studienrichtung Pharmazie in Österreich sieht eine Zweiteilung des Studiums in einen ersten und zweiten Studienabschnitt vor. Der erste Studienabschnitt sieht eine Regelstudienzeit von vier Semestern vor, in der insgesamt 85 Wochenstunden in Lehrveranstaltungen zu den Prüfungsfächern Chemie, Physik, Botanik, allgemeine Biologie, Anatomie, Physiologie, Pathologische Physiologie, Hygiene und Mikrobiologie zu absolvieren sind. Im zweiten Studienabschnitt, mit einer Regelstudiendauer von fünf Semestern, sind 138 Wochenstunden in den Fächern Pharmazeutische Chemie einschließlich Arzneimittelanalyse, Pharmakognosie, Pharmazeutische Technologie, Pharmakologie einschließlich Pharmakotherapie, Toxikologie und Bromatologie zu besuchen. Hinzu kommen noch Lehrveranstaltungen aus dem gewählten Fach der Diplomarbeit, den Vorprüfungsfächern und der Gesetzeskunde für Pharmazeuten (vgl. Studienplan für die Studienrichtung Pharmazie, 1991 und 1993, S. 1ff[51]).

[51] Anmerkung: Der Bundesminister für Wissenschaft und Forschung hat mit GZ. 68.713/26-14/91 vom 28.August 1991 dem Studienplan für die Studienrichtung Pharmazie für den I. Studienabschnitt in der Fassung der Beschlüsse der Studienkommission vom 11.April 1991, 2.Mai 1991 und 28.Juni 1991 sowie mit GZ.68.713/31-I/A/4/93 vom 8.Juni 1993 dem Studienplan für die Studienrichtung Pharmazie für den II. Studienabschnitt in der Fassung der Beschlüsse der Studienkommission vom 9.Jänner 1992, 27.März 1992 und 22.April 1993 zugestimmt.

Man muß kein Experte sein um zu erkennen, daß die Studienordnung zur Ausbildung von Pharmazeuten keinerlei betriebswirtschaftliche Ansätze bezüglich der Gestaltung von Betreibungskonzepten enthält. Einzig und allein das im 5. Semester im Rahmen einer Wochenstunde angebotene Fach "EDV für Pharmazeuten" bietet Hilfestellung zum operativen Apothekenmanagement. Die Studieninhalte zeigen vielmehr die nahezu vollständige Konzentration auf die Herstellung, Struktur, Analyse von Arzneimitteln sowie deren Wirkung und Wechselwirkungen. In diesem Zusammenhang stellt sich die Frage, ob der derzeitige Studienplan für Pharmazie nicht einer Anpassung an die heutigen veränderten Rahmenbedingungen bedarf, denn früher wurden in Apotheken nur manuell gefertigte Erzeugnisse hergestellt. Heute setzt sich aber der Arzneimittelumsatz einer Apotheke zu ca. 95 % aus industriell gefertigten Fertigarzneimitteln zusammen (vgl. Wähling, 1996, S. 9).

Einer Umfrage zufolge, die aus Bevölkerungssicht die Erwartungen an einen guten Apotheker untersuchte, brachte folgende Ergebnisse: Für weite Teile der Bevölkerung ist der Apotheker der „Fachmann für Gesundheitsfragen“. Als sehr wichtig wurden zum einen die Eigenschaften einer qualifizierten wissenschaftlichen Ausbildung, insbesondere gute Kenntnisse in der Medizin, in der Pflanzenheil- und Naturwirkstoffkunde und in der Chemie eingestuft, zum anderen erwartet man vom Apotheker ein besonderes Verantwortungsbewußtsein. Weniger wichtig sind für weite Teile der Bevölkerung die kaufmännischen Fähigkeiten eines Pharmazeuten (vgl. Hengstenberg, 1989, S. 288f).

Diese Auflistung von Präferenzen im Gesellschaftsbild des Apothekers stimmen überein mit der Prioritätsreihenfolge, die auch in der pharmazeutischen Ausbildung fokussiert wird.

Um die hohe Qualität der Arzneimittelversorgung in Österreichs Apotheken aufrechtzuerhalten, werden auch nach dem Studium von der Apothekerkammer und ihren nahestehenden Organisationen pharmazeutische Fortbildungsveranstaltungen angeboten. Dies beweisen eindrucksvoll die Teilnehmerzahlen pro Jahr: Insgesamt sind es jährlich ca. 10.000 Teilnehmer, bei einem Gesamtstand von 4200 ApothekerInnen in Österreich, d.h., daß jeder Pharmazeut durchschnittlich mindestens zwei Mal pro Jahr eine Fortbildung besucht (vgl. Cabanna, 2000, S. 817).

Die wichtigsten diesbezüglichen Events in Österreich sind die jährlich stattfindenden "Zentralen Fortbildungsveranstaltungen" in Wien und Salzburg und die "Wissenschaftliche Fortbildungswoche" (vgl. Traxler/Koessler, 2001, S. 22).

4.1.2 Leistungen der Apotheker

In diesem Abschnitt sollen weniger die betriebswirtschaftlichen Leistungen (ausgedrückt in Geldeinheiten) der Apotheken beleuchtet werden, sondern vielmehr die Dienstleistungen genannt werden, die Apotheker täglich im operativen Geschäft zusätzlich erbringen.

Zu nennen wären hier die Öffnungszeiten, die Nachtdienste oder die erforderliche Lagerbreite in Form von Kapitalbindung, die auf die qualitative Hochwertigkeit, Dringlichkeit und Unvorhersehbarkeit des Bedürfnisses nach Arzneimitteln zurückzuführen ist. Zu den Leistungen der Apotheker gehören explizit die:

- Abgabe und die Herstellung von Arzneimitteln.
- Beratung der Konsumenten oder Patienten über die Anwendung ärztlicher Verordnungen.
- Beratung der Kunden über Auswahl und Anwendung von Arzneimitteln im Selbstmedikationsmarkt.
- Gesundheitsberatung zum Thema Reisen, Rauchen, Impfungen und Ernährung.
- Kontrolle der Rezepte und Medikamente auf Wechselwirkung.
- Durchführung laufender Überwachung und Erfassung unerwünschter Wirkungen.
- Durchführung von Tag- und Nachtdiensten, die jeden Tag von rund 400 Apotheken im Lande erbracht werden.
- Durchführung von Verwaltungstätigkeiten für die Krankenkassen in Form der Erhebung und des Abführens der Rezeptgebühren.

- Durchführung von permanenten Logistikmanagementaktivitäten mit dem Großhandel, der Industrie und dem eigenen Lager etc. (vgl. Traxler/Koessler, 2000, S. 62).

In quantitativen Leistungskennzahlen ausgedrückt, haben die Beschäftigten im österreichischen Apothekeneinzelhandel im operativen Geschäft folgende Geschäftsprozesse abgewickelt:

Leistungskennzahlen österreichischer Apotheker 2000
In den 1085 öffentlichen Apotheken haben rund 4000 Apotheker
• 44,4 Mio. Rezepte von Patienten entgegengenommen und beratend
• 85,2 Mio. Packungen ausgehändigt mit erzielten Durchschnittswerten von
• 33,5 €je Rezept und
• 17,4 €je Packung.

Abbildung 20: Österreich - Apothekenleistung für Kassenpatienten

Quelle: adaptiert nach Traxler/Koessler, 2001, S. 61.

Im Auftrag der österreichischen Apothekerkammer hat das ÖBIG im Jahr 2000 eine Studie erstellt, die das österreichische Apothekensystem mit den entsprechenden Systemen in Deutschland, der Schweiz, Frankreich und Italien vergleicht. Als ein Ergebnis der Studie wurden auch die Leistungen der jeweiligen Apotheker in Geld bewertet: Im Ländervergleich gaben die Österreicher im Schnitt am wenigsten für die Leistungen Ihrer Apotheker aus – im Schnitt 50,3 €pro Einwohner (vgl. Traxler, 2000, S. 1063).

4.1.3 Personalstruktur in Apotheken

In Österreich arbeiten insgesamt mehr als 10.000 Menschen im Apothekeneinzelhandel, wobei der Anteil der ausgebildete Pharmazeuten bei etwa 4000 und der Anteil der Frauen bei etwa knapp 75 % liegt (vgl. Traxler/Koessler, 1999, S. 8), d.h., allein auf der Einzelhandelsstufe arbeiten knapp 1000 Beschäftigte mehr als auf der Herstellerebene bzw. in der pharmazeutischen Industrie (vgl. Pharmig, 1999, S. 5).

Damit kommt den Apotheken beschäftigungspolitisch eine führende Rolle im Rahmen des Pharmawertkettenmodells zu.

Die Personalbesetzung einer typischen österreichischen Apotheke betrug 1997 insgesamt 9 Personen, wovon acht Mitarbeiter Frauen waren. Im europäischen Vergleich ist dies eine eher höhere Kennzahl – es muß aber darf darauf hingewiesen werden, daß für den Großteil des Warenangebotes im Apothekeneinzelhandel eine Selbstbedienung aufgrund rechtlicher Auflagen nicht durchführbar ist. Die Mitarbeiterzahl teilte sich wie folgt auf: ein selbständiger Apotheker[52], 2-3 angestellte ApothekerInnen, 2-3 PKA's und 2-3 sonstige Beschäftigte. Fast 2/3 aller ApothekerInnen arbeiten im Teildienst, die anderen Beschäftigten haben ein durchschnittliches Teildienstausmaß zwischen 27 und 34 Wochenstunden. Diese Zahlen zeigen, daß die Personalpolitik im Apothekenbereich als Beispiel für die flexible Arbeitszeitgestaltung gelten darf. Nicht zuletzt wegen des letztgenannten Faktums ist der seit Jahrzehnten anhaltende hohe Frauenanteil in Apotheken zu erklären. Die flexiblen Arbeitszeiten erleichtern beispielsweise Müttern mit kleinen Kindern einer Arbeit nachzugehen. Der gesamte Frauenanteil in Österreichs Apotheken ist im Vergleich zum deutschen Apothekeneinzelhandel sehr viel stärker ausgeprägt und erreicht insgesamt über alle Beschäftigten hinweg einen bemerkenswerten Anteil von etwa 83 % (vgl. Traxler/Koessler, 2000, S. 12ff).

	Anzahl (absolut)	*Anteil (in %)*
ApothekerInnen	3.908	37,6 %
Aspiranten/PraktikantInnen	196	1,9 %
PKA/HelferInnen	3.387	32,5 %
Sonstige Beschäftige	2.919	28,1 %
Beschäftige (insgesamt)	10.410	100,0 %

Tabelle 19: Österreich – Personalstruktur in öffentlichen Apotheken

Quelle: adaptiert nach Traxler/Koessler, 2000, S. 16.

[52] Anmerkung: Das durchschnittliche monatliche Nettoeinkommen für den/die angestellte ApothekerIn betrug 1997 ca. 2.253 € und für den Apothekenleiter rund 3.561 €(vgl. ÖAK, 2000, S. 43).

In Deutschland liegt die Anzahl der Beschäftigten im Apothekeneinzelhandel bei ca. 135.000, wovon 45.000 ausgebildete Pharmazeuten sind. Bezogen auf die Gesamtzahl der Beschäftigten liegt die Frauenquote bei etwa 63 %. Der prozentuale Anteil der Frauen im Apothekenberuf wird sich langfristig aber deutlich erhöhen und sich österreichischen Verhältnissen anpassen – dies zeigen die Entwicklungen der letzten Jahre: ¾ der neu Approbierten PharmazeutenInnen in Deutschland sind Frauen, damit ist ihre Quote in den letzten 25 Jahren drastisch angestiegen – 1974 war diese noch bei 45 %. Die starke Präsenz von Frauen im Apothekerberuf beschränkt sich nicht nur auf alle Beschäftigten im Apothekeneinzelhandel, sondern betrifft auch die Kundenstruktur in den Apotheken – dort liegt der Anteil der weiblichen Käufer von Arzneimittelpackungen bei 66 % (vgl. ABDA, 1999, S. 4f; Traxler/Koessler, 1999, S. 59).

	Anzahl (absolut)	*Anteil (in %)*
ApothekerInnen	46.064	34,1 %
Asprianten/PraktikantInnen	1.750	1,3 %
PKA/HelferInnen	38.116	28,3 %
Sonstige Beschäftige[53]	48.962	36,3 %
Beschäftige (insgesamt)	134.892	100,0 %

Tabelle 20: Deutschland – Personalstruktur in öffentlichen Apotheken
Quelle: adaptiert nach ABDA, 2000, S. 5.

Auch der deutsche Apothekeneinzelhandel nimmt beschäftigungspolitisch eine führende Rolle im Arzneimittelhandel ein. Auf der Einzelhandelsstufe werden derzeit (1998) ca. 20.000 Menschen mehr beschäftigt als auf der Herstellerstufe. In Österreich sind es 10 %, in Deutschland sogar 15 % mehr Beschäftigte, als auf der Herstellerstufe. Die starke Position des deutschen Apothekeneinzelhandels ist auch daher so bemerkenswert, weil die deutsche pharmazeutische Industrie sich gerne als „Apotheke der Welt“ bezeichnen läßt und bedeutende Unternehmen der deutschen

[53] Anmerkung: Zwecks Vergleichbarkeit wurde für den deutschen Apothekenmarkt die PTA (inkl. PTA-Praktikanten) und die Apothekerassistenten /Pharm-Ing. zu den sonstigen Beschäftigten zusammengefaßt.

Pharmaindustrie früher aus Apotheken hervorgegangen sind – Beispiele dafür sind die „Mercksche Engel-Apotheke" in Darmstadt und die „Grüne Apotheke" in Berlin als Keimzellen für die Firmen Merck und Schering (vgl. VFA, 1998, S. 4ff; BPI, 1999, S. 6). Aber auch in Österreich gab es die Entwicklung von der Apotheke als Einzelhandelsbetrieb zum großen Handels- und Industrieunternehmen, wie das Beispiel der Firma „Kwizda" zeigt. Die ursprüngliche „Apotheke Kwizda" aus dem im 19. Jahrhundert zählt heute (2001) zum drittgrößten Pharmagroßhändler des Landes mit einem Marktanteil von 14%, die aber gleichzeitig auch in der industriellen Herstellung von Arzneimitteln tätig ist (vgl. Zeidler, 2000, S. 9).

4.1.4 Apothekentypen

Unterschiedliche Apothekentypen resultieren, gemäß dem Apothekenrecht, als Teilbereich des öffentlichen Rechtes auf den unterschiedlichen Funktionen der Apotheken. Es gibt, wie oben beschrieben, in Österreich 1086 (1999) öffentliche Apotheken. Nach der Terminologie des Apothekenrechtes handelt es sich bei diesem Apothekentyp um eine öffentliche Apotheke, die für die Allgemeinheit im Gegensatz zur Anstaltsapotheke zugänglich ist (vgl. Franzen et al., 1995, S. 103).

Zum jetzigen Zeitpunkt (2000) ist der Mehrbesitz von Apotheken in Österreich grundsätzlich verboten. Es gibt aber die Ausnahme der Errichtung einer Filialapotheke unter der Voraussetzung, daß der Standort der Filialapotheke nicht mehr als vier Kilometer von der Betriebsstätte der öffentlichen Apotheke entfernt ist und der Bedarf an einer Abgabestelle besteht (Vogler et al., 1998, S. 237).

Das Verhältnis Hausapotheke und öffentliche Apotheke ist fast 1:1 und daher kommt Österreich, im Vergleich zu den anderen EU-Ländern, eine Sonderrolle in Bezug auf die Vielzahl der Apothekenbetriebstypen zu. Insgesamt sind es 993 selbstdispensierende Ärzte, die im Rahmen gesetzlicher Bestimmungen ihre eigene Hausapotheke führen dürfen. 16 % aller Allgemeinärzte verfügen über eine Hausapotheke[54]. In der Frage Hausapotheke oder öffentliche Apotheke ist es in den letzten Jahren verständlicherweise zu Diskussionen zwischen Ärztekammer, Apothekerkammer und den staatlichen Behörden gekommen. In der letzten Auseinandersetzung, Anfang 2001, ging es um die Zulassung von Hausapotheken. Zu dem Ausgang dieses Auseinandersetzung befragte der Verfasser den Präsidenten der österreichischen Apothekerkammer, dessen Inhalt am Ende der vorliegenden Arbeit abgedruckt ist. Hausapotheken dürfen lt. Gesetz nur von einer nahegelegenen Vollapotheke beliefert werden oder von Großhändlern, die eine Apothekenkonzession besitzen.

Neben den öffentlichen Apotheken und den Hausapotheken existieren noch die 51 Krankenanstaltsapotheken, die für die Arzneimitteldistribution in den Spitälern verantwortlich ist. 16 % der Krankenhäuser in Österreich verfügen über eine eigene Anstaltsapotheke. Krankenhäuser, die über keine Anstaltsapotheke verfügen, halten Arzneimitteldepots, die von den Vertragsapotheken überwacht werden. Die Träger eines Spitals (Land, Gemeinden oder kirchliche Institutionen) sind bei Bedarf berechtigt, einen Apotheker anzustellen und dann eine Krankenhausapotheke als Funktionseinheit des Krankenhauses zu betreiben. Damit ist die Krankenhausapotheke stets eine Vollapotheke, aber keine öffentliche Apotheke. Nach § 14 Abs. 2 ApoG dient die Anstaltsapotheke nur der Versorgung des jeweiligen Krankenhauses und anderer Krankenhäuser, sofern ein Versorgungsvertrag mit denen abgeschlossen wurde. Arzneimittel dürfen demnach in Krankenhausapotheken nur an die einzelnen Stationen sowie an Patienten, die stationär oder teilstationär aufgenommen wurden, oder Personen, die im Krankenhaus beschäftigt sind, abgegeben werden. Eine Ausnahme bilden fünf Anstaltsapotheken in Österreich, die sowohl als Voll-, als auch als öffentlichen Apotheken fungieren. Wesentliche Leistungen der Krankenhausapotheken sind somit die Versorgung mit Arzneimitteln, Diagnostika, die Herstellung spezi-

[54] Im August 1998 wurde das Apothekengesetz dahingehend geändert, daß Hausapotheken, die nach dem 1.6.1998 entstehen, keinen Gebietsschutz mehr eingeräumt bekommen. Ärzte müssen damit ihre Hausapotheke schließen, wenn eine öffentliche Apotheke im Umkreis von vier Kilometern eröffnet wird. Für bestehende Hausapotheken, die vor dem 1.6.1998 entstanden sind, wurde eine Übergangsfrist von zehn Jahren verankert. Diese Regelung wurde im Februar 2001 neu diskutiert und deren Ergebnis wird vom Präsidenten der Apothekerkammer am Ende der vorliegenden Arbeit erläutert.

eller Arzneimittel und die pharmazeutische Unterstützung der medizinischen und pflegerischen Therapie. (vgl. Traxler/Koessler, 1999, S. 26f).

Die folgende Tabelle soll die unterschiedlichen Apothekentypen in Österreich zahlenmäßig aufzeigen:

Bundesländer	*Öffentliche Apotheken*	*Filial-apotheken*	*Haus-apotheken*	*Anstalts-apotheken*
Wien	275	1	1	15
NÖ	186	7	272	9
Steiermark	158	2	209	5
Oberösterreich	152	2	230	12
Tirol	100	3	84	1
Kärnten	73	1	69	4
Salzburg	66	1	48	3
Vorarlberg	44	0	26	1
Burgenland	32	3	49	1
Σ	1086	20	987	51

Tabelle 21: Österreich – Anzahl der Apotheken in den Bundesländern.
Quelle: Traxler/Koessler, 2000, S. 7; S. 26.

4.1.5 Tätigkeitsfelder der Apotheker

Die Tätigkeitsfelder der Apotheker im Gesundheitsmarkt sind vielfältig. Trotzdem denkt man beim Terminus „Apotheker" primär an den Inhaber einer Apotheke. Als solcher ist dieser Unternehmer mit Personalverantwortung, Kaufmann, Fachberater und standespolitisch organisierter Funktionsträger und in jedem Fall Angehöriger der Heilberufe (vgl. Fiethen, 1989, S. 311). Damit agiert er, aus der Sicht des Handels, als selbständiger Einzelhändler mit einer traditionellen akademischen Ausbildung.

Der Apotheker ist aber nicht nur im Arzneimitteleinzelhandel vertreten, sondern er übernimmt die verschiedensten Aufgaben bei allen Mitgliedern der Pharmawertkette.

Betrachtet man die Geschäftsberichte der pharmazeutischen Großhändler, so fällt die große Anzahl der Mitarbeiter auf, die das Pharmaziestudium absolviert haben. Weiter übt der Apotheker neben dem Genannten auch Tätigkeiten in Universitätskliniken und Spitälern aus, die sich nicht nur auf den Aufgabenbereich „Anstaltsapotheke" beziehen. Darüber hinaus ist der Apotheker als Mitarbeiter unverzichtbar in der pharmazeutischen Industrie und in den Behörden und Fachorganisationen. Die folgende Tabelle soll am Fallbeispiel Deutschland zeigen, in welchen organisatorischen Einheiten die rund 53.000 berufstätigen Apotheker eingesetzt werden:

Organisatorische Einheit	*Anzahl (absolut)*	*Anzahl (in %)*	*davon weiblich (in %)*
öffentliche Apotheke	46.064	87 %	63 %
Krankenhausapotheke	1.856	3 %	51 %
Industrie, Verwaltung, Fachorganisation und Wissenschaft	5.081	10 %	47 %

Tabelle 22: Deutschland – Tätigkeitsfelder von Apothekern
Quelle: adaptiert nach ABDA, 2000, S. 6.

90 % aller Pharmazeuten arbeiten in Apotheken entweder als Apothekenleiter oder als angestellte Apotheker. Die Hälfte der in den Apotheken arbeitenden akademischen Fachkräfte fungieren als Apothekenleiter. 10 % aller Apotheker arbeiten in der pharmazeutischen Industrie, Verwaltung, Wissenschaft und Fachorganisation, wobei wiederum die Hälfte in der Industrie eingesetzt wird (vgl. VFA, 1998, S. 5). Zum einen werden die Apotheker heute in den klassischen Geschäftsfeldern im Bereich der Forschung und Entwicklung und in der Herstellung eingesetzt; insbesondere, wenn es um die Synthese bzw. Isolierung von Wirkstoffen, die Entwicklung von Arzneistoffen, die Qualitätskontrolle und die Herstellung von Pharmazeutika geht. Zum anderen findet man den Apotheker ebenso in ganz anderen Bereichen der pharmazeutischen Industrie, in denen man eigentlich Mediziner, Chemiker und Biologen vermutet; da ist beispielsweise der Apotheker in der Planung und Koordination von F&E-Aktivitäten, in der klinischen Prüfung, in der Zulassungsabteilung, in der Schulung von Außendienstmitarbeitern, in der wissenschaftlichen Aufbereitung und Prüfung von Ge-

brauchs- und Fachinformationen und natürlich auch in den verschiedenen Positionen des Managements (vgl. VFA, 1998, S. 53f). Darüber hinaus hat der Gesetzgeber in Deutschland mit der Verabschiedung des Arzneimittelgesetzes von 1976 als Voraussetzung für die Erlaubnis zur industriellen Arzneimittelherstellung die Bestellung eines verantwortlichen Herstellungsleiters, eines unabhängigen Kontrolleiters in personam eines approbierten Apothekers[55] gesetzlich festgelegt. Infolge der Novellierung en des AMG wurden 1987 und 1997 die zusätzliche Bestellung eines Stufenplanbeauftragten und die eines Informationsbeauftragten für Apotheker in der Industrie gesetzlich verankert. Der Informationsbeauftragte kann in seiner Funktion gleichzeitig Stufenplanbeauftragter, Herstellungs- und Kontrolleiter sein (vgl. VFA, 1998, S. 128ff).

In Österreich gibt es 330 Krankenhäuser, von denen 51 eine eigene Krankenhausapotheke betreiben – fünf von diesen sind aufgrund alter Rechte auch gleichzeitig öffentliche Apotheken. Aufgrund der gesetzlichen Grundlagen sind in Österreich nur Schwerpunktkrankenhäuser verpflichtet, eine Krankenanstaltsapotheken zu führen. Alle anderen Spitäler verfügen über Medikamentendepots, die von öffentlichen Apotheken betreut werden. Im stationären Apothekenbereich arbeiten ca. 230 ApothekerInnen, die von knapp 430 pharmazeutischen Hilfskräften unterstützt werden (vgl. Dolinar, 2000, S. 832).

Aufgrund der immer knapper werdenden Finanzen wird zur Zeit über die Möglichkeit nachgedacht, Krankenhausapotheken im Sinne eines Lean-Managements (Outsourcing) auszugliedern. Im Rahmen dieser Diskussion werden die Pharmazeuten in Krankenanstalten mit neuen Herausforderungen konfrontiert. Das Management eines Krankenhauses erwartet von dem Krankenhausapotheker heute eine Mittler- und Beraterrolle zwischen Arzt und Verwaltung (vgl. Scherbel, 1996, S. 348).

[55] Anmerkung: Einschränkend muß hier gesagt werden, daß ein Herstellungs- und Kontrolleiter eine erforderliche Sachkenntnis nach § 15, Abs. 1 AMG mitbringen muß. Diese Sachkenntnis wird erbracht durch die Approbation als Apotheker oder nach einem abgeschlossenem Studium der Chemie, Biologie, Human- oder Veterinärmedizin in Kombination mit einer vorgeschriebenen mindestens zweijährigen andauernden praktischen Tätigkeit. Der approbierte Apotheker befindet sich aber gegenüber seinen Mitbewerbern in einer vorteilhafteren Position.

Der Apotheker soll intensiver die Aufgabe eines Pharmaceutical-Benefit-Managers[56] übernehmen. Hier erwartet man in der Zukunft eine stärkere Fokussierung des Apothekers auf die Beratung der Ärzte durch Mitarbeit in der Arzneimittelkommission, beim Aufbau und der laufenden Ergänzung einer unmittelbaren Arzneimittelinformation und Dokumentation, die Fortschreibung der Arzneimittelliste nach medizinischen, pharmazeutischen und wirtschaftlichen Gesichtspunkten und die Formulierung von Empfehlungen an die jeweiligen Krankenhausleitungen (vgl. Gärtner, 1996, S.145ff).

4.1.6 Kammerwesen der Apotheker

Die österreichische Apothekerkammer (Traxler/Koessler) ist eine öffentlich-rechtliche Körperschaft, die sich von anderen Institutionen wie Vereinen unterscheidet, da sie per Gesetz eingerichtet ist, finanziell selbständig ist, weisungsfrei operiert und zusätzlich noch die Disziplinargerichtsbarkeit besitzt. Sie hat 4300 obligatorische Mitglieder, die sich aus den in öffentlichen und in Krankenhausapotheken arbeitenden angestellten und selbständigen Apotheker zusammensetzen. Aufgabe der Apothekerkammer ist die Vertretung ihrer Mitglieder in sachlichen, wirtschaftlichen und rechtlichen Fragen nach innen und außen. Nach innen umfaßt die Beratungsleistung der Apothekerkammer im Bereich Wirtschaft und Recht beispielsweise Arbeitsrechtsfragen betreffend Neugründungen, Pensionsübertritten oder Betriebsübergaben. Nach außen vertritt die Apothekerkammer ihren Stand u.a., gegenüber dem Gesetzgeber, wenn es z.B., um die Gestaltung von Gesetzen oder Verordnungen geht. Darüber hinaus kommt auf europäischer Ebene der Kammer eine zunehmend wichtige Aufgabe zu, wenn es im Rahmen der EU zu Harmonisierungen im Arzneimittelhandel oder zu anderen gesundheitssystempolitischen Veränderungen kommt, die heute immer mehr von Brüssel ausgehen (vgl. Cabanna, 2000, S. 816f).

[56] Anmerkung: Das Pharmaceutical Benefit Management (PBM) kommt ursprünglich aus den USA und steht für eine kostengünstige Versorgung bei der Verschreibung von Arzneimitteln in Managed Care Systemen. Die wesentlichen Aufgaben des PBM, der in den USA verstärkt Anfang der 90er Jahre eingerichtet wurde, sind u.a. das Überwachen des Verschreibungsverhaltens der Ärzte im Hinblick auf die Einhaltung der Verordnungsbestimmungen unter Berücksichtigung der Kostenbestimmungen und der Patienten compliance (vgl. Schulenburg/Greiner, 2000, S. 218f).

In Verwaltungsgemeinschaft mit der Apothekerkammer fungiert als öffentlichrechtliche Körperschaft die "Pharmazeutische Gehaltskasse für Österreich" – als Sozial- und Wirtschaftsinstitut – die in dieser Form seit 1921 existiert. Diese hat primär drei zentrale Aufgaben, deren erste sich direkt aus der Namensgebung ableitet. Inhaltlich geht es hierbei um die Bemessung und Auszahlung der Gehälter aller Pharmazeuten, die auf Grund eines Dienstvertrages in einer öffentlichen Apotheke oder Anstaltsapotheke tätig sind. Die zweite ebenso wichtige Aufgabe ist die Verrechnung der Krankenkassenrezepte für die Apotheken mit den Sozialversicherungsträgern. Damit agiert die Pharmazeutische Gehaltskasse als sogenannte "Clearing-Stelle", die mit den 250 „begünstigten Beziehern[57]" in Österreich in der Weise abrechnet, daß der jeweilige Apothekenbetrieb den Rezepterlös bereits vier Tage nachdem die Rezepte bei der Gehaltskasse eingelangt sind, erstattet bekommt, obwohl das Zahlungsziel zwischen Gehaltskasse und Krankenkassen 14 Tage beträgt. Die Kosten der Rezeptverrechnung werden ausschließlich von den Apothekenbetrieben im Wege eines prozentualen Mitgliedsbeitrages vom verrechneten Umsatz getragen. Die soziale und wirtschaftliche Absicherung von Apothekern ist der Aufgabenschwerpunkt der dritten "business mission" der Pharmazeutischen Gehaltskasse. In diesen Bereich fallen u.a. die unentgeltliche, gemeinnützige Stellenvermittlung, die steigende Entlohnung von Apothekern abhängig von ihrem Alter[58], diverse Unterstützungsleistungen für kleine Apothekeneigner in ländlichen Gebieten, die über den Wohlfahrts- und Unterstützungsfonds[59] abgewickelt werden. Somit übernimmt die Pharmazeutische Gehaltskasse eine obligatorische Service- und Dienstleistungsfunktion gegenüber ihren Mitgliedern (vgl. Nowatschek, 2000, S. 818ff).

[57] Anmerkung: Begünstigte Bezieher sind der Bund, die Länder und Gemeinden, die Träger der Sozialversicherungen sowie gemeinnützige Krankenanstalten.

[58] Anmerkung: Motiv für die Gründung der pharmazeutischen Gehaltsklasse zu Anfang des 20. Jhd. war der Wunsch zur Schaffung eines Systems steigender Entlohnung im Alter bei Vermeidung der Diskriminierung älterer Pharmazeuten. Angestellte Apotheker werden heute nach einem 18 stufigen Gehaltsschema besoldet, in das man alle zwei Jahre in die nächst folgende Stufe aufrückt. Der einzelne Apothekenbetrieb bezahlt für seine Angestellten einen einheitlichen Betrag (Umlage) an die Pharmazeutische Gehaltsklasse, die ihrerseits direkt die Gehaltsauszahlungen vornimmt (vgl. Nowatschek, 2000, S. 817f).

[59] Anmerkung: Der Wohlfahrts- und Unterstützungsfonds wird von Mitgliedsbeiträgen finanziert. Der Großteil der Ausgaben entfällt auf Zuschüsse der gesetzlichen Pensionen von ehemaligen angestellten Apothekern. Es werden weiter aber Stipendien gewährt und Zuschüsse zu Geburten, zu Arbeitslosen- und Krankengeld, zu Kurkosten etc. gegeben (vgl. Nowatschek, 2000, S. 821).

Die beiden oben beschriebenen öffentlich-rechtlichen (gesetzlichen) Körperschaften vertreten die gemeinsamen Interessen der selbständigen und angestellten Apotheker. Der österreichische Apothekerverband – die älteste Standesorganisation der Apotheker in Österreich – hingegen vertritt die spezifischen unternehmer- und einzelhandelskaufmannsorientierten Interessen der Eigentümer und Pächter von Apotheken auf Basis eines privatrechtlichen Vereins, mit freiwilliger Mitgliedschaft gegenüber Behörden und Öffentlichkeit einerseits und gegenüber Apothekerkammer und Gehaltskasse andererseits. Der österreichische Apothekerverband bietet seinen Mitgliedern eine große Anzahl von betriebswirtschaftlichen Serviceleistungen an. Stellvertretend sollen hier die Segmente Betriebsberatung, Marketing, Rechtsberatung, Umbauberatung für Apotheken, Verfahrenstechnische Beratung und Erteilung von Wirtschafts- und Steuerauskünften mit ihren zahlreichen Unterspielarten genannt werden. Somit bilden die Serviceleistungen des Österreichischen Apothekerverbandes das betriebswirtschaftliche Rückrat der jeweiligen Inhaber der Apothekeneinzelhandelsbetriebe. Des weiteren ist die Interessenvertretung der selbständigen Apotheker Österreichs gemeinsam mit dem Verband Angestellter Apotheker Österreichs gleichberechtigter Eigentümer des österreichischen Apothekenverlages, der u.a. jährlich den Austria-Codex herausgibt (vgl. Eidler, 2000, S. 822ff).

Der „Pharmazeutische Reichsverband", der Ende des Jahres 2000 nach 90 Jahren seinen Namen änderte und nun „Verband Angestellter Apotheker Österreichs" heißt, repräsentiert die Organisation der angestellten Apotheker in Österreich. Der Mitgliederkreis des gesamten Verbandes (inklusive der Arge der österreichischen (angestellten) Krankenhausapotheker erfaßt ca. 70 % der durch die Pharmazeutischen Gehaltsklasse besoldeten angestellten ApothekerInnen und AspirantInnen (vgl. Glaser, 2000, S. 828ff).

4.2 Monopol bei der Arzneimitteldistribution

4.2.1 Nahversorgungsfunktion der Apotheker

In den EU-Ländern kommt den Apotheken die zentrale Drehscheibenfunktion bei der Distribution von Arzneimitteln[60] zu. Insgesamt arbeiten in Westeuropa etwa 240.000 Pharmazeuten in 120.000 Apotheken. In den einzelnen Ländern gibt es zwischen 22.000 (Frankreich) und 16 (Island) Apotheken. In Österreich arbeiten insgesamt mehr als 10.000 Menschen (PKA, HelferInnen, sonstige) in den Apotheken, 4045 davon sind Apotheker (vgl. Schnedlitz/Leder/Newzella, 1999, S. 48; Traxler/Koessler, 2000, S. 8ff).

1998 gab es in Österreich 1065 öffentliche Apotheken, dies entspricht einem Schnitt von 7.668 Einwohnern pro Apotheke. Zu berücksichtigen sind zusätzlich aber auch noch die 993 selbstdispensierenden Ärzte, die auch im Rahmen gesetzlicher Bestimmungen ihre eigene Hausapotheke führen dürfen – der Schnitt verändert sich dadurch auf 3698 Einwohner pro Apotheke (vgl. Vogler et al., 1998, S. 236)[61].

Mehr als die Hälfte der angegebenen Apotheken haben ihren Standort in ländlichen Gebieten. Damit leisten die Apotheker einen wichtigen Beitrag zur Nahversorgung[62] in Österreich. Im Gegensatz zum LEH ist es dem Apothekeneinzelhandel gelungen, seine Nahversorgungsfunktion in den letzten Jahren auszubauen. Nach den neuesten veröffentlichten Zahlen der ÖAK existieren 358 öffentliche Apotheken in Gemeinden bis zu 6000 Einwohnern, 196 in Kommunen mit mehr als 6000 und weniger

[60] Gemäß der Richtlinie 65/65/EWG sind Arzneimittel im Sinne der Definition des Art. 1, Nr. 2: „alle Stoffe oder Stoffzusammensetzungen, die als Mittel zur Heilung oder zur Verhütung menschlicher oder tierischer Krankheiten bezeichnet werden; alle Stoffe oder Stoffzusammensetzungen, die dazu bestimmt sind, im oder am menschlichen oder tierischen Körper zur Erstellung einer ärztlichen Diagnose oder zur Wiederherstellung, Besserung oder Beeinflussung der menschlichen oder tierischen Körperfunktion angewandt werden".

[61] Berücksichtigt man alle Apotheker und Apothekerinnen in Österreich, kommt man auf die beachtliche Kennzahl von 1863 Einwohner je Pharmazeut (vgl. Traxler/Koessler, 2000, S. 13).

[62] Der Begriff „Nahversorgung" ist in der Literatur nicht einheitlich definiert. Für Staudacher (1991) bedeutet die Nahversorgung das Anbieten von Gütern des kurzfristigen Bedarfs, während Steindl (1997) Nahversorger als „Betriebe und öffentliche Einrichtungen, die Waren und Dienstleistungen des kurzfristigen Bedarfs, innerhalb geringer Distanz zum Wohn- oder Arbeitsort anbieten und täglich oder zumindest mehrmals in der Woche aufgesucht werden" definiert. Nach Schnedlitz kann der Begriff Nahversorgung nicht ausschließlich betriebswirtschaftlich definiert werden, sondern beinhaltet in der Regel das psychologische Element der Nähe. Weiter werden von Schnedlitz sowohl der Lebensmitteleinzelhandel als auch die Apotheken als Nahversorger gesehen (vgl. Schnedlitz/Kotzab/Cerha, 2000, S. 197).

als 2000 Einwohnern, und in Städten mit einem Bevölkerungsanteil von über 20.000 Einwohnern gibt es 532 Apotheken (davon allein in Wien 274). In den letzten 10 Jahren gab es 140 Neueröffnungen (knapp 12 % der heutigen Apothekenanzahl) von Apothekeneinzelhandelsbetrieben, wobei mehr als 42 % der Neugründungen in Kommunen stattgefunden haben, die bis dahin ohne Apotheken versehen waren. Somit wurde gerade für die dünn besiedelten Gebiete in Österreich eine kontinuierliche, flächendeckende Nahversorgung von Arzneimitteln sichergestellt und ausgebaut (vgl. Traxler/Koessler, 2000, S. 7ff).

4.2.2 Apothekenvorbehalt

Das Abgabemonopol von Arzneimitteln in österreichischen Apotheken (Apothekenvorbehalt) basiert auf § 59 des Arzneimittelgesetzes (AMG). Das Pendant im deutschen Recht ist im § 43 AMG geregelt (Warenmonopol für Arzneimittel). Demnach dürfen Arzneimittel, die nach der Richtlinie 65/65/EWG, Art. 1, Nr. 2 definiert sind, nur über den Apotheken in den Einzelhandel gelangen und dort an den Endkonsumenten abgegeben werden. Die Abgabe von Arzneimitteln darf in der Apotheke nur durch die pharmazeutische Fachkraft gemäß § 2 Abs. 2 der Pharmazeutischen Fachkräfteverordnung durchgeführt werden.

Eine weitere flankierende Rechtsnorm, die das Abgabemonopol von Arzneimitteln unterstützt, ist die „Apothekenpflicht". In der gesamten EU unterliegen verschreibungspflichtige Arzneimittel den verschiedenen Apothekenbetriebstypen. In der EU hat sich mittlerweile die Unterteilung von Arzneimitteln in verschreibungspflichtige und nicht-verschreibungspflichtige durchgesetzt (vgl. Schöffski, 1996, S. 242). Darüber hinaus gelten aber für Österreich und Deutschland besondere Regeln, die auch nicht verschreibungspflichtige Arzneimittel in die sogenannte „Apothekenpflicht" mit aufnehmen. Per Verordnung kann die Liste der apothekenpflichtigen Produkte erweitert oder reduziert werden. Dies ist also eine Größe, die sich im Zeitablauf und je nach politischen Gegebenheiten ändern kann. Während der Apothekereinzelhandel natürlicherweise an einer möglichst all umfassenden Arzneimittel-Liste interessiert ist, fordern Drogerien, LEH etc. eine Entlassung vieler Produkte aus der Apothekenpflicht, um sich an das allgemeine europäische Niveau anzupassen, da in Österreich und Deutschland traditionell mehr Produkte der Apothekenpflicht unterliegen, als in den meisten anderen Staaten der EU.

Marktwirtschaftliche Aspekte sprechen für eine lockere Interpretation der Apothekenpflicht, um den Wettbewerb zwischen den verschiedenen Einzelhandelsbetriebsformen zu fördern. OTC-Produkte, die nicht der Apothekenpflicht unterliegen, dürfen auch nur dann im sonstigen Einzelhandel angeboten werden, wenn eine der anwesenden beschäftigten Fachkräfte einen „Sachkundeausweis" für den Verkauf von Arzneimitteln vorweisen kann.

4.2.3 Bedarfsplanung versus Niederlassungsfreiheit

Die Bedarfsplanung, wie sie in Österreich vorherrscht, hat im Apothekenwesen eine lange Tradition.

> *In der Geschichte der Apotheken existierte zu fast allen Zeiten eine Bedarfsplanung (Schöffski, 1995, S. 106).*

Im Zentrum der Betrachtungen der vorliegenden Arbeit steht der Apothekeneinzelhandel in Österreich. Immer wieder verweist der Verfasser zwecks Vergleichbarkeit auf den deutschen Apothekeneinzelhandel, da dieser von den rechtlichen, historischen und wirtschaftlichen Rahmenbedingungen mit der Struktur des österreichischen Apothekenwesens nahezu übereinstimmt. Der einzig wesentliche Unterschied zwischen der Einzelhandelsstufe des Arzneimittelmarktes in Österreich und Deutschland ist der Tatbestand, daß österreichische Pharmazeuten bei Gründung oder Übernahme eines Apothekenbetriebs der Bedarfsplanung und die deutschen approbierten Apotheker der Niederlassungsfreiheit unterliegen.

Aber auch bei diesem heute real existierenden Unterschied gab es bis 1958 in beiden Ländern identische rechtliche Voraussetzungen. Das Bundesverfassungsgericht in Karlsruhe forderte 1958 den Gesetzgeber auf, besonders im Hinblick auf die auch im übrigen Europa anzutreffende Niederlassungsfreiheit, rechtliche Voraussetzungen für die Niederlassungsfreiheit der Apotheken zu schaffen. Dem kam der deutsche Gesetzgeber mit der Verabschiedung des Apothekengesetzes vom 20. August 1960 nach. Seitdem und insbesondere aufgrund der rapiden Verschlechterung der betriebswirtschaftlichen Situation eines Großteils der (west-)deutschen Apotheken wird dies von Apothekerseite immer wieder kritisiert. Als Argumente gegen die Niederlassungsfreiheit wurde damals von Apothekerseite angeführt, daß die Zahl der Apotheken stark ansteigen würde, daß sich eine Ungleichverteilung (Stadt-Land) der Arzneimittelversorgung einstellen würde, daß der Konkurrenzkampf die wirtschaftliche Leistungsfähigkeit und infolge dessen die Qualität der Arzneimitteldistribution stark negativ beeinflussen würde. Aus der Retroperspektive kann man feststellen, daß es seitdem in Deutschland zu einer starken Zunahme der öffentlichen Apotheken gekommen ist. Die Kennzahl Einwohner pro Apotheke lag 1958 noch bei 6700 und ist bis 1993 in Westdeutschland auf 3600 Personen gesunken. In Österreich lag 1998 die Kennzahl Einwohner pro Apotheke bei 7600 und damit deutlich höher als 1958 in Deutschland (vgl. Schöffski, 1996, S. 222f; Vogler et al., 1998, S. 237). Der Konkurrenzkampf und die wirtschaftliche Leistungsfähigkeit der Apotheken ist durch einen starken Interwettbewerb – der Apotheken untereinander – und einen zunehmenden Intrawettbewerb – mit den sonstigen Einzelhandelsbetriebsformen geprägt.

> *Im Gesundheitsmarkt lassen sich seit einigen Jahren erhebliche strukturelle Veränderungen beobachten, die eine Zunahme des Wettbewerbs zwischen Apotheken, Drogerien, Reformhäusern und Lebensmittelmärkten nach sich ziehen (vgl. Eisenmann/Gielen, 1998, S. 179).*

Die Sicherung und die Qualität der Arzneimittelversorgung haben nach Meinung des Verfassers bis dato nicht abgenommen.

An dem Fallbeispiel der Niederlassungsfreiheit in Deutschland und seinen Auswirkungen in den letzten Jahrzehnten wird sichtbar, welche nachteiligen Konsequenzen dies für den Apothekeneinzelhandel per se hat und hatte. Das Prinzip der Niederlassungsfreiheit gehört sicherlich zu den Elementen der freien sozialen Marktwirtschaft, wie sie gerade Ende der fünfziger Jahre in Deutschland aktiv diskutiert wurde; aber die Gesundheitswesen in Deutschland, Österreich und in der EU sind bis heute ein mehr oder weniger stark regulierter und komplexer Markt, der weitreichenden staatlichen Einflüssen unterworfen ist. Der Apothekeneinzelhandel steht im Spannungsfeld zwischen bedarfs- und erwerbswirtschaftlichen Prinzipien. Daher ist jede Art der Implementierung von marktwirtschaftlichen Grundsätzen innerhalb des Gesundheitsmarktes hoch sensibel und bedarf ex ante einer intensiven und kontroversen Analyse, da die Konsequenzen in dem besagten Markt sowohl gesellschaftlicher als auch politischer und eben auch wirtschaftlicher Art sein können.

Nach Meinung des Verfassers ist die derzeitige Bedarfsplanung bei Österreichs Apothekern ein Garant für das derzeit bestehende Arzneimitteldistributionssystem und Basis für die wirtschaftliche Existenz und Unabhängigkeit der Apotheker. Deutschlands System der Niederlassungsfreiheit hat im Vergleich zu Österreichs System der Bedarfsplanung zur relativ schlechteren wirtschaftlichen Situation der deutschen Apotheker geführt und infolge dessen die Abhängigkeit vom Pharmagroßhandel vergrößert.

4.3 Arzneimittelpreise, Arzneimitteltaxe und Apothekenspannen

4.3.1 Komplexität der Arzneimittelpreise

> *Der Arzneimittelmarkt ist ein regulierter Markt, d.h. Preise und Spannen sind weitgehend von den Systempartnern geregelt und bestimmt (Schipper, 2001, S. 352).*

Die Medikamentenpreise in den europäischen Arzneimittelmärkten sind reguliert. Die Preispolitik in öffentlichen Apotheken bewegt sich einerseits im Spannungsfeld zwischen gesetzlich fixierten Preisverordnungen, Taxen und Heilmittellisten und ist andererseits abhängig von der finanziellen Budgetlage des jeweiligen nationalen Gesundheitssystems. Die Eingriffe der Nationalstaaten in die Preisgestaltung kann direkt oder indirekt erfolgen. In Österreich dominieren die direkten Eingriffe des Staates, während in Deutschland Arzneimittelpreise über Preisbildungsdeterminanten indirekt gesteuert werden. Mit den „indirekten Steuerungsmaßnahmen“ sind die im Heilmittelverzeichnis angeführten Festpreise oder die Festbeträge im Rahmen der Erstattung durch die Gesetzlichen Krankenversicherungen gemeint. „Direkte Eingriffe" erfolgen via Preisregulierungen im Arzneimittelbereich und werden in beiden Ländern durch die Arzneitaxen durchgesetzt. Unterschiede zwischen den beiden Ländern entstehen auch, wo bzw. auf welcher Herstellerstufe der jeweilige Staat die Preisbildung reguliert. In Österreich werden staatliche Eingriffe auf allen Distributionsstufen direkt vorgenommen. Der deutsche Staat reguliert die Preisbildung von Arzneimitteln ausschließlich auf den Handelsstufen (vgl. Schöffski, 1995, S. 82ff).

Arzneimittelpreise unterliegen in Österreich einer direkten Preisregulierung. Bis Mitte 1998, genauer gesagt bis zum Abschluß des „Pharmavertrages", unterlagen die Arzneimittelpreise einer doppelten Preisregelung. Die Preiskommission des BMAGS legte bis dahin für jedes Medikament einen „volkswirtschaftlich gerechtfertigten Preis" vor, dieser „amtlich genehmigte Preis" wurde dann nochmals vom Hauptverband der österreichischen Sozialversicherung „kontrolliert". In der Regel kam es von seiten des Hauptverbandes zu einer weiteren Preissenkung. Die Preisfestsetzung erfolgte nur nach Kostenkriterien und nicht, wie in vielen anderen Ländern üblich, aufgrund einer Kosten-Nutzen-Analyse. Eine solche Art der Preisfindung für Medikamente war einmalig und konnte wohl als "weltweites Unikat" (Pharmig, 1997, S. 6) bezeichnet werden. Mit dem Stichtag 1.9.1999 wurde die amtliche Preisregulierung von seiten des BMAGS abgelöst und durch ein Preismeldeverfahren, das für alle Humanarzneispezialitäten gilt, ersetzt. Neue Medikamentenpreise sowie Preiserhöhungen bedürfen demnach nur noch einer einfachen Meldung an das Ministerium. Das BMAGS behält sich jedoch vor, bei vermuteten Mißbräuchen auf das bisher gültige Verfahren zurückzugreifen. Hinzu kommt aber noch eine weitere preispolitische Tatsache, welches die österreichischen Apotheker gegenüber anderen Ländern benachteiligt: das Umsatzsteuerreglement! In der Mehrzahl der EU-Länder werden entweder keine Umsatzsteuer oder nur ein begünstigter Satz bei Medikamenten erhoben. In Österreich kommt aber bei Arzneimitteln der volle Satz von 20 % USt. zum Tragen (vgl. Schnedlitz/Leder/Newzella, 1999, S. 23f). Die Preisbildung und die Besteuerung von Arzneimitteln ist in verschiedenen nationalen staatlichen Gesetzen und Verordnungen geregelt und soll anhand der folgenden Darstellung am Fallbeispiel Österreich transparenter gemacht werden:

Struktur des Arzneimittelpreises	*Bestimmungen*
Fabriksabgabepreis (FAP)	➢ Preismeldeverfahren an das BMAGS
+ Großhandelsspannenaufschlag von 10 – 18 %	➢ PreisG
= Apothekeneinstandspreis (AEP)	➢ Österreichische Arzneitaxe
+ Höchstaufschläge für Arzneispezialitäten von 12,5 – 55 %	➢ Österreichische Arzneitaxe
= Brutto-Krankenkassenverkaufspreis (KVP)	
- Nachlaß an begünstigte Bezieher (= Krankenkassen)[63]	➢ Österreichische Arzneitaxe
= Zwischensumme I	
+ Umsatzsteuer (2001 in A: 20 %)	
= Zwischensumme II	
- eingehobene Rezeptgebühr (2001 in A: 56 öS)	
= Rechnungsbetrag zu Lasten der Krankenkasse	

Abbildung 21: Österreich - Preisgestaltung eines AM zu Lasten der KK

Quelle: eigene Darstellung

Interessant ist in diesem Zusammenhang auch die Struktur des Apothekenverkaufspreises, d.h., aus welchen durchschnittlichen Wertschöpfungsanteilen[64] (Hersteller-, Großhandels-, Einzelhandelsanteilen) setzt sich dieser zusammen. In der Vergangenheit hat sich gezeigt, daß die Hersteller den doppelten Anteil einnehmen, wie der Großhandel und die Apotheker zusammen. Im GKV-Bereich betrug der Anteil des deutschen Arzneimittel Groß- und Einzelhandels beispielsweise knapp 29 % während es 1978 noch 38 % waren. Darüber hinaus müssen die Umsatzsteuern aus den Vertriebskosten heraus gerechnet werden, denn dieser Anteil ist der Anteil des Staates an der "Wertschöpfung" – soweit man in diesem Zusammenhang diese Begrifflichkeit gebrauchen darf. Bei europäischen Arzneimittelpreisvergleichen werden

[63] Der umsatzabhängige Kassenrabatt lag im Jahr 2000 bei ∅ 7,5% (vgl. Traxler/Koessler, 2001, S. 48).

[64] Das vom Betrieb erzeugte *Gütereinkommen* ergibt sich aus den gesamten Erlösen (den nach außen abgegebenen Güterwerten), von denen die "Vorleistungskosten" (die von außen hereingenommenen Güterwerte, d.h., Leistungen vorgelagerter Produktionsstufen) abgezogen werden. Das vom Betrieb erzeugte Gütereinkommen ist gleich dem vom Betrieb erzeugten Geldeinkommen, der Summe von Arbeitserträgen, Gemeinerträgen (Steuern und Abgaben) und Kapitalerträgen (Saldo) (vgl. Gabler Wirtschafts-Lexikon, 1997, S. 3757).

immer wieder gerne die Steuern als Vertriebskostenanteil mit eingerechnet und damit schneiden natürlicherweise Staaten wie Österreich und Deutschland relativ schlechter ab, da diese Arzneimittel mit dem vollen Umsatzsteuersatz belegen (vgl. Friese, 2000, S. 3). Das IWI Institut hat in der Vergangenheit in regelmäßigen Abständen die Durchführung von Preisvergleichen in Europas Arzneimittelmärkten durchgeführt. Die folgende Grafik versucht exemplarisch die durchschnittlichen Preiskomponenten eines Arzneimittels in Österreich auf Basis des AVP/Packung ausgedrückt in € darzustellen:

Preiskomponenten	∅ Preis/Packung in €
Fabriksabgabepreis (FAP)	6,5 €
+ Großhandelsspannenaufschlag	0,9 €
= Apothekeneinstandspreis (AEP)	7,4 €
+ Apothekenaufschlag	3,1 €
+ Mehrwertsteuer	2,1 €
+ Rezeptgebühr/Selbstbehalt	3,1 €
= Apothekenverkaufspreis (AVP)	15,7 €

Abbildung 22: Österreich – Preiskomponenten eines AM zu Lasten der KV

Quelle: adaptiert nach Clement/Kolb, 2000, S. 14ff.

In Deutschland werden Arzneimittelpreise über Preisbildungsdeterminanten indirekt gesteuert. Einen erheblichen Einfluß auf die Entwicklung der Arzneimittelpreise haben zum einen die Auswirkungen der Reformgesetze vom Jahr 1989 (GRG) durch die Einführung von Festbeträgen genommen, denn mit Inkrafttreten des GRG wurden, von wenigen Ausnahmen abgesehen, die Arzneimittelpreise auf das jeweilige Festbetragsniveau gesenkt. Die Festbeträge entwickelten sich zunehmend als Preisobergrenze. Durch das Festbetragsinstrumentarium sparen die GKV jährlich ca. 1 Mrd. € (vgl. Smigielsky, 1996, S. 149). Seit dessen Einführung verläuft das Preiswachstum der Arzneimittel unterhalb der durchschnittlichen Entwicklung der Lebenshaltungskosten und der Inflationsrate. Es liegt eine gespaltene Preisentwicklung auf dem Festbetrags- und dem Nicht-Festbetragsmarkt vor. Die Preise im Festbetragsmarkt entwickelten sich in den letzten Jahren stark nach unten, während im Nicht-

Festbetragsmarkt die Preisentwicklung leicht anstieg (vgl. Klauber, 1994, S. 473f). Zum anderen haben die Auswirkungen des GSG vom Jahr 1992 entscheidende Auswirkungen auf die Arzneimittelpreisentwicklung der letzten Jahre gehabt. Durch das GSG und die damit verbundene Budgetierung der Arzneimittelausgaben entstand eine vorher nicht gekannte Sensibilisierung des Arztes für Arzneimittelpreise, da jeder einzelne Arzt für die Überschreitung seines Budgets haftet. Der Arzt muß versuchen, das Arzneimittelbudget einzuhalten, will aber auch sein Image als innovativer Arzt behalten. Des weiteren muß er die ausreichende Qualität der von ihm verordneten Produkte sicherstellen. Diesem Zielkonflikt begegnet der Arzt seither durch eine Mischkalkulation, indem er die Mehrausgaben einer innovativen Verordnung durch die zunehmende Verschreibung von preiswerten Generika kompensiert, was letzten Endes zu dem Generikaverschreibungsboom in den letzten Jahren in Deutschland geführt hat (vgl. Fischer/Förster/Thiel, 1996, S. 48). Der Apotheker hat in Deutschland das Nachsehen. Durch die degressiv gestaffelte Apothekenpreisverordnung verdient der Apotheker an der kummulierten Abgabe preiswerter Arzneimittel über das Jahr gerechnet erheblich weniger, welches auch in den seit Jahren bedenklich verlaufenden Entwicklung der durchschnittlichen Betriebsergebnisse in Deutschland deutlich wird.

Exkurs: Entwicklung der Pro-Kopf-Ausgaben für Arzneimittel

Im Rahmen der Diskussion über die Entwicklung der Arzneimittelpreise in Österreich und Europa wird immer wieder die Kennzahl „Arzneimittelausgaben pro Einwohner" genannt, um damit eine gewisse Vergleichbarkeit herzustellen. Diese Kennzahl ist vielschichtig und kann auf den verschiedenen Basen des Arzneimittelpreises (FAP, AEP, AVP etc.) aufgebaut werden. Im Rahmen dieser Arbeit hält der Verfasser den Kennzahlenvergleich „Apothekenverkaufspreis pro Einwohner" für sinnvoll und zwar ohne Umsatzsteuer, da sonst aufgrund der unterschiedlichen Besteuerung bei Arzneimitteln in Europa sich der Ländervergleich noch komplexer gestalten würde. An der Spitze steht Frankreich mit Pro-Kopf-Ausgaben für Arzneimittel von 332 €- dies korreliert auch mit dem Spitzenplatz, den Frankreich beim Arzneimittelverbrauch in

Europa einnimmt: 52 Packungen pro Einwohner – Österreich mit 19 und Deutschland mit 20 Packungen pro Einwohner liegen unter der durchschnittlichen Packungszahl pro Einwohner von 25 in der EU (vgl. Traxler/Koessler, 2000, S. 30). Der arithmetische Mittelwert des Apothekenverkaufspreises pro Einwohner (ohne USt.) lag 1998 in Europa bei 216 €. Österreich liegt mit einem Wert von 209 €, wie die folgende Grafik zeigt, deutlich unterhalb des europäischen Durchschnitts. Zu dieser Entwicklung haben auch die im europäischen Vergleich stark unterdurchschnittlich angestiegenen Großhandels- und Apothekenzuschläge pro Packung beigetragen, die in den letzten Jahren zu beobachten waren (vgl. Clement/Kolb, 2000, S. 16f).

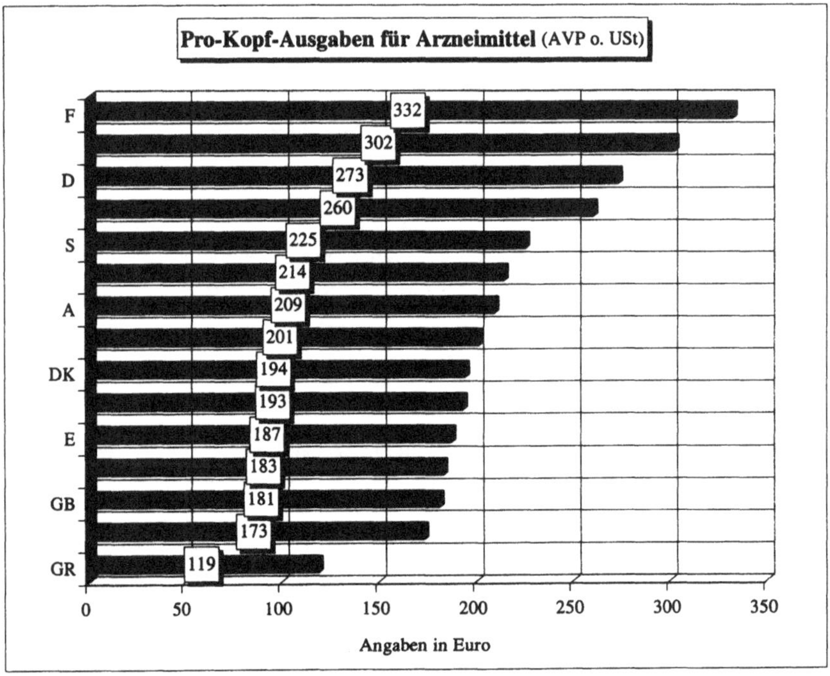

Abbildung 23: Europa - Pro-Kopf-AA auf Basis des AVP 1998

Quelle: Clement/Kolb, 2000, S. 17.

Europäische Vergleiche auf Packungsebene haben den Nachteil, daß es zwischen den einzelnen Nationalstaaten unterschiedliche Faktoren gibt, die die durchschnittliche Packungszahl nach oben oder nach unten ausschlagen läßt. In einigen Ländern der europäischen Union ist die „Auseinzelung“ der Arzneimittelpackungen, wie z.B., in Großbritannien, erlaubt – dort werden auch tendenziös weniger Großpackungen pro Einwohner verbraucht, wie die Abbildung oben zeigt. Wenn Ärzte in einem Land mehrere Kleinpackungen statt einer Großpackung an Patienten regelmäßig abgeben, führt dies auch zu einer Verzerrung der Statistiken, wie beispielsweise in Frankreich – dort werden im europäischen Vergleich durchschnittlich kleinerer Packungen abgegeben. Man kann diese Problematik umgehen, indem man einen Durchschnittspreisvergleich auf Standard Units aufbaut. Das IWI Institut hat in seiner Studie über den Apothekenmarkt im Jahr 2000 die Standard Units so aufgeteilt, daß nun eine Pakkung mit 30 Tabletten 30 Standard Units entspricht. Der Vergleich der Standard Units pro Arzneimittelpackung zeigt nun ein stark abweichendes Bild vom europäischen Arzneimittelpackungsvergleich (vgl. Clement/Kolb, 2000, S. 18f).

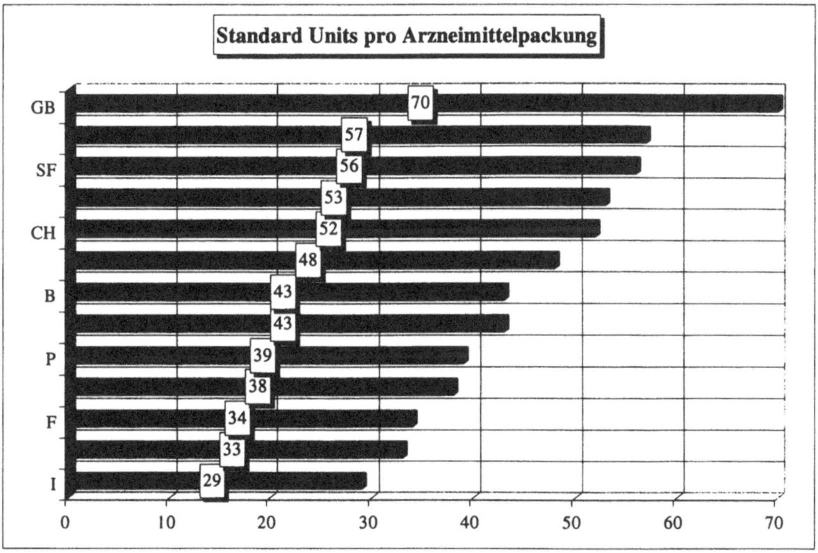

Abbildung 24: Europa – Standard Units pro Packung 1998

Quelle: Clement/Kolb, 2000, S. 19.

4.3.2 Komplexität der Arzneitaxen und Preisverordnungen

Der Apotheker verdient im wesentlichen durch die Aufschlagsätze, die in der Arzneitaxe festgelegt sind. Die Apothekenpreisverordnung bezieht sich auf alle apothekenpflichtigen Produkte. Im Durchschnitt werden 92 % des Umsatzes in Apotheken mit apothekenpflichtigen Produkten erzielt, die über die Arzneimittelpreisverordnung abgerechnet werden und die damit der Preisbindung unterliegen. Die Aufschlagsätze bei Medikamenten, die der Kunde in der Apotheke bezieht, variieren zwischen 12,5 % und 55 %, die entsprechenden Spannen belaufen sich zwischen 11,1 % und 35,5 % (vgl. Rosian et al., 1998, S. 238). Genaueres ist aus der folgenden Tabelle zu entnehmen:

AEP Von...bis...in öS	*Apothekenaufschlag in % des AEP*	*AVP in öS*	*Apothekenspanne in % des AVP*
Bis 101	55		35,5
100,01-105,06		156,50	
105,07-216	49		32,9
216,01-223,5		322	
223,51-361,97	44		30,6
361,98-374,99		521	
375-868,50	39		28,1
868,51-900,91		1.207	
900,92-1249,43	34		25,4
1249,44-1297,85		1.674	
1297,86-1500	29		22,5
1500,01-1560,48		1.935	
1560,49-1800	24		19,4
1800,01-1867,78		2.232	
1867,79-2800	19,5		16,3
2800,01-2909,56		3.346	
2909,57-5000	15		13
5000,01-5111,11		5.750	
Ab 5111,12	12,5		11,1

Tabelle 23: Österreich – Apothekenaufschlagssätze und Spannen

Quelle: Rosian et al., 1998, S. 238.

Die Existenz der Arzneitaxe (Höchstpreisregelung) in Österreich und der Arzneimittelpreisverordnung (Festpreisregelung) in Deutschland stellt praktisch sicher, daß Arzneimittel bundesweit zu einem einheitlichen Preis an die Endverbraucher abgegeben werden. Eine Rabattgewährung ist demzufolge nicht vorgesehen – mit einer Ausnahme: Durch gesetzliche Verordnungen und bestätigende Urteile der Jurisdiktion sind die knapp 23.000 selbständigen Apotheker in Österreich und Deutschland verpflichtet, den gesetzlichen Krankenkassen einen Rabatt einzuräumen, da der Apothekeneinzelhandel knapp 70 % seines Umsatzes über die Krankenkassen verrechnet (vgl. Schöffski, 1995, S. 157f).

Die durchschnittlichen Apothekenaufschläge pro Packung in Österreich verringerten sich zwischen 1989 und 1998 um knapp 17 % (vgl. Clement/Kolb, 2000, S. 25). Die Hauptursachen dafür liegen einerseits in der um fast zwei Prozentpunkte erfolgten Reduktion der Großhandelsspannen im Jahr 1995, die indirekt an die Apotheker weitergegeben (Einkaufskonditionen) wurden, andererseits war es die im Jahr 1997 von staatlicher Seite induzierte direkte Senkung der Apothekenspannen, die zur Verschlechterung der Ertragslage bei österreichischen Apotheker führte (vgl. Schnedlitz/Leder/Newzella, 1999, S. 48). Gemäß einer Studie des IWI Institutes in Wien entspricht der Apothekenzuschlag pro Packung in Österreich derzeit (1999) dem europäischen Medianwert. Im europäischen Vergleich haben innerhalb der letzten zehn Jahre die Apotheker in Frankreich, Großbritannien und den Niederlande die größten Aufschlageinbußen hinnehmen müssen – Frankreich steht mit einer negativen Reduktionsverringerung von 23 % an der Spitze im europäischen Vergleich (vgl. Clement/Kolb, 2000, S. 25).

Land	*1989*	*1998*	*Veränderung in %*
A	48,8 %	40,6 %	- 16,8
CH	55,3 %	49,5 %	- 10,5
D	43,5 %	39,4 %	- 9,4
NL	40,5 %	31,1 %	- 23,2

Tabelle 24: Europa - Vergleich der durchschnittlichen Apothekenaufschläge

Quelle: adaptiert nach Clement/Kolb, 2000, S. 25.

4.3.3 Komplexität der Handelsspannen

Entscheidender Erfolgsfaktor im Apothekeneinzelhandel ist, wie in den meisten anderen Handelsbranchen, die Handelsspanne[65], die Apotheker als Abgeltung für die Bereithaltung der Ware einer besonderen Art für die Konsumenten und Patienten sowie für die qualifizierten Beratungsgespräche über Wirkungen und Wechselwirkungen von Medikamenten erhalten. Im Gegensatz zu den anderen Einzelhandelsbranchen ist die Handelsspanne im Apothekeneinzelhandel bei Arzneimitteln, die über die Krankenversicherungen abgerechnet werden, garantiert. Dies erfolgt dadurch, daß die anbietenden (großen, mittleren und kleinen) Hersteller wie auch die Pharmagroßhändlern allen Apothekern gemäß der geltenden Preisverordnung die gleichen Spannen anbieten müssen. Somit besteht im Arzneimittelhandel weder das Phänomen der Anbietermacht noch der Nachfragermacht, wie in Kapitel drei dieser Arbeit bereits dargelegt.

Die Vorteile auf der einen Seite ziehen jedoch bekanntlich auch Nachteile auf der anderen Seite nach sich. Durch das reglementierte Distributionssystem im Pharmabereich kann der Erfolgsfaktor Handelsspanne nur zum Teil vom Apotheker selbst beeinflußt werden. Österreichs Apotheker rangieren im europäischen Handelsspannen Vergleich im unteren Feld.

In Österreich setzte die Verschlechterung der Ertragslage der Apotheken im Jahr 1995 ein, als es zu einer Reduktion der Großhandelsspannen gekommen ist. Diese Reduktion, die fast zwei Prozentpunkte ausmachte, wurde von Großhandelsseite indirekt an die Apotheker weitergegeben (Einkaufskonditionen). Im Jahr 1997 kam es dann von staatlicher Seite zu einer direkten Senkung der Apothekenspannen (und Großhandelsspanne), die wiederum die Ertragslage der österreichischen Apotheker verschlechterte (vgl. Traxler/Koessler, 2001, S. 49f). Neben einer weiteren Großhandelsspannensenkung kam es im Juni 2000 im Rahmen des „Solidaritätsmodells" zu einer Sondervereinbarung zwischen der ÖAK und dem Hauptverband der Sozialver-

[65] Anmerkung: Der ABDA und das IfH, Köln definiert die Handelsspanne der Apotheker als Differenz zwischen Verkaufs- und Einstandspreisen bezogen auf den Bruttoumsatz (vgl. Diener, 2000, S. 12).

sicherungsträger. In dieser Zusatzvereinbarung wurde festgelegt, daß grundsätzlich alle Apotheken einen 8 %igen- für das Jahr 2000 und danach bis zum Jahr 2004 einen 13 %igen Anteil an der jährlichen Umsatzsteigerung der jeweiligen Apotheke als Solidaritätsbeitrag an den Sozialversicherungsverband abzuführen haben (vgl. Schipper, 2001, S. 352ff). Infolge der Reduktion der Aufschlagsätze in den letzten Jahren kam es ergo zu einem Rückgang der Handelsspannen bei den über 1000 selbständigen österreichischen Apothekeneinzelhandelsbetrieben, die sich aus den Leistungen ergeben, die mit dem Hauptverband der Sozialversicherungsträger abgerechnet werden:

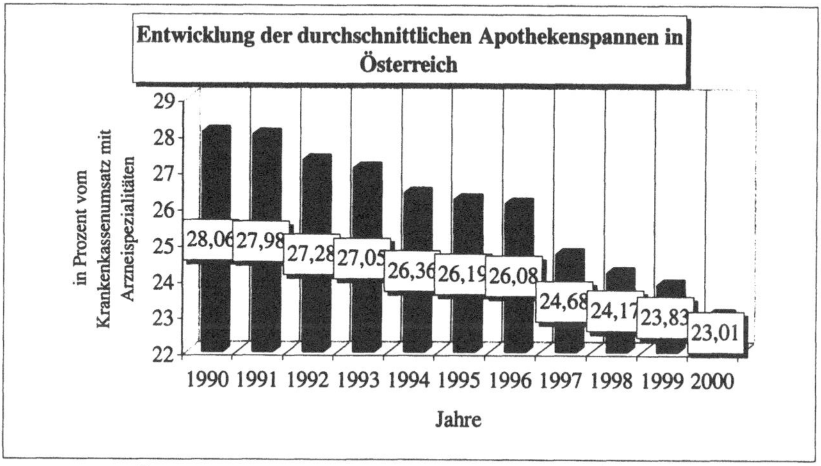

Abbildung 25: Österreich – Entwicklung der Apothekenspannen

Quelle: adaptiert nach Schnedlitz/Kresse, 2000, S. 22.

Der Apotheker hat die Möglichkeit, seine Handelsspanne trotz Arzneitaxe zu verbessern, indem er einerseits das komplexe Rabattsystem des scharf miteinander konkurrierenden Großhandels (aus)nutzt und andererseits die spezifischen Direktangebote der Industrie wahrnimmt, die teilweise bis zu 50 % an Abschlägen auf den Listenpreis gewähren (vgl. Schöffski, 1996, S. 222).

Zwar lag die durchschnittliche Brutto-Apothekenspanne exklusive Umsatzsteuer bei 33 % des Apothekenverkaufspreises, doch ist von dieser Spanne noch der Rabatt an die begünstigten Bezieher als Großabnehmer - wie die Krankenversicherungen - abzuführen, der abhängig ist vom jeweiligen Jahresumsatz der einzelnen Apotheke. 1999 betrug dieser Nachlaß im Durchschnitt 7,5 % (vgl. Vogler et al., 1998, S. 238; Traxler/Koessler, 2000, S. 54).

Die Höhe der Preisnachlässe wird von der Pharmazeutischen Gehaltsklasse ermittelt, bekanntgegeben und war im Jahr 1999 wie folgt gestaffelt:

Jahresumsatz der Apotheken	Nachlässe
bis 3.000.000 öS *bis 220.000 €*	1.0 %
3.000.000 öS – 4.000.000 öS *220.000 € – 290. 000 €*	3.0 %
4.000.000 öS – 8.000.000 öS *290.000 € – 580.000 €*	6.2 %
8.000.000 öS – 12.000.000 öS *580.000 € – 870.000 €*	7.3 %
ab 12.000.000 öS *ab 870.000 €*	7.7 %

Tabelle 25: Österreich – Nachlässe an begünstigte Bezieher

Quelle: Traxler/Koessler, 2001, S. 52.

1998 betrug der Medianumsatz einer öffentlichen Apotheke in Österreich 1,4 Mio. € Dies entspricht einem realen Umsatzplus von 8,4 % gegenüber 1997; damit war 1998 ein sehr gutes Jahr für die österreichischen Apotheker. Von 1996 auf 1997 lag die Zuwachsrate noch bei nur 1.4 %. Die Aufteilung der Apotheken nach größenabhängigen Umsatzklassen zeigt folgendes Bild vom Apothekenmarkt.

Umsatz	Anzahl der Apotheken	Anteil in Prozent
Bis zu 1,16 Mio. €	364	34,2
1,16 – 1,67 Mio. €	345	32,4
Mehr als 1,67 Mio. €	356	33,4

Tabelle 26: Österreich – Umsatzverteilung in öffentlichen Apotheken 1998

Quelle: Traxler/Koessler, 2000, S. 38.

Anders die Situation im deutschen Apothekenmarkt: In Deutschland liegt der Durchschnittsumsatz einer Apotheke bei 1,04 Mio. €, d.h., der Durchschnittsumsatz deutscher Apotheken liegt um knapp 20 % unter dem der Österreichischen. 2/3 aller deutschen Apotheken blieben in den letzten Jahren unterhalb dieses Durchschnittsumsatzes (vgl. ABDA 1998, S 7f; Traxler/Koessler, 2000, S. 39).

Wie aus den bisherigen Ausführungen dieser Arbeit ersichtlich, hat der deutsche Apothekeneinzelhandel seit Jahren mit schlechteren (im Vergleich zu Österreich) wirtschaftlichen Rahmenbedingungen im Apothekeneinzelhandel zu kämpfen. Bis vor gut zehn Jahren hatten deutsche Apotheker kaum Existenzsorgen. Insbesondere seit der Einführung des Arzneimittelbudgets (GSG[66]) im Jahre 1993 kommt es aber immer wieder zu empfindlichen Umsatz- und Handelsspannenreduktionen (vgl. Erdmann, 1996, S. 52f).

Der Anteil der Betriebe mit negativem Betriebsergebnis, ist nach Durchführung eines Betriebsvergleichs vom Institut für Handelsforschung an der Universität zu Köln, mit 45 % aller Teilnehmer festzumachen (vgl. Wirtz, 1999, S. 79). Zu ähnlichen Ergebnissen kommt der ABDA, in Deutschland schrieben 1997 rund 40 % aller Apotheken rote Zahlen (vgl. ABDA, 1998, S. 11).

Die Fachzeitschrift „Der Handel" berichtete 1997 und 1999 sogar von knapp der Hälfte aller Apotheken in Deutschland, die ein negatives Betriebsergebnis aufwiesen. In Westdeutschland liegt das Verhältnis Einwohner pro Apotheke bei 3600, in Österreich ist die Kennzahl doppelt so hoch. Weiter lag die durchschnittliche Umsatzrendite pro Apotheke 1996 im Westen Deutschlands bei 0,2 %, die in Österreich bei 1,4 %. (vgl. Oschmann/Rosmanith, 1997, S. 27; Traxler/Koessler, 1999, S. 41; Wesp, 1999, S. 23).

[66] Anmerkung: Seit mehr als 20 Jahren steht das deutsche Gesundheitswesen unter dem Primat der Kostensenkung. Die wichtigsten Stationen dieser Politik waren 1989 das Gesundheitsreformgesetz (GRG), 1993 das Gesundheitsstrukturgesetz (GSG), infolgedessen Arzneimittelbudgets für Ärzte eingeführt wurden, 1994 Preissenkung (zwischen 2-5%) und Preisstopp mit einer Laufzeit von zwei Jahren, 1996 Einführung von Fallpauschalen im stationären Bereich, 1997 deutliche Anhebung des Selbstbehaltes beim Arzneimittelkauf in Apotheken, 1999 GKV-Neuordnungsgesetz u.a., Senkung der Festbeträge bei Arzneimitteln und 2000 Strukturreform, u.a., mit einer weiteren Absenkung der Arzneimittelbudgets für Ärzte (vgl. AMZ, 1998, S. 22f).

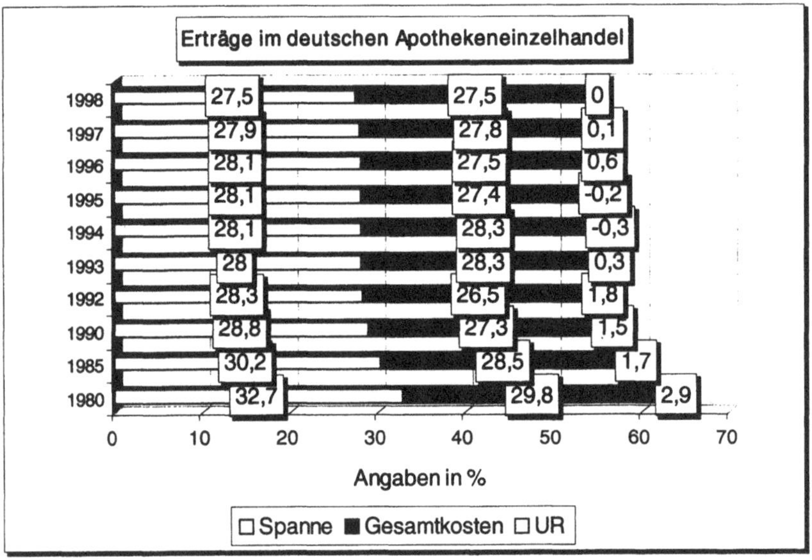

Abbildung 26: Deutschland – Ertragssituation im ApothekenEH

Quelle: adaptiert nach Wirtz, 2000, S. 24f.

Exkurs: Betriebswirtschaftliche Situation einer typischen deutschen Apotheke

In dritten Kapitel wurde versucht, wie auch in der gesamten Struktur dieser Arbeit, gemäß eines „Trichtermodells" allgemeine globale Branchendaten in relevante Informationen zu filtern. Hierbei steht man immer wieder vor dem Problem, wie man von den Branchengesamtdaten auf die einzelwirtschaftlichen Daten übergehen will. Im Rahmen der statistischen Methodenlehre haben sich die Apothekenkammern entschlossen, nicht die Apotheken mit dem durchschnittlichen Umsatz darzustellen (Mittelwert), sondern den Apothekenmarkt in Umsatzgrößenklassen einzuteilen und dann im Rahmen einer Häufigkeitsverteilung[67] (Histogramm) die typische Apotheke anhand des „häufigsten Wertes" abzubilden und somit eine betriebswirtschaftliche

[67] Anmerkung: Zur Anwendung kommt hier die Häufigkeitsverteilung klassifizierter Daten, der ein stetiges Merkmal (Umsatz) zu Grunde liegt, daher ist es nach Bleymüller et al. sinnvoll die Merkmalsausprägungen in Klassen zusammenzufassen und die Anzahl der Elemente zu bestimmen, deren Merkmalswerte in die einzelnen Klassen fallen (Bleymüller/Gehlert/Gülicher, 1996, S. 9).

Darstellung zu wählen, die für eine möglichst große Zahl von Apotheken zutreffend ist (vgl. Diener, 2000, S. 13). Mit dieser Methode wird dann die typische XY-Apotheke ausgewählt, die gleichzeitig als Klassenmitte den repräsentativen Merkmalswert der „Umsatzgrößenklasse Apotheke“ abbildet. Am Fallbeispiel einer typischen Apotheke in Deutschland soll die betriebswirtschaftliche Situation gemäß den Auswertungen des IfH Kölns und des ABDA aufgezeigt werden.

Betriebswirtschaftliche Ergebnisse der typischen Apotheke (in 1000 €)						
Jahr	*1992*	*1993*	*1995*	*1996*	*1998*	*1999*
Bruttoumsatz	828	751	833	869	920	957
USt.	- 102	- 98	- 109	- 114	- 125	- 132
Nettoumsatz	726	653	724	755	795	825
Wareneinsatz	- 493	- 443	- 490	- 511	- 542	- 564
Rohertrag	233	210	234	244	256	261
Personalkosten	- 83	- 83	- 90	- 96	- 99	- 101
sonstige Kosten	- 80	- 77	- 80	- 85	- 89	- 90
Einkommen vor St.	70	50	64	63	68	70

Tabelle 27: Deutschland – Kennzahlen einer typischen Apotheke

Quelle: adaptiert nach Diener, 2000, S. 14.

Die typische Apotheke in Deutschland erzielte somit 1999 einen Bruttoumsatz von ca. 950.000 €(inklusive einem USt.-Anteil von 130.000 €). Prozentual setzte sich der Nettoumsatz (825.000 €) aus folgenden Bestandteilen zusammen: 68 % resultierten aus dem Wareneinsatz, 12 % aus den Personalkosten, 11 % aus den sonstigen Kosten und der Apotheker versteuerte am Ende einen Betrag von 70.000 €. Von diesem Betrag muß der Apotheker sowohl die Absicherung im Krankheitsfall und bei Berufsunfähigkeit, als auch die erforderlichen Mittel für die Altersfürsorge abführen. Zugleich umfaßt das versteuernde Einkommen die Eigenkapitalverzinsung, den kalkulatorischen Unternehmerlohn und das Entgelt für die Arbeitszeit des Apothekers (vgl. Diener, 2000, S. 14).

4.4 Apothekenbetriebsordnung

4.4.1 Voraussetzungen zur Führung einer Apotheke

Die zentralen Bestimmungen zum Apothekenwesen finden sich heute im Apothekengesetz (ApoG, BGBl. i.d.F. 1993/96) und in der Apothekenbetriebsordnung. In § 12 ApoG ist festgelegt, daß die Konzession zum Betrieb einer öffentlichen Apotheke ein persönliches Betriebsrecht darstellt. Die Konzessionserteilung ist nach §3 Apothekengesetz einerseits abhängig von den persönlichen Voraussetzungen, wie der

- österreichischen Staatsbügerschaft[68],
- Vertretungsberechtigung (Aspirantenjahr),
- Leitungsberechtigung (mind. 5-jährige Berufspraxis in einer Apotheke),
- Verläßlichkeit,
- körperlichen und gesundheitlichen Eignung,
- Kenntnis der deutschen Sprache (vgl. Traxler/Koessler, 2000, S. 11)

und andererseits abhängig von den in §10 Apothekengesetz geregelten sachlichen Voraussetzungen:

- am Standort einer Apotheke (d.h., im Gemeindegebiet) muß ein Arzt seinen ständigen Berufssitz haben und
- der Bedarf an einer neu zu errichtenden öffentlichen Apotheke muß bestehen.

Nach neuesten richterlichen Bestimmungen (Verfassungsgerichtshof, März 1998) besteht Bedarf nur dann, wenn

- die künftige Betriebsstätte mindestens 500 Meter von einer nächstgelegenen bestehenden öffentlichen Apotheke entfernt ist,
- die Zahl der zu versorgenden Personen einer bestehenden öffentlichen Apotheke sich infolge der Neuerrichtung nicht verringert und weiterhin mindestens 5.500 Personen betragen wird. Zu den zu versorgenden Personen zählen die ständigen Einwohner in einem Umkreis von vier Straßenkilometern (vgl. Schnedlitz/Leder/Newzella, 1999, S. 44f).

---

[68] Die Konzession zur Führung einer Apotheke wird aber auch anderen Pharmazeuten erteilt, sofern sie Staatsangehörige der EU sind und die Apotheke mindestens drei Jahre besteht.

4.4.2 Dienstbereitschaft in Apotheken

> *„Die gesetzlichen Regelungen zur Dienstbereitschaft stellen die Arzneimittelversorgung zeitlich sicher. Die Befriedigung des Bedürfnisses nach Arzneimitteln muß örtlich in Notfällen rund um die Uhr möglich sein" (Schöffski, 1996, S. 218).*

Apotheken unterliegen, im Gegensatz zum sonstigen Einzelhandel, nicht in gleichem Maße den jeweils vorgeschriebenen Ladenöffnungszeiten, da die ordnungsgemäße Arzneimittelversorgung zu jeder Zeit sichergestellt werden muß. Die einzelne Apotheke wird von dieser ständigen Dienstbereitschaft dann befreit, wenn eine andere („benachbarte") Apotheke in zumutbarer räumlicher Distanz geöffnet hat. In Österreich versehen täglich ca. 400 Apotheken, auch außerhalb der normalen Öffnungszeiten, einen Dauerbereitschaftsdienst (vgl. Traxler/Koessler, 2000, S. 62). Letzteres ist auch ein entscheidender Unterschied zu den ärztlichen Hausapotheken, die nur während der Ordinationszeiten Arzneimittel ausgeben und damit im Regelfall nur 20 Stunden die Woche geöffnet haben – die öffentlichen Apotheken kommen entsprechend auf 50 Stunden die Woche (vgl. Cabana, 2000, S. 1264).

Die folgende Tabelle stellt im Detail die Nacht- und Wochenenddienste der öffentlichen österreichischen Apotheken im Jahr 1999 dar:

Dienstbereitschaft	Anzahl der Apotheken	*Dienstbereitschaft*	Anzahl der Apotheken
365 Tage/Jahr	188	*52 Tage/Jahr*	300
183 Tage/Jahr	138	*46 Tage/Jahr*	93
122 Tage/Jahr	117	*41 Tage/Jahr*	61
91 Tage/Jahr	35	*37 Tage/Jahr*	50
73 Tage/Jahr	56	*33 Tage/Jahr*	12
61 Tage/Jahr	15		

Abbildung 26: Österreich – Dienstbereitschaft der öffentlichen Apotheken

Quelle: Traxler/Koessler, 2000, S. 63.

Besonders in ländlichen Gebieten oder den Gebirgsregionen, wo die räumliche Distanz zur benachbarten Apotheke um vieles größer ist als in den Städten, bedeuten diese Vorschriften eine enorme Belastung für den Apotheker, nicht nur bezogen auf die physische Konstitution, sondern auch auf den finanziellen Aufwand, der durch die Nachttaxe sicherlich nicht aufgefangen werden kann.

> *Die Apotheker sind teurer, weil sie nicht oder nur teilweise in Selbstbedienung anbieten können und Leistungen wie Sonntagsöffnung und akademische Mitarbeiter für die rezeptpflichtigen Arzneimittel finanzieren müssen (Werner, 1997, S. 28).*

Darüber hinaus kommt erschwerend hinzu, daß Apotheken während der allgemeinen Ladenschlußzeiten nicht ihr gesamtes Sortiment anbieten dürfen, da nur bestimmte Arznei-, Krankenpflege-, Säuglingspflege-, Säuglingsnahrungsmittel- und hygienische Artikel sowie Desinfektionsmittel verkauft werden dürfen (vgl. Schöffski, 1995, S. 121).

4.4.3 Reglementierung in der Raumplanung von Apotheken

Die österreichischen und deutschen Apotheken sind hinsichtlich Anzahl und Größe der Betriebsräume und der Ausstattung gesetzlichen Mindestanforderungen unterworfen, die unabhängig von den standortpolitischen Gegebenheiten zu erfüllen sind (vgl. Franzen et al., 1995, S. 24).

Die Apothekenbetriebsordnung schreibt im Abschnitt 1, Anhang A, eine bestimmte Mindestgröße für österreichische Apothekenräumlichkeiten mit 143 qm[69] (in Deutschland: 110 qm) vor. Man geht sogar soweit, daß die Mindestgrößen für die Aufteilung der Räume zugewiesen werden. Demzufolge sollten Verkaufs-, Material-, Arznei- und Laborraum ca. 30 qm, das Dienstzimmer 15 qm, der Waschraum 6 qm und das WC 2 qm umfassen (vgl. Traxler/Koessler, 2001, S. 12).

Der Großteil der Fläche wird für das Lagern von Arzneimitteln bereitgehalten, obwohl fast jede Apotheke täglich und auch mehrmals am Tag vom pharmazeutischen Großhandel beliefert wird. Im Rahmen des Versorgungsauftrages, den die Apotheker zu erfüllen haben, ist der Apotheker aber verpflichtet, apothekenpflichtige Arzneimit-

[69] Anmerkung: In der Praxis haben die Apotheken in Österreich eine Durchschnittsfläche von rund 200 qm.

tel und Verbandsmaterialien in einer Menge vorrätig zu halten, die mindestens dem Durchschnittsbedarf einer Woche entspricht (vgl. Franzen et al., 1995, S. 24).

Im Labor werden nach wie vor Salben angerührt, Pillen gedreht oder Kapseln mit Wirkstoffen gefüllt. Teilweise werden hier dann auch eigene Kosmetika, die dem OTC Sortiment zugerechnet werden, „produziert". Vom Dienstzimmer aus wird die effiziente Gestaltung der Hintergrundsysteme im Apothekenbereich durchgeführt. Hier werden die Verwaltungsarbeiten erledigt, wie die Abrechnungen mit der Pharmazeutischen Gehaltsklasse oder es werden Vertreter von Großhandel und Industrie empfangen aber genauso muß das Dienstzimmer eine Schlafgelegenheit für die zu leistenden Nachtdienste bieten, denn täglich versehen allein in Österreich rund 400 Apotheken außerhalb der normalen Öffnungszeiten einen Dauerbereitschaftsdienst (vgl. Kresse, 2000, S. A 2). Nur etwa ein ¼ der Apothekenfläche kann für den Kundenverkehr genutzt werden.

Fallbeispiel SANIPLUS:

Trotz der regulativen Auflagen, die im Rahmen der Apothekenbetriebsordnung bezüglich der Gestaltung des Innenraums von Apotheken ergriffen werden, demonstrieren einzelne Apotheker, wie man die Apotheke auch in eine „wahre Erlebniswelt" umgestalten kann. Am Fallbeispiel der Apotheke SANIPLUS, die im Einkaufszentrum PEP in Perlach bei München vom Apotheker Schwaabe geführt wird, soll gezeigt werden, wie ein zukunftsweisendes Apothekenkonzept ausschauen kann. Die gesamte Apotheke hat eine Bruttofläche von 715 qm, davon 400 qm Verkaufsfläche, d.h., SANIPLUS ist mehr als dreimal so groß wie die typische Apotheke in Österreich und mehr als die Hälfte der Fläche kann für den Kundenverkehr genutzt werden. 30.000 Artikel[70] führen die Apotheker Schwaabe in Ihrem Sortiment, die über insgesamt neun Apotheken-Tresen an die Kunden weitergereicht werden. Über 35 Regalmeter zieht sich die eigentliche Apotheke hin - auf der gegenüberliegenden Seite ist auf gleicher Länge die Kosmetikabteilung angelegt. Im Innenraum der Apotheke dominieren runde Formen – alle Warenträger und auch die Informationsinsel im Zentrum der Apotheke, in der Mineraldrinks und ähnliches ausgeschenkt werden, sind rund. Der ganze Verkaufsraum der Apotheke ist hell gestaltet mit unzähligen Halogenstrahlern in allen möglichen Verkaufsraumelementen. Hell und freundlich sollen auch die verwendeten Farben der Offizin sein – es dominieren die Farben grün, orange und blau – eigenhändig hat der französischen Maler Patrice Camus die Farben auf die Wände aufgetragen (vgl. Dietz, 2000, S. 66ff).

Das visuelle Betreibungskonzept zur Verkaufsraumgestaltung der SANIPLUS geht auch konform mit den Empfehlungen der IGEPHA – Interessengemeinschaft der österreichischen Heilmitterhersteller und Depositeure – die Beratung, Sichtbarkeit und den freien Zugang („Zugang = Umsatz") zum OTC Sortiment durch die Implementierung von Verkaufs- und Beratungsinseln als die entscheidenden Maßnahmen der zukünftigen Verkaufsförderung sehen (vgl. Stummerer, 2000, S. 812f).

Mit dem Fallbeispiel SANIPLUS und auch mit der Apothekenausstellung auf der EXPO 2000 (wo die "Apotheke der Zukunft" ausgestellt war) könnte das Kriterium „Gepflegtes äußeres und inneres Erscheinungsbild" (Kaapke/Heemann, 1998, S. 79) oder das im Handel beliebte Schlagwort „Erlebnisorientierung" zur Beurteilung von Apotheken zunehmend wichtiger werden. Dabei haben „Dezenz" (ähnlich wie beispielsweise bei Sephora in Barcelona) in der Raumgestaltung von Apotheken bereits eine jahrhundertelange Tradition. Das Wort Apotheke erweckt bei vielen Menschen häufig noch die Assoziation von prächtigen Verkaufsräumen mit dunklen Regalen mit Mörsern und kunstvoll geschwungenen Gefäßen. Die antiken Behälter zur Aufbewahrung von Arzneien wurden früher in mannigfaltigen Formen und Farben hergestellt; Flüssigkeiten lagerte man in Kannen, Flaschen oder Krügen aus Holz, Zinn, Glas, Keramik oder Porzellan. Noch heute sind solche Gefäße und Interieurs beliebte Sammlerstücke und etwa in Wien in der Apotheke „Zum Römischen Kaiser" (Wollzeile) oder in der „Apotheke der Barmherzigen Brüder" (Taborstraße) zu bewundern (vgl. Brandner, 2000, S. A 1).

[70] Anmerkung: Die durchschnittliche Apotheke führt zwischen 8000 und 10.000 Artikel (vgl. Friese, 2000, S. 3).

4.4.4 Reglementierungen in der Sortimentsplanung bei Apotheken

Die Sortimentsplanung ist auch für den reglementierten Apothekeneinzelhandel von erheblicher Bedeutung, da sie mit einer nicht zu unterschätzenden Kapitalbindung einhergeht. Fehlentscheidungen haben negative Auswirkungen auf den betriebswirtschaftlichen Erfolg einer Apotheke. Die erfolgreiche Sortimentsgestaltung ist daher im OTC- und Selbstmedikationsbereich von besonderer Wichtigkeit, um aus der großen Abhängigkeit der gesetzlichen Krankenkassen wenigstens teilweise herauszukommen, mit der durchschnittlich ca. 70 % der Apothekenumsätze verrechnet werden. Laut einer Untersuchung des IfH an der Universität Köln steht der Anteil der Arzneimittel in deutschen Apotheken am Gesamtsortiment naturgemäß an erster Stelle und ist seit mehr als drei Jahren unverändert bei ca. 93 % geblieben. Es folgen in der Sortimentsstruktur die Kategorien „Verbandsstoffe, Pflaster, Krankenpflege" und „Kosmetika und Körperpflegemittel" mit jeweils zwei Prozent. Die restlichen drei Prozent Sortimentsanteile verteilen sich gleichmäßig auf die Kategorien „Drogen und Chemikalien", „Diätetische Lebensmittel" und „Kindernahrung" (vgl. Kaapke/Wirtz, 1998, S. 73).

In Österreich liegt, nach einer Studie der Apothekerkammer, der Anteil der Arzneimittel am apothekerlichen Umsatz bei 94 %. Die Sortimentsstruktur zwischen österreichischen und deutschen Apotheken unterscheidet sich somit kaum. Anders setzt sich das Arzneimittelwarenangebot in Italien zusammen – dort entfallen auf Arzneimittel 86 % und auf andere gesundheitsbezogene Produkte 16 % des Umsatzes im Apothekeneinzelhandel. Um so bemerkenswerter sind diese Kennzahlen, wenn man berücksichtigt, daß in Italien und Frankreich nahezu alle Medikamente der Apothekenpflicht unterliegen (vgl. Lechner, 2000, S. 34).

Genau wie in anderen Handelsbranchen kommt auch im Apothekeneinzelhandel die ABC-Analyse zur Anwendung – mit nur 2000 Arzneimitteln werden ca. 90 % des Umsatzes erwirtschaftet – bei einem Gesamtmarkt von ca. 12.500 Arzneimittelprodukten in Österreich und ca. 45.000 in Deutschland (vgl. Hüsgen, 1998, S. 26f; Pharmig, 2001, S. 17). Im Vergleich dazu exemplarische Zahlen aus dem LEH: Das

Sortiment eines typischen Wal-Mart-Einzelhandels-Outlets umfaßt ca. 100.000 verschiedene Artikel (vgl. Schnedlitz, 1994, S. 124). Die durchschnittliche deutsche Apotheke führt zwischen 8.000 und 10.000 Artikel auf Lager und hat damit einen durchschnittlichen Lagerbestand im Wert von gut 100.000 € (vgl. Friese, 2000, S. 3). Österreichs öffentlichen Apotheken verfügen im Schnitt über ein Sortiment von 5000 Arzneimitteln – während die Ärzte mit Hausapotheken nur ca. ein Vorrat von 500 Arzneimitteln halten (vgl. Cabana, 2000, S. 1264). Der Lagerumschlag einer typischen österreichischen Apotheke liegt zwischen 9-12 mal im Jahr. Apotheken mit einem geringen Lagerumschlag deuten auf ein sehr breites Sortiment hin (vgl. Feigl et al., 1993, S. 40).

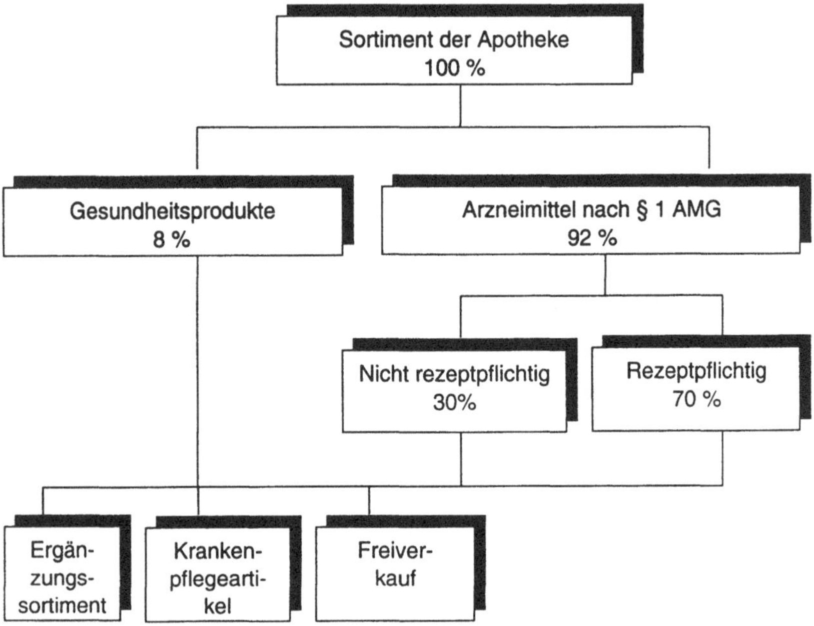

Abbildung 28: Sortimentsstruktur von Apotheken

Quelle: adaptiert nach Pharmig 1999, S. 21; Hüsgen 1998, S. 31.

In einer weiteren tiefergehenden Analyse und Befragung über das Einkaufsverhalten bei Gesundheitsprodukten, die vom Institut für Handelsforschung der Universität Köln bei 30.000 Apothekenkunden durchgeführt wurde, kam man zu folgenden interessanten Ergebnissen zum Thema Apothekenrandsortimentsplanung. Es wurde bereits oft in dieser Arbeit darauf hingewiesen, daß die Felder Kosmetik und Selbstmedikation als „category driver" gelten. Nimmt man einmal exemplarisch das Feld der Kosmetik heraus, so läßt sich feststellen, daß sich zwar 55 % der Befragten ein Kosmetiksortiment in der Apotheke wünschen, aber nur 13 % bereit sind, diese in der Apotheke zu kaufen. Zu weit über 80 % wünschen sich die Apothekenkunden „Mittel zur häuslichen Krankenpflege" und „Mittel zur Mund- und Zahnpflege" im Apothekensortiment. Diese werden dann auch dort von 31 % und 22 % der Interviewten gekauft. Gerade in diesen Sortimentsbereichen herrscht aber ein großer Interwettbewerb mit den Drogerien und den LEH. Beachtlich ist auch der Wunsch nach „Informationsmedien" (Büchern, CD's und Videos zum Thema Gesundheit), diese wünschten sich knapp 42 % der Befragten, jedoch glaubten nur 26 % dies tatsächlich in Apotheken auch vorzufinden.

Im Bereich der Dienstleistungen, die Apotheken anbieten könnten, gibt es ein großen GAP zwischen dem Angebot und dem Nutzungsverhalten der Apothekenkunden. Weit unter 5 % der Befragten nutzen die Dienstleistungsangebote der Apotheker im Bereich der Umweltberatung, der Ernährungsberatung, der Rauchentwöhnungsberatung, der Teilnahme an Beratungsseminaren zum Thema Gesundheit oder der Organisation und Vermittlung von Selbsthilfegruppen. Auch die Nutzung von Kinderspielecken wird nicht genutzt. Erfreulich ist aber das Bild, daß über 24 % der Befragten Blutdruck-, Blutzuckermessungen und Gewichtskontrollen in Apotheken durchführen lassen. 19 % der Apothekenkunden nehmen auch die angebotene Reise- und Impfberatung in den Apotheken war.
Diese Ergebnisse zeigen letzten Endes auch wieder einmal die Komplexität des Apothekeneinzelhandels auf, in dem im Bereich des Marketing zielgruppenspezifisch vorgegangen werden muß. Die einzelnen Apotheken sind bei der Planung ihres Sortiments abhängig von den standortpolitischen Bedingungen, insbesondere sollte man sich an den im Einzugsbereich der Apotheke lebenden dominierenden einzelnen Nachfragergruppen (z.B. Senioren etc.) orientieren (vgl. Büchel, 2000, S. 16ff).

4.4.4.1 SM-Markt in Apotheken

Die Wachstumsfelder einer Apotheke heißen Selbstmedikation und Kosmetik (Dietz, 2000, S. 68).

Die begriffssystematische Abgrenzung des Selbstmedikationsmarktes als Segment des Apothekenmarktes erfolgte bereits in zweiten Kapitel. Im Vordergrund der Betrachtungen dieses Abschnittes soll der SM-Markt in Apotheken stehen. Bei diesem Markt handelt es sich, wie vorher bereits ausgeführt, um Arzneimittel, die nicht der Rezeptpflicht unterliegen, d.h., um apothekenpflichtige und freiverkäufliche Arzneimittel. Letztere sind sowohl in Apotheken als auch in alternativen Betriebsformen des Einzelhandels vertreten.

Die Selbstmedikation trägt zur Reduzierung der Ausgaben der Krankenkassen[71] und damit zur Entlastung der staatlichen Gesundheitswesen bei. Die pharmazeutische Industrie und der pharmazeutische Handel profitieren ebenfalls durch den Verkauf der Selbstmedikationsprodukte an den Konsumenten. Damit stimmen mehrheitlich die Ziele der Angebots- und Nachfrageseite (vgl. Kapitel 3) im Hinblick auf den SM-Markt überein und damit ist der Boom im Segment Selbstmedikation in Europa nicht unverständlich.

Ein weiterer Wachstumsdriver ist die von Brüssel befürwortete Politik, Arzneimittel aus der Rezeptpflicht zu entlassen und in den SM-Markt zu überführen. In diesem Zusammenhang kann man feststellen, daß zwischen der Anzahl der „Switches[72]“, die ein Land pro Jahr durchführt und dem Marktanteil der Selbstmedikation am jeweiligen nationalen Arzneimittelmarkt eine positive Korrelation besteht. Österreich hat traditionell eine besonders strenge Rezeptpflicht – 1999 waren 88,7 % aller Arzneimittel rezeptpflichtig (vgl. Pharmig, 2001, S. 18).

[71] Anmerkung: Der Innsbrucker Finanzwissenschaftler Prof. Engelbert Theurl kam 1999 in der Studie „Volkswirtschaftliche Aspekte und Effekte einer Verstärkung der Selbstmedikation in Österreich“ zu dem Ergebnis, daß durch den erfolgreichen Ausbau des SM-Marktes die österreichischen Krankenversicherungen jährlich bis zu 48 Mio. € einsparen könnten. Weitere Kosteneinsparungen lassen sich direkt durch die mit der Selbstmedikation verbundene Reduzierung der Arztbesuche (89 Mio. €) und indirekt durch die Reduzierung der Arztbesuche und den damit verbundenen Wertschöpfungsverlust in Höhe von 114 Mio. € durch Erwerbstätige, die während der Arbeitszeit einen Mediziner aufgesucht haben, realisieren. Insgesamt würden sich durch die entsprechende Inanspruchnahme der Selbstmedikation aus volkswirtschaftliche Sicht jährlich 250 Mio. €, das sind 3,5 % der jährlichen Ausgaben der Krankenkassen, einsparen (vgl. Snicek, 1999, S. 19ff).

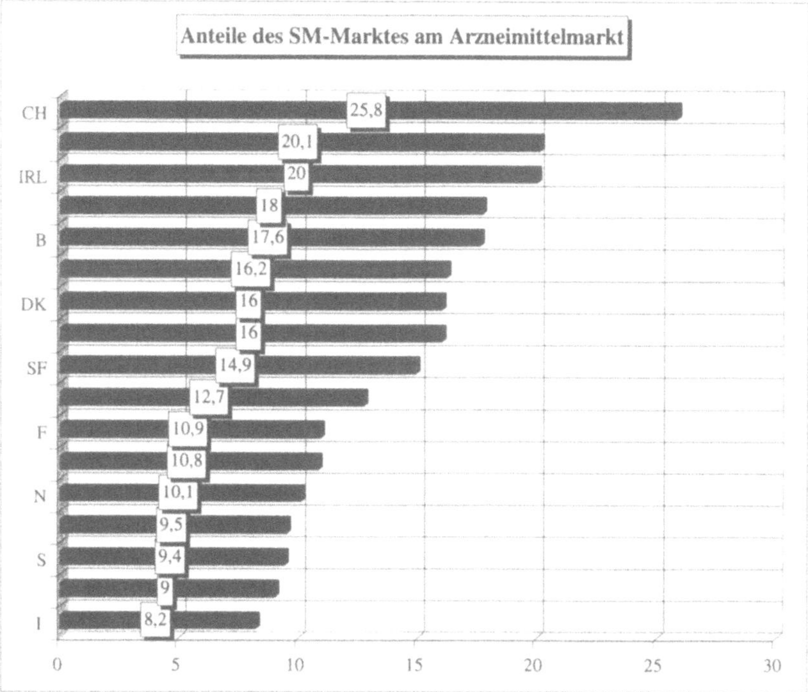

Abbildung 29: Europa – Anteil des SM-Marktes am AM-Markt 1998.

Quelle: adaptiert nach Snicek, 1999, S. 16.

Durch eine Lockerung der Rezeptpflicht würden sich folgende Vorteile ergeben:

- Entlastung der Krankenkassen bei Arzneimittel- und Arztkosten,
- Entlastung der Ärzte bei leichten Befindlichkeitsstörungen,
- Förderung des Gesundheits- und Kostenbewußtseins des Konsumenten/Patienten,
- Förderung der Eigenverantwortlichkeit beim Konsumenten/Patienten,
- Förderung des Inter- und Intrawettbewerbs im Einzelhandel und natürlich die
- Erschließung eines neuen Absatzsegmentes (vgl. Snicek, 1999, S. 25).

[72] Anmerkung: Als „Switch" bezeichnet man die Überführung eines Arzneimittels vom Rezeptpflicht-Status in den rezeptfreien Status (Snicek, 1999, S. 13).

Welche Produkte 1999 im österreichischen SM-Markt verkauft wurden, zeigt folgende Grafik:

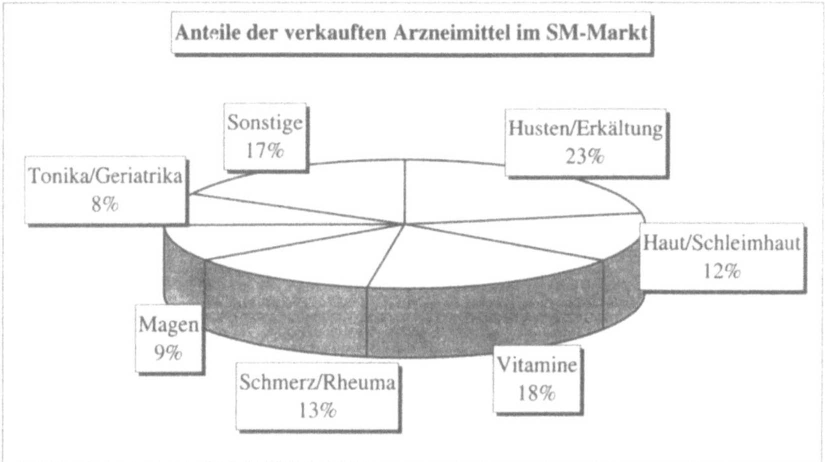

Abbildung 30: Österreich – Anteile der verkauften AM im SM-Markt 1999

Quelle: adaptiert nach Pharmig, 2001, S. 21.

In Österreich liegt der Anteil des Selbstmedikationsmarktes am gesamten Arzneimittelmarkt bei 9,5 %, in Deutschland bei 18 %, im Gegensatz zum europäischen Benchmark Schweiz, wo der Anteil am Selbstmedikationsmarkt 1997 bei 25,8 % lag, d.h., jedes vierte Präparat wird in der Schweiz direkt vom Konsumenten in den Apotheken erworben. Insgesamt wurden im Segment Selbstmedikation in österreichischen Apotheken Produkte für ca. 350.000 €verkauft (vgl. Snicek, 1999, S. 16). Dem Apotheker kommt im Rahmen der Selbstmedikation eine Schlüsselrolle zu, da er in diesem Markt als erster und oftmals einziger Ansprechpartner für den Patienten bei der Sortimentswahl fungiert.

Neben der beschriebenen Situationsanalyse, in der Marktdaten, Trends und Erklärungen für die in ganz Europa eingesetzte positive Marktentwicklung im Segment Selbstmedikation dargelegt wurden, sind für den einzelnen Apotheker auch Informationen über den Konsumenten von entscheidender Bedeutung. Dieser Frage ist das Institut für Handelsforschung der Universität Köln 1999 im Rahmen einer Lehrveranstaltung mit Hilfe von Studenten nachgegangen, indem in 19 Kölner Apotheken 260 Interviews mit Apothekenkunden geführt worden sind.

Die Hauptergebnisse hinsichtlich der Relevanz dieser Arbeit werden im folgenden kurz beschrieben und sollen den durchschnittlichen Käufer von Medikamenten im Segment der Selbstmedikation hinsichtlich der soziodemographischer Merkmale und hinsichtlich Einstellungen und Erwartungen darstellen. Die KäuferInnen von Selbstmedikationsprodukten sind zu 65 % weiblich, durchschnittlich 41 Jahre alt und zu 53 % nicht berufstätig. Weiter verfügen die Konsumenten über ein hohes Bildungsniveau und kaufen zu 65 % die Medikamente für sich selbst und geben dafür pro Kauf knapp 10 € für die erworbenen Produkte aus. Der SM-Kunde wünscht sich nebenwirkungsfreie Medikamente mit einer schnellen Wirkung und entsprechender Dosierung. Beim Kauf berücksichtigt er die Zusammensetzung, die Verträglichkeit und die Wirkung eines Medikamentes und erwartet eine fachgerechte Beratung. Dem Convenience Gedanken trägt er dadurch Rechnung, daß er das Einkaufen nach Ladenschluß in unmittelbarer Nähe zum Wohnort bevorzugt und jeder Art der Selbstbedienung ablehnend gegenüber steht. Diese Erkenntnisse können dem einzelnen Apotheker bei der Ausgestaltung seiner Preis-, Werbe-, Beratungs- und Sortimentspolitik helfen (vgl. Preißner, 2000, S. 13f). Im Bereich des Frauen- (Frauen sind die wichtigste Zielgruppe für das Apothekenmarketing) und Seniorenmarketing haben die Apotheken im Rahmen des strategischen Handelsmanagements noch viel Nachholbedarf, was die Schaffung von Erfolgspotentialen anbelangt.

4.4.4.2 Rezepturen in Apotheken

Neben den neuen hoffnungsvollen Wachstumsfeldern der Apotheken im Rahmen der Sortimentspolitik, die weiter oben besprochen worden sind, darf in dieser Arbeit aber auch die Betrachtung des ältesten Sortimentssegmentes im Apothekeneinzelhandel nicht fehlen, die der „magistralen Rezepturen“. Diese werden heute primär für den Bereich der Dermatologie angefertigt. Dabei handelt es sich in österreichischen Apotheken um topische- (Anteil: 53 %) und flüssige Arzneimittel (Anteil: 35 %) und

Augentropfen (Anteil: 7 %). Dieser Sortimentsteil, der heute kaum mehr beachtet wird und der ursprünglich das eigentliche Kerngeschäft der Pharmazeuten ausmachte weist seit Jahren in Europa einen negativen Trend auf. Der Anteil der Magistralrezeptur am Gesamtumsatz aller Apotheken in Europa ist unterschiedlich hoch. Österreich liegt in Europa mit einem Anteil von nahezu 4 % am Umsatzvolumen an der Spitze – das Schlußlicht bildet das Vereinigte Königreich mit einem Anteil von nur noch 0,5 % am durchschnittlichen Umsatz einer typischen englischen Apotheke. Neben Österreich sind es in erster Linie die ost- und mitteleuropäischen Länder, die magistrale Rezepturen noch Bedeutung schenken. Ihr Anteil am Gesamtumsatz beträgt zwischen 2 und 3 % (vgl. Abart/Karg, 2000, S. 2f). Zu diesem Ergebnis kommt auch die bereits zitierte Studie der ÖBIG über den Vergleich von Apothekensystemen in Europa (vgl. ÖBIG, 2000, S. 4).

Die Gründe für die zunehmende Bedeutungslosigkeit des Segmentes „Eigenherstellung" sind in erster Linie betriebswirtschaftlicher Natur und sollen im folgenden exemplarisch an Beispielen dargelegt werden. Nach den Zahlen des Hauptverbandes der Sozialversicherungen aus dem Jahr 1998 beträgt der Anteil der Arbeitsvergütung en gros 22 % des gesamten Rezeptwertes von durchschnittlich 9 €, d.h. es sind nur 2 € zur Abdeckung der jeweiligen Personalkosten für die magistrale Rezeptur einkalkuliert. Umgerechnet auf die Arbeitszeit eines Pharmazeuten bedeutet dies entweder drei Minuten Arbeitszeit für den Apotheker oder eine Minute für den Pharmazeut plus vier Minuten für die PKA. Man muß kein Ökonom oder Pharmazeut sein, um festzustellen, daß zwischen Vergütung und Arbeitsleistung ein große Lücke entsteht. Sicherlich zugegeben es handelt sich hierbei um ein Einzelbeispiel, das jedoch durch eine in deutschen Apothekenbetrieben gemachten Studie ergänzt werden soll, die als ein Ergebnis festgehalten hat, daß die Herstellung von Arzneimitteln in Apotheken ca. 9 % der Arbeitszeit in Anspruch nimmt und der wertmäßige Umsatzanteil bei unter 1 % liegt (vgl. Abart/Karg, 2000, S.2f). Aus der Perspektive der Kostenrechnung ist der sinkende Anteil der magistralen Rezepturen durchaus nachvollziehbar. Aus der Perspektive des Marketing heraus kann die Herstellung von „Apothekeneigenen Hausspezialitäten" oder „Eigenmarken" einer Apotheke zu einem USP verhelfen und kann infolgedessen zur Kundenbindung beitragen und zusätzlich dem Apotheker zu Cross Selling Abverkäufen verhelfen. Dies wiederum zeigt das Dilemma, in welchem der Apotheker oft steht: im Spannungsfeld zwischen einem sozialorientierten Heilberufler und einem unternehmerorientierten Einzelhändler, wie es bereits in Kapitel 2.3.2 ausgeführt wurde.

4.4.5 Reglementierungen in Werbung und Verkaufsförderung

Der Bereich Werbung und Absatzförderung ist im Apothekeneinzelhandel ein komplex und kontrovers diskutiertes Thema, welches immer wieder auch die Jurisdiktion beschäftigt. Jedes Unternehmen, welches seine Produkte am Markt erfolgreich anbieten will, bedient sich der Werbung[73]. Werbung und Verkaufsförderung[74] zählen im Rahmen des Marketingmix zur Promotion bzw. zur Kommunikationspolitik (vgl. Kotler, 1999, S. 127).

> *Werbung bringt Menschen zur Ware – Verkaufsförderung Ware zu Menschen (Stadler, 1986, S. 6).*

Im Apothekeneinzelhandel ist die Unterscheidung zwischen der institutionsbezogenen (Einzelwerbung oder Gemeinschaftswerbung für mehrere Apotheken) und produktbezogenen (Sortiment) Werbung besonders wichtig, da keine einheitlichen gesetzlichen und/oder standesmäßigen Bestimmungen für die genannten divergierenden Bezugspunkte existieren. Dem Apothekeneinzelhandel, dessen Kernsortiment sich aus „Ware der besonderen Art" zusammensetzt, sind hinsichtlich der produktbezogenen Werbemöglichkeiten viel engere Grenzen gesetzt als den anderen Betriebsformen des Einzelhandels (vgl. Franzen et al., 1995, S. 172). Diese engen Grenzen nehmen juristisch Gestalt an in Form: der Berufsordnung der Apotheker, des Rabattgesetzes, des Heilmittelwerbegesetzes, des UWG und in der Form der Zugabeverordnung (vgl. Tisch, 2000, S. 47).

---

[73] Werbung ist nach Schweiger „die beabsichtigte Beeinflussung von marktrelevanten Einstellungen und Verhaltensweisen ohne formellen Zwang unter Einsatz von Werbemitteln und bezahlten Medien" (Schweiger, 1995, S. 9); Kotler nennt „Werbung das effektivste Instrument für die Steigerung des Bekanntheitsgrads eines Unternehmens, Produkts, einer Dienstleistung oder einer Idee" (Kotler, 1999, S. 139)

[74] Verkaufsförderung ist nach Meffert/Bruhn „die Planung, Organisation, Durchführung und Kontrolle sämtlicher, meist zeitlich begrenzter Maßnahmen, die dazu dienen, bei den Kunden kurzfristig Kaufanreize zu schaffen, um Kommunikations- und Verkaufsziele des Unternehmens zu realisieren" (Meffert/Bruhn, 1997, S. 368).

Die Durchführung von Werbe- und Verkaufsförderungsaktionen im Apothekeneinzelhandel kann mit den entsprechenden Maßnahmen im Lebensmitteleinzelhandel oder sonstigen Einzelhandelsbetriebsformen nicht verglichen werden. Handels- und steuerrechtlich sind die Apotheker anderen Kaufleuten gleichgestellt – berufsrechtliche Bestimmungen schränken seinen Handlungsspielraum aber erheblich ein. Sonstige interne Erfolgsfaktoren wie Preise, Betriebsgröße, Sortiment und Werbung, die für andere Kaufleute frei gestaltbar sind, unterliegen im Arzneimitteleinzelhandel spezifischen Bestimmungen und Reglementierungen.

Durch staatlich fixierte Preise (Festpreise) entfällt die Preiskalkulation, Vorschriften zur Mindest-Betriebsgröße müssen eingehalten werden, 91 % des durchschnittlichen Sortiments in der Apotheke sind apothekenpflichtig – d.h., der Apotheker bestimmt sein Sortiment nur zu 9 % frei. Alle verschreibungs- und rezeptpflichtigen Arzneimittel sowie alle Arzneimittel zur Beseitigung von Schlaflosigkeit oder psychischen Störungen zur Beeinflussung der Stimmungslage beim Menschen unterliegen nach § 10 HWG einem generellen Werbeverbot (vgl. Franzen et al., S. 175).

Dieses Verbot gilt in Österreich für 88,7 % und in Deutschland für 66 % aller Arzneimittel (vgl. ABDA, 2000, S. 10; Pharmig, 2001, S. 18; Kaapke/Lindstädt, 1998, S. 115).

Für den Apotheker kommen grundsätzlich folgende Werbemittel in Betracht:

- Werbeanschläge (Werbeplakate im Schaufenster, Offizin, Beschriftung der Außenfront, Firmenschilder),
- Leuchtwerbung und Transparente am Apothekengebäude,
- Werbeanzeigen in berufsordnungsrechtlich stark eingegrenztem Umfang,
- Werbedrucke (Handzettel, Prospekte, Kataloge, Kundenzeitschriften, einfache Kalender),
- werbliche Ausstattung der Apothekenverkaufsräume,
- Verkaufshilfen (Proben in genau definierten und eingegrenztem Umfang, Einschlagpapier, Tragetaschen etc.) und
- Firmendrucke (Franzen, 1995, S. 173).

In Anlehnung an Meffert soll in der folgenden Tabelle versucht werden, die zulässigen Maßnahmen der Verkaufsförderung nach ihren relevanten Funktionen für den reglementierten Apothekenmarkt darzustellen:

Fktn. *Ziel-gruppe*	*Informations-funktion*	*Motivations-funktion*	*Schulungs-funktion*	*Verkaufs-funktion*
Apotheke	• Verkäufer-briefe • Verkäufe-rinformatio-nen • Verkäufer-zeitungen	• Entloh-nungs- und Prämien-systeme	• Tonbildschauen • Filme, Vide-obänder • Ausbildung zur PTA, zum Apo-thekenhelfer und zum Phar-mazeut	• Sales Folder • Argumentati-onshilfen • Testergebnis-se • Dekorateure
Personal	• Anzeigen für nicht RX-Produkte • Informati-onszentra-len	• Beigaben • Partnerak-tionen	• Seminare	• Sonder-/ Zweitplazie-rungen • Displays • Sonderaktio-nen
Konsu-ment bzw. Patient	• Kundenzeit-schriften (unentgelt-lich) • Bedie-nungsan-leitungen	• Preisaus-schreiben • Gewinn-spiele • Gratisver-losungen • Sonderak-tionen	• Veranstaltungen (z.B. Tag der offenen Tür, Ju-biläumsverkäu-fe, Messen, Märkte etc.	• Self-Liquidating-Offers

Abbildung 31: Absatzförderungsmaßnahmen im ApothekenEH

Quelle: adaptiert nach Meffert, 1998, S. 703.

Beispielhaft sollen im folgenden ausgewählte wettbewerbsrechtlich relevante Fragestellungen diskutiert werden, die im Bereich Werbung und Absatzförderung für Dienstleistungsangebote der Apotheken, der Preiswerbung für Produkte, der Werbung für das Apothekeneinzelhandelsunternehmen und der Durchführung von Sonderveranstaltungen, oder Zugaben und Rabatte dargestellt werden.

Werbung durch Kundenkarten

Kundenkarten haben sich als Werbemittel der Apotheken in den letzten Jahren zunehmend etabliert. Typische Serviceangebote im Rahmen der Kundenkarten, die im Einklang mit den Anforderungen des AMG, der Apothekenbetriebsordnung, des Wettbewerbsrechtes stehen müssen, sind in Apotheken die:

- Rabattgewährung,
- Befreiung von der Zuzahlung/Selbstbehalt,
- Erfassung der einzelnen Zuzahlungen/Selbstbehalte,
- Erfassung der Privatkäufe sowie das
- Angebot von Exklusivartikeln und speziellen Informationen und das
- Angebot von Lieferserviceleistungen, etc.

Insbesondere der letzte Aspekt des Lieferservices als werbendes Serviceelement wird in der Apothekerschaft kontrovers diskutiert. Die Landesapothekerkammern in Berlin, Bayern, Bremen, Niedersachsen, Nordrhein, Sachsen-Anhalt und Westfalen Lippe verbieten ihren Mitgliedern ausdrücklich die Werbung mit Lieferservice, da der Bundesverband der Apotheker sich regelmäßig für das in Österreich und Deutschland geltende Versandhandelsverbot einsetzt und somit auch in Sachen Glaubwürdigkeit eine Verantwortung übernimmt. Im begründeten Einzelfall ist der Versand eines Arzneimittels oder dessen Zustellung durch Boten im Versorgungsbereich der Apotheke erlaubt. Wettbewerbswidrig ist die potentielle Werbung eines Apothekers, wenn er mit kostenlosem Lieferservice wirbt, da die Kosten des Lieferservices notwendiger Bestandteil der Kalkulation ist und mit dem Kaufpreis beglichen wird. In diesem Fall würde es sich um eine irreführende Werbung (§ 3 UWG) handeln (vgl. Auerbach, 2000, S. 11ff).

Die gewährten Rabatte, die Inhaber einer Kundenkarte zu Teil werden, können nur bei nichtapothekenpflichtigen Waren gegeben werden. Bei Produkten, die der Arzneimittelpreisverordnung unterliegen, ist eine Rabattgewährung rechtlich nicht zulässig. § 2 Rabattgesetz fixiert, daß bei Barzahlung einer Ware ein Betrag von drei Prozent des regulären Abgabepreises an Rabattgewährung nicht überschritten werden darf. Kundenkarten dürfen darüber hinaus nicht nur ausgewählten Kundengruppen zur Verfügung gestellt werden, sondern der Erhalt einer Karte muß für alle Kunden problemlos möglich sein und darf auch nicht mit dem Ausfüllen komplizierter Antragsformulare verbunden sein (vgl. Schmitz, 2000b, S. 77f).

Werbung mit Sonderbezeichnungen

Apotheken stehen im Kernbereich ihrer Tätigkeiten nicht in einem Preis-, sondern in einem Leistungswettbewerb. Daher unterscheiden sich die nach außen gerichteten Werbeaussagen zum einen durch besondere Tätigkeitsschwerpunkte der Apotheke und zum anderen durch die Herausstellung einer besonderen Qualifikation des Apothekers oder seiner Mitarbeiter. Die Verwendung von Sonderbezeichnungen, wie „Diabetes-Apotheke“ oder „Apotheke für Astmaberatung“ sind aber unzulässig, wenn sie wie ein Namensbestandteil der Apotheke geführt werden. Anders liegt der Fall, wenn besondere Leistungen der Apotheke in beschreibender Weise dargestellt werden, wie „Ihre Apotheke für Impfberatung“ oder „Ihre Apotheke in allen Fragen der Ernährungsberatung“, diese zusätzlichen Serviceleistungen müssen aber jeweils sachlich begründet sein (vgl. Schmitz, 2000a, S. 30f).

Eine irreführende Werbung nach §§ 1 und 3 UWG liegt vor, wenn im Rahmen von Werbemaßnahmen dem Apothekennamen die Zusätze „Haus der Gesundheit“, „Gesundheitszentrum“, oder „Umwelt-Apotheke“ gegeben werden, weil dadurch eben der unzulässige Eindruck erweckt wird, daß diese Apotheken dem Konsumenten mehr bieten, als andere Apothekeneinzelhandelsunternehmen. Weiter sind die besonderen verschiedenen Zusätze im Rahmen der „Gesundheit“ irreführend, da Apotheken per se nach §1 Abs. 1 ApoG „eine im öffentlichen Interesse gebotene ordnungsgemäße Arzneimittelversorgung sicherzustellen haben“ und dieser Versorgungsauftrag für alle knapp 23.000 existierenden Apothekeneinzelhandelsunternehmen in Österreich und Deutschland gilt und somit keine Besonderheit darstellt und auch aus Konsumentensicht nicht darstellen darf (vgl. Mecking, 2000, S. 32ff).

Werbung mit Shop-in-shop-Konzepten

Shop-in-shop-Konzepte[75] erfreuen sich nicht nur in den anderen Einzelhandelsbetriebsformen zunehmender Beliebtheit, sondern sind auch ein Instrument, welches im Apothekeneinzelhandel zunehmend Beachtung findet. Aus den Regelungen der Apothekenbetriebsordnung ergibt sich, daß derartige Konzepte in Apotheken nur anwendbar sind, wenn es sich um eine Dienstleistung rund um das Arzneimittel oder die apothekenüblichen Waren gemäß § 25 Apothekenbetriebsordnung handelt, die mit der apothekerlichen Tätigkeit in Zusammenhang steht. Bedingung ist weiter, daß die angebotene Dienstleistung in der Offizin räumlich konzentriert ist und daher auch in einem einwandfreien hygienischem Zustand gehalten werden muß. Die Shop-in-shop Lösung muß eine räumliche Einheit mit der Apotheke bilden und darf nicht ein eigenes Unternehmensteil bilden. Erlaubt ist beispielsweise die Beschäftigung eines Kosmetikers oder Fußpflegers in einer Apotheke und die Bewerbung derselbigen. Die genannten Beispiele im Rahmen der Shop-in-shop-policy sind aber nur dann zulässig, wenn der Schwerpunkt der apothekerlichen Tätigkeit – die Beratung und die Abgabe des Arzneimittels – nicht in den Hintergrund tritt (vgl. Laut, 2000, S. 28f).

4.5 Fremd- und Mehrbesitz

4.5.1 Verbot von Fremd- und Mehrbesitz

Das Fremdbesitzverbot erlaubt einem Apotheker das Eigentum an nur einer Apotheke und nach dem Mehrbesitzverbot darf ein Apotheker nicht mehr als eine Apotheke besitzen. Laut ABDA ist diese Regelung eine der Grundsäulen einer ethischen Berufsausübung (Zumbusch, 1992, S. 262). Ziel dieser Verbote sind die Qualitätssiche-

[75] Im folgenden soll auf die Definition von Shop-in-shop-Konzepten nach Byszio zurückgegriffen werden, da diese auch die besonderen rechtlichen Bedingungen im Apothekeneinzelhandel implizit berücksichtigt. Er definiert Shop-in-Shop-Konzepte wie folgt: „die Angebotspräsentation (Waren und/oder Dienstleistungen) muß auf der innerbetrieblichen Verkaufsfläche des Warenhauses stattfinden und für den Kunden über diese zu erreichen sein" (Byszio, 1995, S. 10).

rung der Arzneimittelversorgung durch die Präsenz des Eigentümers und persönlich verantwortlichen Apothekers und die Vermeidung von oligopol- und monopolistischen Marktstrukturen.

Der Wormser Marketingprofessor Burkhard Strobel ist skeptisch, was den künftigen Status quo des Fremd- und Mehrbesitzes ausmacht:

> *Noch ist die Apothekenlandschaft durch Regelungen geprägt, die das Arzneimittel als eine besondere Ware und die Apotheke somit als eine besondere Form der Distribution unter bestimmte Schutzvorschriften stellt. Allerdings zeigen sich in letzter Zeit Tendenzen, die den Gesundheitsmarkt zunehmend an die Verhältnisse normaler Märkte anpassen (Strobel, 1999).*

Somit ist das Verbot von Fremd- und Mehrbesitz immer wieder Gegenstand von Diskussionen, wenn es um die Steigerung von Effizienz des Arzneimittelvertriebs geht. So forderte der deutsche Sachverständigenrat für die konzertierte Aktion im Gesundheitswesen in einem Sondergutachten 1995 mehr Wettbewerb im Gesundheitswesen und regte u.a., „eine behutsame Weiterentwicklung bestehender Strukturen bei der Arzneimitteldistribution" an. Vorgeschlagen wurde von dieser Seite „Sozietäten einer begrenzten Anzahl von Apotheken, die unter der Leitung und im Eigentum eines Apothekers stehen. Darüber hinaus sollten sich Apotheken an der Erprobung neuer integrierter Versorgungsformen beteiligen können" (Sachverständigenrat für die konzertierte Aktion im Gesundheitswesen 1995, S. 131). In diesem Zusammenhang der Vorstandsvorsitzende eines börsennotierten Pharmaproduzenten:

> *Es ist ausgesprochen unwahrscheinlich, daß für Arzneimittel auf alle Ewigkeit das festgefügte Distributionsschema (Hersteller – Großhandel – Apotheke) mit jeweils gesetzlich fixierten Margen und Substitutionsverbot auf allen Handelsstufen bestehen bleibt. Tatsache ist, daß wir heute ca. 40% der Ausgaben für Arzneimittel der gesetzlich Krankenkassen für die Distribution über Großhandel und Apotheken aufwenden. Es ist nur eine Frage der Zeit, bis sich hier Entscheidendes ändert (Schwarzhütte, 1996, S. 467).*

Der Bayreuther Gesundheitsökonom Peter Oberender nimmt zur zukünftigen Entwicklung des Apothekenwesens wie folgt Stellung:

> *Die Apothekenpreisbindung wird sich auf verschreibungspflichtige Arzneimittel reduzieren. Fremd- und Mehrbesitzverbote für Apotheken werden im Rahmen der EU-Intergration ausgehöhlt (Oberender, 1998).*

Der Gesundheitsökonom Prof. Graf von der Schulenburg von der Universität Hannover konstatiert in seiner Studie über die Zukunft des Arzneimittelmarktes zum Thema Mehr- und Fremdbesitzverbot:

> *So bestehen kaum Unstimmigkeiten darüber, daß das Fremd- und Mehrbesitzverbot für Apotheken fallen wird. Dies ergibt sich aus der schlechten betriebswirtschaftlichen Situation vieler Apotheken (Anmerkung des Verfassers: gemeint sind die deutschen Apotheken), die einen Zusammenschluß unausweichlich macht. Derartige Apothekenketten müssen nicht unbedingt von einem Apotheker geführt werden, sondern hier können auch Großhändler aktiv werden, wie der Kauf der Lloyds Apotheken in Großbritannien durch den Gehe-Konzern zeigt (Schulenburg/Wähling, 2000, S. 36).*

Der Bundesverband der Betriebskrankenkassen (BKK) und die allgemeinen Ortskrankenkassen (AOK) plädieren seit Jahren dafür, Versandapotheken zuzulassen. Dadurch erwarten diese ein jährliches Einsparpotential von bis zu 1. Mrd. € für den deutschen Gesundheitsmarkt und fordern daher radikal (vgl. Ahrens, 2001, S. 4):

> *Es wird höchste Zeit, daß sich die Apotheken dem freien Wettbewerb stellen – die strenge Marktabschottung ist überholt (Oschmann, 1997, S. 33).*

4.5.2 Erlaubnis von Fremd- und Mehrbesitz

Der nun bearbeitete Abschnitt ist eine logische Weiterentwicklung der im vorherigen diskutierten „Berufssäule der Apotheker" zum Thema Fremd- und Mehrbesitzverbot. Die natürliche Folge einer Genehmigung von Fremd- und Mehrbesitz ist das Aufkommen von Apothekenketten. Sollte es zur Aufhebung des Fremd- und Mehrbesitzverbotes in Österreich und Deutschland kommen, werden, wie bereits heute in den anderen EU-Staaten oder der Schweiz existent, Apothekenketten auch im deutschsprachigen Raum gegründet. Aufgrund der Apothekenketten in Großbritannien, Irland, Belgien, den Niederlanden und der Schweiz und der bisher nicht einheitlich geregelten EU-Richtlinien zum Thema pharmazeutischer Einzelhandel, wird daher das Thema Apothekenkette auch immer wieder in Österreich und Deutschland kontrovers diskutiert.

Im Rahmen des Benchmarking oder der Erfolgsforschung in bezug auf die Existenz von Apothekenketten ist Großbritannien für viele Vertreter der Kranken- und Sozialversicherungen ein „Best in class“ für die selbständigen Apotheker und deren Organisationen ein „worst in class“, abhängig vom jeweiligen Betrachter. Nirgendwo in Europa sind Apothekenketten so weit verbreitet, wie auf den britischen Inseln (Fremd- und Mehrbesitz sind dort erlaubt). Beinahe alle Apotheken haben sich in England zu Ketten zusammengeschlossen, wonach das Ausmaß der Unabhängigkeit unterschiedlich groß ist. Neben den Marktführern Boots und Llyods existieren dort eine ganze Anzahl von kleineren Apothekenketten.

	Anzahl	*Marktanteil*
Einzel- und kleine Kettenapotheken (< 20 Apotheken)	7.913	64 %
Mittlere Kettenapotheken (> 20 Apotheken)	1.356	11 %
Boots The Chemist	1.400	11 %
Llyods (Gehe)	1.225	10 %
Moss (UniChem)	549	4 %
Gesamt	12.443	100 %

Tabelle 28: Großbritannien – Apothekenanzahl und Marktanteile 1998

Quelle: adaptiert nach Gehe 1999, S. 46; Dawson, 2000, S. 69.

Die in Europa existierenden nationalen wie regionalen Apothekenketten werden zunehmend von den mittlerweile international tätigen Pharmagroßhändlern im Rahmen einer vertikal integrierten Vorwärtsstrategie übernommen. So hat der Marktführer in Europa, die GEHE[76] AG, die britische Apothekenkette Llyods mit ihren 1300 Apotheken und einem Marktanteil von 10 % übernommen.

Bemerkenswert an dieser Transaktion war die internationale Beteiligung eines deutschen Pharmagroßhändlers an der Übernahme einer führenden Apothekenkette in England. Die vertikal integrierte Vorwärtsstrategie hat in Großbritannien von seiten

[76] Die GEHE AG ist eine Tochter der Haniel-Gruppe, einem traditionsreichen Familienunternehmen in Duisburg, das u.a., 33 % des größten Handelskonzerns Europas, gemeint ist die Metro-Gruppe, besitzt. In den letzten sechs Jahren ist der Auslandsanteil am GEHE-Umsatz von 15 % auf 78 % gestiegen. 1997 machte der Stuttgarter Pharmhändler GEHE mit 23.800 Mitarbeitern einen Konzernumsatz von knapp 13 Mrd. €(vgl. GEHE, 1997, S. 1ff).

der Pharmagroßhändler eine lange Tradition. So besaß der britische Pharmagroßhändler AAH (vor der Übernahme durch GEHE) die Apothekenkette Hill. Die dritte große Kette Moss ist im Besitz des Pharmagroßhändlers UniChem, deren Konkurrenten Rowlands und Sangers besitzen die gleichnamigen Ketten Rowlands und Paydens. Darüber hinaus besitzen die Supermarktketten Tesco, Safeway und Asda jeweils zwischen 80 und 120 Apothekenfilialen (vgl. Vogler et al., 1998, S. 147ff).

Bei näherer Analyse der Apothekenketten in Großbritannien stellt man fest, daß diese bis zu 75 % ihres Umsatzes mit Nicht-Arzneimitteln machen (vgl. Schöffski, 1996, S. 261). Bei Boots steht beispielsweise nicht mehr die Apotheke im Vordergrund, sondern Boots hat sich in den letzten Jahren zu einem internationalen Drogeriemarkt-Filialisten entwickelt, bei dem der Apothekenbereich nur noch eines von drei Kernsortimenten repräsentiert. Durch diese Neupositionierung in Richtung der US-amerikanischen Drugstores, führt Boots heute neben den verschreibungspflichtigen Medikamenten ein umfassendes Gesundheits- und Kosmetik Sortiment, das durch ein straffes Convenience Sortiment (Süßwaren, Videos, CD´s, etc.) ergänzt wird (vgl. Dawson, 2000, S. 69).

Fallbeispiel Boots:

Boots erzielte 1999 mit 1400 Filialen, einer Verkaufsfläche von 560.000 qm, einen Umsatz von 750 Millionen € und einer Vorsteuer-Rendite von 12 % (vgl. Dawson, 2000, S. 69). Der Anteil der verkauften rezeptpflichtigen Medikamente betrug nur knapp 17 % des Umsatzes. Boots ist mittlerweile einer der bedeutendsten Einzelhändler Großbritanniens. Jeder dritte britische Konsument sucht mindestens einmal die Woche ein Boots-Outlet auf (vgl. Dawson, 2000, S. 69). Die Gruppe, zu der auch Halfords (Autozubehör und Reparatur), Do-It-All (Optiker), Photo- und Gesundheitszentren gehören, entstand 1877 aus einer Apotheke in Nottingham. Nachdem Boots anfänglich vor allem Filialen in den zentralen Innenstadtbereichen eröffnete, ist man nun bestrebt, die Vorstädte ausreichend mit Standorten zu penetrieren, um einen optimalen Versorgungsgrad und die Abdeckung des Marktes zu erreichen (vgl. Schnedlitz/Leder/Newzella, 1999, S. 121ff).

Bis zum Jahr 2004 will Boots knapp 2 Mrd. € in den Bau von 160 Apotheken-Supermärkten auf der grünen Wiese investieren, mit Artikeln aus den Sortimenten Unterhaltungselektronik, Haushaltswaren, Sportswear, Kosmetika, Medikamente, Heilmittel, Optik und Convenience Food, letzteres hat sich als großer Erfolg erwiesen und hat mittlerweile einen Umsatzanteil von 20 % zu verzeichnen. Dies geschieht als Reaktion auf die neuen Vorstöße des amerikanischen Handelsriesen Wal-Mart im britischen Einzelhandel, der den Apothekenketten das lukrative Geschäft mit dem Apothekenrandsortiment streitig machen will (vgl. Striegler, 1999).

Der Wettbewerb ist bereits intensiver geworden, das zeigte das letzte Geschäftsjahr 99/2000 bei Boots – nur eine Steigerung des Umsatzes von 1,8 %, eine Senkung der Gewinnspanne bei Arzneimittel- und Gesundheitsprodukten um 0,3 % und eine Senkung der Kundenanzahl um 2,5 % (vgl. Stiegler, 2000).

Trotzdem verfolgt Boots weiter eine internationale Expansionstrategie. Seit 1996 hat Boots mehr als 30 Filialen in der Republik Irland eröffnet. Der erste Boots-Markt auf dem europäischen Festland eröffnete im Juni 1997 in Rotterdam. Ein weiteres Engagement ist auch für Schweden geplant, sollte das staatliche Monopol für rezeptfreie Medikamente fallen. Boots hat sich bereits bestens auf dieses Engagement vorbereitet und hat bereits jetzt Verträge mit Schwedens größter Warenhauskette Ahlens abgeschlossen, die eine Einrichtung von Apothekenshops vorsieht. Weiter will Boots seine Expansion im asiatischen Raum fortsetzen, wo schon 1997 fünf Standorte in Thailand eröffnet wurden (vgl. Schnedlitz/Leder/Newzella, 1999, S. 189ff).

Im folgenden werden noch kurz die anderen europäischen Länder beschrieben, in denen Apothekenketten zu finden sind. Belgien, Irland, die Niederlande und die Schweiz weisen weniger restriktive staatliche Eingriffe in das Apothekenwesen auf, als dies im übrigen Europa der Fall ist.

Belgien

Mehr als 10 % der belgischen Apotheken sind Bestandteil von Apothekenketten, die fast vollständig den beiden großen politischen Parteien – den Christdemokraten und den Sozialisten – gehören. Das Ziel dieser Sozial- oder Kooperativapotheken ist es, weniger begünstigten Bevölkerungsschichten den Zugang zu Arzneimitteln zu erleichtern. Die Apotheken-Outlets der Ketten weisen durchschnittlich eine größere Verkaufsfläche auf, als die der öffentlichen Apotheken und vereinigen auf sich etwa 25 % des gesamten Arzneimittelumsatzes. Obwohl Belgien eine strenge Bedarfsplanung aufweist, breiten sich die Apothekenketten immer weiter aus. Dies liegt eben auch daran, daß aufgrund der Bedarfsplanung die Apothekendichte zwischen 2000 und 3000 Einwohnern pro Apotheke und Standort variiert und dies im europäischen Vergleich eine sehr niedrige Rate ist und infolgedessen der Wettbewerb zwischen den Apothekern groß ist (vgl. Schöffski, 1995, S. 256).

Zusätzlich ist Belgien das einzige Land in der EU, wo alle 300 Anstaltsapotheken des Landes als öffentliche Apotheken fungieren (vgl. Vogler et al., 1998, S. 339). Fremd- und Mehrbesitz ist in Belgien erlaubt, Eigentümer an Apotheken kann jede natürliche oder juristische Person sein (vgl. Vogler et al., 1998, S. 32ff). Versandhandel ist in Belgien nur für para-pharmazeutische Produkte (Heilmittel) erlaubt (vgl. Vogler et al., 1998, S. 349).

Irland

In Irland gibt es ca. 10 Apothekenketten, neben den zwei großen Apothekenketten Hayes und Cunningham hat Boots 1998 die Apothekenkette Connors übernommen und damit seine Marktposition, nach dem Einstieg in den irischen Markt 1996, ausgebaut (vgl. Schöffski, 1995, S. 255ff). Irland besitzt ein liberales Apothekenrecht: Fremd- und Mehrbesitz sind erlaubt, es herrscht quasi Niederlassungsfreiheit (notwendig ist ein Kontrakt zwischen Krankenversicherung und Apotheke), es existiert kein Apothekenvorbehalt (Apothekenbetriebe, SD-Ärzte und Anstaltsapotheken können Arzneimittel an den Letztverbraucher abgeben) und Eigentümer einer Apotheke kann jede natürliche oder juristische Person sein. Der Versandhandel ist jedoch 1996 verboten worden (vgl. Vogler et al., 1998, S. 166ff).

Niederlande

In den Niederlanden gibt es drei Apothekenketten: die Extraapotheek, die Kringapoteek und die Meditheek (vgl. Vogler et al., 1998, S. 217). Neben den Apothekenketten existieren bereits sehr gut etablierte Franchise Modelle, die von nahezu allen holländischen Pharmagroßhändlern betrieben werden. Die ca. 215 Franchise Apotheken werden von den Konsumenten als Kette angesehen. Sowohl der Lebensmitteleinzelhandel wie auch der pharmazeutische Großhandel sind in diesem Marktsegment aktiv (vgl. Schnedlitz/Leder/Newzella, 1999, S. 124).

Berechtigt zur Abgabe von Arzneimitteln sind neben den verschiedenen Betriebstypen der Apotheken auch die SD-Ärzte sowie die Drogerien, die ohne Einschränkungen OTC-Produkte vertreiben dürfen. Das Apothekenwesen der Niederlande gehört zu den wohl am wenigsten regulierten Systemen in Europa. Es herrscht sowohl Niederlassungsfreiheit, der Fremd- und Mehrbesitz ist erlaubt und die Niederlande sind das einzige Land in der EU, die den Versandhandel von Arzneimitteln ohne Einschränkung erlauben (vgl. Vogler et al., 1998, S. 219).

Schweiz

In der Schweiz sind 11 % aller Apotheken in Ketten organisiert (183 von 1.600) Diese erreichen einen gemeinsamen Marktanteil von 30 Prozent (vgl. Schnedlitz/Leder/Newzella, 1999, S. 124). Das schweizerische Apothekenrecht sieht eine Niederlassungsfreiheit für Apotheken vor und auch der Fremd- und Mehrbesitz bei Apotheken ist erlaubt – jede juristische oder natürliche Person kann Eigentümer einer Apotheke sein. Der schweizerische Marktführer im Pharmagroßhandel Galenica sowie verschiedene Krankenversicherungen treten als Eigentümer von Apotheken auf. Darüber hinaus betreibt seit 1997 die größte Krankenversicherung der Schweiz, Helsana, einen landesweiten Versandhandel mit Arzneimitteln (vgl. Vogler et al., 1998, S. 292ff).

5. Erfolgsfaktorenforschung im Apothekeneinzelhandel in Österreich

5. 1 Untersuchungsdesign

5.1.1 Untersuchungsziel

Ziel der Untersuchung ist es, erfolgreiche Apothekentypen zu identifizieren und ihre Betreibungskonzepte zu analysieren.

Um dieses Oberziel zu operationalisieren wurde im Rahmen einer nationalen Apothekerbefragung ein entsprechender Fragebogen entwickelt (siehe Kapitel 5.1.4) mit dem Zielinhalt eine aus Sicht des Handels erfolgende Situationsanalyse durchzuführen und damit ein hergehende Entwicklungstendenzen im Arzneimitteleinzelhandel aufzuzeigen. Die Situationsanalyse ist auch daher von besonderer Wichtigkeit, da es die erste wissenschaftliche Arbeit über Apotheken in Österreich seit 1955 ist und es von daher erforderlich ist, erst einmal den Status Quo und die erforderlichen Grundlagen des bis dato vernachlässigten Forschungsfeldes des „Apothekeneinzelhandel" zu erfragen. Zum anderen ist es das Ziel der empirischen Befragung Erfolgsfaktoren abzuleiten, indem untersucht wird, was erfolgreiche (umsatzstarke) Apotheken anders machen als weniger erfolgreiche Apotheken. Aus diesem Grunde werden alle Apotheken in der vorliegenden Untersuchung in drei Umsatzklassen eingeteilt. Apotheken der Umsatzklasse I (U I) erzielen einen jährlichen Verkaufserlös von bis zu 1.1 Mio. €, Apotheken der Umsatzklasse II (U II) weisen Umsatzahlen zwischen 1.1 und 1.8 Mio. € aus und als UIII-Apotheken werden, die Betriebe eingestuft, die mehr als 1.8 Mio. € im Jahr umsetzen. Die Einteilung der Apotheken in diese Umsatzklassen geht konform mit der Klassifizierung der Apotheken im jährlichen Betriebsvergleich, der vom österreichischen Apothekerverband durchgeführt wird.

Die Struktur des Fragebogens orientierte sich nach den Instrumenten des Handelsmarketing, die sowohl den Rahmen für die Gliederung des Fragebogens als auch für den weiteren Verlauf der Untersuchung vorgegeben hat. Im Mittelpunkt des Interesses standen im einzelnen die folgenden Gliederungsebenen:

• Standortpolitik,	• Servicepolitik,
• Personalpolitik,	• Offizingestaltung und Warenpräsentation
• Sortimentspolitik,	• Werbung und Verkaufsförderung.

5.1.2 Methodischer Steckbrief

Die Untersuchung zur Erfolgsfaktorenforschung im Arzneimitteleinzelhandel richtete sich an den gesamten österreichischen Arzneimitteleinzelhandel - 1085 Apothekenbetriebe, die als selbständige Kleinbetriebe trotz tiefgreifender staatlicher Eingriffe dem Einzelhandel bzw. dem Facheinzelhandel zuzurechnen sind. Als Untersuchungsvariante entschied sich der Verfasser für die Form der schriftlichen Befragung, da diese sich besonders für die Befragung homogener Gruppen eignet (vgl. Bortz/Döring, 1995, S. 231). Der Fragebogen war direkt an den Apothekenleiter bzw. an den Konzessionsinhaber der Apotheke adressiert und konnte aufgrund der Komplexität auch nur von diesem beantwortet werden.

Erhebungsform	*Schriftliche Befragung*
Grundgesamtheit	1085 Fragebogen, gesandt an alle 1085 Apotheken in Österreich
Befragte Personen	Leiter, Konzessionsinhaber oder Pächter der jeweiligen Apotheke
Erhebungsinstrument	Standardisierter Fragebogen mit geschlossenen Antwortkategorien
Befragungszeitpunkt	Aussendung der Fragebögen am 23.02.2001
Anzahl der antwortenden Apotheker	Rücksendung von 288 Fragebögen
Rücklaufquote	26,5 %
EDV- Auswertung	Anwendung von uni- und bivariaten Analyse Methoden mit Hilfe von SPSS for Windows 10.0[77]

Tabelle 29: Apothekerbefragung 2001 - Methodischer Steckbrief

Quelle: eigene Angaben

[77] Anmerkung: Nähere Informationen zu den Auswertungsmethoden und Prüftests werden in Kapitel 5.1.5 gegeben.

5.1.3 Rücklaufanalyse

Die derartig hohe Rücklaufquote von fast 27 % wurde weder vom Verfasser selbst, noch vom Institut für Handel und Marketing der WU-Wien, als auch vom österreichischen Apothekerverband erwartet. Im Vorfeld der Befragung wurden von seiten der erwähnten Institutionen immer wieder Rücklauf Schätzungen in Höhe von ca. 10-12 % abgegeben. Desto erstaunlicher war dann das Ergebnis von 26.5 %, welches ohne Nachfassaktion erreicht worden ist, und in seiner Höhe als repräsentativ eingestuft werden kann. Der verhältnismäßige hohe Fragebogenrücklauf hängt auch damit zusammen, daß der Adressat Apotheker, als Akademiker und Unternehmer einer homogenen Gruppe angehört für die der Umgang mit schriftlichen Texten nichts Ungewöhnliches ist (vgl. Bortz/Döring, 1995, S. 235). Insgesamt wurden 288 Fragebögen an den Verfasser zurückgesendet - der letzte beantwortete Fragebogen traf Mitte Mai 2001 ein und wurde auch in der Auswertung berücksichtigt. Am ersten Tag trafen 11 Fragebögen ein, am zweiten Tag wurde der Spitzenwert von 70 Antwortbögen erreicht und bis zum 10. Tag sind 75 % der insgesamt 288 beantworteten Fragebögen eingetroffen. Eine Übersicht über den genauen Verlauf der Rücklauf ergänzt um die Trendlinie liefert die folgende Abbildung.

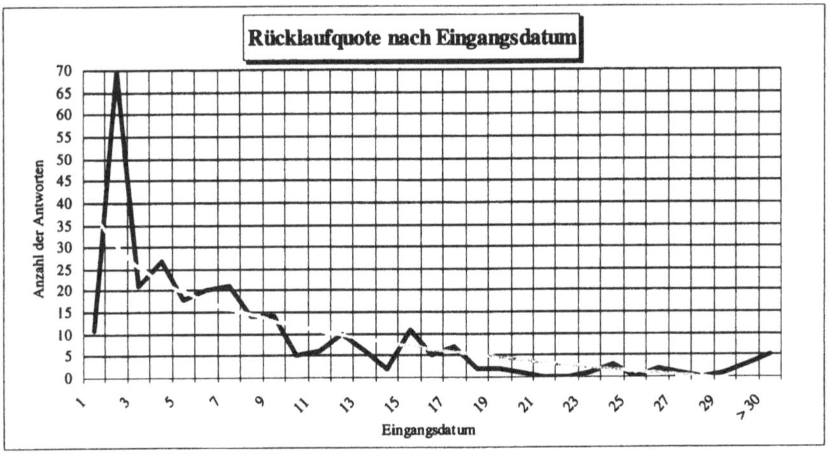

Abbildung 32: Apothekerbefragung 2001 - Rücklaufquote nach Eingangsdatum

Quelle: Eigene Erhebungen.

Circa jede vierte Apotheke der Grundgesamtheit in Österreich - mehr als jede dritte Apotheke in Vorarlberg und Oberösterreich - hat sich an der Befragung beteiligt. Da es sich bei der vorliegenden Untersuchung um eine nationale Befragung aller Apothekenbetriebe in Österreich handelt, ist es auch für spätere Analysen interessant die Rücklaufquote nicht auf Österreich als ganzes zu beziehen, sondern nach ihrer geographischen Herkunft zu strukturieren. Infolgedessen wird daher analysiert welche Fragebögen (Apotheken in Abhängigkeit vom Umsatz) in welchem Umfang (absolute und relative Anzahl der Apotheken) aus welchen Bundesländern eingegangen sind. Nachstehend soll dargelegt werden, wie sich die Verteilung der zurückgesendeten Fragebögen aus den Bundesländern - in Prozent der Grundgesamtheit und in absoluten Zahlen - zusammensetzt.

	Anzahl der öffentlichen Apotheken 2001	*RQ absolut*	*RQ in Prozent*
Wien (WIEN)	275	62	22,5%
Niederösterreich (NÖ)	186	43	23,1%
Steiermark (STMK)	158	46	29,1%
Oberösterreich (OÖ)	152	54	35,5%
Tirol (TIR)	100	23	23,0%
Salzburg (SLBG)	66	18	27,3%
Kärnten (KTN)	73	17	23,3%
Vorarlberg (VLBG)	44	17	38,6%
Burgenland (BGLD)	32	8	25,0%

Tabelle 30: Apothekerbefragung 2001 - Rücklaufquote aus den Bundesländern in Prozent

Quelle: adaptiert nach Traxler/Koessler, 2000, S. 7 und eigene Darstellung

Absolut in Zahlen gemessen kommen die meisten eingegangenen Antworten (62) aus Wien, Wien stellt aber in Prozentzahlen (22,5%) bezogen auf die RQ das Schlußlicht im Bundesländervergleich dar. In absoluten Zahlen folgen die Länder Oberösterreich (54), Steiermark (46), Niederösterreich (43) und dann die anderen. Besonders bemerkenswert ist das Ergebnis aus Oberösterreich - hier sind sowohl die absoluten Zahlen als auch die Prozentangaben (35,5%) überzeugend. Prozentual gesehen kam die höchste Rücklaufquote aus Vorarlberg, wo sich knapp 40 % der Apotheken an der vorliegenden Untersuchung beteiligt haben. Im Rahmen der Rücklaufanalyse soll auch dieser Aspekt entsprechend berücksichtigt werden, indem demonstriert wird, wie die Umsatzstruktur der Apotheken in den verschiedene Bundesländern ist.

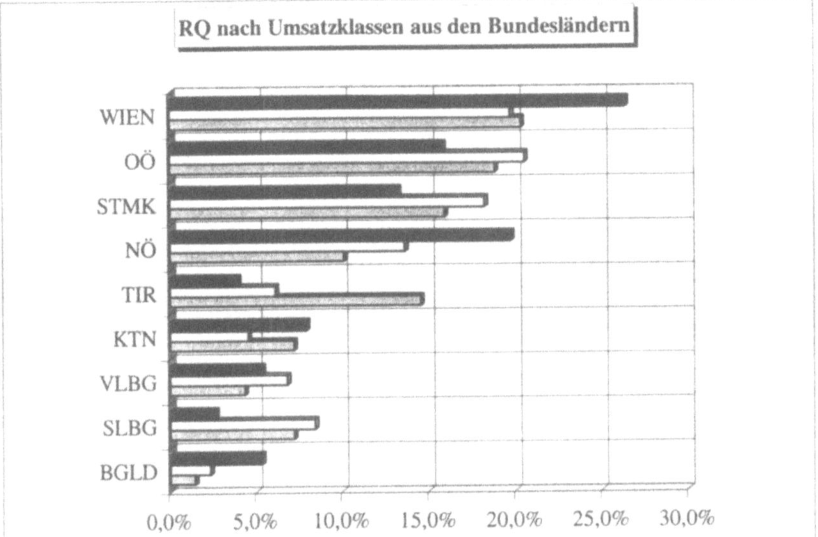

	BGLD	SLBG	VLBG	KTN	TIR	NÖ	STMK	OÖ	WIEN
■ U.> 1.8 Mio.€	5,3%	2,6%	5,3%	7,9%	3,9%	19,7%	13,2%	15,8%	26,3%
□ U.< 1.8 Mio.€	2,3%	8,4%	6,8%	4,5%	6,1%	13,6%	18,2%	20,5%	19,7%
□ U.< 1.1 Mio.€	1,4%	7,2%	4,3%	7,2%	14,5%	10,1%	15,9%	18,8%	20,3%

Abbildung 33: Apothekerbefragung 2001 - RQ nach Umsatzklassen aus den Bundesländern

Quelle: Eigene Darstellung

Die meisten erfolgreichen (umsatzstarken) Apotheken liegen in der Bundeshauptstadt Wien. Jede vierte UIII-Apotheke mit einem jährlichen Verkaufserlös von mehr als 1.8 Mio. € ist in Wien - jede fünfte in Niederösterreich - lokalisiert. Es folgen die Länder Oberösterreich und die Steiermark. In alle anderen Ländern liegt laut Umfrageergebnis der Anteil von erfolgreichen Apotheken unter 10%. Die mögliche Erklärung für diesen Umstand wird in den folgenden Kapiteln, insbesondere in den Abschnitten 5.2 und 5.3 gegeben. Es muß aber hier vorweggenommen werden, daß die Hälfte alle erfolgreichen UIII-Apotheken in den Städten liegen. Das beste Beispiel in dem vorliegenden Datensatz liefert das Bundesland Steiermark: Dort gibt es insgesamt 10 Apotheken, die mehr als 1.8 Mio. €umsetzen und alle Apotheken haben ihren Standort in der zweit größten Stadt Österreichs, Graz. Die Bundesländer, die eine Großstadt (Bsp. Wien) oder mehrere mittel große Städte (Bsp. NÖ: St. Pölten, Wiener Neustadt, Baden, Klosterneuburg, Krems, Mödling und Schwechat) mit hohen Einwohnerzahlen aufweisen, besitzen einen größeren Anteil an Apotheken, die mehr als 1.8 Mio. €im Jahr umsetzen.

Die Repräsentativität der Befragung muß im Rahmen einer wissenschaftlichen Arbeit durch geeignete statistische Verfahren überprüft werden. Die Fragebögen wurden an die Grundgesamtheit aller österreichischen Apotheker gesendet und 26,6 % der angeschriebenen Pharmazeuten haben geantwortet. Die Rücklaufquote aus den jeweiligen Bundesländer betrug im Kern zwischen 22,5 und 29,1 % und darf damit auf Bundesländerebene als repräsentativ gelten. Die Nullhypothese lautet im vorliegenden Fall, daß sich die Stichprobe und die Grundgesamtheit statistisch nicht unterscheiden. Es wird von einem 5%igen Signifikanzniveau ausgegangen. Die Überschreitungswahrscheinlichkeit ist kleiner als das Signifikanzniveau (Grenzwahrscheinlichkeit) dadurch wird die Nullhypothese abgelehnt und es liegt im vorliegenden Fall ein signifikantes Ergebnis vor. Weiter wurde in der obigen Abbildung die Rücklaufquote zusätzlich noch nach den Umsatzklassen aus den Bundesländern ("RQ nach Umsatzklassen aus den Bundesländern") exemplarisch dargestellt. In diesem Fall wird die Null-Hypothese bestätigt und das Untersuchungsergebnis ist zufällig bzw. nicht signifikant.

5.1.4 Struktur des Fragebogen

Der Fragebogen besteht aus 5 DIN A4 Seiten, mit insgesamt 37 Hauptfragestellungen, wobei vier von diesen Fragen zur Person des Apothekers gestellt werden. Damit umfaßt der Bogen insgesamt 175 Variablen bzw. bis zu 175 verschiedene Antwortmöglichkeiten, die vom Bearbeiter angegeben oder ausgefüllt werden können.

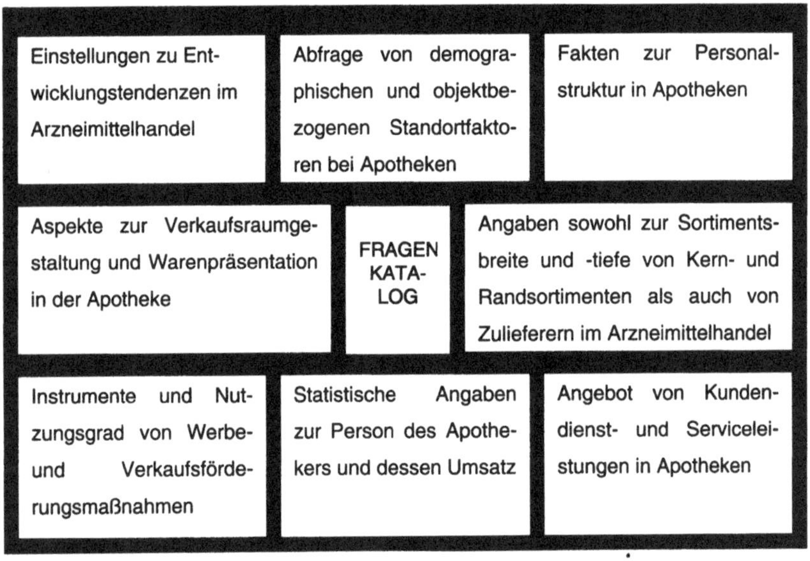

Abbildung 33: Apothekerbefragung 2001 - Struktur des Fragenkatalogs
Quelle: Eigene Angaben.

Nachstehend wird Bedeutung und Inhalt der einzelnen Strukturelemente des Fragebogens kurz zusammengefaßt und dargestellt.

1. **Entwicklungstendenzen - 1 Frage: Einstellungen zur Entwicklungstendenzen im Arzneimittelhandel**

Dieser Fragenkomplex dient als sogenannter "Eisbrecher". Die Fragen befassen sich mit Themen der Zukunft, die zum einen den Apothekenbetrieb und zum anderen das heute bestehende Apothekensystem betreffen.

2. Standortpolitik - 8 Fragen: Abfrage von demographischen und objektbezogenen Standortfaktoren bei Apotheken

Wie auch im sonstigen Einzelhandel ist der Standort der Erfolgsfaktor im Arzneimitteleinzelhandel. Das Apothekengeschäft ist ein lokales Geschäft. Die Apothekenlage, die Apothekengestaltung, die Apothekengröße und das demographische Umfeld einer Apotheke sind die wesentlichen Standortfaktoren im phamazeutischen Einzelhandel mit dem sich der zweite große Fragenblock beschäftigt.

3. Personalpolitik - 4 Fragen: Fakten zur Personalstruktur in Apotheken

Auch die Personalpolitik gilt als ein Erfolgsfaktor im Einzelhandel. Nirgendwo im Einzelhandel ist der Anteil an Akademikern pro Betriebsstätte so hoch wie im Arzneimitteleinzelhandel. Im Teilbereich der Personalpolitik geht es darum jede einzelne Apotheke umfassend nach der Anzahl der Mitarbeiter insgesamt (Teilzeit- und Vollzeit), der Anzahl der pharmazeutischen Fach- und Hilfskräfte detailliert zu untersuchen.

4. Sortimentspolitik - 7 Fragen: Angaben sowohl zur Sortimentsbreite und -tiefe von Kern-, Rand- und Zusatzsortiment als auch von Zulieferern im Arzneimittelhandel

Beim Großteil des Sortiments unterliegt der Apotheker dem Verschreibungsverhalten der Ärzte und der gesetzlichen Preisbindung. Der Apotheker wurde ersucht sein Kernsortiment mit den entsprechenden Umsatzanteilen zu versehen und Prognosen für die künftige Entwicklung derselben anzugeben. Eingeschränkt unternehmerisch aktiv kann der leitende Pharmazeut nur bei der Rabattpolitik seiner Zulieferer sein, deren Untersuchung allein 4 der 7 Fragestellungen einnimmt. Als freier Unternehmer agiert der Apotheker nur bei der Zusammenstellung des Randsortimentes, die zur Profilierung des Apothekenbetriebs beiträgt.

5. Servicepolitik - 2 Fragen: Angebot von Kundendienst- und Serviceleistungen in Apotheken

Seit Jahren hält der Convenience Gedanke verbunden mit der zunehmenden Dienstleistung im Einzelhandel Einzug. Traditionell zeichnet sich der Apotheker durch persönliche Beratung, Kompetenz und Qualität aus, diese wird im Rahmen der Befragung quantitativ in der Anzahl von Minuten erhoben. Der Ausbau der Service und Kundenorientierung hat maßgeblichen Einfluß auf den Erfolg von Apotheken und daher werden diesbezüglich 18 verschiedene Bereiche der Kundendienstleistungen abgefragt.

6. Offizingestaltung und Warenpräsentation - 3 Fragen: Aspekte zur Verkaufsraumgestaltung und Warenpräsentation in der Apotheke

Nach wie vor kauft der Kunde mit den Augen. Cross Selling Potentiale werden erfolgreich nur bei übersichtlicher, einladender und zugänglicher Warenpräsentation erwirkt. Persönliche und vertrauensvolle Apotheker-Kunden-Beziehungen werden aber nur in einer entsprechenden Verkaufsraumgestaltung generiert. In diesem Zusammenhang werden 8 verschiedene Prinzipien der Verkaufsraumgestaltung und ihre Anwendung in der jeweiligen Offizin abgeglichen. Des weiteren detailliert die Frequenz der Schaufenster- und Displaydekoration analysiert.

7. Werbung und Verkaufsförderung - 6 Fragen: Instrumente und Nutzungsgrad von Werbe- und Verkaufsförderungsmaßnahmen

Klassische Verkaufsförderungsmaßnahmen sind im Apothekeneinzelhandel rechtlich kaum durchführbar. Daher ist die Durchführung von imageorientierten Aktionen von Apothekern im Rahmen der Öffentlichkeitsarbeit, als flankierende Maßnahme zur Werbung ein Erfolgsfaktor. Im Einzelnen werden die Ausgaben für Werbung in Prozent vom Umsatz erhoben und die Intensität der Nutzung von Verkaufsförderungsinstrumenten und der Zielgruppenwerbung erfragt. Weitere Fragestellungen beziehen sich auf die Frequenz des Einsatzes von Druckschriften und Image orientierten Verkaufsförderungsmaßnahmen sowie der Anzahl der ausgegebenen Kundenkarten zum Zwecke der Werbung.

8. Statistische Angaben - 5 Fragen - Zur Person des Apothekers und dessen Umsatz

Die statistischen Angaben beziehen sich auf die Funktion des Apothekers (Pächter, Eigentümer, angestellter Leiter), auf das Geschlecht, das Lebensalter und die Anzahl der Berufsjahre, seit der Approbation zum Apotheker. Und am Ende wird dann noch die entscheidende Frage nach dem jährlichen Umsatz der Apotheke gestellt.

5.1.5 Datenauswertung

Kummuliert wurden 1440 Seiten der 288 zurück gesendeten Fragebögen - eine Matrix von 50.575 verschiedenen Daten - in das SPSS Programm eingegeben und ausgewertet. 70 % der 175 Variablen bzw. Merkmalsausprägungen sind nominal, 18 % metrisch und 21 % ordinal skaliert. Im Vorfeld der Untersuchungen wurden für alle Variablen Korrelations- und Kontingenztabellen aufgestellt, um mögliche Zusammenhänge zwischen den Variablen aufzudecken.

Im ersten Teil der vorliegenden empirischen Untersuchung wird mit deskriptiven statistischen Methoden gearbeitet, in dem nach der Systematik der Instrumente des Handelsmarketing einer Apotheke vorgegangen wird. Inhaltlich erfolgt dies durch die Bildung des arithmetischen Mittels, indem durchschnittliche ausgewählte Kennzahlen zur Standortpolitik, zur Personalpolitik und zu den Transaktionspartnern der verschiedenen Apothekenumsatzklassen berechnet werden. Weiter wird induktiv vorgegangen, da implizit immer wieder Rückschlüsse auf die Grundgesamtheit angestrebt werden. Mithilfe univariater und bivariater Analyse Methoden werden dann im weiteren Verlauf der Arbeit beispielsweise Mittelwertvergleichsrechnungen zwischen Stadt- und Landapotheken durchgeführt. Daran anschließend werden in den folgenden Kapiteln Unterschiede, unter Anwendung von klassifizierten Häufigkeitsverteilungen und Kreuztabellen, zwischen den Apothekentypen der Umsatzklassen I-III in den Bereichen Standort (Kap. 5.3), Personal (Kap. 5.4), Sortiment (Kap. 5.5), Service (Kap. 5.6), Verkaufsraumgestaltung, Warenpräsentation (Kap. 5.7), Werbung und Verkaufsförderung (Kap. 5.8) identifiziert, interpretiert und analysiert. Der Großteil der erhaltenen Antworten und Einstellungen der Apotheker zu den Instrumenten des

Handelsmarketings muß empirisch (hier: mit SPSS) in Form von Hypothesen (sie werden von den Statistikern Nullhypothesen genannt) überprüft werden. Es geht grundsätzlich um die Frage, inwieweit man die erhaltenen Antworten auf die Gesamtheit aller niedergelassenen Apotheker, hochrechnen kann. Das statistische Verfahren mit welchem man eine solche Untersuchung durchführen kann, ist der Chi^2-Test[77](vgl. Voß, 2000, S. 118f; Schöffski, 1995, S. 214ff). Ein geeigneter Signifikanztest zur Prüfung der Gleichverteilungsannahme nominaler Merkmalsausprägungen ist der Chi-Quadrat-Anpassungstest (Eckstein, 1999, S. 74). In der vorliegenden Arbeit wird aber auch immer wieder mit Mittelwerten gearbeitet, insbesondere wenn es um den Vergleich der verschiedenen UI-III Apothekentypen geht. In diesen Fällen wird via Nullhypothese geprüft, ob die auftauchenden Mittelwertunterschiede nur zufällig sind bzw., ob die Grundgesamtheiten den gleichen Mittelwert aufweisen. Diese Mittelwertdifferenztests werden mit Hilfe eines T-Tests (bei zwei Stichproben) oder mit der Varianzanalyse (bei mehr als zwei Stichproben) durchgeführt (vgl. Voß, 2000, S. 187; S. 192). Es wird von einem 5%igen Signifikanzniveau ausgegangen. Ist die Überschreitungswahrscheinlichkeit kleiner als das Signifikanzniveau (Grenzwahrscheinlichkeit) wird die Nullhypothese abgelehnt und es liegt ein signifikantes Ergebnis vor (vgl. Bortz/Döring, 1995, S. 463). Entscheidend ist deshalb immer der Wahrscheinlichkeitswert, der von SPSS unter dem Begriff "Signifikanz" ausgewiesen wird (Voß, 2000, S. 121).

Vor der eigentlichen Feinanalyse der Instrumente des Apothekenhandelsmarketing werden in Kapitel 5.2 künftige Entwicklungen und Trends im Arzneimittelhandel und deren Bewertung hinsichtlich Relevanz durch die befragten Apotheker dargelegt. Diese Bewertungen sollen die Auswahl, die in den bisher im Rahmen der Situationsanalyse bearbeiteten Ausführungen und im Rahmen der anstehenden empirischen Untersuchung abgefragten Themen bestätigen und ihre Wichtigkeit unterstreichen.

[78] Anmerkung: Es geht dabei um die Frage, ob sich eine empirisch beobachtete Häufigkeitsverteilung, die aus einer Zufallsstichprobe stammt, mit hinreichender Güte an eine theoretische Verteilung anpassen läßt oder um die Prüfung einer Hypothese über den (Nicht-) Zusammenhang zweier Merkmale (Voß, 2000, S. 197; Gabler, 1995, S. 663).

5.2 Entwicklungstendenzen im Arzneimittelhandel

Die empirische Untersuchung wurde mit einem sogenannten "Eisbrecherfragenkomplex" eingeleitet. In diesen Fragestellungen wurden dem einzelnen Apotheker neun Trendthemen präsentiert, die der jeweilige Pharmazeut hinsichtlich zukünftiger Relevanz mit Hilfe der Schulnotenskala bewerten sollte. Mit diesem Teil des Fragebogens wurde u.a. eine der Forschungsfragestellungen der vorliegenden Arbeit explizit Rechnung getragen, wo es darum geht zukünftige Entwicklungen und Trends im Arzneimittelhandel aufzuzeigen, die im gesamten Verlauf der Arbeit immer wieder diskutiert werden. Zum zweiten sollte dem Leser auch gezeigt werden, daß die im Laufe der Arbeit vom Verfasser immer wieder angesprochenen Trends und Entwicklungen nicht nur einseitig vom Verfasser vorgegeben sind, sondern auch von einer breiten Apothekerschaft getragen und bewertet worden sind. Aus diesen Gründen heraus wurde auch das Interview mit dem Präsidenten der Apothekerkammer geführt, der mit dem Verfasser die "Zukunftsthemen" des Arzneimittelhandels diskutierte und deren Ergebnisse dem Leser im Schlußkapitel 6.1 präsentiert werden. Ähnliche Fragestellungen über Entwicklungstendenzen im Arzneimittelbereich wurden bereits in einem Auftragsgutachten für den österreichischen pharmazeutischen Großhandelsverband (ARGE Pharmazeutika) in Form einer Face-to-Face Befragung bei Apothekern, gestellt (vgl. Schnedlitz/Leder/Newzella, 1999, S. 137ff). Diesbezügliche Ergebnisse werden vergleichend zu den Ergebnissen der vorliegenden Untersuchung nachfolgend angeführt.

Zunächst soll aber die Auswahl der Themenfelder kurz erläutert und damit implizit die Auswahl und Relevanz der einzelnen Themen transparent gemacht werden.

Neue Sortimente

Das Kernsortiment der Apotheken bilden heute zu 70 % verschreibungspflichtige Arzneimittel. Zur Generierung eines USP ist der Aufbau von neuen Sortimentsteilen ein Erfolgsfaktor, der das Cross Selling Potential zusätzlich erhöhen kann. Die Sortimentsteile Wellness und Kosmetik zählen heute zu den Category drivern im Apothekeneinzelhandel. Näheres dazu in den Kapiteln 4.4.4 und 5.5.

Übernahme zusätzlicher Dienstleistungs- und Servicefunktionen

Wie auch in den anderen Bereichen der Handelslandschaft hält auch im Apothekeneinzelhandel der "Convenience Gedanke" Einzug. Apotheken bieten heute aufgrund rechtlicher Reglementierungen ein standardisiertes Sortiment an. Zusätzliche Serviceleistungen in Apotheken können zur Kundenzufriedenheit und damit zur Einkaufsstättentreue (Kundenbindung) führen. Letzteres beeinflußt positiv den Aufbau eines USP. Näheres dazu in den Kapiteln 4.4.5 und 5.6.

Verkaufsraumgestaltung und Warenpräsentation

Apotheken sind Nahversorger und ihr wirtschaftlicher Erfolg ist abhängig von den jeweiligen demografischen Gegebenheiten im lokalen Umfeld. Infolge rigider rechtlicher Einschränkungen in der Werbepolitik bleibt dem Apotheker im wesentlichen die Schaufenster- und Displaygestaltung nach außen sowie die attraktive Innengestaltung des Verkaufsraumes nach innen als absatzförderndes Marketinginstrument. Investitionen in diesen Bereich fördern wiederum Kundenbindung, Einkaufsstättentreue und damit den Aufbau eines USP in einer Apotheke. Näheres dazu in den Kapiteln 4.4.3 und 5.7.

Liberalisierung der Werbepolitik

Vom Apotheker wird zunehmend eine Unternehmens- oder Kaufmannsorientiertes Verhalten gefordert. Preise und Margen sind fixiert. Die Werbepolitik ist stark eingeschränkt. In diesem Bereich der Unternehmenspolitik sind in absehbarer Zeit jedoch am ehesten Lockerungen (gerade im OTC-Bereich) zu erwarten. Näheres dazu in Kapitel 4.4.5.

Generika

In allen Gesundheitssystemen ist von "Kostenexpansionen" die Rede. Generika (wirkstoffgleiche oder -ähnliche preiswerte Nachahmerpräparate von Originalprodukten, deren Patent abgelaufen ist) tragen wesentlich zur Kostendämpfung im Arzneimittelbereich bei. In Deutschland ist bereits jede zweite verkaufte Packung, die eines Generikums (vgl. Newzella, 1996, S. 2ff).

Aufhebung des Substitutionsverbotes

Der Apotheker hat durch seine Ausbildung und durch seine operative Tätigkeit in seinem Beruf einen umfassenden Überblick über die Wirkstoffzusammensetzungen und

Wechselwirkungsmöglichkeiten der AM im Markt. Bis heute ist es dem Pharmazeuten in Österreich und bis vor kurzem auch in Deutschland[79] untersagt die Rezeptvorgaben des Arztes zu verändern, obwohl dies immer wieder aktiv diskutiert wird. Die Substitution sieht vor, daß es dem Apotheker erlaubt ist, das verordnete Produkt des Arztes durch ein wirkstoffgleiches (u.U. preiswerteres) Produkt zu ersetzen.

Konzessionssystem

Neben der Festsetzung von Preisen, Margen und Produkten und der Reglementierung im Bereich der Werbepolitik unterliegt auch die Standortpolitik von Apotheken in Österreich einer strengen Bedarfsplanung. Eine Niederlassungsfreiheit für Apotheken, wie sie in Deutschland seit 1958 gilt, ist immer wieder ein Thema im Arzneimittelhandel. Näheres dazu in Kapitel 4.2.3.

Fremd- und Mehrbesitz

Dies ist eine der vier Säulen im Apothekenwesen. Ein Apotheker darf nur eine Apotheke besitzen (Ausnahme: Filialapotheken). Die Einhaltung dieses gesetzlichen Prinzips hat bisher Apothekenketten in Österreich und Deutschland verhindert. Im Rahmen der EU-Harmonisierung und des Druckes der Krankenversicherungen könnte diese Maxime trotzdem in Zukunft aufgeweicht werden. Näheres dazu in Kapitel 4.5.1.

Versandhandel (Internethandel)

Noch bis Mitte der 90er Jahre waren Versandapotheken, wie sie in den USA bestehen, in der EU undenkbar. Doch mit der Gründung von EMS 1995 in Großbritannien und von DocMorris.com 2000 in den Niederlanden wurden Versandapotheken reale Wirklichkeit, da sie EU-weit Arzneimittel auf Bestellung (E-commerce) in alle Mitgliedsländer verschicken. Seitdem werden "Versandapotheken" immer wieder von Seiten der Krankenkassen und der Politik aufgrund von Kosteneinsparungen bei der Distribution von Arzneimitteln aktiv diskutiert. Näheres dazu in Kapitel 4.5.2. Betrachtet werden gemäß dem "Filterprinzip" zuerst die Einstellungen aller fast 300 Apotheker, die sich an der Untersuchung beteiligt haben. Anschließend erfolgt dann

[79] Anmerkung: Mit dem 1. April 2002 tritt das Arzneimittelausgaben-Begrenzungsgesetz (AABG) in Kraft. Für die deutschen Apotheker heißt dies, daß das bisherige Ausnahme-Regel-Verhältnis formal umgekehrt werden soll: Der Arzt muß dem Apotheker aktiv untersagen (Kreuz auf dem Rezept), wenn er sicherstellen will, daß sein Patient genau das AM erhalten soll, daß verordnet worden ist.

eine Differenzierung zwischen den drei Umsatzsegmenten UI-III, in die Apotheken, in der vorliegenden Untersuchung, eingeteilt wurden. Die große Überraschung des Fragenkomplexes "Zukunftsthemen im Apothekenbereich" ist die klare Festlegung der Apotheker im Bereich der "Verkaufsraum bzw. Offizingestaltung": 62 % der Apotheker gaben diesem Thema bezüglich der künftigen Relevanz für den Apothekenbereich die Note 1 und weitere 29 % der Befragten die Note 2, d.h. über 90 % der befragten Pharmazeuten halten die "Verkaufsraumgestaltung und Warenpräsentation" für ein wichtiges Thema in der Zukunft.

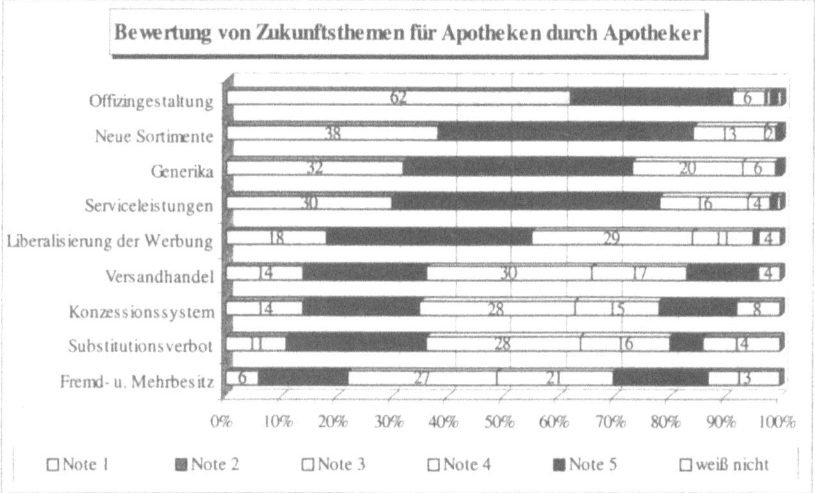

Abbildung 34: Apothekerbefragung 2001 - Einstellungen der Apotheker zu Zukunftsthemen

Quelle: Eigene Darstellung.

An Platz zwei folgt das Thema "Neue Sortimente": Hier sind es 38 %, die diesem Thema die Note 1 und 46 % die Note 2 zuweisen. Deutlich über 70 % der Apotheker halten auch "Generika" für ein wichtiges Thema in der Zukunft. Damit hat sich dieser Themenbereich noch vor den Komplex der "Übernahme zusätzlicher Service- und Dienstleistungen" und der "Liberalisierung der Werbepolitik" geschoben. Die Themen zum Apothekensystem, wie "Versandhandel", "Konzessionssystem", Substitutionsverbot" und "Fremd- und Mehrbesitzverbot" wurden gemäß ihrer Wichtigkeit verhältnismäßig schlechter bewertet[78]. Die Apotheker haben somit die Themen für wichtiger eingestuft, die sie direkt in Ihrem Apothekenbetrieb beeinflussen können. Gesundheitspolitische Themen, deren Umsetzung von den gewählten Entscheidungsträgern in Wien, Berlin, Brüssel oder anderswo abhängen, wurden von dem einzelnen Apotheker nicht so klar bewertet. Über die Hälfte der Themen unterliegen, infolge der Verteilung von insgesamt sechs Bewertungsalternativen, einem (nicht zuletzt aus grafischer Sicht) sehr durchwachsenes Erscheinungsbild. Die Reduzierung von Komplexität wird durch Vereinfachung erzielt. Diesem Grundprinzip folgend hat der Verfasser die sechs Bewertungsalternativen um die Hälfte reduziert. Die Noten 1 und 2 wurden zum Bewertungsurteil "ein wichtiges Thema", die Noten 3 und 4 zum Prädikat "ein Thema" und die Noten 5 und 0 repräsentieren die Aussage "Kein Thema". Die oben stehende Abbildung wird nun transformiert und ergibt das folgende klare Bild:

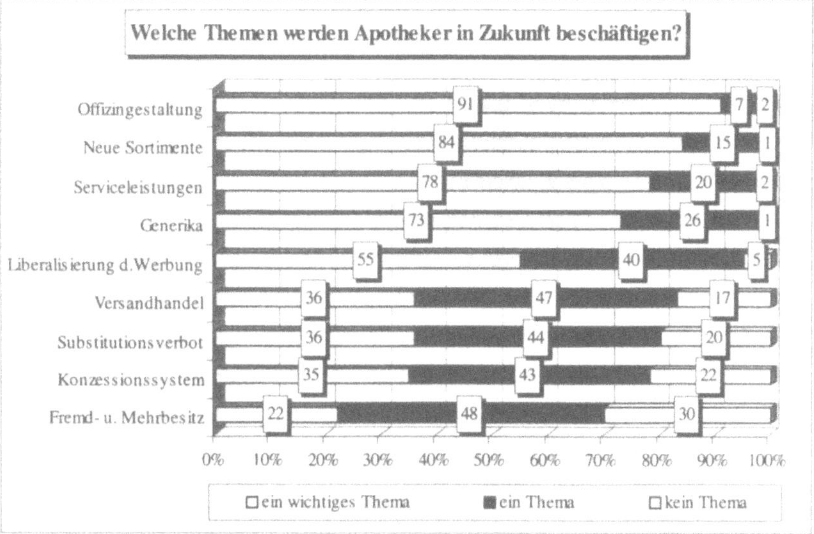

Abbildung 36: Apothekerbefragung 2001 - Welche Themen Apotheker in Zukunft beschäftigen?

Quelle: Eigene Darstellung.

[79] Prüfstatistik: Auch der Aspekt der "Bewertung von Zukunftsthemen für Apotheken durch Apotheker" wurde der Prüfstatistik unterworfen. Die Nullhypothese lautet in diesem Fall, daß die in der Stichprobe bewerteten Themen durch die Apotheker sich von der Grundgesamtheit her nicht unterscheiden. Die Nullhypothese wurde verworfen und damit liegt ein signifikantes Ergebnis vor.

Jeder dritte Apotheker hält den "Versandhandel", die "Aufhebung des Substitutionsverbotes" und das "Konzessionssystem" für ein wichtiges Thema. Deutlich über 40 % der Befragten denken, daß diese teilweise für Apotheker kritischen Themen in jedem Fall in der Zukunft diskutiert werden müssen. Jeder fünfte Pharmazeut hält solche Themen für nicht relevant oder besitzt dazu keine Meinung. Das letzte abgefragte und auch umstrittenste Thema ist der "Fremd- und Mehrbesitz": Jeder fünfte Apotheker hält diesen Diskussionspunkt für wichtig, jeder Zweite ist der Meinung, daß dieses Thema in der Zukunft Beachtung findet und jeder dritte Pharmazeut hält eine derartiges Thema für überflüssig. Auch in dem anfangs erwähnten Auftragsgutachten für den österreichischen Großhandelsverband bzw., der in diesem Rahmen erfolgten Face-to-Face Befragung von Apothekern ist dieses Thema bezüglich seiner künftigen Relevanz auf dem letzten Platz verwiesen worden. Damals gab es eine starke Diskrepanz zwischen der Einstellung der erfolgreichen und weniger erfolgreichen Apothekern (vgl. Schnedlitz/Leder/Newzella, 1999, S. 139). Daher wird nun das Bewertungsverhalten von UI- und UIII-Apothekern untersucht.

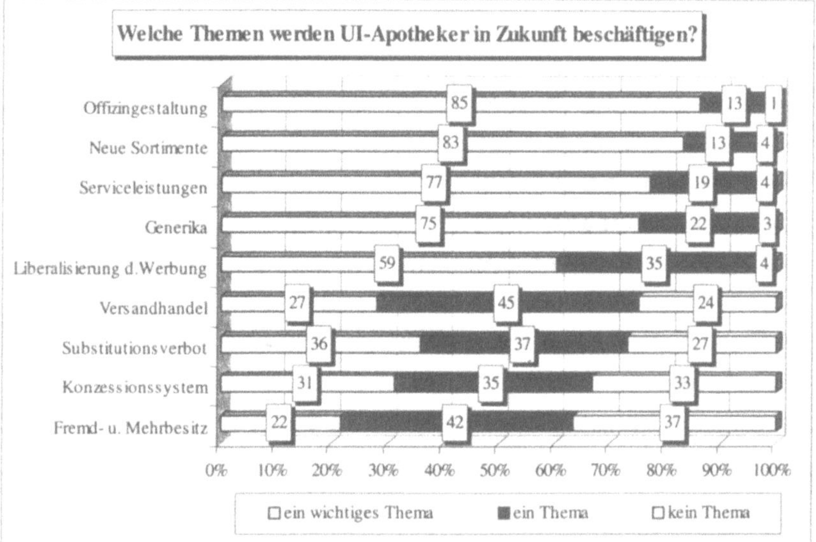

Abbildung 37: Apothekerbefragung 2001 - Welche Themen werden UI-Apotheker in Zukunft beschäftigen?

Quelle: Eigene Darstellung.

Um den letzten Gedanken zum "Fremd- und Mehrbesitzverbot" fortzuführen, soll das Ergebnis der vorliegenden Untersuchung vorweggenommen werden. Für 37 % der UI-Apotheker ist die Diskussion um das Verbot kein Thema, während nur 19 % der UIII-Apotheker eine ablehnende oder gar keine Meinung zu dieser Angelegenheit haben. Die größere Diskrepanz liegt aber im Bereich "ein Thema für die Zukunft": Hier sind es knapp über 40 % der UI-Apotheker und fast 60 % der UIII-Apotheker, die den Fremd- und Mehrbesitz entsprechend beurteilten. Die weiteren Unterschiede im Bewertungsverhalten der leitenden Pharmazeuten, die den Apothekentypen vorstehen, werden im Anschluß an die folgende Grafik aufgezeigt.

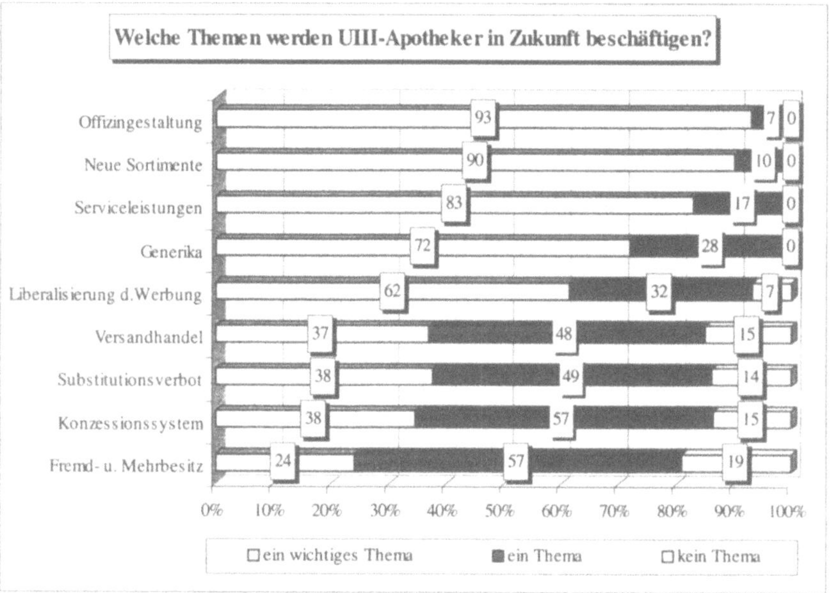

Abbildung 38: Apothekerbefragung 2001 - Welche Themen werden UIII-Apotheker in Zukunft beschäftigen?

Quelle: Eigene Darstellung.

Offenkundig ist auch der Unterschied in der Bewertung bei dem Aspekt "Konzessionssystem": Knapp 60 % der erfolgreichen Apotheker sind der Meinung, daß die Bedarfsplanung von Apotheken eine Fragestellung in der Zukunft sein wird; bei den UI-Apothekern sind nur 35 % dieser Meinung. Jeder dritter UI-Apotheker hält von dieser

Diskussion nichts - bei den UII-Apothekern ist nur jeder Siebte dieser Meinung. Starke Abweichungen gibt es noch beim Thema "Versandhandel": Zu fast 10 % unterscheidet sich dort der Prozentsatz zwischen den UI- bzw. UIII-Apotheker, wenn es darum geht dieses Problem als wichtig einzuordnen oder es als nicht relevant zu bewerten.

Es bleibt festzuhalten, daß erfolgreiche (UIII) Apotheker kritischen Themen offener gegenüber stehen. Bei allen genannten Themen wird von den erfolgreicheren Apothekern die Note 1 und 2 (wichtiges Thema) häufiger gegeben, als dies UI-Apotheker getan haben. Die Ablehnungshaltung bei UI-Apothekern ist erheblich höher entwikkelt als bei UII- und UIII-Apothekern. Trotzdem ist bei allen Apothekern, unabhängig welchem Apothekentyp sie vorstehen, die Reihenfolge hinsichtlich der Relevanz der Themen gleich und dies ist ein sehr erfreuliches Ergebnis. Genauso bemerkenswert ist die Tatsache (wie bereits oben erwähnt), daß bei allen kritischen Themen, die eine Änderung des derzeitigen Arzneimitteldistributionssystems zur Folge haben der Prozentsatz der Vergabe der Noten 5 (kein Thema) und 0 (weiß nicht) eklatant nach oben schnellt. Die Prozentwerte unterliegen auf dieser Stelle einer Spannweite zwischen 15 und 30 % - während sie bei den anderen Themen nur zwischen 0 und 7 % variieren.

5.3 Standortpolitik

Drei Dinge sind für den Erfolg im Einzelhandel wichtig, nämlich erstens der Standort, zweitens der Standort und drittens noch einmal der Standort (Berekoven, 1990, S. 351).

In keinem anderen Wirtschaftszweig ist der Standort ein so dominierender Erfolgsfaktor wie im Einzelhandel. In besonderer Weise gilt dies für den Apothekeneinzelhandel, da hier die Bedarfsplanung greift. Da die Standortpolitik[80] von entscheidender Bedeutung ist, wurde dieses Instrument des Handelsmarketing in dem Apotheker-Fragebogen an erste Stelle gesetzt und abgefragt. Um den Standort[81] der befragten Apotheke einschätzen zu können wurden daher Fragen zum Standort (Klassifikation in Relation zur Einwohnerzahl), zum entsprechenden Bundesland, zur Standortlage (Stadt, Stadtrand oder Land), zum Alter des jeweiligen Standortes, zur Standortgröße, zur kalkulatorischen Miete und zur Kundenstruktur (Altersklassen, Kundenanzahl pro Jahr, Lauf- und Stammkundschaft) gestellt. In diesem Unterkapitel wurden aus Sicht des Verfassers alle für einen Apothekenbetrieb relevanten standortbezogenen Faktoren zusammengefaßt, daher wurden auch Informationen zum Apotheker selbst, welche im Fragebogen unter den "Statistischen Angaben" aufgeführt, integriert.

Mehr als jede zweite Apotheke, die sich an der vom Verfasser initiierten nationalen Fragebogenaktion beteiligt hat, liegt in Gemeinden, die weniger als 30.000 Einwohner haben[82]. Zum gleichen Ergebnis kommt auch die Apothekerkammer, in der von ihr jährlich veröffentlichten Ausgabe "Die österreichische Apotheke in Zahlen": "Mehr als die Hälfte der Apotheken befindet sich am Land und in Kleinstädten" (vgl. Traxler/Koessler, 2001, S. 8). Diese Tatsache unterstreicht wiederum die wichtige Nahversorgungsfunktion, die Apotheken für die Bevölkerung sicherstellen.

---

[80] Die Standortpolitik des Handels umfaßt die Summe aller Entscheidungen über die Wahl und Gestaltung des Standortes von Verkaufsstellen und Lagern (Ahlert, 2000, S. 1).

[81] Als Standort einer Handelsunternehmung ist jener geographische Ort anzusehen, an dem die Unternehmung zum Zweck der Erreichung ihrer Ziele Produktionsfaktoren kombiniert (Ahlert, 2000, S. 1).

[82] Prüfstatistik: Bei dem eingeleiteten Signifikanztest zum Aspekt der Apothekenstandorte aufgeteilt nach Einwohnerzahlen, als auch nach A (Stadt), B (Stadtrand) und C (Land) -Lage ergab sich ein zwei geteiltes Ergebnis: Zum Untersuchungsobjekt "Apothekenlage" liegt ein signifikantes Ergebnis vor - beim Untersuchungsgegenstand "Standort nach Einwohnerzahlen" kann die Nullhypothese nicht verworfen werden, da nicht jeder Erwartungswert größer als 5 ist und damit eine asymptotische Signifikanz von 0,705, die damit größer ist als das vorgegebene Signifikanzniveau (vgl. Voß, 2000, S. 164).

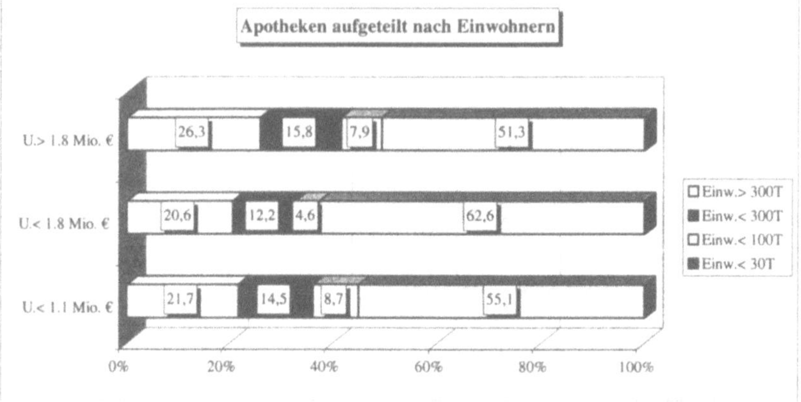

Abbildung 39: Apothekerbefragung 2001 - Apothekenstandorte aufgeteilt nach Einwohnerzahlen.

Quelle: Eigene Darstellung.

Erkennbar ist in der Grafik die Polarisierung zwischen Land und Stadtapotheken. Das Bild ist jedoch nicht eindeutig, daher wurde vom Verfasser im Fragebogen eine weitere Analyse angestellt, die auf die Frequenz- und Wohnlage abzielt.

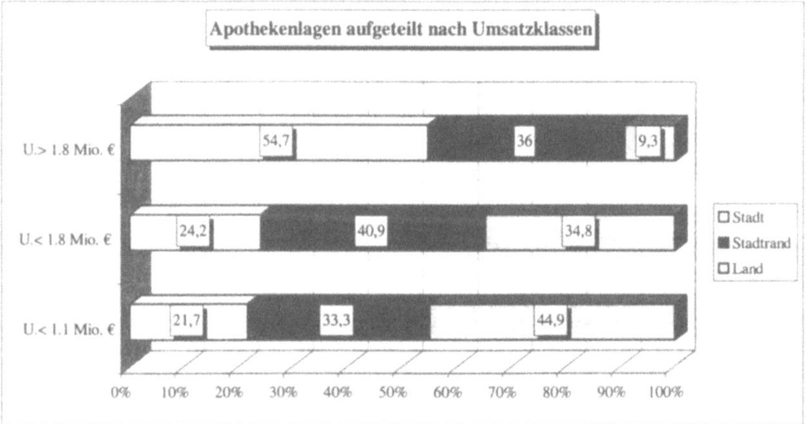

Abbildung 40: Apothekerbefragung 2001 - Apothekenlagen aufgeteilt nach Umsatzklassen

Quelle: Eigene Darstellung.

Dieses Bild zeigt nun in aller Deutlichkeit die Abhängigkeit des Einzelhandelsbetriebs Apotheke vom jeweiligen Standort. Im Gegensatz zum sonstigen Einzelhandel entfällt bei Apotheken der Entscheidungsbereich der "freien Standortwahl", da Apotheken der Bedarfsplanung (Konzessionssystem) unterliegen. Bei den zugrunde liegenden Umsatzklassen zeigt das Ergebnis der Frage nach der Frequenzlage deutlich, daß Apotheken mit niedrigen Umsätzen (bis 1.1 Mio. €) zu fast 45 % auf dem Land zu finden sind und nur zu knapp 22 % in den Innenstädten. Ein ganz anderes Bild ergibt sich bei den umsatzstarken Apotheken (mehr als 1.8 Mio. €), die sich zu 55 % in den Innenstädten und nur zu 9 % am Land angesiedelt haben. Eine genaue Unterscheidung zwischen den vielfältigen Aspekten der Stadt- und Landapotheken erfolgt am Ende dieses Unterkapitels in einem gesonderten Exkurs. Weitere Kennzahlen zur Standortpolitik finden sich in der folgenden Tabelle:

Mittelwerte (gerundet)	*U I 0 - 1.1 Mio. €*	*U II 1.1 - 1.8 Mio. €*	*U III 1.8. + x Mio. €*
Kennzahlen zur Standortpolitik			
• ***Anzahl der Kassenrezepte pro Jahr** (SOKK)*	22.740	35.950	66.300
• ***Anzahl der Kunden pro Jahr** (SOKR)*	36.840	62.840	110.280
• ***Anteil der Stammkunden** (SOATS)*	75%	70%	66%
• ***Anteil der weiblichen Kunden** (SOATF)*	64%	66%	68%
• ***Alter des Standortes** (SOAZJ)*	70 Jahre	84 Jahre	125 Jahre
• ***Größe der Apotheke in qm** (SOKB)*	203 qm	195 qm	272 qm
• ***Größe der Offizin in qm** (SOKO)*	58 qm	57 qm	74 qm
• ***Neugestaltung der Offizin vor...** (OGR)*	10 Jahren	9 Jahren	8 Jahren

Tabelle 31: Apothekerbefragung 2001 - Ausgewählte Standortkennzahlen zu Apotheken 2001

Quelle: Eigene Darstellung.

Apotheken der Umsatzklasse I weisen nur ein Drittel der durchschnittlichen Kundenanzahl, wie die der Umsatzklasse III. Proportional dazu auch die Verteilung der durchschnittlichen Kassenrezepte pro Jahr: ca. 23.000 verrechnen Apotheken der Umsatzklasse I, 36.000 der Umsatzklasse II und 66.000, die der Umsatzklasse III.[83]

[83] Mittelwertdifferenzentest: In der vorliegenden empirischen Untersuchung werden immer drei verschiedene Apothekenumsatzklassen (UI-III) miteinander verglichen, d.h., man muß implizit von drei verschiedenen Zufallsstichproben ausgehen. In diesen Fällen werden die Mittelwertunterschiede mittels der Varianzanalyse untersucht (vgl. Voß, 2000, S. 192ff). Die

Neben den lokalen Umfeldbedingungen ist im Apothekeneinzelhandel der Standortfaktor "Ärzte" ein wesentlicher, wenn nicht der wesentliche Erfolgsfaktor. Ärzte tragen durch ihr Verschreibungsverhalten entscheidend zum Absatzpotential der Apotheken bei. Im Rahmen der Standortpolitik hört man immer wieder die These: „Eine Apotheke ohne Ärzte ist wie ein Fisch ohne Wasser". Deshalb wurde auch in der vorliegenden Recherche den Apothekern die Frage gestellt, wie viele Ärzte für die Hälfte des Umsatzes mit verschreibungspflichtigen Arzneimitteln verantwortlich sind.

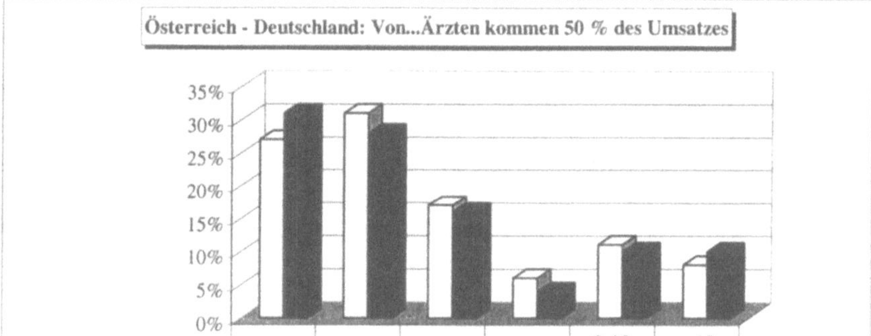

	1-2 Ärzte	3-4 Ärzte	5-6 Ärzte	7-8 Ärzte	9-10 Ärzte	> 10 Ärzte
□ Österreich	27%	31%	17%	6%	11%	8%
■ Deutschland	31%	28%	16%	4%	10%	10%

Abbildung 41: Apothekerbefragung 2001 - Ländervergleich: Abhängigkeit der Apotheken von Praxisärzten

Quelle: adaptiert nach Schöffski, 1995, S. 230 und eigene Darstellung.

Die gleiche Frage wurde 1994 von dem Institut für Versicherungslehre in Hannover in einer Umfrage an deutsche Apotheker gestellt. Damals hat sich jede zwanzigste Apotheke an der Untersuchung beteiligt. Aufgrund dessen wurde vom Verfasser der vorliegenden Analyse auch diese Frage in den Fragebogen aufgenommen um einen Ländervergleich durchführen zu können, der in dieser Form noch nicht durchgeführt wurde. Das Ergebnis dieser beiden Analysen (Österreich und Deutschland) hinsichtlich der Abhängigkeit der Apotheken von niedergelassenen Ärzten stimmt in groben

Nullhypothese lautet, daß die Mittelwerte der drei Grundgesamtheiten gleich sind, bzw. daß in Wahrheit keine Mittelwertdifferenz vorliegt. Die Nullhypothese, die sich auf die Mittelwerte der Tabelle "Ausgewählte Standortkennzahlen zu Apotheken 2001" bezieht kann mit Ausnahme von einem Fall für alle Gruppenmittelwerte verworfen werden und repräsentiert damit ein signifikantes Ergebnis. Eine Ausnahme stellt die "Neugestaltung der Offizin vor...Jahren" dar, in diesem Fall ist das Ergebnis zufällig und die Nullhypothese bestätigt sich.

Zügen überein. Dies wiederum war im Vorfeld nicht zu erwarten und überraschte auch den Verfasser. Andererseits zeigt dies wieder, wie ähnlich die beiden Apothekensysteme in Deutschland und Österreich sich sehen. Und letzten Endes auch, wie richtig es war diese beiden Systeme in dieser Arbeit immer vergleichend gegenüber zu stellen. Auch dieses Ergebnis wurde dem Chi-Quadrat-Test unterzogen. Für die deutschen Kennzahlen lagen aber keine Rohdaten vor, daher wurden nur die österreichischen Angaben näher geprüft und auf ihre Repräsentativität hin untersucht - mit einem signifikanten Ergebnis.

So interessant wie die Resultate nach dem Vergleich der gesamten Datensätze auch sein mögen so wichtig ist es wiederum eine Feinanalyse nach Umsatzklassen für die österreichischen Apotheken durchzuführen.

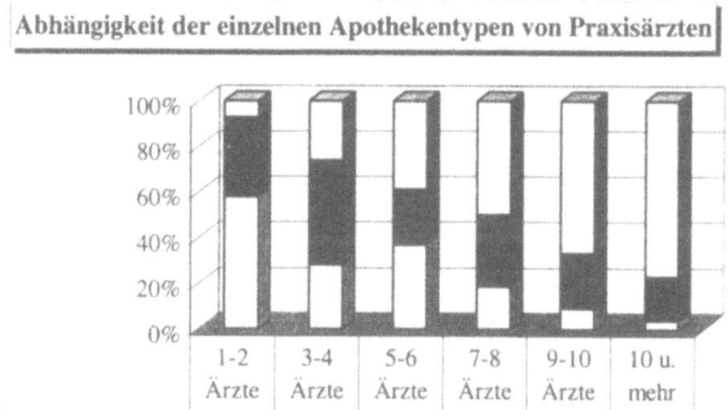

	1-2 Ärzte	3-4 Ärzte	5-6 Ärzte	7-8 Ärzte	9-10 Ärzte	10 u. mehr
□ U.> 1.8 Mio. €	6%	23%	21%	8%	22%	20%
■ U.< 1.8 Mio. €	29%	40%	13%	5%	8%	5%
□ U.< 1.1 Mio. €	48%	25%	20%	3%	3%	1%

Abbildung 42: Apothekerbefragung 2001 - Abhängigkeit der einzelnen UI-III Apothekentypen von Praxisärzten

Quelle: Eigene Darstellung.

In der Grafik wird sehr gut sichtbar, wie gegenläufig die Entwicklungen bei den Apothekenumsatzklassen I und III sind. Für die Hälfte des Umsatzes in jeder zweiten Apotheke der Umsatzklasse I sind 1-2 niedergelassene Ärzte verantwortlich. Für ca. 70 % der Apothekenbetriebe UI und UII gilt in gleicherweise, daß 50 % des Umsatzes mit 1-4 Ärzten generiert werden. Alle befragten Apotheken, die mehr als 1.8 Mio. €im Jahr umsetzen lukrieren die Hälfte Ihres Umsatzes einerseits mit 1-6 Ärzten und andererseits mit 7 und mehr Ärzten[84]. Der häufigste Wert (Modus) im gesamten Datenbestand war der Einzelwert von "10 Ärzten", der angegeben worden ist. Die genannten Höchstwerte lagen bei "50 Ärzten", die für die Hälfte des Umsatzes an verschreibungspflichtigen Produkten verantwortlich waren. Der Standort ist aber aus einem weiteren Gesichtspunkt wichtig. Fast jeder zweite Apothekenkunde ist älter als 60 Jahre, d.h. neben der Frequenz ist auch die Bevölkerungsstruktur im lokalen Umfeld einer Apotheke ein Erfolgsfaktor. Das Alter der Apothekenkunden ist ein Erfolgsfaktor, denn je älter die Kundschaft, desto höher der Umsatz. Die im Fragebogen gewählte Altersklasseneinteilung der Kunden ist mit dem nachstehenden Arzneimittelbedarf verbunden: Die Gruppe der 0-30jährigen- benötigt durchschnittlich 6,6 Packungen, die Gruppe der 30-60jährigen- konsumiert 18,3 Packungen und die Gruppe der über 60jährigen Kunden bezieht 67,5 Arzneimittelpackungen pro Jahr - 10 mal soviel, wie die Gruppe, der unter 30jährigen - (vgl. o.V., 2001, S. C 4).

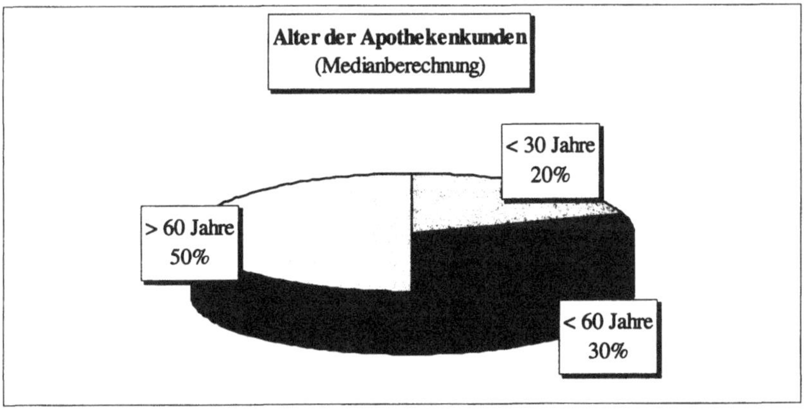

Abbildung 43: Apothekerbefragung 2001 - Altersstruktur der Kunden in Apotheken

Quelle: Eigene Darstellung.

Aufgrund der Mittelwertbetrachtung ergab sich kein wesentlicher Unterschied (kein signifikantes Ergebnis) zwischen den verschiedenen Umsatzklassen der betrachteten Apotheken hinsichtlich der Merkmalsausprägung "Altersstruktur der Kunden". Daher wurden hier die Ergebnisse der einzelnen Umsatzklassen zu einer Gesamtbetrachtung zusammengefaßt. Die Medianberechnung über alle Umsatzklassen hinweg ergab, daß 20 % der Apothekenkunden unter 30 Jahre sind, 30 % zwischen 30 und 60 Jahren und 50 % älter als 60 Jahre sind.

Darüber hinaus ist der Anteil des weiblichen Geschlechtes im Apothekeneinzelhandel sei es vor oder hinter (siehe Kapitel 5.3) der Apothekentara dominant: Der Anteil der weiblichen Kunden in der Apotheke variiert zwischen 64 und 68 %. Zu gleichem Ergebnis kommt auch die Apothekerkammer, die den Anteil der Frauen bei 66 % sehen (vgl. Traxler/Koessler, 2000, S. 59). Anders sieht es jedoch bei den Konzessionsinhabern aus - hier dominiert das männliche Geschlecht[85].

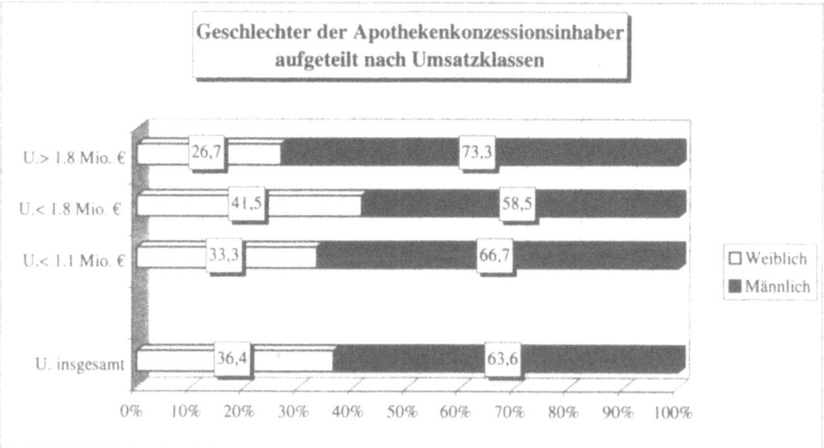

Abbildung 44: Apothekerbefragung 2001 - Geschlechter der Apothekenkonzessionsinhaber

Quelle: Eigene Darstellung.

Im Durchschnitt werden die Apotheken über alle Umsatzklassen hinweg zu mehr als 90 % vom Eigentümer selbst geführt. Der verbleibenden Prozentsatz teilt sich zu etwa gleichen Teilen auf den "Pächter" und den "angestellten Leiter" in einer Apotheke

[85] Prüfstatistik: Hier geht es darum die Nullypothese zu überprüfen, die in diesem Fall besagt, daß es keinen Zusammenhang zwischen dem Geschlecht des Konzessionsinhabers und dem Apothekentyp gibt. Das Ergebnis bestätigt die Nullhypothese und macht deutlich, daß dieses zufällig ist.

auf. Der typische Apothekeninhaber ist 50 Jahre alt und im Alter von 29 Jahren Apotheker geworden. Diese Kennzahl deutet darauf hin, daß ein massiver Generationswechsel den österreichischen Apothekern bevor steht. Diese These wird auch durch das angegebene Alter der befragten Pharmazeuten belegt. Das Lebensalter der befragten Personen variierte zwischen 29 und 91 Jahren, wo bei diese genannten Minimum und Maximum Angaben statistisch als Ausreißer zu beurteilen sind. Daher wurden vom Verfasser die knapp 300 befragten Apotheker in vier Altersklassen eingeteilt, die der unter 40jährigen, der unter 50jährigen, der unter 60jährigen und die der über 60jährigen.

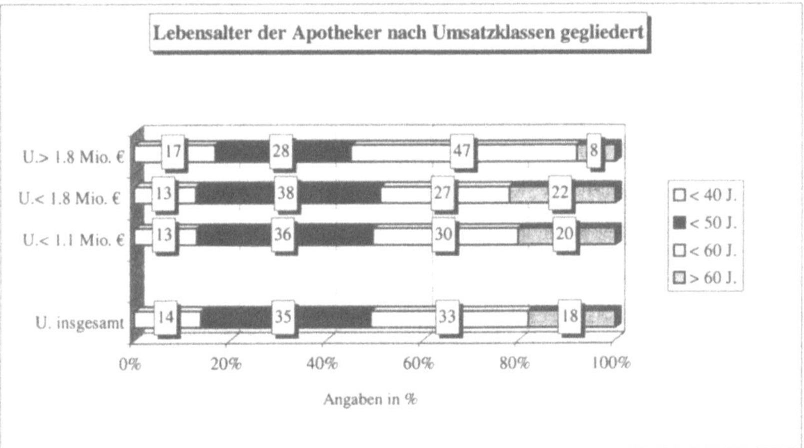

Abbildung 45: Apothekerbefragung 2001 - Anzahl der Lebensjahre der Konzessionsinhaber

Quelle: Eigene Darstellung.

Deutlich fällt die Überalterung bei den Konzessionsinhabern der österreichischen Apothekern auf. Jeder zweite Konzessionsinhaber einer Apotheke ist älter als 50 Jahre und 85 % aller Eigentümer in Österreichs Apotheken sind älter als 40 Jahre oder anders ausgedrückt der Anteil der unter 40jährigen liegt unter 15 %. Und das in einer Zeit, wo die Faustregel herrscht, daß man im Berufsleben mit 40 Jahren bereits eine leitende Position erreicht haben muß, um "erfolgreich" im Berufsleben zu sein. In der Befragung gab es nur eine einzige Pharmazeutin, die jünger als 30 Jahre alt war. Gut zwanzig Prozent aller Eigentümer von Apothekern sind älter als 60 Jahre alt[86]. Das wiederum heißt, daß in der gegenwärtigen Diskussion um eine Verlängerung der Lebensarbeitszeit, der Apotheker eine Vorbildfunktion einnimmt. Ein anderes Bild zeigt die Zusammensetzung der Altersstruktur bei den umsatzstarken Apotheken der Umsatzklasse III. Hier gewinnt man den Eindruck, daß der über 60jährige Konzessionsinhaber (Anteil von 8 %) viel früher seine leitende Funktion an die junge Generation weitergibt, die hier den Spitzenwert von 17 % Punkten erreicht. Bemerkenswert ist aber, das knapp die Hälfte der Apothekenleiter der Umsatzklasse III zwischen 50 und 59 Jahren alt ist. Dieser Teilergebnis unterscheidet sich ganz wesentlich von den Apotheken der anderen Umsatzklassen - es fällt im Vergleich um bis zu 20 % höher aus. Wie oben bereits erwähnt arbeiten Apotheker länger als Andere im Einzelhandel. Diese These wird auch durch die Analyse der "Anzahl der Berufsjahre" des jeweiligen Apothekers belegt.

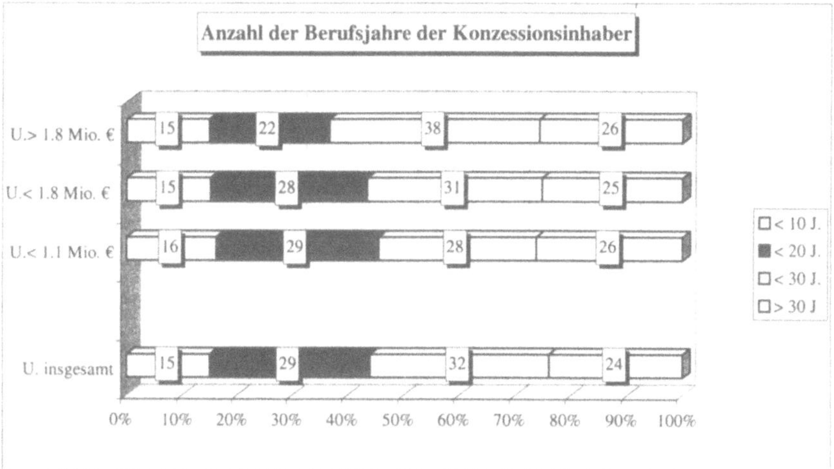

Abbildung 46: Apothekerbefragung 2001 - Anzahl der Berufsjahre der Konzessionsinhaber

Quelle: Eigene Darstellung.

Die Spannweite der gemachten Angaben betrug 59 Jahre, d.h. zwischen 1 Berufsjahr und 60 Berufsjahren waren alle Angaben möglich. Mehr als jeder vierte Apotheker

[86] Prüfstatistik: Hier geht es darum die Nullypothese zu überprüfen, die in diesem Fall davon ausgeht, daß es keinen Zusammenhang zwischen dem Alter des Konzessionsinhabers und dem Apothekentyp gibt. Die Nullhypothese muß im vorliegenden Fall abgelehnt werden, d.h., es liegt ein signifikantes Ergebnis vor.

weist mehr als 30 Jahre Berufserfahrung auf. Nur 15 % der Befragten sind seit weniger als 10 Jahren Apotheker. Diese Angabe stimmt mit dem Lebensalter der Konzessionsinhaber überein. Die anderen 60 % der Befragten arbeiten zwischen 10 und 29 Jahren als approbierte Pharmazeuten[87]. Insgesamt haben 280 Pharmazeuten auf diese Frage "Anzahl der Berufsjahre" geantwortet - in der Summe ergeben sich hier mehr als 6000 Jahre (6007) Berufserfahrung, die gut 25 % aller Apotheker in Österreich repräsentieren. Allein dieses Ergebnis zeigt, daß ausgehend von der Merkmalsausprägung "Berufserfahrung der Apotheker", die Qualität der Arzneimittelversorgung bei den österreichischen Apothekern in "guten Händen" liegt[88].

Eine weitere wichtige Kennzahl im Einzelhandel ist die Verkaufsfläche. Abhängig von den jeweiligen Betriebsformen im Einzelhandel divergieren in den letzten Jahren immer wieder die Schlagzeilen zwischen "Flächenexpansionen" und "Rückzug aus der Fläche". Auch im Apothekeneinzelhandel spielt die Betriebsgröße in qm eine wesentliche Rolle, denn es bestehen lt. Apothekenbetriebsordnung Mindestgrößen für Apothekenräumlichkeiten, die insgesamt bei 143 qm liegen. Die durchschnittlichen Zahlen der typischen Apotheke, was die Betriebsgröße und die Größe des Verkaufsraumes anbelangt liegen bei 200 qm bzw. bei ca. 50 qm (vgl. Traxler/Koessler, 2001, S. 12). Bei näherer Untersuchung der Umfrageergebnisse hat sich gezeigt, daß sich die Apothekengröße zwischen den Umsatzklassen erheblich unterscheidet. Apotheken der Umsatzklasse III sind im Mittelwert um ca. 40 % größer als Apotheken der darunterliegenden Umsatzklassen: die Werte variieren in der Gesamtfläche zwischen 195 und 272 qm und in der Größe des Verkaufsraumes zwischen 57 und 74 qm. Im Anschluß daran ist auch das Ergebnis der Frage nach der Renovierung des Apothekenverkaufsraums von Bedeutung. Die Resultate bewegten sich zwischen 8 Jahren bei Apotheken der Umsatzklasse III und 10 Jahren bei Apotheken, die unter 1.1 Mio. €im Jahr umsetzen.

[87] Prüfstatistik: Die Nullhypothese beinhaltet die Aussage, daß es keinen Zusammenhang zwischen der Dauer der Berufstätigkeit (Berufserfahrung) eines Apothekers und dem Erfolg einer Apotheke gibt. Die Nullhypothese muß nach dem Signifikanztest als bestätigt angesehen und das Ergebnis als nicht signifikant eingestuft werden.

[88] Prüfstatistik: Hier geht es darum die Nullypothese zu überprüfen, die in diesem Fall besagt, daß es keinen Zusammenhang zwischen dem Geschlecht des Konzessionsinhabers und dem Apothekentyp gibt. Das Ergebnis bestätigt die Nullhypothese und macht deutlich, daß dieses zufällig ist.

Ein sehr interessantes Ergebnis liefert auch die Frage nach dem Standortalter einer Apotheke, denn diese korrelliert positiv mit der Umsatzzahl. Der Apothekeneinzelhandel gehört wohl von den lokalen Standorten der Betriebsstätten ausgesehen zum ältesten Einzelhandelszweig innerhalb der Handelslandschaft. Durchschnittlich haben, die an der Befragung teil genommenen Apotheken der Umsatzklasse I, II, III ein standortbezogenes Durchschnittsalter von 70, 84 und 125 Jahren: Der Minimum Wert lag bei nur einem ½ Jahr und der Maximum Wert bei 600 Jahren. Infolge der Umfrageergebnisse gilt hier die Faustregel: "Je älter der Standort desto höher der Umsatz." In wieweit die bisher untersuchten Aspekte, die sich primär auf die verschiedenen erlösabhängigen Apothekentypen bezogen haben, Stadt- und Landapotheken betreffen wird im folgenden „Exkurs“ behandelt.

Exkurs: Hypothesenprüfende Analyse zu Stadt- und Landapotheken

Die Wichtigkeit des Standortes im Einzelhandel allgemein und im Apothekeneinzelhandel im speziellen ist im bisherigen Verlauf dieser Arbeit immer wieder angesprochen worden. Der Umsatz einer Apotheke hängt sehr stark von dem Erfolgsfaktor Standort ab. Umsatzstarke Apotheken der Umsatzklasse III sind nur zu 9 % auf dem Land zu finden, d.h., mehr als 90 % diesen Apothekentyps befindet sich in der Stadt oder am Stadtrand. Fast jede zweite Apotheke der Umsatzklasse I liegt am Land und nur jede fünfte in der Stadt.

Diese Polarisierung zwischen Stadt und Landapotheken erfordert eine nähere Untersuchung und verlangt das Aufstellen von Hypothesen gerade zu heraus - überprüft werden sollen die nachstehenden Annahmen:

I. Der Standort der Stadt- Apotheken ist im Mittelwert älter, als die der Land-Apotheken.

II. Die Apothekengröße und die Größe der Offizin unterscheidet sich zwischen Land- und Stadt- Apotheken.

III. Der Verkaufsraum von Apotheken in den Städten wird öfter renoviert als die Offizin am Land.

IV. Die Anzahl der Kunden und die Anzahl an verrechneten Rezepten pro Jahr ist in Stadt- höher als in Land- Apotheken.

V. Der Anteil der Stammkunden ist in Land- Apotheken stärker als in Städten.

VI. Die Altersstruktur der Kunden variiert zwischen Stadt- und Land- Apotheken.

VII. Das "Beratungsgespräch" bzw. die Interaktion zwischen Kunde und Apotheker sowie Apothekenmitarbeiter ist in Land- Apotheken zeitlich länger als in Stadt- Apotheken.

VIII. Die Anzahl der Mitarbeiter in Stadt- Apotheken ist höher als in Land- Apotheken.

IX. Die Kontakte zwischen Apothekern und Ihren Zulieferern (Anzahl der pharmazeutischen Großhändler, Anzahl der Pharmareferentenbesuche) unterscheiden sich zwischen Stadt- und Landapotheken.

X. Die Abhängigkeit der Apotheken vom Verschreibungsverhalten der Ärzte ist am Land größer als in der Stadt.

Mittelwertvergleiche	*Stadtapotheken*	*Landapotheken*
Kennzahlen zum Standort		
• ***Alter des Apothekenstandortes***	160 Jahre	67 Jahre
• ***Größe der Apotheke***	244 qm	197 qm
• ***Größe der Offizin (Verkaufsraum)***	65 qm	59 qm
• ***Letzte Offizin Renovierung vor...***	9,6 Jahren	7,5 Jahren
• ***Anzahl der Rezepte pro Jahr***	47.000	33.590
Kennzahlen zur Kundenstruktur		
• ***Anzahl der Kunden pro Jahr***	87.670	59.770
• ***Anteil der weiblichen Kunden***	67 %	66 %
• ***Anteil der Stammkunden***	65 %	77 %
• ***Altersstruktur der Kunden***		
➢ ***1 Jahr bis unter 30 Jahren***	19 %	20 %
➢ ***60 Jahre und älter***	47 %	47 %
• ***Beratungszeit pro Kunde***	5,7 Min.	6,4 Min.

Kennzahlen zur Personalstruktur		
• *Anzahl der Mitarbeiter insgesamt*	11 MA	8 MA
• *Anzahl der Pharmazeutischen Fachkräfte*	4 FK	2 FK
Kennzahlen zu Transaktionspartnern		
• *Umsatzanteil mit dem Haupt Großhändler*	64 %	68 %
• *Umsatzanteil mit den Herstellern*	14 %	12 %
• *Anzahl der AD-Besuche pro Woche*	5	4
• *Anzahl der Ärzte, die für 50% des Umsatzes verantwortlich sind*	8	3

Tabelle 32: Apothekerbefragung 2001 - Ausgewählte Kennzahlen zu Stadt- und Landapotheken[89]
Quelle: Eigene Darstellung.

"Der Standort der Stadt- Apotheken ist im Mittelwert älter, als die der Land- Apotheken."

Dieses Ergebnis ist wohl für alle Leser (und auch für den Verfasser) mehr als überraschend. Im Mittelwert sind es fast 100 Jahre, die zwischen dem Standort der Stadt und der Land Apotheke liegen. Es kann nur wiederholt werden der Apothekeneinzelhandel mit seinen über 1000 Betrieben ist wohl die älteste standortbezogene Einzelhandelsbetriebsform in Österreich.

"Die Apothekengröße und die Größe der Offizin unterscheidet sich zwischen Land- und Stadt- Apotheken."

Auch dieses Ergebnis ist bemerkenswert. Stadtapotheken sind um ein Viertel größer in der Fläche als Apotheken auf dem Land. Das Ergebnis ist zum einen verwunderlich, da die Mietkosten in den Städten auf einem höheren Niveau liegen, als in ländlichen Regionen. Zum anderen liegen gerade umsatzstarke Apotheken in Städten,

[89] Mittelwertdifferenzentest: Die Nullhypothese, die sich auf die Mittelwerte der Tabelle "Ausgewählte Kennzahlen zu Stadt- und Landapotheken" bezieht, geht davon aus, daß die Mittelwerte der zwei Grundgesamtheiten gleich sind, bzw. daß in Wahrheit keine Mittelwertdifferenz vorliegt. Ein signifikantes Ergebnis liegt für die Merkmalsausprägungen "Alter des Apothekenstandortes", "Größe der Offizin", "Rezept- und Kundenzahl pro Jahr", "Anteil der Stammkunden", "Anzahl der Mitarbeiter- und pharm. Fachkräfte" und "Anzahl der Ärzte, die für 50% des Umsatzes verantwortlich sind". Zufällig ist das Ergebnis bei den Variablen "Größe der Offizin", "Altersstrukutr der Kunden", "Beratungszeit pro Kunden", "Umsatzanteile der Hauptgroßhändler und der Hersteller" sowie "Anzahl der AD-Besuche pro Woche".

dies läßt den Umkehrschluß zu, daß "Fläche" auch für den Apothekeneinzelhandel ein Erfolgsfaktor darstellt.

"Der Verkaufsraum von Apotheken in den Städten wird öfter renoviert als die Offizin am Land."

Die Offizin in der Stadt wird alle 9,6 Jahre und die am Land alle 7,5 Jahre renoviert. Damit ist die Annahme Apotheken in der Stadt seien moderner als die auf dem Land widerlegt. Man hätte annehmen können, daß Stadtapotheken durch die höhere Kundenfrequenz und durch mehr Laufkundschaft einem stärkeren Modernisierungsdruck unterliegen als die Stammkunden orientierten Landapotheken.

"Die Anzahl der Kunden und die Anzahl an verrechneten Rezepten pro Jahr ist in Stadtapotheken höher als in Landapotheken."

Diese Annahme entspricht auch der erfolgten Feinanalyse. Erstaunlich ist aber die große Differenz zwischen der Kundenanzahl und der Anzahl der verrechneten Rezepte zwischen Stadt- und Landapotheken. Stadtapotheken haben im Mittelwert pro Jahr knapp 50 % mehr Kunden und verrechnen über 40 % mehr an Rezepte mit dem Sozialversicherungsverband, als ihre Konkurrenten am Land.

"Der Anteil der Stammkunden ist in Landapotheken höher als in Stadtapotheken."

Auch diese These hat sich bestätigt. Verblüffend ist wiederum die starke Diskrepanz: Um 12 % unterscheidet sich im Mittel der Stammkundenanteil zwischen Stadt- und Landapotheken. In kleinen Orten sind die Kunden oftmals nur auf eine Apotheke angewiesen, dort ergibt sich gezwungenermaßen ein hoher Stammkundenanteil. In der Stadt herrschen in Österreich, wie ein Wiener Apotheker treffend formulierte "deutsche Verhältnisse", was die Konkurrenz unter Apothekern anbelangt.

"Die Altersstruktur der Kunden variiert zwischen Stadt- und Landapotheken."

Aufgrund des bewiesenen höheren Anteils an Laufkundschaft in Innenstadtapotheken ging der Verfasser davon aus, daß die Altersstruktur von Käufern in Land- und

Stadt- Apotheken unterschiedlich ist. Diese Hypothese hat sich nicht erwiesen. Die Altersstruktur der Kunden am Land oder in der Stadt ist nahezu identisch.

"Das "Beratungsgespräch" bzw. die Interaktion zwischen Kunde und Apotheker sowie Apothekenmitarbeiter ist in Landapotheken zeitlich länger als in Stadtapotheken."

Diese Hypothese wurde bestätigt und zwar aus einfachem Grunde, wie oben beschrieben haben Stadtapotheken eine weit aus höhere Kundenfrequenz als Apotheken auf dem Lande. Durch das teilweise bis zu 50 % höhere Kundenaufkommen ist es logisch nachvollziehbar, daß Beratungsgespräche in der Stadt kürzer sind als am Land.

"Die Anzahl der Mitarbeiter in Stadtapotheken ist höher als in Landapotheken."

Da Stadtapotheken i.d.R. einen größeren Jahresumsatz als ländliche Apotheken erzielen und damit implizit ein höheres Rezept- und Kundenvolumen aufweisen, ist auch davon auszugehen, daß die dort angebotene Leistung auch nur mit mehr Personal bewältigt werden kann. Im Mittelwert liegt die Mitarbeiterzahl von Apotheken mit 11 Personen über dem österreichischen Durchschnitt und knapp 40 % über der Personalstärke in Land- Apotheken. Darüber hinaus werden in den Städten doppelt so viel pharmazeutische Fachkräfte, wie auf dem Land beschäftigt.

"Die Kontakte zwischen Apothekern und Ihren Zulieferern (Anzahl der pharmazeutischen Großhändler, Anzahl der Pharmareferentenbesuche) unterscheiden sich zwischen Stadt- und Landapotheken."

Der Apotheker kann auch in seiner Einkaufspolitik trotz Preisbindung bei Arzneimitteln Einsparpotentiale verwirklichen. Im Bereich des Großhandels kann der Apotheker Kostendegressionen in Form von Rabatten über die Einkaufsmenge realisieren. Die Direktbelieferung durch die Industrie wird von den Apothekern i.d.R. nur dann wahrgenommen, wenn Hersteller mit besonderen Aktionen locken. Die Apotheker werden auf solche Aktionen durch die Besuche des Pharmareferenten der Industrie aufmerksam gemacht. Nun zu den Ergebnissen der Mittelwertvergleichs: Der Landapotheker macht 68 % seines Umsatzes und der Stadtapotheker 64 % seines Umsatzes mit einem Großhändler. Wenn man bedenkt, daß es in Österreich nur drei nationale Großhandlungen und sechs regionale Grossisten gibt sind vier Prozent Unterschied schon recht beachtlich. 14 % des Umsatzes generieren Stadtapotheken mit den Herstellern direkt - 12 % sind es bei den Landapothekern. Der höhere Umsatzanteil bei Stadtapotheken kann auch damit zusammenhängen, daß Apotheken in der Stadt häufiger von Vertretern der Industrie besucht werden als Landapotheken. Stadtapotheken werden 5x die Woche, Landapotheken 4x die Woche von Pharmareferenten aufgesucht. Der Unterschied ist nicht so groß wie anfangs vom Verfasser (Anmerkung: der Verfasser selbst ist von Beruf Pharmareferent) angenommen. Für den Außendienstmitarbeiter der Industrie ist es aufgrund er Routenplanung leichter Apotheken in der Stadt aufzusuchen, da man dort in kurzer Zeit viel mehr Apotheken aufsuchen kann, als in den kleinen Orten, wo viel mehr Kilometer zwischen den einzelnen Apotheken zurückgelegt werden müssen. Des weiteren wurden bisher und wird noch im weiteren Verlauf der Arbeit dargestellt, daß Stadtapotheken im Mittel umsatzstärker sind als Landapotheken auch von diesem Aspekt her plant der Mitarbeiter der pharmazeutischen Industrie seine täglichen Touren.

"Die Abhängigkeit der Apotheken vom Verschreibungsverhalten der Ärzte ist am Land größer als in der Stadt."

Diese These wurde laut Mittelwertvergleich bestätigt. In der Stadt sind es 8 Ärzte, die für die Hälfte des Umsatzes mit verschreibungspflichtigen Arzneimitteln verantwortlich sind und am Land sind es 3 Ärzte. Dies ist ein erschreckend deutliches Ergebnis. Selbst verständlich ist es nachvollziehbar, denn die Agglomeration von Arztpraxen in den Städten ist seit je her größer als auf dem Land, weil einfach mehr Menschen und damit mehr potentielle Kunden in den Städten wohnen. Trotzdem zeigt es gerade die Abhängigkeit von Landapothekern von den dort niedergelassenen Ärzten. Auf dem Land ist das vielbeschriebene Arzt-Apotheker-Verhältnis von besonderer Wichtigkeit für den Patienten und für den wirtschaftlichen Erfolg der Apotheken.

5.4 Personalstruktur

Das Image der Apotheke im lokalen Nahversorgungsmarkt wird nachdrücklich durch die Beratungsqualität und durch die persönliche, vertrauensvolle Bindung der Mitarbeiter zum Kunden geprägt. Der Schlüssel zur Kundenbindung und damit auch zur Kundenzufriedenheit in Apotheken ist der Erfolgsfaktor Personal.

Wie unter Kapitel 4.1.3 bereits angesprochen arbeiten insgesamt mehr als 10.000 Menschen im österreichischen Apothekeneinzelhandel. Insgesamt beschäftigen, die an der Umfrage beteiligten Apothekenbetriebe 2.627 Mitarbeiter. Die Spannweite der betrachteten Apothekenunternehmen beträgt 22 Arbeitskräfte und variiert zwischen einer drei Mitarbeiter umfassenden Apotheke der Umsatzklasse I und einem 25 Mitarbeiter starken Betrieb der Umsatzklasse III.

Im folgenden soll die Mitarbeiterstruktur der befragten Apothekenbetriebe untersucht werden. Der Verfasser muß in diesem Unterkapitel dem Leser leider eine Vielzahl von Daten und Fakten zumuten, obwohl man sich bei der Auswertung der Umfrageergebnisse nach bestem Wissen auf die wesentlichen Kennzahlen zur Personalpolitik beschränkt hat.

Im Fragebogen wurde die Personalstärke einer Apotheke nach den folgenden Kriterien eingeteilt: Die erste gestellte Frage bezog sich auf die Gesamtanzahl der Mitarbeiter, die zweite Frage bezieht sich auf die Beschäftigung von Teilzeitkräften, die sowohl im sonstigen Einzelhandel als auch im Apothekeneinzelhandel eine elementare Rolle spielt.

Die weiteren Fragen zur Personalstruktur konzentrieren sich auf das Ausbildungsniveau der Beschäftigten. Zum einen auf die pharmazeutischen Fachkräfte, die in jedem Falle den zuständigen Konzessionsinhaber, den Pächter oder den angestellten Leiter umfassen. 92 % der befragten Apotheker waren Eigentümer der jeweils untersuchten Apotheke, 5 % waren Pächter und 3 % hatten die Funktion eines angestellten Leiters. Mit "Pharmazeutische Fachkräften" sind aber auch andere angestellte Apotheker, Dispensanten oder Aspiranten gemeint. In logischen Zusammenhang steht auch die letzte Frage nach der Anzahl der Apothekenhilfskräfte, die Lehrlinge, Apothekenhelfer, PKA's, sonstige Angestellte u.a. erfaßt. Von besonderem Interesse ist dabei, wie die Mitarbeiterstruktur in den verschiedenen untersuchten Umsatzklassen ausfällt.

Vorab sollen, wie bereits im Teilkapitel 5.3 gezeigt, nochmals die relevanten Kennzahlen (auf Basis von Mittelwertberechnungen) zur Personalstruktur in Apotheken – differenziert zwischen den Umsatzklassen der Apotheken – dargestellt werden.[88]

Mittelwerte (gerundet)	*U I* *U < 1.1 Mio. €*	*U II* *1.1 Mio. €bis 1.8 Mio. €*	*U III* *U > 1.8 Mio. €*
Kennzahlen zur Personalpolitik			
• ***Anzahl der Mitarbeiter*** *(PAZMV)*	6	9	13
• ***Anzahl der Teilzeit Mitarbeiter*** *(PAZMT)*	3	5	7
• ***Anzahl der Pharmazeutischen Fachkräfte*** *(PAZPF)*	2	3	5
• ***Anzahl der Hilfskräfte*** *(PAZH)*	4	6	8

Tabelle 33: Apothekerbefragung 2001 - Ausgewählte Kennzahlen (Mittelwerte) zur Personalstruktur
Quelle: Eigene Darstellung.

Auch dieses Ergebnis der vorliegenden Untersuchung stimmt beim Vergleich mit den offiziellen Zahlen der Apothekerkammer überein. Die typische (häufigste) Apotheke in Österreich hat lt. Kammer einen Mitarbeiterstamm von 9 Personen, wo bei der Anteil der pharmazeutischen Fachkräfte zwischen 2 und 3 variiert (vgl. Traxler/Koessler, 2000, S. 17). Zu den gleichen Ergebnissen kommt auch die vorliegende Untersuchung bei der Analyse von Apotheken der Umsatzklasse II, die auch hier der häufigsten genannten Umsatzklasse entspricht mit einem Anteil von 48 %.

---

[90] Mittelwertdifferenzentest: Die Nullhypothese lautet, daß die Mittelwerte der drei Grundgesamtheiten gleich sind, bzw. daß in Wahrheit keine Mittelwertdifferenz vorliegt. Die Nullhypothese, die sich auf die Mittelwerte der Tabelle "Ausgewählte Kennzahlen zur Personalstruktur" bezieht, muß im vorliegenden Fall verworfen werden und das Ergebnis ist damit signifikant.

Im Anschluß an die Kennzahlen Analyse soll nun die Personalstärke der Apotheken in klassifizierter Datenform mit Häufigkeitsverteilung erfolgen - beginnend mit der Kennzahl "Gesamtzahl der Mitarbeiter".

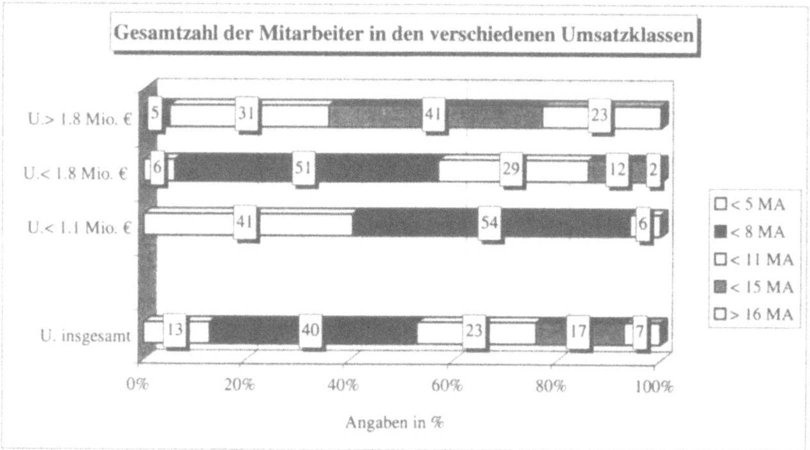

Abbildung 47: Apothekerbefragung 2001 – Anzahl der Mitarbeiter in den verschiedenen Umsatzklassen der Apotheken

Quelle: Eigene Darstellung.

Ein transparentes Bild hinsichtlich der Mitarbeiteranzahl bieten die Apotheken der Umsatzklasse I. Jede zweite Apotheke dieser Umsatzklasse beschäftigt zwischen 6 und 8 Personen. In 40 % der Apotheken, die bis zu 1.1 Mio. €umsetzen arbeiten zwischen 3 und 5 Mitarbeiter und nur 5 % dieser Apothekenbetriebe haben mehr als 8 Beschäftigte - maximal bis zu 10 Personen, d.h. 95 % der Apotheken der Umsatzklasse I besitzen eine maximale Personalstärke von 8 Mitarbeitern.

Apotheken der Umsatzklasse II beschäftigen zwischen 4 und 18 Personen. Jede zweite Apotheke dieser Umsatzklasse beschäftigt zwischen 6 und 8 Mitarbeiter. Apotheken dieser Umsatzklasse mit weniger als 5 Beschäftigte kommen im Gegensatz zu UI-Apotheken nur mit einem Anteil von 6 % im Datensatz vor. 80 % der UII-Apotheken besitzen eine Personalstärke zwischen 6 und 11 Mitarbeitern.

Apotheken der Umsatzklasse III wiesen in der Befragung eine Personalstärke zwischen 6 und 25 Mitarbeitern auf. 70 % der Apotheken, die jährliche Erlöse von mehr als 1.8 Mio. € erzielen, beschäftigen zwischen 9 und 15 Mitarbeiter. Fast jede vierte umsatzstarke Apotheke besitzt mehr als 16 Beschäftigte, diese im Vergleich zu den anderen Umsatzklassen hohe Personalstärke ergibt sich nicht zuletzt durch den großen Anteil an Hilfskräften, wie PKA's, ApothekenhelferInnen, u.a.

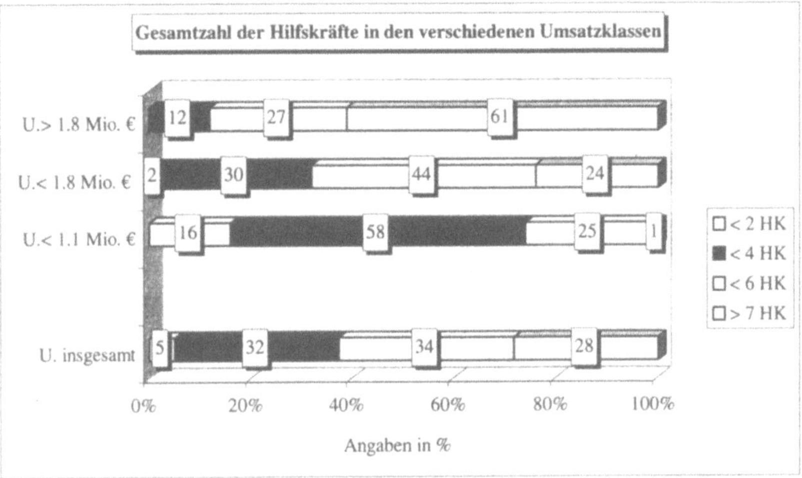

Abbildung 48: Apothekerbefragung 2001 – Anzahl der Hilfskräfte in den verschiedenen Umsatzklassen der Apotheken

Quelle: Eigene Darstellung.

Über 60 % aller Apotheken der Umsatzklasse III verfügen über mehr als 7 bis zu einer maximalen Zahl von 17 Hilfskräften. Anders das Bild bei Apotheken der Umsatzklasse II: Hier sind es knapp 75 % der Apotheken, die zwischen 3 und 6 Hilfskräften beschäftigen - die gleiche Zahl der beschäftigten Hilfskräften machen bei UI-Apotheken einen Anteil von knapp 85 % aus.

Eine andere wichtige Maßzahl im Apothekeneinzelhandel ist die Existenz von sogenannten "1 Mann (oder Frau) Apotheken", in denen primär nur ein leitender Pharmazeut beschäftigt ist. Ein solcher Apothekentyp ist aufgrund der schlechten wirtschaftlichen Rahmenbedingungen in Deutschland häufig vertreten. Über alle Umsatzklassen hinweg nimmt diese Maßzahl in Österreich nur eine untergeordnete Rolle ein - nur 15 % aller Apotheken werden primär durch einen Pharmazeuten geleitet. Dennoch besitzen die "1 Mann Apotheken" in der Umsatzklasse I einen Anteil von 37 % - in Apotheken der Umsatzklasse II nur noch von 12 %.

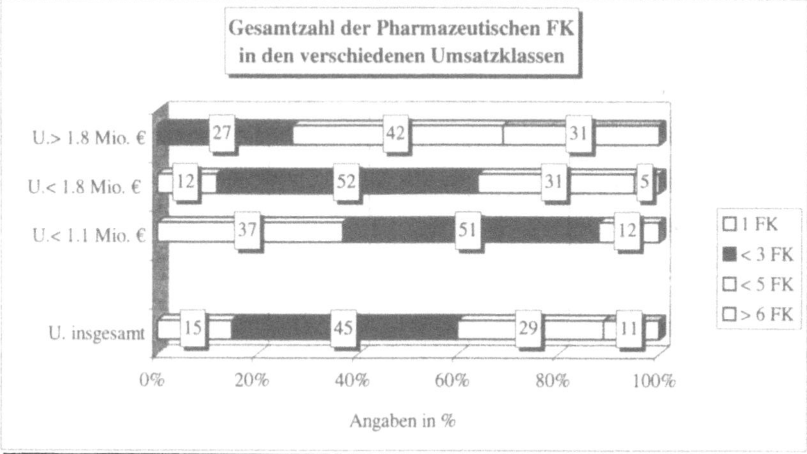

Abbildung 49: Apothekerbefragung 2001 – Anzahl der Fachkräfte in den verschiedenen Umsatzklassen der Apotheken

Quelle: Eigene Darstellung.

In jeder zweiten UI- bzw. UII-Apotheke werden 2-3 pharmazeutische Fachkräfte beschäftigt - die gleiche Anzahl an Fachkräften kommen in jeder vierten Apotheke der Umsatzklasse III vor. Knapp 90 %, der UI-Apotheken beschäftigen zwischen 1-3 ausgebildete Pharmazeuten. Über 80 % der Apotheken in der Umsatzklasse II beschäftigen zwischen 2 und 5 pharmazeutischen Fachkräfte. Bei den umsatzstarken Apotheken werden anteilsmäßig am häufigsten zwischen 4-5 Fachkräfte beschäftigt. In mehr als 30 % der Apotheken in der Umsatzklasse III arbeiten zwischen 6 und maximal 12 Fachkräften.

> *"Die Humanressourcen stellen einen zentralen Erfolgsfaktor zur Erreichung der Unternehmensziele dar" (Mayrhofer, 1999, S. 641).*

1/3 aller Mitarbeiter in österreichischen Apotheken sind ausgebildete Fachkräfte, die die notwendige Distribution und Beratung bei der Vergabe von Arzneimitteln sicherstellen und überwachen.

Die Frage liegt nahe, wie man als Klein- und Mittelbetrieb mit den bekannten Umsatzzahlen eine verhältnismäßig große Anzahl an Fachkräften beschäftigen kann. Fachkräfte erhöhen in jedem Fall die Qualität eines Dienstleistungs- und Handelsbetriebs, aber Qualität ist auch teuer. Die Antwort ist aber durchaus nachvollziehbar, denn fast 2/3 aller Apotheker arbeiten im Teildienst (vgl. Traxler/Koesser, 2000, S. 18).

Da wie oben beschrieben der Teildienst bzw. die Teilzeitbeschäftigten eine wesentliche Rolle im Apothekeneinzelhandel spielen wollte der Verfasser in seiner Befragung auch diesen Tatbestand näher beleuchten. Die Spannweite der Befragung betrug 24 Teilzeitbeschäftigte - zwischen keinem und 24 Teilzeitbeschäftigten Mitarbeitern pro Apothekenbetrieb wurden Angaben gemacht. Am häufigsten wurde die Anzahl der Teildienstbeschäftigten mit "drei" angegeben.

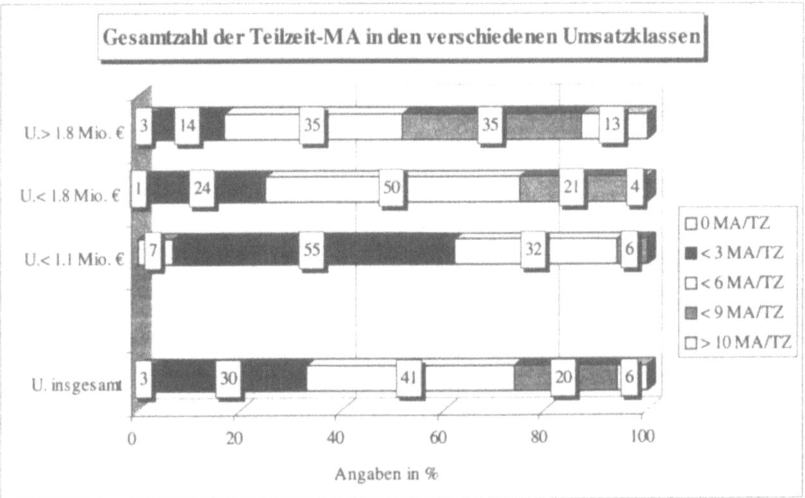

Abbildung 50: Apothekerbefragung 2001 – Anzahl der Teilzeitmitarbeiter in den verschiedenen Umsatzklassen der Apotheken

Quelle: Eigene Darstellung.

In nur 3 % aller befragten Apotheken arbeiten gar keine Teilzeitmitarbeiter. In jeder zweiten Apotheke, die Umsatzerlöse von bis zu 1.1 Mio. € erzielt, arbeiteten 1 bis 3

Teilzeitmitarbeiter. Im Gegensatz dazu sind 4-6 Teilzeitbeschäftigte in 50 % der Apotheken der Umsatzklasse II tätig. Ergänzend soll nun noch das Verhältnis Teilzeit- zur Vollzeitmitarbeiter bei den befragten Apothekern angeführt werden. Der Anteil der Vollzeitbeschäftigten nimmt mit der Zunahme des Umsatzes der Apotheken von 43 % (Umsatzklasse I) auf 48 % (Umsatzklasse III) zu. Zusammenfassend ergibt sich für alle Umsatzklassen die folgende Zusammensetzung.

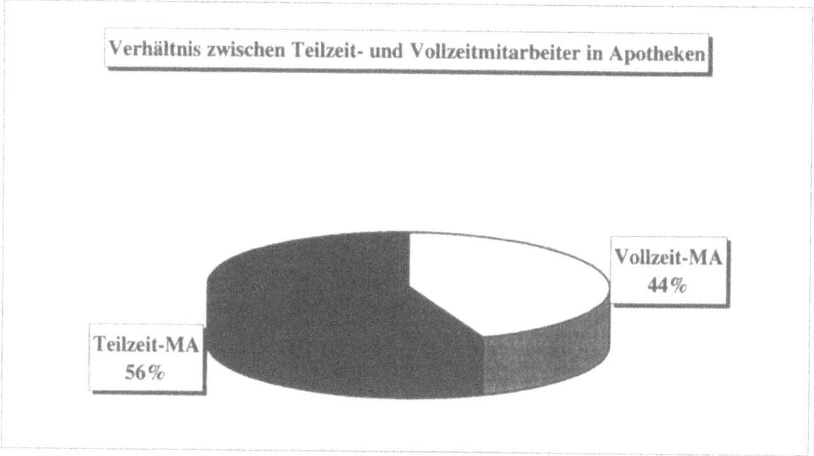

Abbildung 51: Apothekerbefragung 2001 - Verhältnis zwischen Teilzeit- und Vollzeitmitarbeitern

Quelle: Eigene Darstellung.

5.5 Sortimentspolitik

Unter Kapitel 4.4.4 wurden bereits ausführlich die Rahmenbedingungen der Sortimentspolitik in Apotheken ausführlich erörtert. Dort wurden auch die bestehenden und neueren Wachstumsfelder: OTC, Selbstmedikation, Kosmetik und Wellness beschrieben. Vieles, was in diesem Zusammenhang geschrieben wurde sind Denkanstöße und teilweise Visionen bzw. möglicherweise vorweggenommene Realitäten, die vereinzelt bereits angeboten werden, die aber die große Masse der Apothekensortimente noch nicht durchdrungen hat.

94 % des Gesamtumsatzes von österreichischen Apotheken wird mit Arzneimitteln erzielt - in Deutschland sind es 92 % und in Italien 84 % (vgl. Lechner, 2000, S. 34; Traxler, 2000, S. 1062), d.h., freie Sortimentsplanung, so wie es der sonstige Einzelhandel versteht kann nur im Rahmen dessen stattfinden, was nicht rezeptpflichtig ist. Da im Schnitt 70 % des Apothekenumsatzes direkt mit den Krankenkassen verrechnet wird bleiben höchstens bis zu 30 % des Umsatzes übrig, deren Höhe man durch die Gestaltung einer mehr (Ergänzungssortimente) oder weniger (Apothekenpflicht) eigenverantwortlicher Sortimentsplanung beeinflussen kann. Auch wenn diese genannten Zahlen seit Jahren stabil geblieben sind erwartet man in der Gesundheitsbranche starke Veränderungen in den nächsten 10 Jahren national als auch EU-weit. Daher wurde zu Beginn des Kapitels Sortimentspolitik dem leitenden Apotheker Fragen zu seinen Hauptsortimentsgruppen und deren Umsatzanteilen heute (2001) und prognostizierend im Jahr 2001 gestellt. Daran schließt sich die elementare Frage der Sortimentsbreite an, um die im österreichischen Apothekeneinzelhandel im Jahre 2001 aktiv gestritten wurde, als es um die Diskussion um "Hausapotheken und SD-Ärzte" ging (vgl. Interview mit Apothekerpräsidenten). Wichtige Erkenntnisse erwartete man sich auch aus der Analyse der Fragenkomplexes zum Ergänzungssortiment, die u.a. auch die Frage nach Eigen- bzw. Hausmarken in Apotheken stellt. Eigenmarken gelten im Handel allgemein als wichtiges Profilierungsinstrument gegenüber der Konkurrenz. Am Ende werden dann noch Fragen über die Apothekenzulieferer gestellt, die zum Thema Sortiment nur im weiteren Sinne gezählt werden kön-

nen, dennoch für die Erfolgsfaktorenforschung von großer Bedeutung sind, was die Erzielung von Einkaufsvorteilen (economies of scale und Direktbelieferung) und den Aspekt der Unabhängigkeit (vertikale Vorwärtsintegration) der einzelnen Apotheken anbelangt.

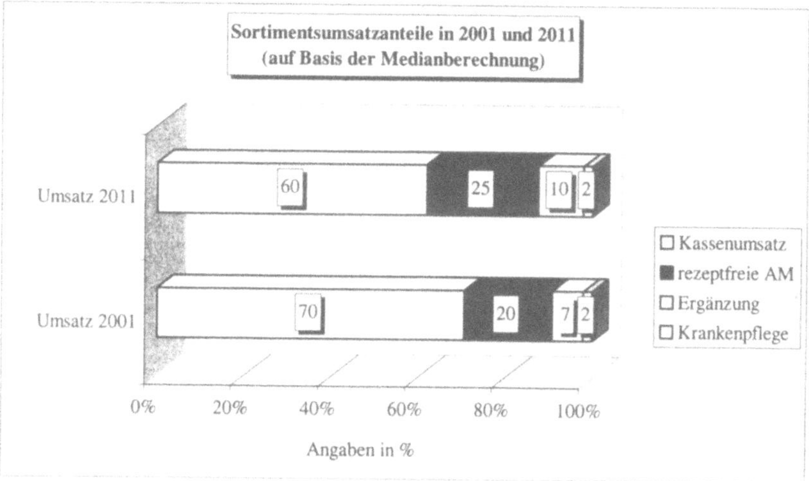

Abbildung 52: Apothekerbefragung 2001 - Sortimentsumsatzanteile in 2001 und 2011
Quelle: Eigene Darstellung.

Über alle Umsatzklassen hinweg beurteilten die befragten Apotheker die aktuellen und künftigen Umsätze Ihrer Warengruppen fast gleich. Alle Pharmazeuten erwarten einen Rückgang des Krankenkassenumsatzes von derzeit (2001) 70 % auf 60 % im Jahr 2011. Umsatzsteigerungen von 25 und 30 % werden bis zum Jahr 2011 im Ergänzungssortiment und beim Verkauf von rezeptfreien AM erwartet. Stagnation und leichte Zuwächse innerhalb der Umsatzklassen erwartet man in der Warengruppe der Krankenpflegeartikel, die aber bezogen auf die gesamte Sortimentsbreite nur ein "Schattendasein" fristet.

Fester Bestandteil der Sortimentspolitik ist die Sortimentsbreite und -tiefe, die u.a. Aufschluß gibt über die Anzahl der Artikel in einem Handelsbetrieb. Da es auch in diesem Bereich in Österreich kaum veröffentlichte Daten gibt, die als repräsentativ eingestuft werden können, wurde in dem Fragebogen auch nach der Anzahl der Artikel (in Klassen eingeteilt) gefragt.

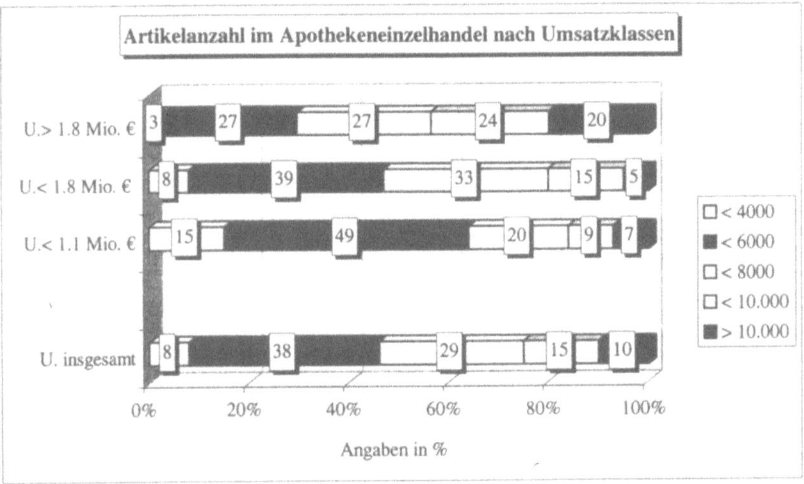

Abbildung 53: Apothekerbefragung 2001 - Artikelanzahl im Apothekeneinzelhandel nach Umsatzklassen

Quelle: Eigene Darstellung.

Wie zu erwarten war, unterscheiden sich die Anzahl der Artikel in den verschiedenen Arzneimittel- und Gesundheitssortimenten je nach Umsatzgröße der Apotheken. Jede zweite Apotheke der Umsatzklasse I hat zwischen 4000 und 6000 Artikel auf Lager. 70 % der befragten Apotheken der Umsatzklasse II führen einen Artikelstamm zwischen 4000 und 8000 Artikel - 20 % dieser Betriebe führen mehr und der Rest weniger als die genannte Artikelanzahl. Etwas Verwunderung löst zu Beginn das Ergebnis von UIII-Apotheken hinsichtlich der Sortimentsartikel aus: Grob gesagt sind es jeweils 25 % der UIII-Apotheken, die weniger als 6000, weniger als 8000, weniger als 10.000 und mehr als 10.000 verschiedene Gesundheitsprodukte im Sortiment führen. Gibt man sich aber die Mühe und teilt man die gemachten Angaben in nur zwei Klassen auf und zwar in Apotheken, die weniger als 8000 und mehr als 8000 Positionen in ihren Betrieben vorrätig halten, dann ergibt sich ein durchaus verständliches Zahlengebilde: Mehr als 40 % der UIII-, 20 % der UII- und 16 % der UI-Apotheken haben mehr als 8000 Artikel "on stock". Diese Ergebnisse lassen die tendenziöse Aussage zu, daß die (begrenzte) Höhe der Artikelanzahl im Apothekensortiment ein Erfolgsfaktor darstellt.

Die Anzahl der Artikel im Apothekeneinzelhandel entspricht in etwa auch der Menge von Artikeln, die auch im sonstigen Facheinzelhandel (5000 bis 10.000) angeboten werden (vgl. Berekoven, 1990, S. 74). Die Besonderheit liegt aber bei Apotheken darin, daß diese je nach Anforderungen bis zu 5 x pro Tag vom pharmazeutischen Großhandel mit Arzneimitteln beliefert werden können. Somit ist eine im Handel wohl einzigartige dauernde Lieferbereitschaft gegeben, die wiederum deutlich macht, daß Arzneimittel Ware der besonderen Art sind.

Seit den 90er Jahren dominiert im Einzelhandel das Phänomen der Durchbrechung von Sortimentsstrukturen: Wer hätte Mitte der 80er Jahre gedacht, daß man am Anfang des neuen Jahrtausends seine Semmeln in der BP oder ARAL Tankstelle kauft, die heute mit ca. 2500 Artikeln in den Lebensmittelbereich vorgestoßen ist. Insbesondere BP setzt auf das Prinzip Nahversorger mit ihrem Konzept "Petit Bistros" mit z.T. offenen Wok-Küchen in den Tankstellen (vgl. Schröder, 1999, S. 909). Auch die Handelskette Tchibo/Eduscho ist ein Beispiel für die Durchbrechung von Sortimenten: Seit 1994 macht die Kaffeerösterei mehr Umsatz im Non-Food-Bereich als im eigentlichen Kerngeschäft (vgl. Ahlert/Schlüter/Vogel, 1997, S. 5ff). Warum sind ähnliche Tendenzen nicht auch bei den Apothekennahversorgern möglich, die vor dem Hintergrund einer mehr und mehr globalisierten Handelslandschaft ein Gegenpol bilden könnten, indem diese ein lokal orientiertes „Greißler" oder „Tante Emma Laden" Image für ihre Marktposition ausnutzen. Letztere Betriebsformen sind am Ende an dem Preiskrieg mit den Ketten gescheitert. Apotheken sind aber durch die Preisbindung von Arzneimitteln, die der Konsument als gegeben hingenommen hat, geschützt. Flankierend von solchen Rahmenbedingungen könnte der Aus- und Aufbau von breiteren Randsortimenten im Bereich der Gesundheitsergänzung, Wellness, Kosmetik etc., soweit sie rechtlich möglich sind, in Angriff genommen werden. In der Befragung wurde in erster Linie nach Warengruppen gefragt, die auch bereits in vielen Apothekenrandsortimenten vertreten sind. Interessant war für den Verfasser die

Frage, in wie weit diese Warengruppen das Ergänzungssortiment der Apotheken auf nationaler Ebene bereits durchdrungen hat. Das Ergebnis war eindeutig und erfreulich: 7 der 12 abgefragten Warengattungen sind bei mehr als 95 % der Apotheken bereits gelistet; „Veterinärprodukte“ werden von ca. 88 % der an der Untersuchung beteiligten Betriebe angeboten und zu 60 % werden auch „Diät- und Diabetiker-“ sowie „Babynahrung“ angeboten. Der Warenbereich "Videos und Bücher zum Thema Gesundheit" wird bisher in nur jeder dritter Apotheke des Landes angeboten, wobei dort ergeben hat, das fast jede zweite (45 %) der Apotheken der Umsatzklasse III auch diesen für Apotheken neuen Warenbereich anbietet.

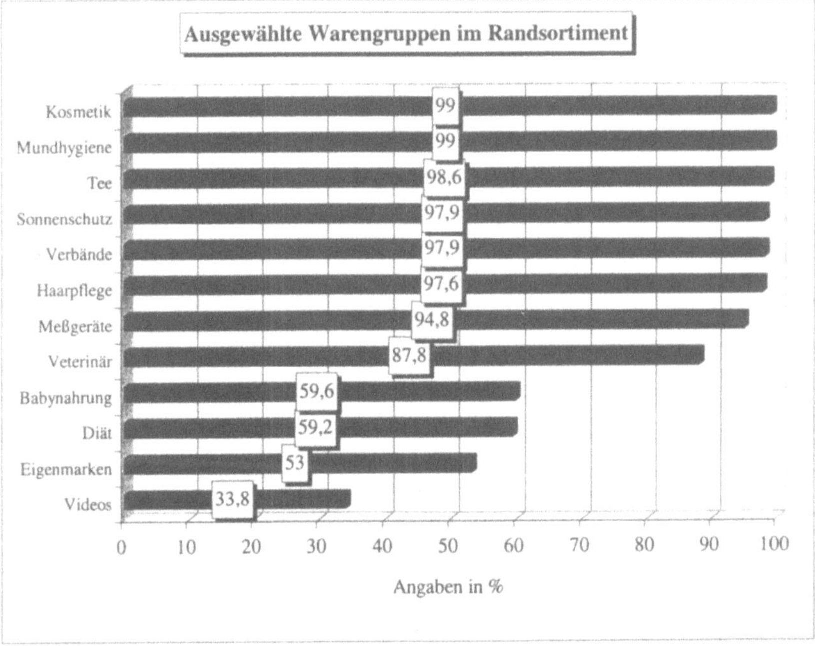

Abbildung 54: Apothekerbefragung 2001 - Ausgewählte Warengruppen im Randsortiment

Quelle: Eigene Darstellung.

Eigenmarken spielen bezogen auf den Gesamtumsatz einer Apotheke nur eine mehr als untergeordnete Rolle. Sie üben aber für die Positionierung der Einkaufsstätte Apotheke im lokalen Umfeld eine marketingrelevante Funktion aus. Eigenmarken sollten in geringer Anzahl in den Hauptabsatzgebieten von Apothekerseite angeboten werden - zu denken wäre da beispielsweise an ein Arzneimittel, das gegen grippale Infekte und Erkältungskrankheiten wirkt, welches gerade über die Jahreswende vermehrt beworben werden sollte. Eigenmarken erhöhen gemeinsam mit anderen Dienstleistungs- und Servicefunktionen die Einkaufsstättentreue damit die Kundenbindung und unterstützen das Cross-Selling-Potential. Da jede zweite Apotheke Eigenmarken in ihrem Sortiment führt soll nun näher untersucht werden, ob das Führen von Eigenmarken abhängig von der Umsatzklasse der Apotheken ist.

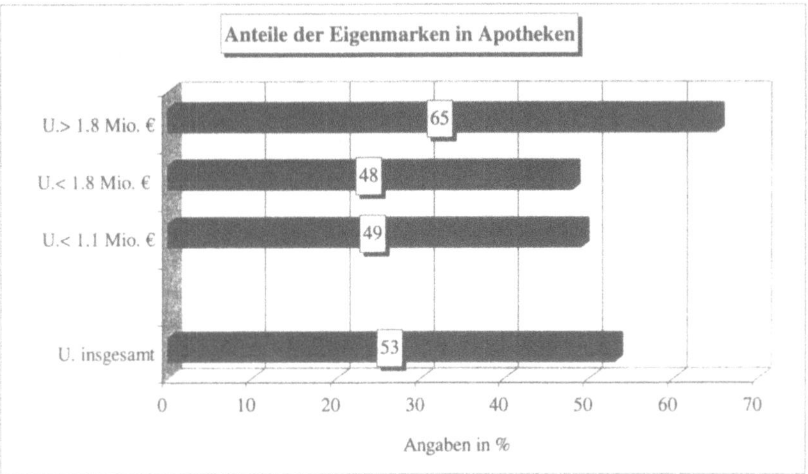

Abbildung 55: Apothekerbefragung 2001 - Anteile der Eigenmarken in Apotheken

Quelle: Eigene Darstellung.

65 % der Apotheken der Umsatzklasse III vertreiben Eigenmarken. Bei Apotheken der Umsatzklassen I und II liegt der Anteil an Eigenmarken bei unter 50 %, d.h., das Führen von Eigenmarken bei umsatzstarken Apotheken ist um 35 % häufiger als bei UI- und UII-Apotheken, deren Umsatz unter 1.8 Mio. €liegt[91].

[91] Prüftest: Die Nullhypothese sagt im vorliegenden Fall aus, daß es keinen Zusammenhang zwischen dem Führen von Eigenmarken und dem betriebswirtschaftlichen Erfolg einer Apotheke gibt. Ausgehend vom vorgegebenen Signifikanzniveau muß die Nullhypothese verworfen werden und damit liegt ein signifikantes Ergebnis vor.

Exkurs: Umsatzanteile mit den Zulieferern und Transaktionspartnern

Als nächsten Punkt werden die Geschäftskontakte zwischen dem Apotheker als Einzelhändler (als letzter in der pharmazeutischen Wertkette) und den Zulieferern, wie Industrie und Großhandel untersucht. Gefragt wird danach, wie groß der Anteil des Apothekenumsatzes ist, der über den Haupt- und den Nebengroßhändlern abgewickelt wird und wie groß der Erlösanteil ist, der jährlich direkt mit der Industrie verrechnet wird. Im Anschluß an diese Frage wird auch untersucht, wie oft die Industrie ihre Außendienstmitarbeiter pro Woche in die jeweiligen Apotheken zu Verkaufsgesprächen entsendet.

Mittelwerte (gerundet)	*U I* *U < 1.1 Mio. €*	*U II* *1.1 bis 1.8 Mio. €*	*U III* *U >1.8 Mio. €*
Kennzahlen zu Transaktionspartnern			
• ***Anzahl der Zulieferer (GH)*** *(SAZGH)*	2	3	3
• ***Anteil des Umsatzes mit dem größten Pharmagroßhändler*** *(SATUGH)*	70%	68%	63%
• ***Anteil des Umsatzes mit der Industrie*** *(SATUHER)*	11%	13%	14%
• ***Anzahl der Pharmareferentenbesuche pro Woche*** *(SAZAD)*	3	4	6
• ***Anzahl der Ärzte, die für 50% des Umsatzes verantwortlich sind*** *(SOFOW)*	3	5	10

Tabelle 34: Apothekerbefragung 2001 - Ausgewählte Kennzahlen zu Transaktionspartnern
Quelle: Eigene Darstellung.

Die erste Kennzahl "Anzahl der Zulieferer (GH)" ist wenig überraschend: Es gibt in Österreich zwar neun Pharmagroßhandelsunternehmen, aber die größten drei verfügen über einen Marktanteil von 84 % (siehe Kapitel 3.4.4). Bei oligopolistischen Marktverhältnissen, wie sie im Pharmagroßhandel vorherrschen kann man sich aus Apothekersicht eine relativ gute Marktübersicht, was Preise und Konditionen anbelangt, verschaffen. Der große Anteil von 60-70 %, den ein Apotheker mit seinem

Hauptpharmagroßhändler macht, ergibt einen Sinn, denn wenn der Apotheker den Umsatz splittet verschenkt er Rabatte. Trotzdem sollte die Abhängigkeit zwischen Apotheker und Großhandel nicht so weit gehen, daß wie in der Umfrage angegeben Apotheken mit nur einem Großhändler zusammenarbeiten, mit denen sie 100 % des Umsatzes abwickeln. Daher sollten immer wieder Gespräche mit anderen Pharmagroßhändlern geführt werden, die Neukundenaquisitionen honorieren. Auffallend ist bei umsatzstärkeren Apotheken die Abhängigkeit gegenüber einem Großhändler geringer ist, als bei den Apotheken der Umsatzklasse I und II. Auch der Anteil des Umsatzes, der mit der Industrie direkt abgewickelt wird, ist bei Apotheken der Umsatzklasse III höher: Der maximal angegeben Wert lag in dieser Umsatzklasse bei einem Wert von 40 % des Umsatzes. Bei Spitals- bzw. Krankenhausapotheken ist das Verhältnis genau umgekehrt - hier werden zwischen 80-90 % des Umsatzes direkt mit der Industrie verrechnet, den Rest übernehmen in Ausnahmefällen die Großhändler. Genau wie die 51 Anstaltsapotheken werden auch die öffentlichen Apotheken von den Außendienstmitarbeitern, der in Österreich ansässigen 200 pharmazeutischen Industrieunternehmen besucht (vgl. Pharmig, 2001, S. 22). Das Ergebnis der Befragung zeigt, daß Apotheken der Umsatzklasse I drei mal pro Woche und Apotheken der Umsatzklasse III doppelt so oft, nämlich sechs mal pro Woche von den Pharmareferenten aufgesucht werden, d. h. durch die von IMS Austria monatlich oder quartalsweise erhobenen Abverkaufszahlen in Apotheken werden gezielt auch die Mitarbeiter der pharmazeutischen Unternehmen auf umsatzstarke Apotheken angesetzt.[92]

[92] Mittelwertdifferenzentest: Die Nullhypothese lautet, daß die Mittelwerte der drei Grundgesamtheiten gleich sind, bzw. daß in Wahrheit keine Mittelwertdifferenz vorliegt. Die Nullhypothese, die sich auf die Mittelwerte der Tabelle "Ausgewählte Kennzahlen zu Transaktionspartnern" bezieht, kann mit Ausnahme von einem Fall für alle Gruppenmittelwerte verworfen werden und repräsentiert damit ein signifikantes Ergebnis. Eine Ausnahme stellt der "Anteil des Umsatzes mit der Industrie" dar - in diesem Fall ist das Ergebnis zufällig und die Nullhypothese bestätigt sich.

5.6 Servicepolitik

> *Eine ständig steigende Bedeutung ist in Anbetracht des allgemeinen Profilierungsstrebens im Handel weiterhin der Servicepolitik beizumessen (Meffert, 1998, S. 1109).*

Die Service- und Kundendienstleistungen werden im Apothekeneinzelhandel immer wichtiger. Wie auch in anderen Bereichen der Handelslandschaft genügt es nicht mehr allein sich auf die Kernkompetenzen zu konzentrieren. Die Kernkompetenz eines Apothekers ist die qualitative Beratung und Sicherstellung der Arzneimitteldistribution an die Bevölkerung. Die Marketingaktivitäten im Dienstleistungsbereich sind den Veränderungen im Konsumentenverhalten ("mündiger Patient") anzupassen (vgl. Meffert, 1998, S. 1088). Der Apotheker versucht durch Serviceleistungen rund um die Kernkompetenz des Pharmazeutenberufes im lokalen Umfeld eine Kundenbindung zu generieren, die Aspekte der Einkaufsstättentreue, der Wiederholungskäufe, der Nutzung von Cross Selling Potential und die Weiterempfehlungsbereitschaft positiv beeinflußt. Diese Maßnahmen zur Kundensicherung haben das Ziel einen maximalen Grad an Kundenzufriedenheit zu erlangen, denn Kundenzufriedenheit ist der Schlüssel zur Kundenbindung. Ein aktives und umfassendes Kundenbindungsmanagement (Customer Relationship Marketing) kann langfristig helfen Erfolgspotentiale aufzubauen.

Der Aufbau eines diesbezüglichen langfristigen Erfolgspotentials im Rahmen der Kommunikationspolitik setzt sich aus einer ganzen Anzahl von einzelnen Serviceleistungen zusammen. 18 verschiedene Serviceleistungen wurden in sogenannten Pretests erhoben und im Rahmen der vorliegenden Untersuchung in den Fragebogen aufgenommen und abgefragt.

Mittlerweile bietet jede Apotheke, die sich an der Untersuchung beteiligt hat, eine "Reise und Impfberatung" an. Weiter bieten 90 % aller Apotheken „Telefon und Rauchentwöhnungsberatung“ an. Obwohl viele Verkaufsräume nur ca. 30 qm groß sind existieren in 98 % der Apotheken Sitzgelegenheiten. 9 von 10 Apotheken bieten weiter die "Entsorgung von Arzneimitteln[91]", "Blutdruckmessungen" bei Patienten sowie „Kundenzeitschriften“ an.

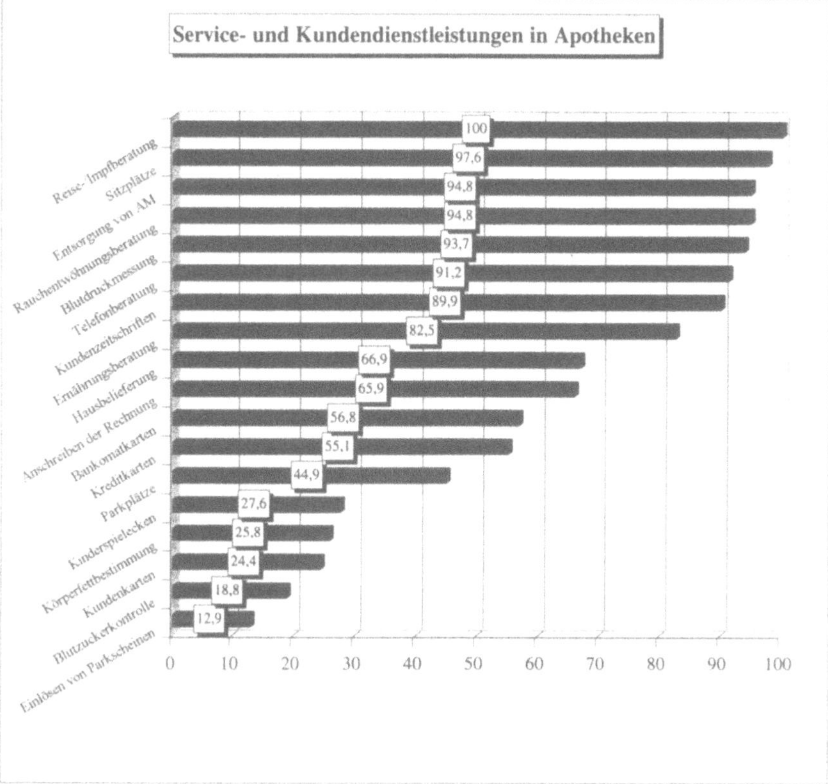

Abbildung 56: Apothekerbefragung 2001 - Service und Kundenleistungen in Apotheken

Quelle: Eigene Darstellung.

2/3 aller Apotheke versorgen in Ausnahmefällen auch Patienten mit Arzneimitteln zu Hause. Der gleiche Prozentsatz an Apotheken gewährt nach wie vor seinen Stammkunden auf Wunsch ein "Anschreiben des Rechnungsbetrages". Der Verkauf via „Bankomat- bzw. EC-Karte“ oder „Kreditkarte“ wird nur von 56 % bzw. 55 % der

[91] Anmerkung: Von den durchschnittlichen 20 Packungen, die ein Österreicher im Jahr verbraucht, werden 0,9 Packungen mit geringem Inhalt entsorgt. Altmedikamente werden zu 56 % über die Apotheke, zu 26 % über den Hausmüll, zu 19 % über den Sondermüll und zu 5 % über die Gemeinde entsorgt. Das sind Ergebnisse einer Studie des IMAS Institutes zur Entsorgung von Rest-Medikamenten aus dem Jahr 2000 (vgl. Traxler/Koessler, 2001, S. 32ff).

Apotheken angeboten. Fast jede zweite Apotheke, vornehmlich auf dem Land, bietet ihren Besuchern auch Parkplätze an - bei 13 % der Apotheken ist sogar das Einlösen von Parkscheinen möglich. Letzteres wird verstärkt von Apotheken der Umsatzklassen I und II angeboten. "Körperfettbestimmungen" werden von jeder vierten Apotheke angeboten - während nur jede fünfte zusätzlich auch die "Kontrolle von Blutzuckerwerten" durchführt. Knapp jede fünfte Apotheke bietet auch Kundenkarten an, diese Betriebe werden etwas später noch gesondert untersucht.

1/3 der untersuchten Serviceleistungen sollen nun noch einmal einer Feinanalyse nach Umsatzklassen unterzogen werden. Die im folgenden untersuchten Leistungen liegen am unteren Ende der obigen Abbildung und wurden in erster Linie ausgewählt, weil die Umfrageergebnisse zwischen den Umsatzklassen der Apotheken bis zu 50 % von einander abweichen.

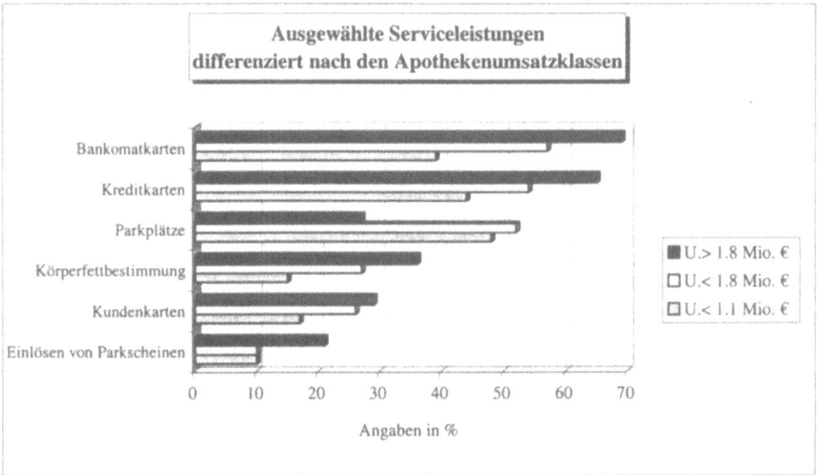

Abbildung 57: Apothekerbefragung 2001 - Ausgewählte Serviceleistungen differenziert nach den Apothekenumsatzklassen

Quelle: Eigene Darstellung.

Generell gilt für fast alle in den beiden Abbildungen aufgeführten Serviceangebote, daß diese mit steigendem Umsatz der Apotheken verhältnismäßig öfter von deren Inhabern offeriert werden.

Circa jede zweite Apotheke der Umsatzklasse I und II stellt ihren Kunden Parkmöglichkeiten bereit - nur jede vierte Apotheke der Umsatzklasse III kann ihren Besuchern den gleichen Service anbieten. Der Grund für diese Aufteilung liegt in der regionalen Verteilung der verschiedenen Apothekentypen. 3/4 der Apotheken, die unter 1.8 Mio. €umsetzen haben ihren Standort am Land oder am Stadtrand, wo die Parkmöglichkeiten viel eher gegeben sind. 55 % der umsatzkräftigen Apothekenunternehmen liegen in der Stadt und haben nur begrenzt oder gar keine Möglichkeit Parkplätze zur Verfügung zu stellen. Sind diese Parkplätze jedoch kostenpflichtig erstatten über 20 % der umsatzstarken Apotheken ihren Kunden das Parkgeld, während dies nur jeweils 10 % der Apotheken der Umsatzklassen I und II machen.

Das Dienstleistungsangebot "Körperfettbestimmung" wird nur von 15 % der UI-Apotheken angeboten. Dieses Serviceangebot wächst sukzessive bis zu einem Anteilswert von 36 % der UIII-Apotheken an, die eine derartige Untersuchung bei Patienten und Kunden durchführen.

Interessant sind die Mittelwertergebnisse zum Bereich "bargeldloser Zahlungsverkehr". Während in allen anderen Einzelhandelsbetriebsformen das "Anschreiben des Rechnungsbetrages", wie es früher bei "Tante Emma Läden" und "Greißlern" Usus war, keine Rolle mehr spielt, ist diese Art des bargeldlosen Zahlungsverkehrs im Apothekeneinzelhandel dominierend: 66 % der befragten Apotheken ermöglichen ihren Kunden ein Anschreiben des Rechnungsbetrages, 57 % gestatten den Verkauf via „Bankomatkarte“ und 55 % den Kauf via „Kreditkarte“. Verwunderlich ist beispielsweise, daß Betriebe der Umsatzklasse I die Kreditkartenbenutzung den Vorzug vor der Bankomatkarte geben, obwohl Kreditkarten mit höheren Gebühren für den Apothekeneinzelhändler verbunden sind.

Kundenkarten gelten seit längerem als das Instrument der Kundenbindung im Handel. Im Apothekeneinzelhandel haben sich Kundenkarten bisher noch nicht durchgesetzt: 17 % der UI-, 26 % der UII- und 29 % der UIII-Apotheken haben bisher nur Kundenkarten an ihre Kunden ausgegeben. Das ist das vorweggenommene Ergebnis der nächsten Fragestellung, die sich an die Apotheker richtete, die Kundenkarten als Instrument der Kundenbindung bereits einsetzen, sie fragte nach der Anzahl der bisher ausgegebenen Kundenkarten. Das Resultat dieser Fragestellung ist in der Abbildung in Form der klassifizierten Häufigkeitsverteilung zu dokumentiert.

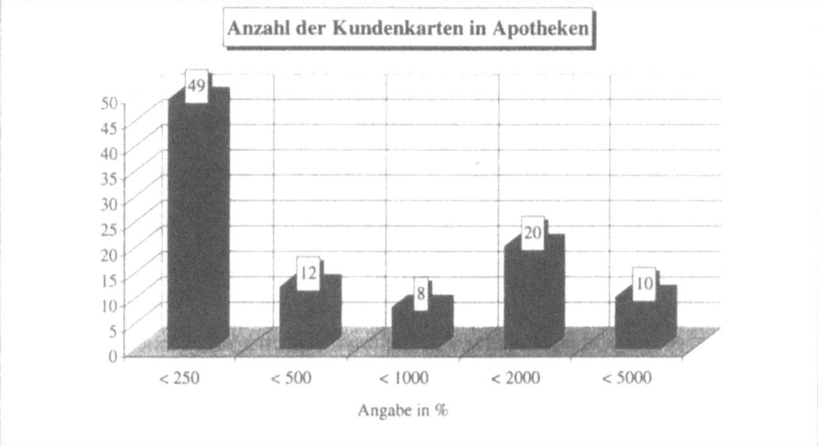

Abbildung 58: Apothekerbefragung 2001 - Anzahl der Kundenkarten in Apotheken
Quelle: Eigene Darstellung.

Die Spannweite der angegebene Werte variierte zwischen 20 und 5000 ausgegebene Kundenkarten. Fast die Hälfte der befragten Apotheker, die Kundenkarten bereits einsetzen, haben weniger als 250 Karten an ihre Kunden bisher verteilt. Wenn man bedenkt das pro Monat durchschnittlich über 5000 Kunden in Apotheken bedient werden und der Stammkundenanteil um die 70 % liegt, zeigt dies eigentlich recht deutlich, daß Kundenkarten sich bisher im Apothekeneinzelhandel nicht durchgesetzt haben. Viele der Apotheken stehen laut Angaben aus den Fragebögen erst am Anfang der Ausgabe von Kundenkarten. Dies erklärt auch die Kennzahl, daß jede zweite Apotheken nicht mehr als (bisher) 250 Kundenkarten an ihre Konsumenten ausgegeben haben. Die Zahlen in der Abbildung oben sprechen für sich. Es kann in bezug auf Kundenkarten von Verfasserseite kein abschließendes Urteil dazu abgegeben werden.

Zu der Kernkompetenz der Apotheken zählt die qualitative Beratung bei der Vergabe von Arzneimitteln. Dies wird immer wieder von Apothekerseite betont, wenn es um die Diskussion des "Pharmazeutenberufes" geht, die seit Jahrhunderten auf einer akademischen Ausbildung basiert. Die „unabhängige, fachliche hochqualifizierte Beratung“ (Cabana, 2001, S. 1) war das Hauptargument des pharmazeutischen Handels, als es darum ging gegen die Aufnahme von Arzneimitteln in das Aldi Sortiment zu opponieren. In den Anzeigen der Gehe Pharma GmbH war damals der Slogan zu lesen: "Zu Risiken und Nebenwirkungen fragen Sie die Kassiererin" (vgl. Schröder, 1999, S. 922f). Da der Apotheker sich gegen das Image eines akademischen Einzelhändlers wehrt und immer auf den Aspekt der qualitativen Beratung des Patienten verweist, war dies für den Verfasser der Anlaß die "Beratungszeit" zu operationalisieren. Es wurde jeder Apotheker gebeten seine individuelle durchschnittliche Beratungszeit in Minuten pro Kunde anzugeben.

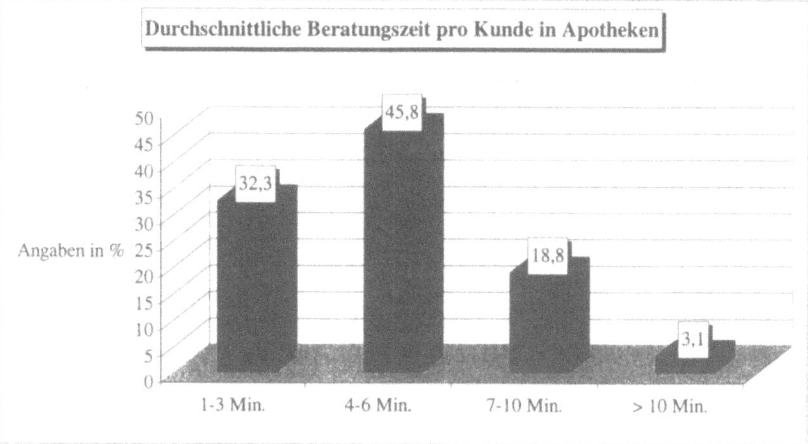

Abbildung 59: Apothekerbefragung 2001 - Durchschnittliche Beratungszeit pro Kunde in Apotheken

Quelle: Eigene Darstellung.

Der Mittelwert der Beratungszeit pro Kunde liegt bei allen Apotheken bei ca. 5,5 Minuten. Die Spannweite der „Beratungszeit“ lag zwischen 1,5 und 15 Minuten. Der Modus lag bei 5 Minuten. Zusammenfassend läßt sich sagen, daß jeder dritte Apotheker seine Kunden zwischen 1-3 Minuten, fast jeder zweite Apotheker Patienten zwischen 4-6 Minuten und jeder fünfte Pharmazeut mehr als 7 Minuten benötigt um seine Kundschaft entsprechen zu beraten.

5.7 Offizingestaltung und Warenpräsentation

Im Vorfeld des Kapitels sollen zu Beginn für den branchenfremden Leser die Begriffe „Offizin“ und „Apothekentara“ erklärt werden: Die „Offizin“ ist Verkaufsraum einer Apotheke. Neben dem Terminus „Offzin“ ist auch der Begriff „Apothekentara“, was nichts anderes heißt als Verkaufstheke, apothekenspezifisches Verkaufsraumvokabular.

Die Ladengestaltung, als Bestandteil der Kommunikationspolitik, kann als eigenständiger Bereich des Profilierungsmanagements im Handel angesehen werden und hat als langfristiges Ziel die Generierung eines "USP" (Differenzierung gegenüber der Konkurrenz). Die Verkaufsraumgestaltung ist ein absatzwirtschaftlicher Erfolgsfaktor im Einzelhandel.

> *Der Intervall zwischen den Umbauten eines Geschäftes läßt Rückschlüsse ziehen auf den Stellenwert des Ladenbaues für ein Unternehmen (Schnedlitz/Madlberger/Haller, 1999, S. 20).*

Nach den EHI-Zahlen und Angaben aus der Fachliteratur werden Ladenerneuerungen teilweise alle 4-5 Jahre durchgeführt (vgl. Berekoven, 1995, S. 283). Die empirische Studie "Entwicklungstendenzen im Ladenbau aus der Sicht des Handels", die vom Institut für Handel und Marketing der WU-Wien durchgeführt wurde und die die Häufigkeit der Ladenumbauten sowohl in Drogerien und Parfümerien, im LEH, im Bekleidungs- und Textilhandel als auch im Sportartikelhandel im Jahr 2000 untersucht hat, kommt zu dem Ergebnis, daß die meisten Ladenumbauten[93] alle 6-9 Jahre stattfinden (Schnedlitz/Madlberger/Haller, 1999, S. 20f). Die Ergebnisse dieser Studie werden mit den diesbezüglichen Resultaten der vorliegenden Untersuchung in der folgenden Abbildung gegenübergestellt.

45 % der untersuchten Apotheken wurden innerhalb der letzten drei Jahre renoviert bzw. neu gestaltet - im entsprechenden Vergleich waren es nur 3,2 % der sonstigen

[93] Anmerkung: Die in der Studie der WU-Wien erhobenen Daten bezüglich der Ladenumbauten beziehen sich primär auf Totalumbauten der Einzelhandelsabverkaufsräume. In der vorliegenden empirischen Untersuchung fallen in den Bereich Umbau sowohl Renovierungen als auch Neugestaltungen der jeweiligen Offizine.

Einzelhandelsbetriebe, deren Läden umgebaut wurden. Mit der genauen Analyse des Datenmaterials kommt man zu dem Ergebnis, daß die Hälfte aller Apotheken in den letzten 5 Jahren renoviert wurden, bei der anderen Hälfte liegt das Renovierungsalter länger als fünf Jahre zurück - bei fast einem Drittel der Apotheken länger als 10 Jahre.[94] Das arithmetische Mittel der letzten Verkaufsraumrenovierung liegt bei 8,7 Jahren, der Median bei 5 und der Modus bei 2 Jahren.

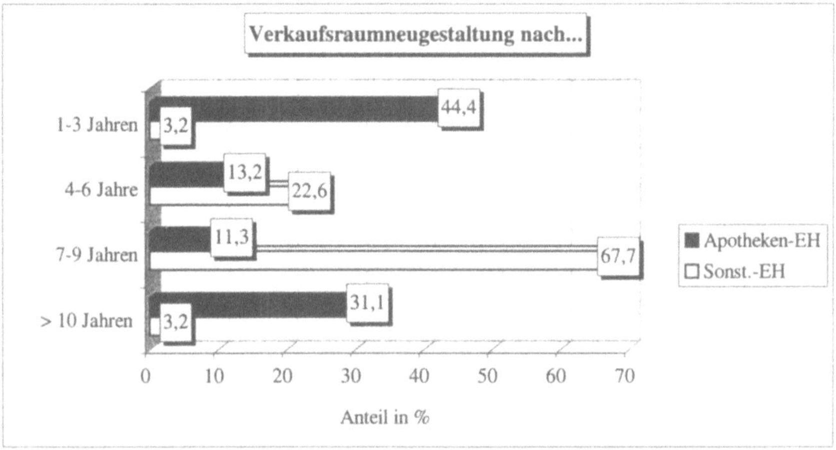

Abbildung 60: Apothekerbefragung 2001 - Erneuerung der Verkaufsräume in Apotheken

Quelle: Eigene Darstellung.

Die Analyse der Verkaufsraumerneuerung weist im Apothekeneinzelhandel auf eine Polarisierung hin: Die eine Hälfte der Apotheken mißt einem Umbau der Offizin und dem damit verbundenen möglichen absatzwirtschaftlichen Erfolg[95] hohe Bedeutung zu - die andere Hälfte der Apotheken vernachlässigt diesen Erfolgsfaktor. Trotzdem zeigen die hier diskutierten Ergebnisse ein bemerkenswertes Bild für die meisten Apotheken auf, die im sonstigen Einzelhandel Erstaunen auslösen könnte. Bei der Analyse darf man nicht vergessen, daß der gesamte Arzneimitteleinzelhandel aus ca.

[94] Prüftest: Im vorliegenden Untersuchungsgegenstand "Erneuerung der Verkaufsräume in Apotheken" wird von der Hypothese ausgegangen, daß die aus der Stichprobe gewonnenen Daten sich nicht auf die Grundgesamtheit übertragen lassen. Infolge der Prüfung ergibt sich ein signifikantes Ergebnis und damit die Ablehnung der Nullhypothese.

1100 einzelnen Apothekenbetrieben mit ebenso vielen Eigentümern besteht. Filialisierende oder kooperative Handelssystemstrukturen mit entsprechendem finanziellen Background sind dem Arzneimitteleinzelhandel (aus rechtlichen Rahmenbedingungen) fremd. Apothekenbetriebe sind Klein- und Kleinstbetriebe, deren finanzielle Mittel begrenzt sind. Darüber hinaus gehören Apotheken zu dem wohl ältesten standortbezogenen Einzelhandelszweig im deutschsprachigem Raum. In der vorliegenden Untersuchung (siehe Kapitel 5.2 und 5.3) ist nachgewiesen worden, das Apothekenbetriebe teilweise 100, 200, 450 und 600 Jahre alt sind, d.h., alte Gebäude mit altem historischen Interieur, die regelmäßig renoviert werden müssen - ohne daß dies der Konsument auf Anhieb ohne weiteres erkennen kann.

Ein weitere Aspekt, der mit dem "Umbau" von Geschäftsinnenräumen zu tun hat, ist die steuerliche Abschreibung. Jene geht in Österreich und Deutschland von einer Nutzungsdauer von 10 Jahren aus, d.h., eine Ladenrenovierung, die häufiger als alle 10 Jahre stattfindet ist aus steuerlichen Gründen abzulehnen (Schnedlitz/Madlberger/Haller, 1999, S. 22).

Ein weiteres, bei weitem nicht so kapitalbindendes Element der Werbepolitik, ist die Schaufenster- und Displaywerbung in den Apotheken. Wenn man davon ausgeht, daß es in Österreich (Deutschland) ca. 1.100 (21.500) Apotheken gibt, die mindestens zwei bis drei Schaufenster pro Betriebsstätte besitzen, so sind es also geschätzte 2.000 bis 3.000 (50.000 Schaufenster) in ganz Österreich (Deutschland).

> *Das Schaufenster ist nicht nur das älteste, sondern auch das typischste und naheliegendste Werbemittel des stationären Einzelhandels (Berekoven, 1995, S. 240).*

Insbesondere für das lokale Marketing einer Apotheke gehört die Schaufenster- und Displaywerbung zu dem wichtigsten Werbeinstrumenten einer Apotheke. Beworben werden (und dürfen) aber nur nicht rezeptpflichtige Arzneimittel, d.h., für die Werbung im Schaufenster stehen nur OTC-Produkte und Produkte des Randsortimentes zur Verfügung.

---

[95] Anmerkung: Die zitierte WU-Studie zum Ladenbau kommt zu dem Ergebnis, daß die meisten befragten Handelsmanager (38,7%) der Meinung sind, daß der Ladenbau für 20-30 % des Unternehmenserfolges verantwortlich ist (Schnedlitz/Madlberger/Haller, 1999, S. 30).

Genau so wichtig, wie beispielsweise Gestaltungsaspekte beim Merchandising von Schaufenstern nach der bekannten AIDA-Formel (Attention-Interest-Desire-Action), die hier nicht beleuchtet werden soll, ist die Frequenz der Schaufenster- und Displayneugestaltung. Auch diese wurde im Rahmen der umfassenden Erfolgsfaktorenforschung analysiert.

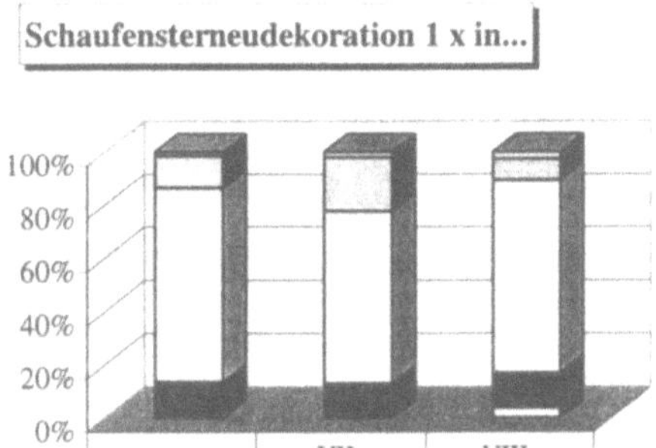

	UI-Apotheken	UII-Apotheken	UIII-Apotheken
12 Wochen	1,5%	2%	2,6%
6 Wochen	12,2%	20,3%	7,9%
4 Wochen	72,7%	64,7%	72,4%
2 Wochen	13,6%	12,3%	13,2%
1 Woche	0%	0,7%	3,9%

Abbildung 61: Apothekerbefragung 2001 - Anzahl der Schaufensterneugestaltungen
Quelle: Eigene Darstellung.

Die Abbildung zeigt ein einheitliches Bild: Mehr als 2/3 aller befragten Apotheken dekorieren ihre Schaufenster alle vier Wochen neu. Bei jeder achten Apotheke geschieht dies sogar alle zwei Wochen. Die quartalsweise Neugestaltung nimmt mit einem Wert um ca. 2 % nur eine vernachlässigbare Größe ein. Deutlich erkennbar ist, daß die Frequenz beim Merchandising der Schaufenster umsatzstarker Apotheken erheblich höher ist (Anmerkung: 4 % der UIII-Apotheken dekorieren wöchentlich ihre Schaufenster neu), als bei den Apotheken, die unter 1.8 Mio. €umsetzten.

Ebenso interessant ist die Frage nach der Häufigkeit der Neugestaltung der Displays im Innenraum der Apotheken, die weniger die Funktion haben Vorübergehende zum

Kauf zu veranlassen, als vielmehr in den Apotheken Kunden von Impulskäufen zu überzeugen.

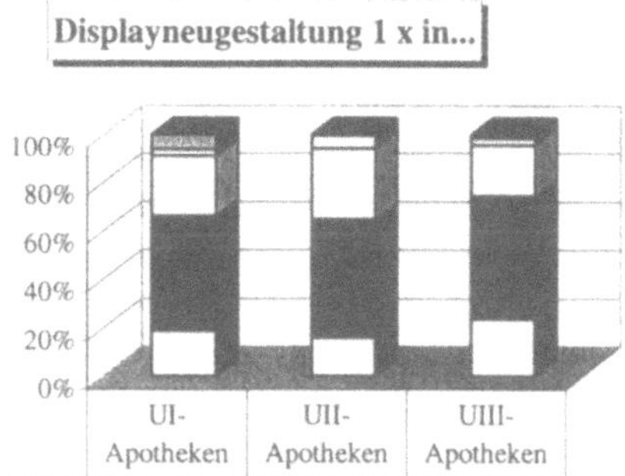

	UI-Apotheken	UII-Apotheken	UIII-Apotheken
12 Wochen	5,9%	0,1%	1,4%
6 Wochen	2,9%	5,6%	2,8%
4 Wochen	25,0%	29,4%	21,2%
2 Wochen	47,0%	48,4%	50,7%
1 Woche	19,1%	15,9%	24,0%

Abbildung 62: Apothekerbefragung 2001 - Anzahl der Displayneugestaltungen
Quelle: Eigene Darstellung.

Ähnlich wie bei der Analyse der Fragestellung zur "Schaufensterneugestaltung" zeigt sich die gleiche Tendenz: Umsatzstärkere Apotheken rüsten sowohl Schaufenster als auch Displays deutlich öfter um: Jede vierte Apotheke dieser Umsatzklasse einmal in der Woche, jede Zweite einmal in 2 Wochen und jede fünfte einmal in 4 Wochen. Zusammenfassend bleibt festzuhalten, daß jede zweite Apotheke ihre Displays in der Offizin alle 14 Tage neu dekoriert. Ziel einer Neu- oder Umgestaltung der Apothekenoffizin ist die Schaffung einer angenehmen Atmosphäre für den Kunden, diese soll denselben zum Kauf motivieren, animieren und die Verweildauer in der Apotheke erhöhen. Letzten Endes geht es um das beliebte Wort der "Erlebnisorientierung" im Einzelhandel. Diese Erlebnisorientierung setzt sich aus verschiedenen Erlebnis Bausteinen zusammen, die sich auf die Raumgestaltung, die Ladeneinrichtung, die Farbgebung, die Dekoration und die Beleuchtung beziehen (vgl. Berekoven, 1995, S. 284). Apotheken sind, wie bereits in Kapitel 4.4.3 erläutert, sowohl in der Art und Weise der Gestaltung, als auch in der Größe der Offizin, an gesetzliche Mindestvorschriften gebunden. Die Verkaufsräume der Apotheken variieren, abhängig von der Umsatzklasse zwischen durchschnittlich 57 und 74 qm, d.h., die sogenannten Erlebnisbausteine sind für die Apotheken nicht 1:1 übertragbar, daher wurden in der Befragung Verkaufsraumgestaltungsprinzipien abgefragt, die aus den Bausteinen "Helligkeit", "Übersichtliche Warenpräsentation", "Freier Zugang zu SB-Regalen", "Einladender Eingangsbereich", "Traditionelles Interieur", "farbiges Ambiente", "Verkaufs- und Beratungsinseln" und "mehrere Apothekentaren" bestehen.

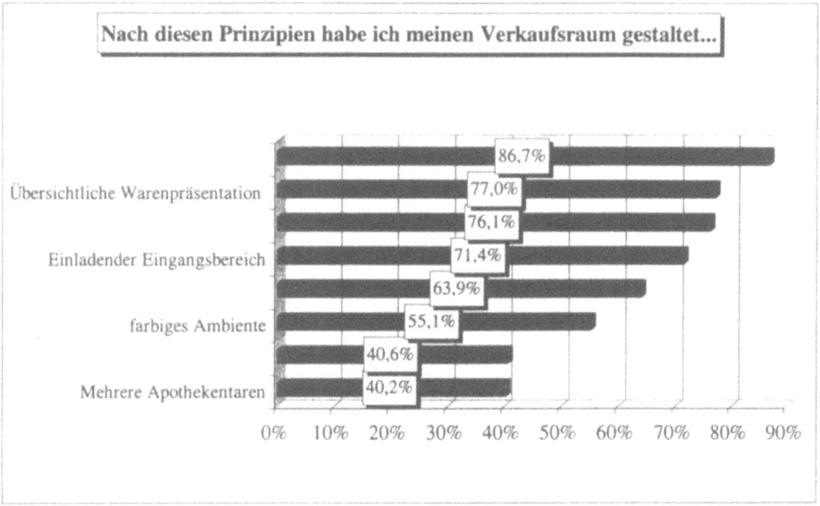

Abbildung 63: Apothekerbefragung 2001 - Verwirklichte Bausteine der Offizingestaltung

Quelle: Eigene Darstellung.

Die Identifikation der Bausteine der Offizingestaltung wurden durch eine Reihe von Pretests erhoben. 86 % der befragten Apotheker haben das Prinzip Helligkeit in ihren Apotheken bereits bei der Gestaltung der Offizin berücksichtigt.

> *Erfolgreiche Unternehmen arbeiten deutlich intensiver mit Farben und Licht zur Unterstützung des Ambiente des Fachgeschäftes (Kalka, 1996, S. 177).*

Auf ein farbiges Ambiente legen nur ca. 55 % der Befragten wert. Mehr als 3/4 aller Apotheken haben sich dem Prinzip "Übersichtliche Warenpräsentation" verschrieben. Der Apothekeneinzelhandel "lebt" von der übersichtlichen Warenpräsentation in den

Schrankwänden. Jeder Konsument, der eine Apotheke aufsucht, weiß wie schnell ihm dort das gewünschte Produkt ausgehändigt wird. Wie im Teilkapitel Sortimentspolitik und Servicepolitik dargelegt führen die meisten Apotheken 6000 bis 8000 Artikel auf durchschnittlich 217 qm (Median: 200 qm) Apothekenfläche, und der Durchschnitt der Kaufhandlung beträgt 5,5 Minuten (Median: 5 Minuten). Ohne eine umfassende durch organisierte Warenwirtschaft wären solche Leistungen nicht möglich. Daher ist es durchaus nachvollziehbar, daß auch nicht nur in den Schrankwänden sondern auch vor den Schrankwänden - sichtbar - in der Offizin eine übersichtliche Warenpräsentation gegeben ist. In diesem Zusammenhang fällt auch der freie Zugang zu SB-Regalen, der von 76 % der Pharmazeuten, die Einrichtung von Beratungsinseln und mehrerer Apothekentaren, die jeweils von 40 % der Apotheker in ihren Betrieben verwirklicht wurde. Besonderen Wert wird aber auch auf die Gestaltung des Eingangsbereiches gelegt, der oftmals als Visitenkarte (ähnlich wie das Schaufenster) einer Apotheke fungiert. Daher haben bisher mehr als 70 % der Befragten diesen Aspekt der Ladengestaltung berücksichtigt und mehr als 20 % wollen dies in Zukunft tun, womit nun der zweite Fragenkomplex angeschnitten wird, der nach den (geplanten) Prioritäten der genannten Verkaufsraumprinzipien fragt, wenn es um die Neugestaltung (Renovierung) einer Offizin geht.

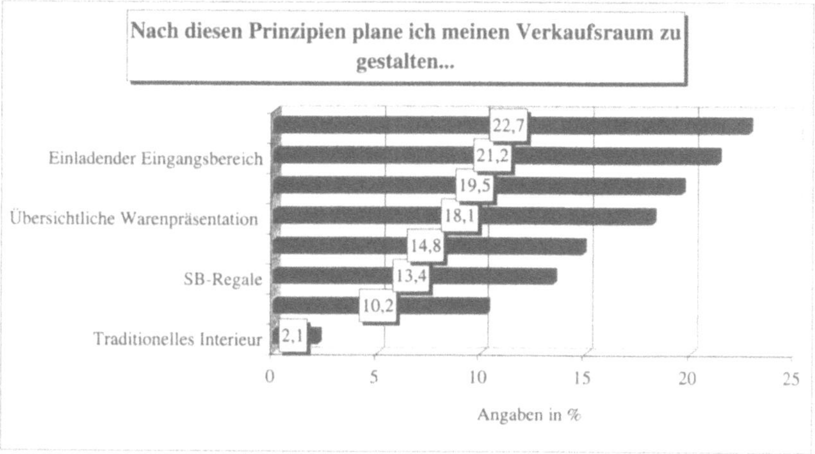

Abbildung 64: Apothekerbefragung 2001 - Geplante Bausteine der Offizingestaltung
Quelle: Eigene Darstellung.

Handlungsbedarf sehen die Apotheker insbesondere im Bereich der Verkaufsförderung. 23 % planen „Beratungsinseln“, knapp 20 % „mehrere Apothekentaren“ und weitere 18 % die „Verbesserung der Warenpräsentation“ in ihrer Apotheken.

Weit abgeschlagen in den Planungsvorhaben sind die Prinzipien, die in den meisten Apotheken bereits verwirklicht wurden, was auch logisch ist: Wenn 87 % der Apotheker bereits das Prinzip Helligkeit umgesetzt haben, sind es eben wie oben in der Abbildung nur 10 %, die dies künftig noch planen.

Was demnach nicht mehr von der Apothekerseite gewünscht und geplant ist, ist im Falle der Neugestaltung die Fokussierung auf "traditionelles Interieur", damit sind die Einrichtungsgegenstände gemeint, die der Laie eigentlich immer in seiner Vorstellung hat, wenn es um die Offizineinrichtung (vgl. dazu bitte Kapitel 4.4.3) einer Apotheken geht. Dies läßt natürlich den Schluß zu, daß auch die meisten Apotheker dem im Einzelhandel so häufig vorkommendem Terminus der "Erlebnisorientierung" verfallen sind.

5.8 Werbung und Verkaufsförderung

Ähnlich wie bei der Sortimentspolitik, ist auch der rechtliche Spielraum bei der Werbepolitik (vgl. Kap. 4.4.5) in Apotheken stark eingeschränkt. Alle rezeptpflichtigen Arzneimittel unterliegen einem generellen Werbeverbot. In anderen Einzelhandelsbetriebsformen, insbesondere im LEH wird die Preispolitik als Werbeinstrument intensiv eingesetzt - dies ist in Apotheken nur in geringstem Umfang möglich. Die sortimentsspezifische Werbung, die primär via Schaufenster und Displays erfolgt, ist in großem Maße eingeschränkt. Übrig bleiben dem Apotheker die Bereiche Standort und Kunde: Die Profilierung der Einkaufsstätte Apotheke und die Konzentration auf die spezifischen Kundenzielgruppen sind die wesentlichen Faktoren innerhalb der Werbepolitik, die Apotheker betreiben. Bevor auf die verschiedenen Werbeinstrumente eingegangen wird, sollen die Größenverhältnisse der Werbung in Apotheken in Prozent des Umsatzes dargelegt werden.

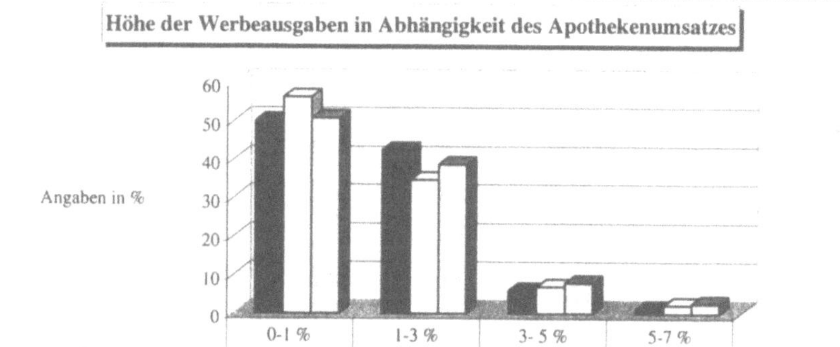

	0-1 %	1-3 %	3- 5 %	5-7 %
■ U.< 1.1 Mio. €	50	42,4	6,1	1,5
□ U.< 1.8 Mio. €	56,2	34,6	7	2,3
□ U.> 1.8 Mio. €	50,7	38,7	8	2,7

Abbildung 65: Apothekerbefragung 2001 - Höhe der Werbeausgaben in Abhängigkeit des Apothekenumsatzes

Quelle: Eigene Darstellung.

Jede zweite Apotheke investiert zwischen 0-1 % ihres jährlichen Umsatzes in den Bereich Werbung und Kommunikationsmix. 9 von 10 Apotheken, unabhängig von den jeweiligen jährlichen Verkaufserlösen, geben bis zu 3 % ihres Umsatzes für den

Bereich Werbung und Verkaufsförderung aus. UIII-Apotheken geben sowohl im Prozentsatz vom Umsatz, als auch in absoluten Zahlen mehr Geld für die Kommunikationspolitik aus, als UI- und UII- Apotheken. Keine, der an der Befragung teilgenommenen Apotheken investiert mehr als 7 % ihres jährliches Umsatz in den Bereich Werbung.[96] Im Vergleich zu anderen Facheinzelhändlern, die durchschnittlich ca. 1,5 % des Umsatzes in die Werbung investieren, schneiden trotz reglementierter Werbepolitik Apotheken im Branchenvergleich recht gut ab (vgl. Berekoven, 1995, S. 225). Nachdem nun die jeweiligen Werbeausgaben der Apotheken in klassifizierter Form dargestellt wurden, geht es nun darum festzustellen, wofür die Apotheker die Werbeausgaben verwenden. Hier geht es im nächsten Schritt darum, die Einstellungen der Apotheker zur Nutzung ausgewählter Instrumente zur Verkaufsförderung zu erfahren.

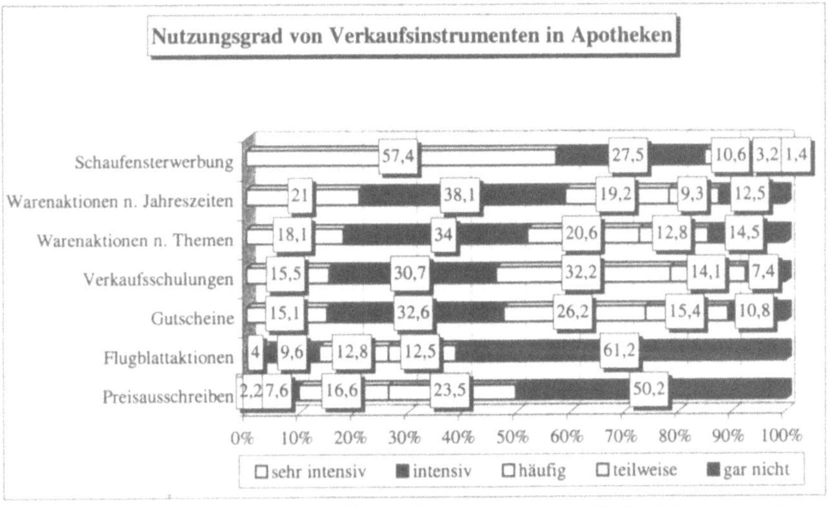

Abbildung 66: Apothekerbefragung 2001 - Nutzungsgrad von Verkaufsinstrumenten in Apotheken

Quelle: Eigene Darstellung.

[96] Prüfstatistik: Die Nullhypothese besagt in diesem Fall daß die Höhe der Werbeausgaben in einer Apotheke unabhängig von deren Umsatz ist. Da aber im Datenbereich nicht jeder Erwartungswert größer als 5 ist kann die Überschreitungswahrscheinlichkeit nicht mit einem Chi²-Test berechnet werden. Deshalb weißt SPSS eine asymptotische Signifikanz von 0,938 aus, die damit größer ist als das vorgegebene Signifikanzniveau und somit kann die Unabhängigkeit der beiden Variablen voneinander nicht verworfen werden (vgl. Voß, 2000, S. 164).

Diese Einstellung wurde im Fragebogen mit Hilfe der Schulnotenskala abgefragt, indem der Befragte den Nutzungsgrad, der von ihm eingesetzten Instrumente der Werbung und des Verkaufs mit der vollen Bandbreite der Noten 1 bis 5 - "intensiv" bis "gar nicht" - beurteilt.

"Sehr intensiv" nutzen die Apotheker das Instrumentarium "Schaufensterwerbung", welches bereits im vorangegangenen Kapitel deutlich wurde. Fast 85 % der Befragten gaben an, daß Sie dieses "traditionelle Werbeinstrument" intensiv nutzen. Damit ist die Schaufensterwerbung das dominierende Werbeinstrument des Apothekeneinzelhandels. In direktem Zusammenhang mit der Schaufensterwerbung stehen auch die folgenden Maßnahmen: die Warenaktionen nach bestimmten Themen und nach bestimmten Jahreszeiten, die von der Hälfte, der in dieser Untersuchung analysierten Apotheken "intensiv" durchgeführt werden.

"Warengutscheine", die sich insbesondere zur Weihnachtszeit großer Beliebtheit erfreuen, werden von 3/4 der Apotheken "intensiv bis häufig" als Werbeinstrument eingesetzt. Genauso beurteilten die Apotheker das Instrument "Verkaufsschulungen". Diese Beurteilung zeigt wieder, wie sehr der Apotheker auf den Erfolgsfaktor Personal setzt, denn die Apotheken können nur mit gut geschulten und freundlichen Mitarbeitern ein Optimum an Kundenzufriedenheit erreichen.

Auf die größte Ablehnung stoßen die Verkaufsförderungsinstrumente "Flugblattaktionen" und "Preisausschreiben", die von der überwiegenden Mehrheit der Apotheker abgelehnt wird.[97]

Weit aus öfter nutzt der Apotheker imageorientierte Aktionen der Verkaufsförderung in Form von Public Relations Maßnahmen, die primär den Standort der Apotheke bewerben. Bei der anstehenden diesbezüglichen Fragestellung ging es darum zu

[97] Prüftest: Geprüft wird die Nullhypothese, die aussagt, daß die Ergebnisse der empirisch beobachtete Häufigkeitsverteilung, die aus der Stichprobe stammen sich nicht auf die Grundgesamtheit übertragen lassen. Die Prüfung ergibt in jedoch bei allen Variablen im Fall "Nutzungsgrad der Verkaufsinstrumente in Apotheken" eine Verwerfung der Nullhypothese und damit ein signifikantes Ergebnis.

analysieren, inwieweit derartige Aktionen „durchgeführt", „geplant" oder als „nicht sinnvoll" erachtet werden.

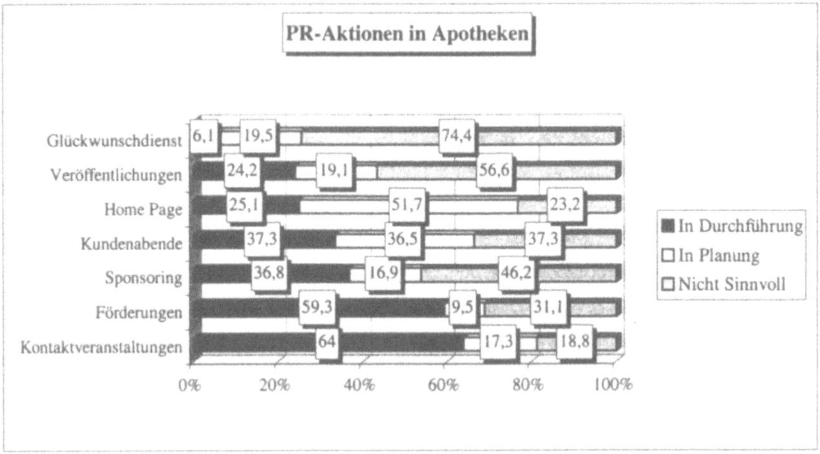

Abbildung 67: Apothekerbefragung 2001 - PR-Aktionen in Apotheken

Quelle: Eigene Darstellung.

2/3 aller Apotheken führen demnach Kontaktveranstaltungen, wie beispielsweise den Tag der "offenen Tür" durch - zusätzlich planen dies weitere 17 % der Befragten, d.h., daß dieses PR-Instrument auf große Akzeptanz stößt. An zweiter Stelle in der Bewertung der imageorientierten Verkaufsförderungsaktionen liegt die „Förderung von Vereinen und Verbänden", durch das jeweilige Apothekeneinzelhandelsunternehmen: Knapp 60 % der Befragten geben an, derartige Fördermittel oben stehenden Institutionen zukommen zu lassen. In die gleiche Kategorie fällt das "Sponsoring" beispielsweise von lokalen Sportveranstaltungen: 37 % der Apotheken engagieren sich bei solchen Events, 17 % planen dergleichen und 46 % lehnen entsprechenden Support ab. Zu einer Dreiteilung der Ergebnisse kommt es beim Thema "Durchführung von Kundenabenden", wie z.B. Vorträgen in Altenheimen. Jeweils 1/3 der Befragten führen derartiges durch, ein weiteres Drittel plant dies und das letzte Dritte hält Kundenabende für kein langfristiges Verkaufsförderungsinstrument. Die Mehrheit der Apotheker lehnen PR-Aktionen in Form von "Veröffentlichungen in der Tagespresse" oder "Glückwunschdienste für Stammkunden" zu Geburtstagen oder ähnliches für den falschen Weg und lehnen das auch ab.[98]

Einer näheren Analyse bedarf der PR-Auftritt einer Apotheke im world-wide-web. Seit Mitte der 90er Jahre ist die Präsentation des eigenen Unternehmens auf der "Homepage" über alle Branchen hinweg fast zur Pflicht geworden. Diese Strömung hat mittlerweile auch die selbständigen Apothekeneinzelhändler ergriffen. Auch die Apothekerkammer Österreichs hat im Jahr 2001 ein Internetportal entwickelt, an dem sich jede österreichische Apotheke im Netz beteiligen und präsentieren kann (vgl. Interview mit Dr. Cabana). Erst jede vierte österreichische Apotheke ist mit einer eigenen Homepage im Netz vertreten. Weit über die Hälfte aller Apotheker planen dies in naher Zukunft. Ein weiteres Viertel der Apotheker hält nichts von diesem PR-Instrument. In einer vertiefenden Analyse wurde untersucht, ob die Implementierung einer Homepage von der Umsatzzahl der jeweiligen Apotheke abhängt.

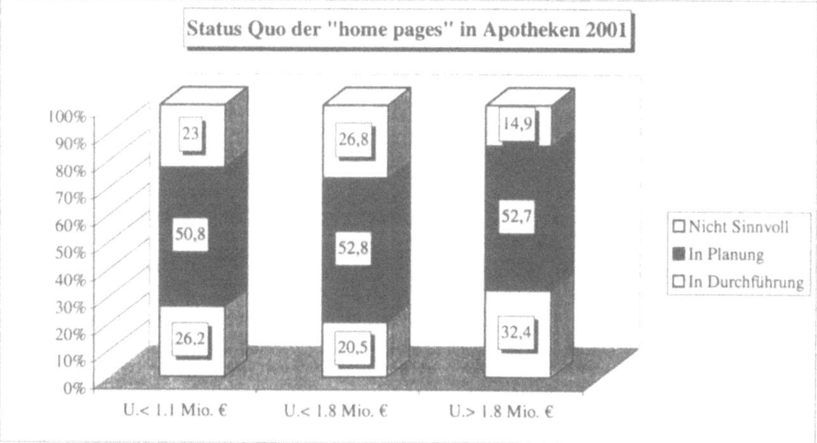

Abbildung 68: Apothekerbefragung 2001 - Status Quo der "Homepages" in Apotheken 2001

Quelle: Eigene Darstellung.

[98] Prüftest: Geprüft wird die Nullhypothese, die aussagt, daß die Ergebnisse der empirisch beobachtete Häufigkeitsverteilung, die aus der Stichprobe stammen sich nicht auf die Grundgesamtheit übertragen lassen. Die Prüfung ergibt in jedoch bei allen Variablen im Fall "PR-Aktionen in Apotheken" eine Verwerfung der Nullhypothese und damit ein signifikantes Ergebnis.

Umsatzstärkere Unternehmen stehen dem PR-Instrument "Homepage[99]" weit offener gegenüber, als Apotheker, die weniger als 1.8 Mio. € im Jahr umsetzen. So ist es fast jeder dritte UIII-Apotheker, der bereits eine homepage installiert hat, während bisher nur jeder fünfte UII- und jeder vierte UI-Apotheker gleiches in seiner Apotheke umgesetzt hat. Weiter sind es nur knapp 15 % der UIII-Apotheker, die die Einrichtung einer "Homepage" als nicht sinnvoll erachten. Bei UI- und UII-Apothekern liegt dieser Anteil um rund 10 % darüber – jeder vierte leitende Pharmazeut einer Apotheke, die unter 1.8 Mio. € im Jahr umsetzt hält eine „Homepage„ als Mittel zur Verkaufsförderung für sinnlos. Erfreulich ist zum einen, daß mehr als die Hälfte aller Apotheker quer über alle Umsatzklassen hinweg die Implementierung von Homepages planen und zum anderen, daß auch bei Apotheken, die weniger als 1.1 Mio. € umsetzen das Instrument "Homepage" sich großer Beliebtheit erfreut[100].

Die Kosten der Einrichtung einer Homepage sind überschaubar und orientieren sich an den folgenden Richtwerten: Die durchschnittliche Apotheken Homepage hat etwa 10-15 Seiten. Der Richtwert für die Gestaltung einer Seite liegt bei etwa 75 €, d.h., die Einrichtung einer Homepage für Apotheken beläuft sich auf Kosten in Höhe von ca. 1000 € (vgl. Welzel, 2000, S. 6).

Der letzte Teil der Befragung zum Thema Werbung und Verkaufsförderung bezieht sich auf die Kundschaft bzw. auf die Direktansprache spezifischer Kundengruppen.

Das Zielgruppenmarketing ist ohne Zweifel ein Erfolgsfaktor im Apothekeneinzelhandel. Der Arzneimitteleinzelhandel gehört zu den Branchen der Handelslandschaft, in der die Identifikation von Zielgruppen, die für den größten Teil des Jahresumsatzes verantwortlich sind, keiner besonderen Komplexität unterliegt. Man weiß und das ist auch Ergebnis der vorliegenden Untersuchung, daß 70 % der Kunden Frauen sind

[99] Anmerkung: Surft man durch die bisher in Österreich bestehenden Apotheken Homepages, so findet man folgende Schwerpunkte: Präsentation des eigenen Apothekenstandortes (mit Lageplan) und seiner Geschichte, Vorstellung der eigenen Mitarbeiter, Übersicht über die Bereitschaftsdienste, Bestellmöglichkeiten, Informationen zur Gesundheit und Arzneimitteln sowie News und Aktuelles. Derzeit werden diese Apotheken-Homepages von durchschnittlich 50 Besuchern pro Woche aufgesucht (vgl. Welzel, 2001, S. 26).

und die Hälfte aller Kunden älter als 60 Jahre sind. Die Art der Fragestellung konzentrierte sich auf die Identifikation von Zielgruppen im Apothekenmarketing, die primär auf den Kriterien Geschlecht und Alter von Konsumenten basieren.

Mehr als die Hälfte aller Apotheker betreiben nach eigener Aussage "intensiv" ein Senioren- und Frauenmarketing in ihrem Betrieb. Auch das Marktsegment der „Kinder“ wird von Apothekerseite aktiv ("intensiv bis häufig") beworben.

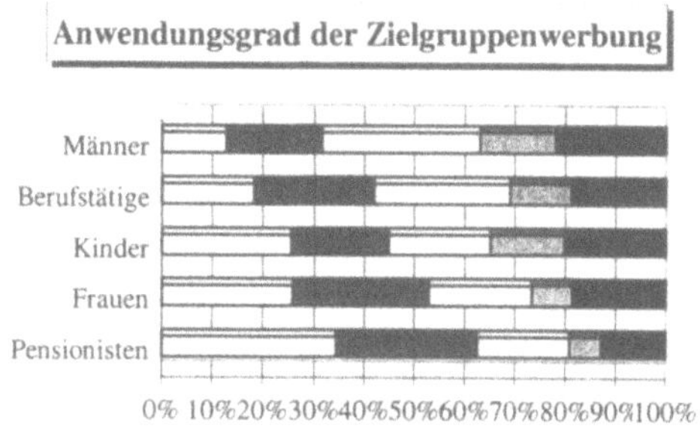

	Pensionisten	Frauen	Kinder	Berufstätige	Männer
gar nicht	12,9	18,6	20,2	18,7	21,9
teilweise	6,3	8,1	14,8	12,3	15,1
häufig	18,3	20,4	20,2	26,9	31,5
intensiv	28,1	27,1	19,3	23,7	18,7
sehr intensiv	34,3	25,8	25,6	18,3	12,8

Abbildung 69: Apothekerbefragung 2001 - Anwendungsgrad der Zielgruppenwerbung

Quelle: Eigene Darstellung.

Das Kindermarketing gehört zu den "preiswertesten" Formen des Marketing. Da Kinder nur durchschnittlich 7 Packungen pro Jahr benötigen und damit mit den geringsten Anteil des Arzneimittelbedarfs aller Altersklassen einnehmen, werden sie aus operativen Absatzbestrebungen heraus nicht beworben (vgl. o.V., 2001, S. C 4). Bei der Zielgruppe der „Kinder“ geht es primär um ihre Funktion als Meinungsbeeinflusser bei Arzneimittelkaufentscheidungen, die primär von Frauen bzw. Müttern ge-

[100] Prüftest: Die Nullhypothese im Fall vom "Status Quo der home pages in Apotheken 2001" sagt aus, daß es keinen Zusammenhang zwischen dem Umsatz einer Apotheke und der Bereitschaft zur Implementierung einer home page gibt. Die Prüfung durch SPSS bestätigt die Nullhypothese und das Ergebnis wird damit als zufällig angesehen.

troffen werden. Diese Frauen - mit oder ohne Kinder - besorgen i.d.R. auch die Medikamente für ihre berufstätigen Männer. Letzten Ende ist dies auch ein Grund dafür, warum die Zielgruppen „Berufstätige“ und „Männer“ nicht im Mittelpunkt der Werbeanstrengungen der Apotheker stehen. Verantwortlich dafür sind aber auch die Ladenöffnungszeiten, die es für die meisten Berufstätigen unmöglich machen Arzneimittel nach der Arbeit einzukaufen, da die meisten Apotheken nur bis 18.30 Uhr geöffnet sind. Etwas verbessert hat sich die Situation im Jahre 1995. Seitdem ist es den Apothekern freigestellt auch über die Mittagszeiten ihr Apotheke offen zu halten. Sollten die Ladenöffnungszeiten gesetzlich gelockert werden und Apotheken auch am Abend länger aufsperren, dann könnte die Zielgruppe der „Berufstätigen“ wichtiger werden.

6. Zusammenfassung und Ausblick

6.1 Zusammenfassung der Ergebnisse

Das Arzneimittel ist eine Ware der besonderen Art, die komplizierten Anforderungskriterien (vgl. Kap. 2.1.1) und Zulassungsvoraussetzungen bedarf (vgl. Kap. 2.1.2). Aber nicht nur das Arzneimittel an sich, in seiner Zusammensetzung und seinen Wirkstoffen und Wechselwirkungen ist komplex, sondern es ist auch der regulierte Arzneimittelmarkt, respektive der Apothekenmarkt, der in kaum zählbare Teilmärkte zersplittert ist und dessen Rahmenbedingungen vor dem Hintergrund eines zusammenwachsenden Europas immer vielschichtiger werden (vgl. Kap. 2.1.3). Der Arzneimittelhandel in der EU ist keineswegs einheitlich strukturiert. Die Preise für Arzneimittel unterscheiden sich deutlich; nicht einmal der Umsatzsteuersatz für Arzneimittel unterliegt einem einheitlichen Reglement - er variiert zwischen 0 und 25 % in der EU. In allen EU-Staaten sind die Margen für Hersteller, Großhandel und Einzelhandel unterschiedlich hoch angesetzt, obwohl ein Arzneimittel oft in einer Produktionsstätte hergestellt und in ganz Europa vertrieben und produziert wird (vgl. Kap. 4.3).

Genauso unterschiedlich gestalten sich die Arzneimitteldistributionssysteme in Europa: In Schweden und Finnland existiert im Großhandel das System der Einkanaldistribution, im übrigen Europa ist die Mehrkanaldistribution von Arzneimittel die Regel (vgl. Kap. 3.4.2). Der Versandhandel von Arzneimitteln ist in den Niederlanden, in Teilen der Schweiz und eingeschränkt auch in Großbritannien erlaubt (vgl. Kap. 3.5), Apothekenketten existieren in Großbritannien, Belgien, Irland, der Schweiz und in Italien (vgl. Kap. 4.5.2), Hausapotheken bestehen in Österreich, der Schweiz und den Niederlanden. Was die Niederlassungsmöglichkeiten öffentlicher Apotheken in Europa anbelangt, so herrscht in Deutschland die absolute und in Großbritannien, Irland und den Niederlanden eine eingeschränkte Niederlassungsfreiheit für Apotheken - in den übrigen EU-Staaten, wie auch in Österreich, besteht eine bedarfsgerechte Apothekenverteilung (vgl. Kap. 4.5.1).

Der nationale Arzneimittelhandel wird durch eine Vielzahl von Institutionen (Staat, EU, Krankenversicherungen, niedergelassene und stationäre Ärzte, Hersteller, pharmazeutischer Großhandel und Apotheken) macht- und interessenspolitisch beeinflußt (vgl. Kap. 3.1). Reduziert man die Betrachtungen auf das traditionelle Distributionssystem Hersteller-Großhandel-Apotheken, so sind im Rahmen der Globalisierung und Internationalisierung verschiedene Entwicklungsstufen festzustellen. Nur die pharmazeutische Industrie weist einen globalen Vernetzungsgrad auf (vgl. Kap. 3.2). Der pharmazeutische Großhandel hat den Durchbruch zur Internationalisierung in den 90er Jahren vollzogen und weist einen europäischen Vernetzungsgrad auf (vgl. Kap. 3.3). Der Apothekeneinzelhandel weist grundsätzlich einen nationalen oder gar keinen Vernetzungsgrad auf. Im vertikal integrierten Arzneimittelmarkt bestehen auf keiner Handelsstufe so viele nationale Reglementierungen, wie auf der Einzelhandelsstufe. Die Existenzberechtigung der Apotheken, in Form des Versorgungsauftrages ("Sicherstellung einer ordnungsgemäßen Arzneimittelversorgung") gemäß § 1 Abs. 1 ApoG, ist gesetzlich verankert.

Aus der funktionellen und der institutionellen Sichtweise gelten Apotheken als Einzelhandelsbetriebe. Apotheken nehmen aufgrund der zahlreichen tiefgreifenden gesetzlichen Einschränkungen (Versorgungsauftrag, Verbot von Fremd- und Mehrbesitz, Arzneimittelpreisverordnung, Apothekenbetriebsordnung, Reglementierungen in der Sortiments- und Werbepolitik) eine Sonderrolle im Einzelhandel ein (vgl. Kap. 2.3.2). Apotheker stehen aus betriebswirtschaftlicher Perspektive im Spannungsfeld zwischen Heilberuf und Einzelhandel (vgl. Kap. 1.1). Dieses Spannungsfeld hat eine lange Tradition und ist geschichtlich seit dem Jahre 1241 bis heute gewachsen (vgl. Kap. 4.1.1). Der Apothekeneinzelhandel gehört in seiner Existenz und Struktur wohl zum ältesten standortbezogenen Bereich innerhalb der Handelslandschaft (vgl. Kap. 5.2). Das Standesbewußtsein der Apotheker ist sehr ausgeprägt und findet sich spiegelbildlich u.a. im heutigen Kammer- und Verbandswesen wieder (vgl. Kap. 4.1.6).

Die zahlreichen Unterschiede in den Arzneimitteldistributionssystemen in der EU zeigen, daß eine internationale Vergleichbarkeit nur sehr eingeschränkt möglich ist. Daher hat der Verfasser sich in dieser Arbeit primär auf den österreichischen und deutschen Arzneimittelmarkt konzentriert, da diese beiden Systeme in bezug auf den Arzneimitteleinzelhandel am ehesten vergleichbar sind (vgl. Kap. 4.2.3). Sowohl in Österreich als auch in Deutschland wird jeder zwanzigste Euro, der im Einzelhandel umgesetzt wird, in Apotheken ausgegeben, d.h., 5 % des nationalen EH-Umsatzes entfallen auf die 1.100 österreichischen und die 21.500 deutschen Apotheken (vgl. Kap. 2.3.3).

In Österreich (Deutschland) arbeiten insgesamt knapp 11.000 (135.000) Menschen im Apothekeneinzelhandel. Damit arbeiten 10 % (15 %) mehr Menschen im österreichischen (deutschen) Einzelhandel, wie auf der jeweiligen Hersteller- und Großhandelsstufe. Damit kommt den Apotheken beschäftigungspolitisch eine führende Rolle im Arzneimitteldistributionssystem zu (vgl. Kap. 4.1.3).

Hinsichtlich der Arzneimittelversorgung nehmen Apotheken als Nahversorgungsunternehmen eine Schlüsselposition im Arzneimittelhandel ein. 70 % (84 %) der Arzneimittel werden in Österreich (Deutschland) über den Apothekeneinzelhandel an den Konsumenten abgegeben (vgl. Kap. 3.1.2). Eine öffentliche Apotheke versorgt in Österreich (Deutschland) fast 7.400 (3.800) Einwohner mit Arzneimitteln, d.h., die Nahversorgungsrate in Österreich ist fast doppelt so hoch wie in Deutschland (vgl. Kap. 2.3.3).

In der bisherigen Zusammenfassung wurden eine Menge von Aspekten im Arzneimitteleinzelhandel aufgezeigt, die vom einzelnen Apotheker direkt in seinem Betrieb nicht beeinflußbar sind, da sie hierarchisch durch weit höher stehende Institutionen bereits entschieden worden sind (vgl. Kap. 2.2.3.1). In der in dieser Arbeit erfolgten empirischen Erfolgsfaktorenforschung ging es primär darum, Faktoren innerhalb des Apothekeneinzelhandel zu identifizieren, die vom leitenden Pharmazeuten in seiner Apotheke im Rahmen seiner Funktion als Unternehmer und Kaufmann unmittelbar umsetzbar sind. Das Ziel der Untersuchung, an der sich mehr als jede vierte Apotheke in ganz Österreich beteiligt hat, war es, erfolgreiche Apothekentypen zu identifizieren und ihre Betreibungskonzepte zu analysieren. Aus diesem Grunde wurden alle Apotheken in der vorliegenden Untersuchung in drei Umsatzklassen eingeteilt:

- Apotheken der Umsatzklasse I (U I) mit einem jährlichen Verkaufserlös von bis zu 1.1 Mio. €,
- Apotheken der Umsatzklasse II (U II) mit einem jährlichen Verkaufserlös zwischen 1.1 und 1.8 Mio. €und
- Apotheken der Umsatzklasse III (UIII) mit einem jährlichen Verkaufserlös von mehr als 1.8 Mio. €

Die Einteilung der Apotheken in diese Umsatzklassen geht konform mit der Klassifizierung der Apotheken im Betriebsvergleich, der jährlich vom österreichischen Apothekerverband durchgeführt wird (vgl. Kap. 5.1.1).

Im folgenden werden in erster Linie UI- und UIII- Apotheken gegenübergestellt, denn es soll deutlich gemacht werden, was erfolgreiche (umsatzstarke) Apotheken anders machen als weniger erfolgreiche Apotheken. Die Struktur der diesbezüglichen Zusammenfassung orientiert sich nach den Instrumenten des Handelsmarketing, die sowohl den Rahmen für die Struktur des Fragebogens als auch für die Gliederung des Kapitels 5 vorgegeben hat.

• Standortpolitik	• Servicepolitik
• Personalpolitik	• Offizingestaltung und Warenpräsentation
• Sortimentspolitik	• Werbung und Verkaufsförderung

Standortpolitik (vgl. Kap. 5.3)

Wie auch im sonstigen Einzelhandel ist der Standort der Erfolgsfaktor im Arzneimitteleinzelhandel. Das Apothekengeschäft ist ein lokales Geschäft. Die Apothekenlage, die Apothekengestaltung, die Apothekengröße und das demografische Umfeld einer Apotheke sind die wesentlichen Standortfaktoren im pharmazeutischen Einzelhandel.

Mehr als jede zweite erfolgreiche Apotheke ist in der Stadt und nur jede zehnte ist auf dem Land angesiedelt. Im Gegensatz dazu befindet sich fast jede zweite Ul-Apotheken auf dem Land und nur jede fünfte in der Innenstadt. Erfolgreiche Apotheken haben im Mittel dreimal soviel Kunden (110.000) und verrechnen auch dreimal soviel Rezepte (66.000) wie Ul- Apotheken pro Jahr. Ul- Apotheken besitzen aber einen durchschnittlich höheren Stammkundenanteil (75 %) als erfolgreiche Apotheken (66 %). Bemerkenswert ist die Diskrepanz beim Standortalter der Apotheken. Erfolgreiche Apotheken existieren im Durchschnitt seit 125 Jahren, Ul-Apotheken bestehen seit 70 Jahren an ihrem entsprechenden Standort. Aber nicht nur der Standort ist im Gegensatz zum sonstigen Einzelhandel "älter", sondern auch der Konzessionsinhaber: Jeder zweite Konzessionsinhaber, der an der Befragung teilgenommen hat, ist älter als 50 Jahre alt. Dies zeigt auch, vor welchem umfassenden Generationswechsel Österreichs Apotheker in den kommenden zehn Jahren stehen.

Die Betriebsräume erfolgreicher Apotheken sind insgesamt um knapp 40 % größer (272 qm) als die der umsatzschwächeren Apotheken (195 qm). Der Verkaufsraum einer erfolgreichen Apotheke ist, bezogen auf die Quadratmeterzahl, um knapp 30 % größer (74 qm) und wird i.d.R. alle 8 Jahre neu gestaltet, während der einer Ul-Apotheke alle 10 Jahre renoviert wird. Aufgrund des besonderen in Österreich geltenden Mietrechts ist die Höhe der (kalkulatorischen) Miete im Apothekeneinzelhandel kein nennenswerter Kostenfaktor: 55 % der Apothekerinhaber zahlen weniger als 2 % und 31 % weniger als 4 % des Umsatzes im Jahr an Miete.

Eine Apotheke ohne Ärzte ist wie ein Fisch ohne Wasser: Erfolgreiche Apotheken erwirtschaften die Hälfte ihres Umsatzes mit durchschnittlich 10 Ärzten, während Ul-Apotheken die Hälfte ihres Erlöses mit 3 niedergelassenen Ärzten umsetzen.

Das demografische Umfeld ist ein Standortfaktor, der wesentlich zum betriebswirtschaftlichen Erfolg einer Apotheke beiträgt. Die Hälfte der Apothekenkunden ist aufgrund der Ergebnisse der vorliegenden Arbeit älter als 60 Jahre alt, 30 % weisen ein Alter zwischen 30 und 60 Jahren auf und 20 % der Kunden sind unter 30 Jahre alt.

Das Lebensalter der Kunden ist mit dem nachstehenden Arzneimittelbedarf verbunden: Die Gruppe der 0-30jährigen- benötigt durchschnittlich 6,6 Packungen, die Gruppe der 30-60jährigen- konsumiert 18,3 Packungen und die Gruppe der über 60jährigen Kunden bezieht 67,5 Arzneimittelpackungen pro Jahr, d. h., 10 mal soviel wie die Gruppe der unter 30jährigen (vgl. o.V., 2001, S. C 4). Der Anteil des weiblichen Geschlechtes an den Apothekenkunden beträgt im Mittel 66 %.

Personalpolitik (vgl. Kap. 5.4)

Der Schlüssel zur Kundenbindung und damit auch zur Kundenzufriedenheit in Apotheken ist der Erfolgsfaktor Personal. Nirgendwo im Einzelhandel ist der Anteil an Akademikern pro Betriebsstätte so hoch wie im Arzneimitteleinzelhandel. Mehr als 1/3 der Mitarbeiter in den Apotheken sind pharmazeutische Fachkräfte. Insgesamt arbeiten durchschnittlich 9 Mitarbeiter in einer Apotheke, wovon 4 Vollzeit- und 5 Teilzeit beschäftigt sind. Erfolgreiche Apotheken weisen im Mittelwert eine Personalstärke von insgesamt 13 Mitarbeitern auf und haben damit doppelt so viele Mitarbeiter wie UI-Apotheken (6 Mitarbeiter) - dieses Ergebnis ist signifikant. Genauso ist das Verhältnis bei der Mitarbeiterstruktur: Erfolgreiche Apotheken beschäftigen mehr als doppelt so viele Teilzeitkräfte (7) sowie pharmazeutische Fachkräfte (5) und im Durchschnitt genau doppelt so viele Hilfskräfte (8) wie UI- Apotheker. Diese Untersuchungsergebnisse dürfen aber nicht pseudokausal interpretiert werden, d.h., das Einstellen von Mitarbeitern führt nicht automatisch zu mehr Umsatz bzw. Erfolg in Apotheken!

Sortimentspolitik (vgl. Kap. 5.5)

Beim Großteil des Sortiments unterliegt der Apotheker dem Verschreibungsverhalten der Ärzte und der gesetzlichen Preisbindung. 94 % des Gesamtumsatzes von österreichischen Apotheken wird mit Arzneimitteln erzielt - in Deutschland sind es 92 %, d.h., freie Sortimentsplanung, so wie es der sonstige Einzelhandel versteht, kann nur im Rahmen dessen stattfinden, was nicht rezeptpflichtig ist. Da im Schnitt 70 % des Apothekenumsatzes direkt mit den Krankenkassen verrechnet wird, bleiben höchstens bis zu 30 % des Umsatzes übrig, deren Höhe man durch die Gestaltung einer mehr (Ergänzungssortimente) oder weniger (Apothekenpflicht) eigenverantwortlichen Sortimentsplanung beeinflussen kann. Bis zum Jahr 2011 erwarten die befragten Apotheker einen Rückgang des Kassenumsatzes um 10 % auf einen Umsatzanteil von 60 %. Beim Erlös mit rezeptfreien Arzneimitteln wird eine Zunahme von derzeit 20 auf 25 % erwartet.

Auch im Apothekeneinzelhandel ist die Sortimentsbreite ein Erfolgsfaktor. Fast 66 % aller UI- Apotheken führen weniger als 6000 Artikel in ihrem Sortiment - 71 % aller erfolgreichen UIII-Apotheken haben zwischen 6000 und 12.000 Artikel "on stock". Die Analyse des Apothekenrandsortimentes brachte erfreuliche Ergebnisse: 7 der 12 abgefragten Warengattungen, gemeint sind hier Kosmetik-, Mundhygiene-, Tee-, Sonnenschutz-, Haarpflege-, Meßgeräteartikel und Verbandsmaterialien, sind zu mehr als 95 % bereits in den Sortimenten vorhanden. Nur 1/3 der Apotheken bieten Videos und Bücher zum Thema Gesundheit an. Das Führen von Eigenmarken ermöglicht den Aufbau eines USP in einer Apotheke. Fast 2/3 der erfolgreichen Apotheken bieten Eigenmarken an - jede zweite UI-Apotheke versucht mit Eigenmarken die Apothekeneinkaufsstättentreue auszubauen und damit das Cross-Selling-Potential zu erhöhen.

Wichtige operative Ergebnisse für den einzelnen Apotheker brachte auch die Auswertung der Kennzahlen, die sich auf die Sortimentszulieferer bezogen haben. UIII- (UI-) Apotheken arbeiten im Mittel mit 3 (2) Großhändlern zusammen und machen mit ihrem Hauptgroßhändler 63 % (70 %) ihres Umsatzes. Der Anteil des Umsatzes, der bei UIII- (UI-) Apotheken auf die Direktbelieferung entfällt, liegt bei 14 % (11 %) - es gab aber auch umsatzstarke Apotheken, die 40 % ihres Umsatzes direkt mit der pharmazeutischen Industrie machten. Der Pharmaaußendienst der Industrie besucht erfolgreiche Apotheken doppelt so häufig (6 mal pro Woche) wie UI- Apotheken.

Servicepolitik (vgl. Kap. 5.6)

Die Kernkompetenz eines Apothekers ist die qualitative Beratung und Sicherstellung der Arzneimitteldistribution an die Bevölkerung. Der Mittelwert der Beratungszeit pro

Kunde liegt bei allen Apotheken bei ca. 5,5 Minuten. Der Apotheker versucht, durch zusätzliche Serviceleistungen rund um die Kernkompetenz des Pharmazeutenberufes, im lokalen Umfeld eine Kundenbindung zu generieren, die Aspekte der Einkaufsstättentreue, der Wiederholungskäufe, der Nutzung von Cross Selling Potential und die Weiterempfehlungsbereitschaft positiv beeinflußen. Jede Apotheke, die sich an der Untersuchung beteiligt hat, bietet ihren Kunden eine "Reise und Impfberatung" an. Weiter bieten über 90 % aller Apotheken "Telefon und Rauchentwöhnungsberatung" an. Obwohl viele Verkaufsräume nicht größer als 30 qm sind, bestehen in 98 % der Apotheken Sitzgelegenheiten. 9 von 10 Apotheken bieten weiter die "Entsorgung von Arzneimitteln", "Blutdruckmessungen" sowie "Kundenzeitschriften" an. 2/3 aller Apotheken versorgen in Ausnahmefällen auch Patienten mit Arzneimitteln zu Hause.

Interessant sind die Mittelwertergebnisse zum Bereich "bargeldloser Zahlungsverkehr". Während in allen anderen Einzelhandelsbetriebsformen das "Anschreiben des Rechnungsbetrages", wie es früher bei "Tante Emma Läden" und "Greißlern" Usus war, keine Rolle mehr spielt, ist diese Art des bargeldlosen Zahlungsverkehrs im Apothekeneinzelhandel dominierend: 66 % der befragten Apotheken ermöglichen ihren Kunden ein Anschreiben des Rechnungsbetrages, 57 % gestatten den Verkauf via "Bankomat- bzw. EC-Karte" und 55 % den Kauf via "Kreditkarte". Circa jede zweite Apotheke der Umsatzklasse I und II stellt ihren Kunden Parkmöglichkeiten bereit - nur jede vierte erfolgreiche Apotheke kann ihren Besuchern den gleichen Service anbieten. Sind diese Parkplätze jedoch kostenpflichtig, erstatten über 20 % der umsatzstarken Apotheken ihren Kunden das Parkgeld, während dies nur jeweils 10 % der Apotheken der Umsatzklassen I und II machen. Im Apothekeneinzelhandel haben sich Kundenkarten bisher noch nicht durchgesetzt: 17 % der UI-, 26 % der UII- und 29 % der UIII-Apotheken haben bisher nur Kundenkarten an ihre Kunden ausgegeben. Fast die Hälfte der befragten Apotheker, die Kundenkarten bereits einsetzen, haben bisher weniger als 250 Karten an ihre Kunden ausgegeben.

Offizingestaltung und Warenpräsentation (vgl. Kap. 5.7)

Die Analyse der Verkaufsraumerneuerung weist im Apothekeneinzelhandel auf eine Polarisierung hin: Die eine Hälfte der Apotheken mißt einem Umbau der Offizin und dem damit verbundenen möglichen absatzwirtschaftlichen Erfolg hohe Bedeutung zu - die andere Hälfte der Apotheken vernachlässigt diesen Erfolgsfaktor. Mit der genauen Analyse des Datenmaterials kommt man zu dem Ergebnis, daß die Hälfte aller Apotheken in den letzten 5 Jahren renoviert wurden, bei der anderen Hälfte liegt das Renovierungsalter deutlich länger als fünf Jahre zurück - bei fast einem Drittel der Apotheken länger als 10 Jahre. Das arithmetische Mittel der letzten Verkaufsraumrenovierung liegt bei 8,7 Jahren. Erfolgreiche Apotheken erneuern ihren Verkaufsraum alle 8 Jahre und UI-Apotheken werden alle 10 Jahre renoviert.

Die Schaufenster- und Displaywerbung gehört insbesondere für das lokale Marketing zu den wichtigsten Werbeinstrumenten der Apotheken. Mehr als 2/3 aller befragten Apotheken dekorieren ihre Schaufenster alle vier Wochen neu. Bei jeder achten Apotheke geschieht dies sogar alle zwei Wochen. Es gibt bei der Schaufenstergestaltung keine bedeutenden Unterschiede zwischen erfolgreichen Apotheken und weniger Erfolgreichen, mit einer kleinen Ausnahme: 4 % der erfolgreichen UIII-Apotheken dekorieren sogar wöchentlich ihre Schaufenster neu. Anders sieht dies bei der Displaygestaltung aus: Erfolgreiche Apotheken rüsten ihre Displays deutlich öfter um als dies in UI-Apotheken der Fall ist: Jede vierte erfolgreiche Apotheke gestaltet einmal die Woche ihre Displays um. Zusammenfassend bleibt festzuhalten, daß insgesamt gesehen jede zweite Apotheke ihre Displays alle 14 Tage neu dekoriert.

Weiter wurden die Apotheker befragt, nach welchen Verkaufsprinzipien sie ihre Offizin gestaltet haben und künftig gestalten wollen. Die drei am häufigsten genannten Prinzipien waren "Helligkeit" (86,7 %), "Übersichtliche Warenpräsentation" (77,0 %) und der "freie Zugang zu SB-Regalen" (76,1 %). Künftig wollen die Apotheker in erster Linie "Beratungsinseln" (22,7 %), einen "einladenden Eingangsbereich" (21,2 %) und "mehrere Apothekentaren" (19,5 %) in ihre Offizin implementieren.

Werbung und Verkaufsförderung (vgl. Kap. 5.8)

Der rechtliche Spielraum bei der Werbepolitik (vgl. Kap. 4.4.5) in Apotheken ist stark eingeschränkt. Alle rezeptpflichtigen Arzneimittel unterliegen einem generellen Werbeverbot. In anderen Einzelhandelsbetriebsformen, insbesondere im LEH, wird die Preispolitik als Werbeinstrument intensiv eingesetzt - dies ist in Apotheken nur in geringstem Umfang möglich. Übrig bleiben dem Apotheker vor allem die Bereiche Standort und Kunde.

Insgesamt wendet jeder zweite Apotheker zwischen 0-1 % seines jährlichen Umsatzes für Werbeausgaben auf. Erfolgreiche Apotheker geben mehr Geld für die Werbung aus, als UI- Apotheker. Keine der an der Befragung teilgenommen Apotheken investiert mehr als 7 % des Umsatzes in den Bereich der Kommunikationspolitik. Im Vergleich zu anderen Facheinzelhändlern, die durchschnittlich ca. 1,5 % des Umsatzes in die Werbung investieren (vgl. Berekoven, 1995, S. 225), schneiden trotz reglementierter Werbepolitik Apotheken im Branchenvergleich recht gut ab.

Weiter wurde untersucht, für welche Art von Werbung und Verkaufsförderung die Apotheker ihr Geld ausgeben bzw. wie intensiv die Verkaufsförderungsinstrumente vom jeweiligen Apotheker genutzt werden. Die drei am meisten intensiv genutzten Verkaufsinstrumente sind aus Apothekersicht die "Schaufensterwerbung" (84,9 %), die "Warenaktionen nach Jahreszeiten und nach Themen" (59,1 % / 52,1 %) und die "Verkaufsschulungen" (46,2 %) der Mitarbeiter. Auf die größte Ablehnung stoßen die Verkaufsförderungsinstrumente "Flugblattaktionen" und "Preisausschreiben", die von der überwiegenden Mehrheit der Apotheker abgelehnt wird. Weit aus öfter nutzt der Apotheker imageorientierte Aktionen der Verkaufsförderung in Form von Public Relation Maßnahmen, die hauptsächlich den Standort der Apotheke bewerben. 2/3 aller Apotheken führen demnach Kontaktveranstaltungen, wie beispielsweise den "Tag der offenen Tür" durch - zusätzlich planen dies weitere 17 % der Befragten, d.h., daß dieses PR-Instrument auf große Akzeptanz stößt. An zweiter Stelle in der Bewertung der imageorientierten Verkaufsförderungsaktionen liegt die "Förderung von Vereinen und Verbänden", durch das jeweilige Apothekeneinzelhandelsunternehmen: Knapp

60 % der Befragten gaben an, sich bei derartigen Förderungen zu engagieren. In die gleiche Kategorie fällt das "Sponsoring" beispielsweise von lokalen Sportveranstaltungen: 37 % der Apotheken engagieren sich bei solchen Events, 17 % planen dergleichen und 46 % lehnen entsprechenden Support ab.

Bei der Analyse des PR-Auftritts einer Apotheke darf in der heutigen Zeit (2001) auch der Aspekt des web Auftritts nicht unberücksichtigt bleiben. Erst jede vierte österreichische Apotheke ist mit einer eigenen Homepage im Netz vertreten. Weit über die Hälfte aller Apotheker planen dies in naher Zukunft. Ein weiteres Viertel der Apotheker hält nichts von diesem PR-Instrument. Umsatzstärkere Unternehmen stehen dem PR-Instrument "Homepage" weit offener gegenüber als Apotheker, die weniger als 1.8 Mio. € im Jahr umsetzen. So ist es fast jeder dritte UIII-Apotheker, der bereits eine Homepage installiert hat, während bisher nur jeder fünfte UII- und jeder vierte UI-Apotheker gleiches für seine Apotheke umgesetzt hat. Weiter sind es nur knapp 15 % der UIII-Apotheker, die die Einrichtung einer Homepage als nicht sinnvoll erachten. Bei UI- und UII-Apothekern liegt dieser Anteil um rund 10 % darüber – jeder vierte leitende Pharmazeut einer Apotheke, die unter 1.8 Mio. € im Jahr umsetzt, hält eine Homepage als Mittel zur Verkaufsförderung für sinnlos.

Der letzte zu behandelnde Fragenkomplex behandelt den Nutzungsgrad der Zielgruppenwerbung, die gerade bei Apotheken von erheblicher Bedeutung ist. Die drei wichtigsten Bereiche der Zielgruppenwerbung sind das Senioren-, das Frauen-, und das Kindermarketing. Mehr als die Hälfte aller Apotheker betreiben nach eigener Aussage "intensiv" ein Senioren- (62,4 %) und Frauenmarketing (52,9 %) in ihrem Betrieb. Auch das Marktsegment der "Kinder" (44,3 %) wird von Apothekerseite intensiv beworben.

Ein Ausblick schließt bei wissenschaftlichen Publikationen immer eine kritische Reflexion und Anregungen für weitere Forschungen ein.

Das Thema des vorliegenden Beitrages „Der Handel mit Arzneimitteln – Situationsanalyse und Erfolgsfaktorenforschung im Apothekeneinzelhandel“ war deshalb von Anfang an schwierig zu bearbeiten, weil der letzte derartige wissenschaftliche Beitrag in Österreich aus dem Jahre 1955 stammt. Von daher war es aus wirtschaftswissenschaftlicher und institutioneller Perspektive erforderlich das Umfeld, den Gesundheitsmarkt und seine komplexen Mechanismen einer umfassenden deskriptiven Bestandsaufnahme und einer systematischen Situationsanalyse zu unterziehen. Allein die im empirisch Teil erhobenen sechs verschiedenen Instrumente des Handelsmarketings, die schriftliche Befragung von über 1000 unabhängigen österreichischen Apothekenbetrieben geben Zeugnis von dem erfolgten Wandel, der sich in der Vergangenheit vollzogen hat. Gleichzeitig zeigt die empirische Untersuchung wichtige und nachweisbare Trends für die Zukunft auf, die eine Plattform für zahlreiche weitere Diskussionen zuläßt.

Es ist leider eine Tatsache, daß der Apothekeneinzelhandel bisher in der betriebswirtschaftlichen Literatur kaum eine Rolle gespielt hat. Diese Arbeit könnte aber die Initialzündung dafür sein, daß das Interesse der Wissenschaft, sich mit diesem Berufsstand weiter auseinander zusetzen, dazu führen könnte, daß die aufgezeigten möglichen Entwicklungen beschleunigt und auf das Sinnvolle und Machbare konzentriert werden.

Es ist der Anspruch dieser Arbeit, ein Gesamtbild des Apothekeneinzelhandels darzustellen und das sowohl aus der Retrospektive als auch mit der festen Absicht, prospektiv Entwicklungen und Trends aufzuzeigen.

6.2 Empfehlungen und Ausblick für den Apothekeneinzelhandel

Der (Stadt-) Standort und ein demografisches Umfeld, in welchem eher ältere Menschen leben, sind die überragenden Erfolgsfaktoren im Apothekeneinzelhandel (vgl. S. 196). Genauso wichtig ist eine hohe Ärztedichte im unmittelbaren Umfeld der Apotheke und die Pflege der Kontakte zu den verschiedenen niedergelassenen Ärzten (vgl. S. 199).

Aktiv kann der einzelne Apotheker, als Unternehmer und Kaufmann, unabhängig von der Apothekenlage aber eine ganze Anzahl von Maßnahmen einleiten, die seinen Unternehmenserfolg verbessern könnten. Alle im folgenden ausgesprochenen Empfehlungen bauen auf den Ergebnissen der in dieser Arbeit erfolgten Erfolgsfaktorenforschung in Österreichs Apothekenbetrieben auf. Das Bündel von Einzelmaßnahmen läßt sich zu dem folgenden Oberziel zusammenfassen: Der Apotheker sollte sich durch zusätzliche Service- und Sortimentsleistungen bemühen, rund um die Kernkompetenz des Pharmazeutenberufes in seinem lokalen Umfeld eine Kundenbindung zu generieren, die Aspekte der Einkaufsstättentreue, der Wiederholungskäufe, der Nutzung von Cross Selling Potential und die Weiterempfehlungsbereitschaft positiv beeinflußen (vgl. S. 226ff). Das zentrale Ziel dabei ist der Aufbau eines USP, eine großräumige Offizin zu schaffen, in die Kunden gerne kommen, weil sie sich gut aufgehoben fühlen und die sich von anderen Apotheken unterscheidet (vgl. S. 233ff). Ein wichtiger Erfolgsfaktor ist dabei das Personal. Freundliche, zuvorkommende und diskrete Mitarbeiter, die Sozialkompetenz aufweisen und deren Gesichter im Zeitablauf nicht dauernd wechseln (Fluktuationsproblem bei Teilzeitbeschäftigen), (vgl. S. 216f). Die Apotheke ist mit die einzige Einzelhandelsbetriebsform, die im Zeitablauf beständig ist: Oftmals garantiert sie über Generationen am selben Standort ihre Präsenz. Damit geben die Apotheken in einer mehr und mehr internationalen Einzelhandelswelt (vgl. S. 205f), wo neue Standorte mit neuen Firmennamen eröffnen, geschlossen und wieder neu eröffnen, mit gleichen Namen oder noch neueren (fusionierten) Firmenbezeichnungen in den Markt gehen, dem lokalen Kunden das Gefühl der Beständigkeit und Kontinuität.

Was heißt dies alles, bzw. welche operativen Maßnahmen können eingeleitet werden, um oben Gesagtes zu erreichen? Erfolgsforschung orientiert sich an den Erfolgreichen, im vorliegenden Fall an den UIII-Apotheken, die mehr als 1.8 Mio. €pro Jahr umsetzen.

Das Erscheinungsbild einer Apotheke beim Kunden wird in erster Linie durch die Offizin geprägt. Erfolgreiche Apotheken besitzen einen Verkaufsraum von durchschnittlich 74 qm (vgl. S. 197). Als Faustregel gilt, daß der Apothekenverkaufsraum mindestens ein Drittel, wenn nicht die Hälfte der Gesamtfläche der Apotheke ausmachen sollte. Für fast alle empfohlenen Maßnahmen benötigt man Platz in der Offizin. Für die Gestaltung, für die Sortimentserweiterungen, für die zusätzlichen Serviceleistungen etc. Fläche wird zu einem Erfolgsfaktor im Apothekeneinzelhandel werden, wie es beispielsweise die Inhaber der Apotheke SANIPLUS (vgl. S. 153f) demonstrieren: Ihre Apotheke hat eine Bruttofläche von 715 qm, eine Verkaufsfläche von 400 qm und eine Sortimentsbreite von 30.000 Artikeln.

Die Gestaltung einer Offizin sollte von Helligkeit, einer übersichtlichen Warenpräsentation, von Beratungsinseln und mehreren Apothekentaren geprägt sein. Der freie Zugang zu SB-Regalen ist ebenso wichtig, weil es dem Kunden ermöglicht, sich unbeobachtet im Ergänzungssortiment umzusehen (vgl. S. 237ff). Beim operativen Apothekenmanagement geht es in erster Linie darum, die bestehenden Stammkunden (ca. 70 %) zu Verbundkäufen anzuregen und dies ist nur mit einem attraktiven ausgewählten Rand- und Zusatzsortiment möglich. Eine solche Erweiterung ist aber auch mit einer Steigerung der Sortimentsbreite und -tiefe verbunden: 71 % der erfolgreichen Apotheken führen zwischen 6.000 und 12.000 Artikel (vgl. S. 220f). Die Zulieferer der Apotheken sind der Großhandel und die Industrie. Erfolgreiche Apotheken arbeiten mit mehr Großhändlern zusammen und der Umsatzanteil der Direktbelieferung ist um knapp 30 % höher als bei UI-Apotheken (vgl. S. 224f).

Ein anderer Weg, um Kundenbindung herbeizuführen, ist das Führen von OTC-Eigenmarken, wie beispielsweise ein Mittel gegen grippale Infekte. Eigenmarken sollten aber nur innerhalb der Hauptabsatzgebiete angeboten werden. Selbstverständlich müssen diese auch entsprechend beworben werden (vgl. S. 222f). Gerade im lokalen Marketing ist das älteste und traditionelle Werbeinstrument "Schaufenster" das bedeutendste Werbemittel im Apothekeneinzelhandel. Je nach Frequenzlage der Apotheke sollten diese professionell alle 2 bis 4 Wochen neu gestaltet werden: 17 % der erfolgreichen Apotheken gestalten ihre Schaufenster alle 2 Wochen und 72 % alle vier Wochen um. Attraktive Schaufenstergestaltungen und ein einladender Eingangsbereich überzeugen, machen neugierig und unterstützen die Neukundenakquisition (vgl. S. 235f).

Mittlerweile ist es allgemein bekannt, daß die Service- und Kundendienstleistungen im Handel aber auch im Apothekeneinzelhandel immer wichtiger werden. Die Ergebnisse der Befragung haben gezeigt, es werden sowohl eine ganze Anzahl von Warengruppen im Rand- und Ergänzungssortiment, als auch im Bereich der Service- und Kundendienstleistungen angeboten - nur weiß es fast niemand! Beispielsweise führen 66 % aller Apotheken "Hauszustellungen" durch (vgl. S. 227). Dies ist eine Dienstleistung, die unter Berücksichtigung der gesetzlichen Rahmenbedingungen ausgebaut und auch beworben werden sollte. Mit diesem Nachweis könnte man argumentativ auch dem europäischen Versandhandel entgegentreten .

Die Apotheke sollte als Kommunikationszentrum im Gesundheitsmarkt ausgebaut werden, wo Dienstleistungen wie Blutdruckmessungen, Impf-, Ernährungs- und Diätberatungen, Harnuntersuchungen, Aussagen über Arzneimittelwechselwirkungen (gerade bei älteren Menschen, die eine Vielzahl von diversen Medikamenten einnehmen müssen) erfolgen. Weiter könnte man sich gut Maßnahmen im Bereich der Gesundheitsprävention, wie die Messungen von Blutzucker, Cholesterin, Leberwertbestimmungen etc. vorstellen. Die zusätzlichen Serviceleistungen werden zwar angeboten, aber für die breite Masse der Kunden sind die "Hemmungen" zu stark, die entsprechenden Untersuchungen regelmäßig von den Apothekern durchführen zu lassen. Solche Vorsorge Screening Untersuchungen am Patienten dienen nicht dazu, dem niedergelassenen Arzt Konkurrenz zu machen, sondern sollen bei negativen Abweichungen von Richtwerten einen Arztbesuch auslösen.

Zur Generierung eines USP gehören PR-Aktionen von Apothekern. An erster Stelle wurden hier von Pharmazeutenseite die Kontaktveranstaltungen genannt, wie beispielsweise der Tag der offenen Tür (vgl. S. 244f). Aus Sicht des Verfassers sind alle PR-Aktionen erfolgreich, wenn diese durch den direkten Kontakt zwischen Apotheker und Kunde geprägt sind. Das Apothekengeschäft basiert auf der persönlichen Interaktion zwischen Apotheker und Kunde. Daher hält der Verfasser Kundenabende in Form von Vorträgen in der Apotheke, in Altenheimen, in Heimatvereinen oder in Schulen für förderlich. Von solchen Maßnahmen profitiert auch die Zielgruppenwerbung der Apotheker, die in erster Linie die Marktsegmente Pensionäre, Frauen und Kinder anspricht.

Wohl wissend, daß die Förderung von Vereinen und das Sponsoring von Sportveranstaltungen etc. im Ranking Platz zwei und drei erreicht haben (vgl. S. 244), hält der Verfasser diese Art von Werbung für den operativen Erfolg der Apotheke für nicht zielführend.

In der heutigen Zeit ist es Mode geworden, daß jedes Unternehmen vom Greißler bis zum multinationalen Konzern über eine Homepage verfügen soll. Auch die Apotheker werden derzeit aufgefordert, diesem Trend nachzukommen (vgl. S. 245f). Eine Homepage nimmt für große Unternehmen eine wichtige PR-Funktion im world-wide-web ein. Eine typische Apotheke ist jedoch ein neun Mitarbeiter umfassendes Nahversorgungsunternehmen, welches hauptsächlich von Kunden aufgesucht wird, die im unmittelbaren Umfeld leben. Die Hälfte der Apothekenkunden sind über 60 Jahre alt und mehrheitlich dem Surf- und Chat-Zeitalter nicht verfallen. Eine Homepage muß gepflegt werden, dafür ist Know-how erforderlich. Daher sollte man sich vor einem Engagement genau das Kosten-Nutzen-Verhältnis ansehen.

Ein heikles Thema ist auch der Versandhandel von Arzneimitteln durch Internetapotheken. Vieles hängt derzeit von der bevorstehenden Klage ab, die der deutsche Apothekerverband gegen DocMorric am europäischen Gerichtshof einreichen will, dessen Urteil frühestens im Sommer 2003 zu erwarten ist (vgl. S. 105ff). Nach Meinung des Verfassers wird, trotz der berechtigen Qualitätsrisiken, die der Versandhandel von Arzneimitteln mit sich bringen kann, dieser in der EU aufgrund der verschiedenen Rechtssysteme nicht aufzuhalten sein. Solange der Versandhandel vom europäischen Ausland operiert (und der nationale Großhandel und die Apotheken die Zusammenarbeit verweigern), können Botendienste flächendeckend nicht schneller als innerhalb von 24 Stunden liefern. Arzneimittel braucht man i.d.R. aber schnell, und schnell bekommt man sie nur vom Nahversorger Apotheker.

Zusammenfassend bleibt festzuhalten, solange am Versandhandels- und am Fremd- und Mehrbesitzverbot in Österreich und Deutschland festgehalten wird und zusätzlich die österreichische Bedarfsplanung aufrechterhalten bleibt, ist die Position der Apothekerschaft (trotz Versandhandels) gesichert (vgl. S. 134f). Apothekenketten werden zwar immer wieder diskutiert, sind aber in Österreich und Deutschland in absehbarer Zeit kein wirkliches Thema (vgl. S. 168ff).

Die Apotheke hat durch ihre Nahversorgungsfunktion mehr Kundenkontakte, als irgend ein anderes Mitglied der Pharmawertkette. Hierdurch ergibt sich künftig die Chance, daß die Apotheke zur zentralen Informationsstelle über Arzneimittel, Gesundheit und Ernährung werden kann und damit neue Aufgaben in der Gesundheitsvorsorge und -erziehung übernehmen vor dem Hintergrund einer immer älter werdenden Bevölkerung in den nächsten Jahrzehnten.

6.3 Aktuelle und künftige Herausforderungen für den Arzneimittelhandel - ein Interview mit dem Präsidenten der Apothekerkammer

Im vorliegenden Schlußkapitel 6.1 wird - nach den Ergebnissen der Sekundär- und Primärforschung - der Status Quo, die aktuellen und künftigen Herausforderungen im Arzneimittelhandel in einem ausführlichen Interview mit dem Präsidenten der österreichischen Apothekerkammer Dr. Herbert Cabana, der in seiner Funktion alle 4300 selbständigen und angestellten Apotheker in Österreichs repräsentiert, diskutiert.

Mit diesem Beitrag wird auch der letzten Forschungsfrage der vorliegenden Arbeit Rechnung getragen. Bei der vierten Forschungsfragestellung geht es darum, zukünftige Entwicklungen und Trends im Arzneimittelhandel aufzudecken und die daraus ableitenden Konsequenzen für das traditionelle Apothekensystem vor dem Hintergrund der Europäischen Union aufzuzeigen. Zum zweiten soll dem Leser gezeigt werden, daß die im Laufe der Arbeit vom Verfasser immer wieder angesprochenen Veränderungsprozesse nicht nur einseitig vom Verfasser vorgegeben wurden, sondern ihren festen Platz in der Verbands- und Kammerpolitik der Apotheker besitzen.

Als "roter Faden" für das Interview dient das folgende Zitat des Apothekerpräsidenten. Dieses wurde bereits in der Einleitung der vorliegenden Arbeit (vgl. Kapitel 1.3) abgedruckt, da es treffend und komprimiert die aktuellen Problemfelder aufzeigt, die sowohl den österreichischen als auch den deutschen Apothekeneinzelhandel betreffen.

> *„Fragen wie Arzneimittelabgabe nur über Apotheken, bedarfsgerechte oder gewinnorientierte Niederlassungsmöglichkeiten für Apotheken, Apothekenketten, geregelte oder freie Preise oder E-Commerce mit Arzneimitteln werden in Zukunft weitgehend auf internationaler Ebene entschieden." (Cabana, 2000, S. 817).*

Das folgenden Interview, welches zwischen dem Verfasser (Interviewer) und dem Präsidenten der österreichischen Apothekerkammer (Interviewten) geführt wurde, fand am 5. Februar 2001 in den Räumlichkeiten der Bundes- und Landesgeschäftsstelle der österreichischen Apothekerkammer in Wien statt:

Newzella: Herr Präsident Cabana im Hinblick auf die in den letzten Monaten andauernde Auseinandersetzung zwischen Apothekern und SD-Ärzten mit Hausapotheken bezogen auf die Bedingungen unter welchen diese Betriebstypen eröffnet werden können, möchte ich daher mit diesem Thema beginnen. Das Zahlenverhältnis "Hausapotheken" und "öffentlichen Apotheken" ist fast 1:1. Wie ist in etwa der prozentuale Anteil am gesamten österreichischen Arzneimittelumsatz zwischen diesen Apothekenbetriebstypen aufgeteilt?

Dr. Cabana: Ich kann relativ genau sagen, wie groß der Kassenanteil im Apotheken- und Hausapothekenbereich ist. Der Anteil der Arzneimittel, die jährlich über ärztliche Hausapotheken abgegeben werden, entspricht einem Wertanteil von ca. 16 % am gesamten österreichischen Arzneimittelumsatz, wobei der Privatanteil auf gleichem oder etwas darunter liegendem Niveau liegt.

Newzella: Im Hinblick auf die Sortimentsbreite und -tiefe in "Hausapotheken" sprechen Sie bzw. die Apothekerkammer von durchschnittlich 500 Artikel, während die Ärztekammer von ca. 1000 Arzneimittel spricht, die SD-Ärzte in Ihren Praxen führen. Wie ist das Verhältnis der Sortimente zwischen Hausapotheken und öffentlichen Apotheken?

Dr. Cabana: Ob es nun 500 oder 1000 Arzneimittel sind, die der SD-Arzt führt, sei dahingestellt. Tatsache ist, dass der Patient eines SD-Arztes sein Medikament sofort in der Praxis des Arztes bekommt, aber nicht, weil das Sortiment einer Hausapotheke so umfangreich ist, sondern weil der SD-Arzt nur die Medikamente i.d.R. verordnet, die er auch vorrätig hält. Man kann darüber nachdenken, ob diese Vorgehensweise den Prinzipien „Unabhängigkeit" und „Wettbewerb" im Gesundheitswesen Rechnung trägt.

Die Sortimentsbreite und -tiefe einer öffentlichen Apotheke in Österreich liegt bei durchschnittlich 5000 unterschiedlichen Positionen. Wir sind aber darüber hinaus sehr stolz, daß die Lieferfähigkeit der österreichischen Apotheken bei über 90 % liegt, was auch im Vergleich zum Ausland sehr hoch ist. Das heißt, mehr als 9 von 10

Kunden, die in eine Apotheke kommen, können dort auch sofort ihr Präparat mitnehmen.

Newzella: Die Lieferfähigkeit der Apotheken wird doch sicherlich auch durch die Lieferpolitik des österreichischen pharmazeutischen Großhandels begünstigt, die ca. 2-5 mal pro Tag die öffentlichen Apotheken beliefern.

Dr. Cabana: Richtig, allerdings ist es so, daß die Zahl, die ich jetzt genannt habe, sich auf Fälle bezieht, in denen der Kunde sofort das Produkt mitnehmen kann. Der Lagerumschlag der öffentlichen Apotheken liegt bei etwa 9-14mal pro Jahr, das variiert etwas zwischen den einzelnen Betrieben.

Newzella: Was hat sich durch das soeben (Februar 2001) neu geregelte Verhältnis zwischen den öffentlichen- und Hausapotheken, die ich in meiner Arbeit als „duales Apothekensystem" beschreibe, verändert? Aus meiner Sicht hat sich die Situation für die öffentlichen Apotheken im Gegensatz zum Verfassungsgerichtshofurteil von 1998 verschlechtert oder wie sehen Sie das neue Reglement, Herr Präsident?

Dr. Cabana: Die Richter haben in ihrem Urteil auf den Tatbestand der grundsätzlichen Erwerbsfreiheit verwiesen, d.h. es liegt im Ermessensspielraum des jeweiligen Apothekers, wo er seine Apotheke eröffnen möchte, und natürlich auch im wirtschaftlichen Risiko dessen, der eine Apotheke aufmacht. Dazu ist ein Mindestversorgungspotential für die neue Apotheke nicht erforderlich. Eine neu eröffnende Apotheken darf aber das gewachsene flächendeckende System der Apotheken nicht zerstören. Der Verfassungsgerichtshof ist davon ausgegangen, daß die Apotheke die ihr vom Gesetzgeber auferlegten rechtlichen Auflagen: Betriebspflicht ohne Urlaubssperre, Nachtdienste, Abgabepflicht, Kontraktionszwang usw. nur erfüllen kann, wenn ein Versorgungspotential von 5.500 Personen vorhanden ist. Wenn ein Apotheker eine neue Apotheke gründet, darf er das auch mit einem viel geringeren Versorgungspotential – nur darf er damit andere Apotheken nicht wirtschaftlich gefährden.

Das Urteil hätte bedeutet, daß es auf dem Land etliche Kollegen/innen gegeben hätte, die eine Apotheke hätten gründen können, und damit hätte die Hausapotheke im 4 km Umkreis gesperrt werden müssen und der Arzt hätte sich von seiner ärztlichen Tätigkeit ernähren müssen. Dagegen sind die Ärzte Sturm gelaufen und haben damals in einer "Nacht- und Nebelaktion" eine 10-jährige Übergangsfrist für die Hausapotheken durchgesetzt. Inhaltlich bedeutete diese, daß unabhängig davon, ob eine Apotheke aufmacht oder nicht, die ärztliche Hausapotheke 10 Jahre lang – also bis zum Jahre 2008 – nicht hätte zusperren müssen. Danach wäre es aber so gewesen wie vorher, d.h. wenn eine Apotheke eröffnet worden wäre, hätte der Arzt seine Hausapotheke verloren. Das wollten die Ärzte nicht.

Auf der anderen Seite haben Apotheker gegen dieses Gesetz aus dem Jahr 1998 Beschwerde eingelegt und haben gesagt, eine 10-jährige Übergangsfrist ist keine adäquate Frist, das ist eine Einschränkung der Erwerbsausübung und begünstigt nur die wirtschaftlichen Vorteile der SD-Ärzte. Man erwartet das aufgrund dieser Beschwerden vom VfGH erlassene Urteil seit Januar. Es ist bisher noch nicht schriftlich ausgefertigt. Um dem Urteil zuvor zu kommen, haben die Ärzte versucht, eine neue Regelung zu finden, um die es die von Ihnen erwähnten starken Turbulenzen gegeben hat.

Wir haben unter großem politischem Druck eine Lösung gefunden. In Gebieten unter 5.500 Leuten gibt es eine Arzneimittelversorgung durch den SD-Arzt und in Gebieten darüber erfolgt die Vollversorgung über die Apotheke. Gibt es nun in ländlichen Gebieten keine Hausapotheken, so kann eine öffentliche Apotheke auch mit einem geringeren Versorgungspotential als 5.500 Personen eröffnen. So ist nun die Situation.

Durch die Zustimmung zu einem Kompromiss haben wir das abwenden können, was die Ärzte ursprünglich vor hatten. Sie wollten beweisen, daß ein dispensierender Arzt unmittelbar neben einer Apotheke existieren kann. Nachdem aber der Arzt in solchen Fällen praktisch weder Kassenrezepte noch Privatrezepte ausstellt, weil er die Arzneimittel ja selbst abgibt, abgesehen von komplizierten oder aufwendigen Dingen, wie Süchtigenbetreuung etc., kann eine Apotheke neben einer ärztlichen Hausapotheke wirtschaftlich nicht bestehen.

Wir wollten daher eine klare Trennung zwischen den örtlichen Bereichen, wo die Notversorgung durch den SD-Arzt geschieht, und denjenigen, wo die Vollversorgung durch die Apotheke erfolgt. Daher haben wir jetzt nach dem Sprachgebrauch der Ärzte "kein duales System". Die Politik hat uns dahingehend unterstützt, indem sie gesagt hat, die Vollversorgung mit Arzneimitteln sollte primär über die Apotheke erfolgen, und hat nun nach der gerade verabschiedeten Lösung die Grenze bei einem Versorgungspotential von 5.500 Personen gezogen.

Newzella: Erlauben Sie mir den Einwand, daß Ihr Kontrahent in der Auseinandersetzung der Präsident der Ärztekammer Dr. Pjeta in seinem offenen Brief an Ihre Person vor diese Grenze 5500 das Wort „prinzipiell“ einfügte. Das heißt für mich es gibt Ausnahmen und noch Regelungsbedarf in der Zukunft, oder wie sehen Sie das Herr Dr. Cabana?

Dr. Cabana: Ich habe jetzt den Wortlaut des Briefes nicht vor mir. Die Ausnahme liegt darin, daß in den Gebieten, wo es keine Hausapotheken der Ärzte gibt, ein Apotheker auch bei einem Versorgungspotential von unter 5.500 Personen aufmachen kann. Die Formulierung des § 28 Apothekengesetz war in der Diskussion zwischen Ärzten und Apothekern umstritten. Nach dem Vorschlag der Ärzte hieß es, daß die Ärzte Gebiete mit einem geringeren Versorgungspotential als 5500 Einwohnern „zu versorgen haben“. Jetzt heißt es: „sie versorgen“. Das ist aber kein Auftrag, sondern eine Möglichkeit. Für uns war wichtig, daß auch in den Gebieten unter 5.500 Einwohnern kein gesetzlicher Auftrag an den Arzt ergeht, die Arzneimittelversorgung zu übernehmen.

Newzella: Demnach, sind Sie, als Präsident der österreichischen Apothekerkammer zufrieden mit dem gefundenen Kompromiß?

Dr. Cabana: Mit einem Kompromiß kann man nie zufrieden sein, aber unter den gegebenen politischen Voraussetzungen halte ich ihn für eine Möglichkeit, das Streitpotential zwischen Ärzten und Apothekern zu verringern. Ich halte es für die Patienten nicht für vernünftig, wenn die beiden Autoritäten Arzt und Apotheker „sich in den Haaren liegen". Das ist etwas, was die Compliance negativ beeinflusst, das Vertrauen in beide Berufe stört, und deswegen war es wichtig, daß wir hier wieder in einer ganz normalen Gesprächsatmosphäre miteinander umgehen können.

Newzella: Glauben Sie nicht dennoch, daß diese „Neuregelung" auch neues Konfliktpotential mit sich bringt?

Dr. Cabana: Ich kann das natürlich nicht ausschließen aber im Augenblick meine ich, daß sowohl die Ärzte als auch die Apothekerschaft zu der Vereinbarung stehen. Trotzdem kann ich es nicht unterbinden, daß es wieder einzelne Situationen in ländlichen Gegenden gibt, wo wieder gestritten wird. Das ist nie auszuschließen, aber das ist ja das Prinzip eines Rechtsstaates.

Newzella: Nun zum zweiten Punkt unserer Gliederung, Herr Präsident „Bedarfsgerechte oder gewinnorientierte Niederlassungsmöglichkeit für Apotheken", wie Sie von Ihnen in der August 2000 Ausgabe der ÖAZ gefordert wurde – was meinen Sie damit?

Dr. Cabana: Wenn Sie irgendeine beliebige Branche haben, dann werden Sie versuchen, einen Standort zu finden, wo Sie möglichst viel Umsatz mit einer möglichst hohen Marge machen können. Und wenn Sie einen Standort haben, der das nicht hergibt, dann werden Sie den Betrieb dort nicht eröffnen. Das ist etwas, was in Deutschland auch im Apothekenbereich so ist. Sie kennen Standorte, wo es 4 oder 5 Apotheken in unmittelbarer Umgebung gibt, weil man dort sehr viel Gewinn generieren kann. Das führt zu einer Anhäufung der Apotheken in Ballungszentren oder „gewinnorientierten Bereichen", demzufolge gibt es aber auf dem Land wesentlich weniger Apotheken.

Das Prinzip „bedarfsgerecht niedergelassene Apotheke“ stützt sich darauf, daß man sich als Apotheker nicht dort niederläßt, wo der maximale Umsatz erzielt werden kann, sondern dort, wo der Apotheker im Notfall gebraucht wird. Wenn ein Konsument die Apotheke wirklich braucht, dann ist er normalerweise krank, dann ist er nicht im Einkaufszentrum, sondern zu Hause. Wir haben in Österreich eben diese bedarfsgerechte Verteilung, die sicherstellt, daß die Apotheken zumindest auch in Wohngebieten vorhanden sind, wo man naturgemäß nicht den größten Umsatz hat. Deshalb macht man dort auch nicht die größten Gewinne. Das ist eine politische Denkweise, die sich – mit Ausnahme von Deutschland – in allen Ländern Europas durchgesetzt hat. Wobei die genannte „politische Denkweise“ in den verschiedenen Nationalstaaten unterschiedlich gelöst ist - zum Teil mit Entfernungsregelungen oder mit Krankenkassenverträgen etc.

Im übrigen ist es bei den Ärzten mit Krankenkassenverträgen in Österreich genauso gelöst. Es gibt Kassenärzte nicht nur in der Stadt, sondern wenn das Kassenpotential in der Stadt erfüllt ist, dann gehen die Ärzte logischerweise auch aufs Land hinaus. Wir haben eine ähnliche bedarfsgerechte Verteilung, und das ist das, was ich gemeint hatte mit der „bedarfsgerechten im Gegensatz zu der gewinnorientierten Niederlassungsmöglichkeit“. Das wurde auch vor 2 Jahren als verfassungskonform vom Verfassungsgerichtshof bestätigt.

Newzella: In Deutschland gab es das System der „bedarfsgerechten Niederlassungsmöglichkeit“ für Apotheken auch bis 1958, welches ich auch in meinen Ausarbeitungen behandelt habe. Der Vergleich der betriebswirtschaftlichen Situation einer typisch deutschen und einer typisch österreichischen Apotheke zum derzeitigen Zeitpunkt gibt dem von Ihnen präferierten und in Österreich geltendem System den Vorzug.

Dr. Cabana: Wir haben viel weniger Einpersonen-Apotheken als in Deutschland. Im Durchschnitt arbeiten 9 Personen in unseren öffentlichen Apotheken, wobei der Anteil der Pharmazeuten bei 3-4 liegt. In ganz Österreich sind es 10.000 Menschen, die im Apothekeneinzelhandel beschäftigt sind. Ich bin froh, daß wir in unserem Land den Standort der Apotheke am Bedarf der Bevölkerung orientieren, und daß in unseren Apotheken mehrere Pharmazeuten beschäftigt sind.

Newzella: Zum Thema „Verbesserungen“ Wie kann eine Apotheke heute zusätzlich Ihre Gewinnsituation verbessern? Wie denken Sie dahingehend über den „USP“ einer Apotheke oder das Kundenbindungsmanagement (Customer Relationship Management) etc.?

Dr. Cabana: Der „USP“ ein ganz wesentlicher Punkt. Es muß von Seiten der Apothekerschaft für den Konsumenten deutlicher aufgezeigt werden, wo gegenüber Ärzten und Internet die Vorteile einer Vollversorgung mit Arzneimitteln durch die Apotheke liegen. Das sind z.B. die sofortige Verfügbarkeit von Medikamenten, das persönliche Gespräch, das Vermeiden von unnötigen Kosten für Produkte, die man eigentlich nicht wirklich braucht und die sogar schädlich sein können, mittels eines Beratungsgespräches zwischen Apotheker und Kunden.

Die Apotheke ist nicht nur ein Ort ist, wo man die "Needs" kauft, wenn man schon halb tot ist, sondern es ist auch ein Ort, wo man die "Wants" kaufen kann, d.h. Produkte für schöne Stunden, für den Urlaub, für Reisen, für schönes Aussehen, Kosmetik, usw.

Die Apotheken müssen sich auf die beschriebenen Situationen umstellen, d.h. intern und extern.
Mit „intern“ gemeint ist das Denken, Handeln und Wirken der Mitarbeiter in den Apotheken, das ist in etlichen Betrieben schon passiert, daß man den Kunden als Kunden und nicht als Patienten sieht, der ohnedies in die Apotheke gehen muß. Man hat erkannt, daß man den Kunden „werben“ muß und Ihn davon überzeugen muß, "freiwillig" die eigene Offizin aufzusuchen.

Mit „extern“ meine ich, daß auch die entsprechenden Maßnahmen baulich und räumlich in den Apotheken umgesetzt werden. Letzteres ist sicher der größte Hemmschuh, das dauert lange und kostet sehr viel Geld.

Von der Akzeptanz des Konsumenten wird auch die Zukunft der Apotheken abhängen. Wir wissen durch Umfragen, daß die Akzeptanz der Apotheken sehr hoch ist. Dieses hohe Vertrauenspotential haben wir uns als Apotheker in den vergangenen Jahrzehnten hart erarbeiten müssen.

Dies muß jetzt noch um den Faktor „Lebensfreude“ und mit Hilfe der Einrichtung einer "Erlebnisapotheke" ergänzt werden, ohne aber die Seriosität der Apotheken zu gefährden. Nicht daß nun alles, was im weitesten Sinne mit Körperpflege oder Ernährung zu tun hat, bis hin zum Gemüse verkauft werden soll. Dadurch würde die Akzeptanz beim Kunden reduziert.

Eine Apotheke sollte schon eine Apotheke bleiben, wo man weiß, daß man kompetent beraten wird. Es sollte auch das Potential an Fachkräften entsprechend hoch bleiben, das sowohl aus Pharmazeuten als auch aus pharmazeutisch kaufmännischen Assistenten besteht. Letztere nehmen einen wesentlichen Platz im Nichtarzneimittelbereich ein – dazu gehört der Dienstleistungsbereich, die Ernährungs- und Kosmetikberatung etc. Hier gibt es schon heute ein nahtloses Zusammenarbeiten von Pharmazeuten und Assistenten.

Wenn wir in Richtung Kundenorientierung weiter gehen, dann haben wir auch eine Möglichkeit, die Leistung der Apotheke auch unabhängig von staatlichen und halbstaatlichen Institutionen wie den Krankenkassen für die Zukunft abzusichern.

Newzella: Herr Präsident, Sie haben eine ganze Anzahl von möglichen theoretischen innovativen Apothekenkonzepten angesprochen. Was tut die Kammer aktiv, um solche Denkrichtungen voranzutreiben?

Dr. Cabana: Zum Beispiel haben wir ein eigenes Konzept gerade in Ausarbeitung, das wird im Sommer 2001 fertiggestellt sein. Wir haben den sogenannten "Zukunftsapotheker" mit Kollegen erarbeitet mit allen Szenarien, die für Apotheken denkbar sind, egal ob sie gefallen oder nicht gefallen. Wir sind dabei, die Konsequenzen zu ziehen, was z.B. den Umgang mit Internet betrifft, weiter geht es um künftige Fragen rund um die Kundenbedürfnisse – das geht in die Frage der Screening-Aktivitäten hinein – all diese Dinge sind im Fluß. Wir haben auch in Ausarbeitung ein Internet-Portal, wo den Apotheken genau die Möglichkeiten angeboten werden sollen, die Kundeninteressen zu nutzen bzw. auch die Vorteile für den Kunden in den Vordergrund zu stellen, aber ohne schädliche Nebenwirkungen zu erzeugen, ohne daß es jetzt nur zum Einkaufen von Produkten kommt, die der Konsument in der Kundenwerbung gesehen hat.

Newzella: Das hört sich sehr interessant an. Aber sind Sie sicher, daß Sie diese Dinge unter den derzeit geltenden rechtlichen Rahmenbedingungen überhaupt durchsetzen können?

Dr. Cabana: Der rechtliche Rahmen ist sicher ein Ausdruck dessen, was wir eigentlich wollen und was auch die Konsumentenschützer wollen. Normalerweise geht man in der Wirtschaft immer davon aus, daß man einen Bedarf auch wecken kann – z.B. mit Werbung – und daß diese gesteigerte Nachfrage auch zu entsprechender Umsatzsteigerung führt, was wiederum zur Gewinnsteigerung führt.

Genau das ist die Frage, ob wir das im Arzneimittelbereich wollen. "Wir" ist die Gesellschaft. Wir sehen jetzt sehr drastisch vor Augen geführt, was herauskommt, wenn man das im Lebensmittelbereich macht, wie z.B. Antibiotika für Schweine in viel größerem Umfang verwendet wurden als je für Menschen. Das ist rein marktwirtschaftlich gelaufen, weil man grundsätzlich auch hier nicht mehr qualitätsorientierte Vertriebskanäle einhalten wollte. Bereits vor Jahrzehnten hat man in Sachen „Tierarzneimittel“ nicht mehr die Apotheke eingeschaltet, sondern man hat damals den Tierarzt mit der Abgabe von Tierarzneimitteln betraut, was dazu geführt hat, daß dieses

System nicht mehr kontrollierbar ist. Da kontrolliert sich eine Person selbst. Die Verlockungen im Markt sind sehr groß, so daß es immer wieder Menschen im Gesundheitssystem gibt, die dann nur mehr den marktwirtschaftlichen Gesetzen gehorchen. Darüber hinaus ist es dann auch nicht mehr leicht, das Einkaufen im Internet usw. einzudämmen, weil das Bewußtsein bei den Anwendern über Jahrzehnte gar nicht mehr geschult worden ist. Im Arzneimittelbereich ist es derzeit in ganz Europa noch nicht so. Ich weiß, daß es die Internet-Anbieter gibt, die massiv in den Markt hineindrängen wollen. Ich meine aber, das ist auch eine Frage der Politik und der Gesellschaft, inwieweit diese es im Rahmen des Konsumentenschutzes für klug halten, marktwirtschaftlichen Gesetze Vorrang vor dem Schutz der Gesundheit einzuräumen.

Newzella: Sie sprechen das Prinzip „Qualität im Arzneimittelhandel" an, wie denken Sie über das Qualitätsbewußtsein der benachbarten Handelszweige, vor dem Hintergrund um die aktuelle Diskussion zum Thema BSE?

Dr. Cabana: Persönlich meine ich, daß in den vergangenen Jahrzehnten im Lebensmittelbereich in erster Linie danach getrachtet wurde, in Europa, nicht nur in Österreich, Produkte für den Konsumenten möglichst preiswert anzubieten. Das hat im konkreten Fall natürlich bei den Bauern dazu geführt, daß sie den Gesetzen der Marktwirtschaft gehorchend versucht haben, möglichst kostengünstig zu arbeiten. Dies geschah zum einen durch die Massentierhaltung, die nicht illegal gewesen ist.

Massentierhaltung führt aber dazu, wenn beispielsweise ein Schwein irgendeine Erkrankung hat, daß unter Umständen der gesamte Bestand des Bauernhofes von derselben Infektion befallen wird. Um dem zuvorzukommen, wurden Antibiotika verabreicht. Das hat wiederum dazu geführt, daß diese Antibiotika nicht nur einem Tier, sondern der ganzen Herde gegeben werden mussten. Jetzt könnte man noch sagen, da hat es entsprechende Wartefristen gegeben vor der Schlachtung des Tieres, damit die Antibiotika abgebaut werden, bei den Hormonen sogar ohne Schwierigkeiten, so daß der Konsument, wenn er den Schinken ißt, keine Antibiotika mehr zu sich nimmt – man könnte sagen, es ist total sicher. Stimmt aber nicht. Denn diese Schweine scheiden jetzt Keime aus, die antibiotikaresistent geworden sind, da die Schweinezucht über Jahrzehnte hinweg diese Antibiotika verwendet hat, und die Gülle kommt auf das Feld, auf den Salat, und der Vegetarier ißt die antibiotikaresistenten Keime. Das führt dazu, daß jemand, der überhaupt nicht an dem Vorteil der billigen Schweinepreise partizipieren konnte, trotzdem dem gesamten Nachteil ausgesetzt ist. Die Schlußfolgerung daraus ist, daß es sicher vernünftig ist, Wege zu gehen, die dem Bauern die Möglichkeit geben, wieder eine artgerechte Tierhaltung durchzuführen, d.h. eine Freilandtierhaltung, die natürlich wesentlich teurer ist. Das muß logischerweise, auch entgegen Behauptungen der Politik, der Konsument letztendlich bezahlen, wobei ich aber nicht meine, daß die Lebenshaltung teurer werden muß. Wenn man dem Konsumenten vor Augen führt, daß der Fleischgenuß – und um den geht es im konkreten Fall – 1-2mal in der Woche sicher optimal ist, von mir aus 3mal, aber nicht 3mal täglich, dann würde das außerdem noch dazu führen, daß Lipidsenker, die den Cholesterinspiegel senken, auch reduziert werden können. Ich spreche gegen mein eigenes Geschäft, wenn ich das verlange und fordere; aber ich halte es für vernünftig, daß es hier zu einem Umdenken kommt, daß man nicht alles nur nach dem Massengesetz, dem wirtschaftlichen Gesetz der Masse, betrachtet, sondern auch nach dem Gesetz der Qualität. Wir haben in der Pharmakologie einen Leitspruch, der mir sehr gut gefällt: Es gibt eigentlich nur eine einzige Noxe, und die heißt "zu viel". Dieses einzige, aber wichtige Gesetz hat man hier auch nicht beachtet. Zu viele Schweine auf zu geringem Raum, die am Ende zu billig verkauft werden, um den Fleischabsatz zu fördern.

Zusammengefaßt heißt das, im Lebensmittelbereich müßte man weg vom reinen Massengesetz wieder hin zur Qualität. Qualität hat ihren Preis, der Konsument müßte das bezahlen. Die steigenden Lebenshaltungskosten hätten den Vorteil, daß der Konsument dazu angehalten würde, Fleischprodukte zwar in hoher Qualität, aber nicht zu häufig zu essen, dadurch könnte man auch noch Cholesterin- oder Lipidsenker einsparen.

Newzella: *Vom Massengeschäft zurück zum Individualgeschäft. Auch im Apothekenbereich haben wir derzeit in Europa den entgegengesetzten Trend. Viele meinen ohne Qualitätsverlust der Arzneimittelversorgung. Was früher nur in England existierte hält zunehmend nun auch Einzug in Österreichs Nachbarstaaten. Wie lange kann Österreich und Deutschland sich noch vor dem Szenario „Apothekenketten" wehren?*

Dr. Cabana: Im Apothekenbereich ist die Frage, will ich hier eine Kette haben, die – wenn sie einmal eingeführt ist – letztendlich viel anonymer ist als ein Einzelhandelsgeschäft, oder will ich den individuellen Apotheker, dem es wichtig ist, daß er das Vertrauen in sein eigenes Geschäft aufrechterhält, was bei der Kette ja nicht unbedingt so ist. Die Apothekenkette wird i.d.R. als Aktiengesellschaft geführt, der anonyme Aktionär hat das relativ kurzfristige Ziel, den maximalen Ertrag aus seinen Papieren herauszuholen, und wenn sich das nicht mehr machen lässt, dann wird er seine Aktien verkaufen. Fallen die Aktienkurse ins Bodenlose, werden unrentable Apothekenstandorte geschlossen und die Qualität der Arzneimittelversorgung nimmt ab. Betroffen davon sind nicht nur die Konsumenten, sondern auch die Beschäftigten der geschlossenen Apotheken mit ihren Familien – Kleinbetriebe mit 8 bis 15 Angestellten.

In Österreich sind wir durch die „bedarfsorientierte Niederlassungsmöglichkeit" und das Fremdbesitzverbot, welches auch in Deutschland gilt, vor „englischen Verhältnissen" gefeit.

Newzella: Aber Herr Dr. Cabana gestatten Sie mir den Einwand, daß wir von offiziellen und inoffiziellen Zuständen in Österreich sprechen. Unter vorgehaltener Hand wird davon gesprochen, daß allein in Wien ca. 40 Apotheken bereits mehrheitlich dem pharmazeutischen Großhandel gehören. Sehen Sie nicht die Gefahr von Unterwanderungen? Wie steht die Apothekerkammer zu solchen „Entwicklungen"?

Dr. Cabana: Die von Ihnen angesprochene Zahl kann ich nicht genau bestätigen, aber sie liegt etwa auf diesem Niveau. Richtig ist, daß die HerbaChemosan bzw. die GEHE-Gruppe Mitbesitzer von Apotheken sind. Ich kann nur aus der Vergangenheit meine Erfahrungen aus den letzten 10 Jahren darlegen, wo es tatsächlich so war, daß in dieser Zeit die Großhandlungen, die in Österreich vertreten waren, Apotheker unterstützt haben, die in finanzieller Hinsicht beim Kauf oder bei Gründung einer neuen Apotheke in Probleme geraten sind.

Das ist aber nicht gesetzeswidrig, da in Österreich im Ggs. zu Deutschland zwar grundsätzlich ein Mehrbesitzverbot besteht, die vorübergehende Beteiligung von Nichtapothekern an Apotheken aber in eingeschränktem Maß möglich ist. In der Regel war es aber so, daß, nachdem der Apotheker den „Kauf" wirtschaftlich verkraftet hat, sich das beteiligte Großhandelsunternehmen wieder zurückgezogen hat.

Ob das in Zukunft auch so sein wird, kann ich nicht unbedingt sagen. In der Vergangenheit war es eine Starthilfe. Trotzdem stand ich dieser Art von Starthilfe immer sehr kritisch gegenüber, weil sie eine sehr "teure" ist. Es ist jeder Apotheker in den vergangenen Jahrzehnten besser beraten gewesen, wenn er zu irgendeiner Bank gegangen ist, um dort einen Kredit aufzunehmen, weil er dann viele Vorteile des Großhandels ohne Rücksichten auf diese Teilhaberschaft oder Bürgschaft in Anspruch nehmen konnte. Ich denke da insbesondere an die schnelle Belieferung mit dringend benötigten Produkten etc. Das alles fällt weg, wenn ich mich mit einer Großhandlung völlig „verheirate". Das passiert schon zum Teil bei der Bürgschaft und natürlich in viel stärkerem Maße, wenn ich einen Großhändler als Gesellschafter herein nehme. In den vergangenen Jahrzehnten hat es keine besonderen negativen Auswirkungen gegeben, ob es diese in der Zukunft geben wird, weiß ich nicht.

Newzella: Auch ich bin skeptisch, wie die zukünftige Entwicklung in dieser für den Großhandel strategischen Frage sein wird. Und dies gerade vor dem Hintergrund, daß der europäische Marktführer, Österreichs führenden Pharmagroßhändler übernommen hat, welches von Prof. Schnedlitz und mir im aktuellen Jahrbuch zur Handelsforschung 2000/01 in einem Beitrag kommentiert wurde. Wie kommentieren Sie, Herr Dr. Cabana, als oberster Vertreter der Apothekerkammer und damit als der

Haupttransaktionspartner des Großhandels das Vorgehen des nunmehr nicht mehr nationalen Zulieferers der über 1000 Apotheken in Österreich?

Dr. Cabana: Wir haben seit Übernahme der Herba durch die GEHE – das war auch nicht so ganz konfliktfrei – natürlich auch mit den Vertretern der GEHE gesprochen: Diese haben uns offen mitgeteilt, wann immer es in Österreich die rechtlichen Möglichkeiten gibt, Ketten zu bilden, werden sie es tun – das war zumindest ehrlich.

Auf der anderen Seite ist auch klar, warum der Pharmagroßhandel derzeit an der Bildung von Apothekenketten in Österreich nicht interessiert ist, denn die Ketten können die höheren Erträge nur dadurch erwirtschaften, daß sie im wesentlichen Personal einsparen, das ist die einzige Möglichkeit. Damit machen sie aber langfristig das Image der Apotheke kaputt. Wenn sie das Image der Apotheke zerstört haben, nutzt ihnen der Apothekenbetrieb nichts mehr, denn die Apotheke ist dann zu einem „normalen Einzelhandelsbetrieb" degeneriert, wie jeder andere auch.

Wenn sie von der Apotheke weggehen wollten, denn das ist ja auch die Frage gewesen, gibt es Arzneimittelverkauf an der Tankstelle oder sonst wo, wo ja auch die GEHE als Großhändler im Gespräch war. Die Großhändler wollten das nicht, weil sie-dann wieder von der Marktmacht anderer Ketten extrem gedrückt würden. Im großen und ganzen sind derzeit alle Vertriebsstufen in Europa mit dem normal eingeführten System – wenn ich die Schweiz mal ausnehme – im wesentlichen zufrieden, und auch die Gesundheitsbehörden meinen nicht, daß es zu teuer ist, daß man einige Vertriebsstufen herausnehmen müsste.

Derzeit gibt es eigentlich kaum im internationalen Bereich einen besonderen Druck. In England sieht es allerdings anders aus, dort gibt es Ketten - Lloyds Pharmacy und Boots.

Ich kann Apothekenkettensysteme nicht ausschließen, es wird sehr viel davon abhängen, welche Individualleistungen die einzelnen Betriebe in Österreich anbieten.

Je höher und damit aufwendiger diese Leistungen en gros sind, und je stärker diese sich im Bewußtsein der Bevölkerung verankert haben, desto unwahrscheinlicher wird die Bildung von Ketten in Österreich, da diese Individualleistungen im Kettenverbund gar nicht angeboten werden können, weil es zu teuer wäre, ein solch umfangreiches Leistungsangebot zu standardisieren. So lange solche Leistungen vorhanden sind und auch veröffentlicht werden – das ist nun wieder unsere Aufgabe als Kammer – so lange wird es für eine Kette nicht interessant sein, einen Betrieb mit 23 % Marge im Kassenbereich zu übernehmen.

Meine Aufgabe ist es, Kettenbildungen zu verhindern und der Politik bewußt zu machen, was wir als Apotheken alles für die Volksgesundheit tun.

Newzella: Ketten, Standardisierung von Leistungsangeboten, Internationalisierung gehen für mich konform mit Begriffen wie Kälte, Anonymität und Verlust von jeglicher Individualität. Im traditionellen Apothekeneinzelhandel habe ich oftmals das Gefühl, die Zeit ist stehengeblieben. Nicht daß ich die Apotheken mit sogenannten „Tante Emma Läden“ oder „Kreißler“ vergleichen möchte, aber etwas von der Atmosphäre, die eben doch etwas mit Heimat, Zuhause und Individualität zu tun hat besitzt meiner Meinung nach die Apotheke. Sehen Sie das auch so?

Dr. Cabana: So ist es. Wir sind die erste unbürokratische Anlaufstelle für hilfesuchende Menschen. Es ist heute so, daß die Leute zu uns kommen, den Meldezettel ausfüllen, sich diesen übersetzen lassen in Türkisch oder Slowenisch, da in den Apotheken eben auch nicht nur gebürtige Österreicher arbeiten. Man weiß, daß man dorthin gehen kann und daß man eine rein menschliche Hilfe bekommt. Das hat zwar mit dem Apothekenbetrieb nichts zu tun, aber es arbeiten dort Menschen, die eine hoch qualifizierte Ausbildung haben. Würde man dieses System kippen lassen, was natürlich in einem Liberalismus möglich wäre – da mache ich mir nichts vor – dann würde es zwei Auswirkungen haben können. Die eine Auswirkung wäre, daß diese vielen Sozialleistungen, die von uns gar nicht beworben werden, anderen übertragen würden. Ich gehe aber davon aus, daß es zu der immer wieder beschworenen Zwei-

Klassen-Medizin käme, und dass es diese Leistungen dann für viele Menschen einfach nicht mehr gäbe. Ich bin überzeugt, daß das auch für die Reichen in unserer Gesellschaft nicht gut wäre, weil es die Kriminalität fördert. Für jemanden, der nichts zu essen hat, jemanden, der nicht mehr weiß, an wen er sich wenden soll, der desorientiert ist, dem sind auch die Gesetze völlig egal, dann kommt es zu Überfällen, zu Raub und Einbruch, und dann ist auch die Lebensqualität der Reichen beeinträchtigt. Das Problem haben wir ja in vielen Bereichen der USA, wo sich einige einen Bodyguard leisten müssen, damit sie halbwegs sicher leben können, oder Elektrozäune rund ums eigene Grundstück ziehen usw.

Das brauchen sie in unseren Sozialsystemen in Europa normalerweise nicht. Daher meine ich, ist die Apotheke mit ein Bindeglied, welches dazu beiträgt, daß die soziale Ausgewogenheit erhalten bleibt.

Newzella: Derzeit „geistert" quer durch alle Branchen das Schlagwort „E-Commerce". Auch der Arzneimittelhandel muß sich seit „EMS" und „DocMorris" mit der Problematik auseinandersetzen, obwohl der Versandhandel in Österreich und Deutschland verboten ist. Daran hat sich auch seit dem Frankfurter Urteil vom 9. November 2000 nichts wesentliches verändert. Auf „Umwegen" (Lieferdienste) wird weiter geliefert.

Dr. Cabana: Soweit ich den letzten Rechtsstand kenne, ist das Urteil nicht endgültig, aber Doc Morris liefert weiter. Es ist wichtig, zwischen der Zustellung im Notfall, die der Apotheker vor Ort durchführt, und einem anonymen Versandhandel zu unterscheiden, von dem ich überzeugt bin, daß er wichtige Bedürfnisse des Patienten in bezug auf Sicherheit und persönliche Information nicht erfüllt.

Newzella: Wenn die einzelnen Apothekenbetriebe, diese Leistung im lokalen Bereich stärker anbieten würden, würde man den Internetapotheken den Boden unter den Füßen wegziehen.

Dr. Cabana: Ich möchte Ihnen als Beispiel eine Geschichte erzählen, die ich selbst erlebt habe, und sie hat zunächst mit Internet nichts zu tun: Es kommt ein 80-jähriger Mann mit normaler Gesundheit seinem Alter entsprechend und verlangt ein Tonikum. Ich nehme das Tonikum aus dem Regal, wir kommen ins Gespräch und ich frage ihn, warum er das braucht, ob er es für sich brauche. (Dieses Vitamintonikum ist übrigens etwas völlig Harmloses.) Er sagt er brauche das nicht für sich, sondern für seine Frau. Seit gestern gehe es ihr gar nicht gut, er verstehe sie kaum mehr, sie spreche undeutlich, der Blick sei so starr. Wir kommen aufgrund des Gespräches darauf, daß wahrscheinlich ein Schlaganfall vorliegt. Wir haben sofort die Rettung verständigt, die Frau ist ins Spital gekommen und konnte noch rechtzeitig behandelt werden, es ist gut ausgegangen. Hätte derselbe Mann entweder an der Tankstelle eingekauft oder im Internet bestellt – dann wäre diese Frau gestorben.
Andererseits hat das Internet auch Vorteile. Bei dem AESGP Kongreß 2000 hat EU-Kommissar Erkki Liikanen dargelegt, daß der Vorteil des Internets im Informationstransfer und nicht in der Logistik liegt.

Wenn ich ein Arzneimittel haben möchte, brauche ich es in vielen Fällen sofort und kann dann ohne große Wartezeiten in die Apotheke gehen und mir das besorgen. Dann habe ich es sofort. Wenn ich es im Internet besorge, ist das zwar recht interessant, dann kommt es aber 2-3 Tage später. Ich muß dann zu Hause sein, wenn das Päckchen geliefert wird. Ich weiß aus eigener Erfahrung, daß ich, wenn ich irgend etwas zugeschickt bekomme, was nicht in den Briefschlitz passt, sehr verärgert bin, denn ich muß dann während der Dienstzeiten des Postamtes dorthin marschieren, obwohl ich eigentlich etwas Besseres zu tun habe. Genauso geht es dem Konsumenten. Der Vorteil der Zustellung ist ja nicht der Vorteil des Internets.

Ich halte das Internet nach wie vor als Informationsmedium für etwas ganz Hervorragendes, es wird auch von vielen Menschen in Zukunft wesentlich mehr genutzt werden als heute.

Wenn ich jetzt einen Bereich nehme, wo ich mich nicht so auskenne, nämlich den EDV-Bereich, wo ich zwar mit den Geräten gut arbeiten kann, aber mir eigentlich das dahinterliegende technische Wunderwerk ein Orakel ist, dann fange ich mit den ganzen Bezeichnungen, die da beschrieben sind, überhaupt nichts an. Was mache ich? Ich gehe dann zu meinem EDV-Software-Hersteller und sage ihm, was ich eigentlich umsetzen möchte, und daß wir eine Hilfestellung erwarten, welche Produkte ich kaufen soll. Ähnlich stellen wir uns das auch für die Apotheken vor. Ich bin davon überzeugt, daß in spätestens 1-2 Jahren die meisten Apotheken einen Internet-Zugang im Verkaufsraum haben werden. Dann werden auch die älteren Konsumenten mit dem Internet umgehen können und mit Fragen kommen, die sie aus dem Internet herausgelesen haben. Unsere Aufgabe als Apotheker ist es dann, diese Fragen gemeinsam mit dem Kunden evtl. vor dem PC zu lösen und den Kunden zu beraten, ob Produkt x oder y für ihn anwendbar ist oder nicht. Wir sehen darin auch eine Chance, die Position des Kunden zu stärken und die Kundenbindung auszubauen. Wir erstellen ja, wie oben bereits erwähnt, von der Apothekerkammer aus ein Konzept für die Zukunft des Apothekers, das sich auch mit dem Auftritt der Apotheke im World-Wide-Web auseinandersetzt. Auf der neuen Website der Apothekerkammer wird den Konsumenten ein umfassendes Informationsangebot zur Verfügung gestellt werden, d.h. konkret welche Apotheke hat geöffnet, welche hat Nachtdienst, welche ist in meiner Nähe. Außerdem soll das Programm einen Sondermenüpunkt "News" oder "Aktuelles" rund um die Apotheke enthalten. In diesen Zusammenhang fällt auch die von uns angebotene Datei "Frequently asked Questions", die dem Konsumenten verständliche Arzneimittelinformationen liefern wird, diese Informationen sollen auch von den verschiedenen Apotheken im Lande übernommen werden können. Selbstverständlich wird auch jeder Apotheker im Rahmen dieses Programmes die Möglichkeit haben, seine Apotheke darzustellen.

Ich bin davon überzeugt, daß im Laufe der nächsten Jahre die Hälfte aller österreichischen Apotheken eine "homepage" haben werden. Einschränkend muß ich aber anmerken, daß ich skeptisch bin, ob dies betriebswirtschaftliche positive Effekte für die einzelne Apotheke haben wird. Der Apotheker ist ein Nahversorger und in diesem

Zusammenhang stellt sich die Frage, was ein Nahversorger im "world-wide-web" sucht. Ich bin aber sicher, daß es sinnvoll ist, wenn der Apotheker einen Internetzugang besitzt, damit er Mails empfangen und verschicken kann. Das ist etwas ganz Wesentliches, und das wird auch immer mehr werden.

Newzella: Herr Dr. Cabana, wie würden Sie den Betriebstyp „öffentliche Apotheke“ vom neuen Betriebstypen „Internetapotheke“ abgrenzen?

Dr. Cabana: Die Abgrenzung liegt sicher darin, daß die öffentliche Apotheke das gesamte Leistungsspektrum einer Apotheke bietet und sich somit automatisch von der Internetapotheke differenziert. Wir müssen wissen, daß heute nicht einmal der Preisvorteil der Internetapotheke in vielen Fällen gegeben ist. Derzeit wird von Seiten des Konsumentenschutzes überlegt, Qualitätskriterien für das Internet einzubauen, was sicherlich nicht einfach und leider auch nicht schnell umgesetzt wird. In Zukunft muß es aber sicherlich möglich sein, einen „klagbaren Ansprechpartner“, der hinter den verschiedenen Versandapotheken steckt, zu finden.
In diesem Zusammenhang muß auch die Frage geklärt werden, welches Recht gilt. Für einen Amerikaner ist es in Österreich nicht leicht, zu klagen. Aber vielleicht gibt es dann (wenigstens) ein einheitliches EU-Recht. Ich gehe davon aus, daß unabhängig von rechtlichen Bestimmungen ein gewisser Anteil von Arzneimitteln in Zukunft sicher über das Internet bestellt werden wird. Es wird der Anteil sein, der entweder wirklich zu Okkasionspreisen angeboten wird oder, wenn es sich um Produkte à la Viagra handelt, wo es dem Konsumenten peinlich ist, von seinem Apotheker das Präparat überreicht zu bekommen.

Ich gehe davon aus, daß künftig maximal 10 % aller Arzneimittel im Internet gekauft werden, und daß in diesen Fällen trotz alledem ein Risiko für die Patienten besteht, weil es ein Unterschied ist, ob der Arzt, bevor er Viagra® verschreibt, die Herzkranzgefäße des Patienten angeschaut hat, oder ob der Konsument einfach via Selbstdiagnose im Internet Arzneimittel bestellt.

Ich bin überzeugt, daß die Rezeptpflicht im Internet erst dann ordentlich geregelt wird, wenn es die ersten großen Haftungsfälle gibt. Dies wird vielleicht schneller kommen, als wir denken.

Daher stellen Internetapotheken für den Konsumenten eine Bedrohung dar. Für die Apotheker ist dieser Betriebstyp keine Bedrohung, sofern sie ihre eigene Leistung demonstrieren.

Newzella: Wir haben nun sowohl bei den Apothekenketten, als auch im Falle von Internetapotheken immer wieder ein Instrument des Handelsmarketing - die „Preispolitik" - als eine Ursache für das Aufkommen neuer Betriebstypen erörtert. Die Art und Weise wie in Österreich die Arzneimittelpreise festgelegt werden, wurde von Seiten der Pharmig und in Studien von Prof. Clement als „Weltweites Unikat" bezeichnet. Wie sehen Sie aus Apothekersicht die Preispolitik von Medikamenten in Österreich auch unter Berücksichtigung volkswirtschaftlicher Aspekte?

Dr. Cabana: Fakt ist, daß wir in Österreich preislich weit unter dem EU-Index liegen gemäß der IWI-Studie aus dem vergangenen Jahr (2000), die Sie kennen. Das BMSG und der Hauptverband fixieren letzten Endes die Arzneimittelpreise in Österreich. Tatsache ist, daß die Industrie darunter gelitten hat, daß sie in vielen Fällen niedrigere Preise anbietet als woanders.

Ich bin davon überzeugt, daß es bei Aufrechterhaltung eines Sozialsystems, wo es keine Zwei-Klassen-Medizin geben soll, irgendeine Form eines staatlich kontrollierten Preismechanismus geben muß. Ob das jetzt nun ausschließlich über die Erzeugerpreise geht, oder über die Apotheken- und Großhandelsspanne, das ist eine zweite Sache.

Führen wir uns einmal vor Augen, was passieren würde, wenn es keine Preisregelung gäbe und wenn nur die Kräfte des Marktes wirken würden. Dann wäre es so, daß all die Präparate, die aus dem Patentschutz heraus gefallen sind, vielleicht doch um 15 – 20 % billiger wären, als sie es heute sind. Aber für die patentgeschützten Arzneimittel würden Preise gefordert werden, die für den Konsumenten nicht mehr finanzierbar wären. Ein Sozialkampf würde sich ergeben, der eindeutig in einer Zwei-Klassen-Medizin enden würde. Das will man offensichtlich nirgendwo in Europa, daher existieren auch überall unterschiedliche Preissysteme. In Deutschland gibt es Budgetierungssysteme und das Zuzahlungssystem. Bei uns in Österreich gibt es eben die feste Preisregelung für die Präparate mit Kassenzulassung. Für die anderen Präparate greift das 1999 eingerichtete Meldeverfahren, welches ich grundsätzlich auch für richtig empfinde. Anzumerken bleibt in diesem Zusammenhang, daß sich aufgrund des neuen Systems in Österreich keine wesentliche Veränderung in der Preispolitik ergeben hat. Das bedeutet, daß die Preise en gros ungefähr am richtigen Marktniveau liegen.

Zusätzlich hat Österreich durch das in den letzten Jahrzehnten durchgeführte System der zusätzlichen Preisregulierung durch die Krankenkassen sehr niedrige Kassenpreise. Die Kassenpreise liegen unter dem Preisniveau von Spanien, wenn man die häufigsten vergleichbaren Präparate heranzieht und diese um Mehrwertsteuer und Kaufkraft bereinigt. Aufgrund dessen besteht kaum der politische Wille, an dem Preissystem in Österreich wesentliche Änderungen vorzunehmen.

Wie bereits erwähnt, kann die Arzneimittelindustrie in Österreich keine hohen Preise erzielen, daher kämpft diese bzw. deren Verband gegen dieses System an. Die entscheidende Frage wird in dieser Angelegenheit sein, welche Rahmenbedingungen die EU künftig verabschieden wird.

Im großen und ganzen bin ich aber der Meinung, daß wir alle in der Zukunft mehr für unsere Gesundheit ausgeben müssen und auch können. In Österreich geben wir jährlich ca. 20-25 Mrd. öS für Reisen und 20-30 Mrd. öS für Weihnachtsgeschenke aus. Der Anteil an Arzneimitteln liegt jährlich auch in etwa bei 20 Mrd. öS, und im Vergleich zu Fernreisen und Weihnachtsgeschenken ist dieser Beitrag für unsere Gesundheit nicht zu hoch.

Newzella: Herr Dr. Cabana ich stimme Ihnen zu, daß es gerade bei patentgeschützen Arzneimittel eine Art Preiskontrolle geben muß, um die von Ihnen erwähnte Zwei-Klassen-Medizin zu vermeiden. Aber wie denken Sie über die Freigabe der Preise von OTC-Produkten nach, wie Sie vom ehemaligen EU-Kommissar Bangemann gefordert wurde?

Dr. Cabana: Auch die Preise nicht patentgeschützter Präparate werden weitestgehend durch den Markt geregelt. Sie können als Hersteller von Schmerzmitteln oder Grippemitteln nicht Preise verlangen, die doppelt so hoch sind, wie es der Markt erlaubt, dann rächt sich das ganz einfach durch zurückgehende Absatzzahlen.

Eine totale Preisfreigabe birgt in sich Risiken für den Konsumenten und den Hersteller. Sie können in sozial schwachen Regionen nicht die gleichen Preise fordern wie in Regionen mit starker Kaufkraft. Das führt zu sozialer Ungerechtigkeit und kann im schlimmsten Falle dazu führen, daß ein Hersteller in sozial schwachen Gebieten teure Produkte einfach nicht mehr anbietet, da sie keine Käufer finden. Hiermit wären Konsumenten und Industrie in gleichem Maße negativ betroffen.

Aus Sozialüberlegungen heraus halte ich daher den in Österreich einheitlichen Abgabepreis für Arzneimittel für vernünftig und gut.

Was mir aber sehr weh tut, ist, daß wir den hohen Mehrwertsteuersatz auf Arzneimittel besitzen. Dies ist historisch begründet, weil wir eben etwa 71 oder 72 % Krankenkassenanteil haben, und in der Vergangenheit 100 % der Mehrwertsteuer der Krankenkasse vergütet wurden. Jetzt sind es nicht mehr ganz 100 %, was der Krankenkasse wieder Kopfzerbrechen bereitet.

Im Selbstmedikationsmarkt halte ich es für ungerecht, wenn der Konsument auf die von ihm zu 100% selbst bezahlten Medikamente auch noch den Mehrwertsteuersatz entrichten muß, da er bei solchen Transaktionen die Sozialversicherung mit keinem Schilling oder künftig mit keinem Euro belastet. Ich weiß, daß unser Staat im Augenblick sparen muß und wir derzeit keine Chance haben, die Mehrwertsteuer zu reduzieren. Gesundheitspolitisch und sozialpolitisch wäre eine diesbezügliche Korrektur aber richtig. Ich bin davon überzeugt, daß die Einführung des EURO einiges dazu beitragen wird, daß es zu einer Vereinheitlichung der Arzneimittelpreise kommt. Sicherlich bedarf dies eines längerfristigen Zeitrahmens, den ich persönlich zwischen fünf und zehn Jahren schätze. Die Preise werden sich angleichen, ob sie sich 100 %ig angleichen, weiß ich nicht. Wenn die Kaufkraftunterschiede bedeutsam sind, werden sie berücksichtigt werden.

In diesem Zusammenhang halte ich es auch für interessant, daß z.B. die Reimporte und die Generika in Österreich nicht den ganz großen Marktanteil besitzen. Die Krankenkasse war an diesen Reimporten nicht sonderlich interessiert, bei einem Preisunterschied von 1-2 öS pro Stück wäre der Verwaltungsaufwand höher gewesen als die dadurch erzielten Einsparungen. Das hat natürlichdie Vertreter der Parallelimportfirmen sehr geärgert.

Newzella: Bei dem relativ niedrigen Arzneimittelpreisniveau in Österreich im Vergleich zu anderen Ländern haben Generika natürlich keinen großen Marktanteil. Im Nachbarland Deutschland ist fast jede zweite Verordnung, die eines Generikums, obwohl auch dort in den letzten Jahren der Arzneimittelpreisindex stark gesunken ist. Warum haben die Generikahersteller in Österreich Ihrer Meinung nach nicht den ihrerseits erhofften Markterfolg?

Dr. Cabana: Es kommt sehr darauf an, wie sich die großen Originalhersteller bei Ablauf eines Patentes verhalten. Wenn die mit den Preisen heruntergehen, wird es kaum Generika geben.

In Österreich haben wir einen Generika-Anteil von ca. 9 %. Damit liegen wir wesentlich höher als z.B. Portugal und Griechenland, dort liegen die Anteile der Generika bei 3 % bei ungefähr gleichem Preisniveau. Ich habe nichts dagegen, wenn es mehr Generika gibt. Wenn ein billigeres, gleich gutes Produkt am Markt ist – und bei den

Generika, die von seriösen Herstellern angeboten werden, kann man davon ausgehen, daß die Qualität stimmt – habe ich nichts dagegen, daß die Preise niedriger sind.

Wir haben derzeit bei Arzneimitteln eine Gesamtausgaben- und Kostenentwicklung, die im einstelligen Prozentbereich liegt. Wenn also die Arzneimittelausgaben wie derzeit in der Größenordnung von 6 % wachsen, welches uns die Regierung via Medienaussagen zugestanden hat, dann ist das etwas, womit ich leben kann. Die Gründe für die Erhöhung der Arzneimittelausgaben liegen primär im höheren Alter der Bevölkerung und in der Erwartungshaltung der Konsumenten. Die Konsumenten wollen sich heute bei grippalen Infekten nicht mehr eine Woche ins Bett legen, sondern relativ rasch wieder arbeitsfähig oder fit sein für den Urlaub, den sie geplant haben. Diesen zu erwartenden Zuwachs der Gesamtausgaben müssen wir mit den verschiedensten Mechanismen, wie z.B. dem Solidaritätsbeitrag, in vernünftigen Grenzen halten. Wichtig ist, daß die Steuerungsinstrumente langfristig und nachhaltig wirken, damit wir als Apotheker und Kaufmann künftig seriös planen können.

Zusammenfassend möchte ich nochmals grundsätzlich meine Zustimmung zu Generika deutlich machen. Eine Einschränkung sehe ich aber dort, wo der Markt an Generika für eine einzelne Substanz sehr groß wird, d.h. wenn es 10 oder 20 Produkte mit dem gleichen Wirkstoff gibt, dann sollte der Apotheker in die Lage versetzt werden, zu substituieren ("aut idem"), wie es seit Jahren auch immer in Deutschland gefordert wird.

Newzella: Als letzten Punkt, Herr Präsident möchte ich mit Ihnen über den Apothekerbetrieb und -beruf der Zukunft sprechen. Beginnen wir bitte mit dem Apothekenbetrieb. Wie wird sich die Service- und Sortimentspolitik vor dem Hintergrund der „overaging population" verändern?

Dr. Cabana: Zum Thema Servicepolitik haben in vielen Regionen Österreichs ein organisiertes Zustellungssystem, z.B. in der Nacht und auch am Wochenende. Das funktioniert über Taxizustellungen, wird zum Großteil durch die Apothekerkammer und mit einem kleinen Beitrag durch den Patienten finanziert. Sinn und Zweck des ganzen ist, daß bettlägerige Patienten in der Apotheke anrufen können bei Nacht und bei Tag und ihnen ohne bürokratische Hürden geholfen werden kann. Als ich im letzten Jahr mit 40°C Fieber trotz Grippeimpfung zu Hause im Bett gelegen bin, habe ich selber feststellen müssen, daß es für mich unmöglich war, zu einer Apotheke zu gelangen, um mich mit den notwendigen Arzneimitteln einzudecken. Es gibt in unserer Gesellschaft zunehmend Single-Haushalte, daher zeigt ein solches Angebot von unserer Seite, daß wir uns als Apotheker eben auch marktgerecht verhalten. In Wien und Salzburg funktioniert das System recht gut. In den ländlichen Regionen muß das System in jedem Fall ausgebaut werden. Doch ich muß gestehen, daß wir in dieser Sache noch mehr PR machen müssen – die letzte große Kampagne liegt drei Jahre zurück.

Newzella: Herr Dr. Cabana muß eine künftige Änderung im Servicedenken der Apotheker nicht schon früh im Bewußtsein der Pharmazeuten beginnen. Wir haben viel über betriebswirtschaftliche Ansätze in Apotheken in diesem Interview gesprochen. Solche Ansätze fehlen komplett in der Ausbildung der Pharmazeuten, wenn man sich deren derzeitige Studienordnung vor Augen führt. Unterstützt die Apothekerkammer nicht die Aufnahme von betriebswirtschaftlichen Inhalten in die Studienordnung bzw. in die Ausbildung der eigenen Mitglieder?

Dr. Cabana: Wir haben in dieser Angelegenheit bereits einiges gemacht. Als ich vor 20 Jahren meine Mitarbeiter gefragt habe, woher denn ihr Gehalt komme, antworteten diese, von Ihnen. Heute lautet die Antwort auf die gleiche Frage: Vom Kunden! Das ist schon eine ganz entscheidende Entwicklung von den angestellten Kollegen. Wir haben hier verschiedene Akzente gesetzt. Auch in Sachen Studienordnung, hier wurde von uns beim Entwurf der neuen Studienordnung die "Patientenorientierte Pharmazie", die sich an die „US Pharmaceutical Care Idee“ anlehnt, eingebracht. In diesem Feld werden die künftigen Aufgaben des Apothekers liegen. Die Zusammenarbeit mit den Ärzten wird verstärkt werden, und das beginnt bei der Erstellung der Diagnose im Spital. Der Pharmazeut soll künftig den Prozess der Compliance prüfend, dokumentativ und koordinierend begleiten – er ist mit anderen Worten für die Qualitätskontrolle des Heilungsprozesses verantwortlich. Den betriebswirtschaftlichen Teil der Ausbildung des Pharmazeuten übernimmt derzeit in erster Linie der Apothekerverband, der bereits seit 5 Jahren Jungunternehmer-Seminare anbietet. Hier werden dem Apotheker die betriebswirtschaftlichen Teilbereiche näher gebracht, wie beispielsweise die Personalführung und das Marketing. Wir haben auch in diesem Punkt umgedacht bezüglich unserer Fortbildungsschwerpunkte. Fortbildung war in der Vergangenheit eine reine Fachfortbildung in Richtung Pharmakologie usw. Wir haben heuer „Fortissimo" aufgebaut, das ist eine Fortbildung, die in Kleingruppen durchgeführt wird, wo zunächst einmal die Potentiale jedes einzelnen Teilnehmers in einem Startmodul erhoben werden. Ziel ist der Ausbau der rhetorischen Kenntnisse der Teilnehmer, aber primär die Schulung von Konfliktmanagement in Apotheken, insbesondere im Verhältnis zwischen Apothekenmitarbeitern und Kunden. Darüber hinaus wird mit solchen Kleingruppen auch dem Tatbestand der Teamorientierung Rechnung getragen. Den betriebswirtschaftlichen Bereich halte ich für ausgesprochen wichtig, das sollte auch im Pharmaziestudium enthalten sein. Dieser spielt nicht nur für das Einzelhandelsunternehmen Apotheke eine entscheidende Rolle, sondern auch für den Krankenhausapotheker. Wir haben in den letzten 5 Jahren schon sehr viel Veränderungen in den Köpfen unserer Kollegen bewirken können. Die Arbeitsteilung ist in dem Falle so, daß diese betriebswirtschaftlichen Aufgaben der Apothekerverband durchführt. Ich wäre sehr froh, wenn die Grundzüge der Betriebswirtschaft auch schon im Studium vermittelt werden könnten. Das ist derzeit – soweit ich das weiß – in sehr bescheidenem Maße freiwillig möglich. In der neuen Studienordnung ist vorgesehen, daß wir die betriebswirtschaftlichen Teilbereiche auch als Wahlfach anbieten werden. Sind wir in dieser Angelegenheit nachhaltig erfolgreich, sind wir Apotheker für die Zukunft gerüstet.

Newzella: Herr Präsident, ich danke Ihnen sehr für dieses äußerst offene und konstruktive Interview!

Literaturverzeichnis

Abart, Sven / Karg, Hedwig (2000): Quo vadis, magistrale Herstellung? In: Österreichischer Apothekerverband (Hrsg.): Marketing & Service – Die Apotheke und Ihr wirtschaftlicher Erfolg, Nr. 1/2000. Wien, S. 2-3.

ABDA (1998): Die Apotheke Zahlen, Daten, Fakten 1997. In: ABDA – Bundesvereinigung Deutscher Apothekerverbände. Eschborn.

ABDA (2000): Die Apotheke Zahlen, Daten, Fakten 1999. In: ABDA – Bundesvereinigung Deutscher Apothekerverbände. Eschborn.

Adam, Dietrich (1996): Planung und Entscheidung, 4. Auflage. Wiesbaden.

Adam, Dietrich (1998): Produktionsmanagement, 9. Auflage. Wiesbaden.

Ahlert, Dieter (1994): Auf der Suche nach Spitzenleistungen im Handel, Arbeitspapier 17, Institut für Handelsmanagement, Westfälische Wilhelmsuniversität Münster. Münster.

Ahlert, Dieter (1995): Der Handel - Teil 1, Begriffssystematische Grundlagen und Positionierung aus geamtwirtschaftlicher, industrieller und kundenorientierter Perspektive, Arbeitsunterlage, Westfälische Wilhelmsuniversität Münster. Münster.

Ahlert, Dieter (1996): Distributionspolitik. Das Management des Absatzkanals, 3. Auflage. Stuttgart und Jena.

Ahlert, Dieter / Schröder, Hendrik (1998): Strategische Erfolgsforschung und Benchmarking in Handel und Distribution, 2. Überarbeitete Auflage. In: Münsteraner Schriften zur Distributions- und Handelsforschung, Band 3, Münster.

Ahrens, Hans Jürgen (2001): AOK will Sparprogramm in Milliarden-Höhe. In: Welt am Sonntag, Nr. 26 S, v. 1. Juli 2001. Hamburg, S. 4.

AMZ (1998): Fakten und Trends – Europäische Gesundheitssysteme und Pharmamärkte. In: Arzneimittelzeitung (AMZ). Darmstadt.

AMZ (1999): Arzneimittel in Europa. In: Arzneimittelzeitung (AMZ), 3. Auflage. Darmstadt.

Auerbach, Rainer (2000): Richtig werben mit der Kundenkarte. In: Tisch, Lutz (Hrsg.): Apotheke im Wettbewerb – Rechtliche Möglichkeiten und Grenzen. PZ-Schriftenreihe 11. Eschborn, S. 11-13.

Backhaus, Klaus (1999): Industriegütermarketing, 6. Auflage. München.

Barth, Klaus (1996): Betriebswirtschaftslehre des Handels, 3. Auflage. Wiesbaden.

Becker, Jochen (1998): Marketing-Konzeptionen. Grundlagen des strategischen und operativen Marketing-Managements. 6., vollständig überarbeitete und erweiterte Auflage. München.

Bleymüller, Josef / Gehlert, Günther / Gülicher, Herbert (1996): Statistik für Wirtschaftswissenschaftler. In: WiSt Studienkurs, 10., überarbeitete Auflage. München.

BMAGS (1998): Das Gesundheitswesen in Österreich. In: BMAGS (Bundesministerium für Arbeit, Gesundheit und Soziales), (Hrsg.). Wien.

Bortz, Jürgen / Döring, Nicola (1995): Forschungsmethoden und Evaluation für Sozialwissenschaftler. 2., vollständig überarbeitete und aktualisierte Auflage, Berlin, Heidelberg, New York.

BPI (1999a): Pharma Daten '99, BPI – Bundesverband der Pharmazeutischen Industrie (Hrsg.). 29., überarbeitete Auflage, Frankfurt am Main.

BPI (1999b): Pharma Innovativ – vom Wirkstoff zum Arzneimittel, BPI – Bundesverband der Pharmazeutischen Industrie (Hrsg.). 2. Auflage, Frankfurt am Main.

Brandner, Gabriele (2000): Lebendige Beispiele einer langen Tradition – Der Zauber historischer Apotheken. In: Der Standard v. 1.09.2000: Pharmazie 2000. Wien, S. A 1.

Brockhaus Enzyklopädie (1992): Band 17. Mannheim.

Bruhn, Manfred (1999): Marketing, 4., überarbeitete Auflage. Wiesbaden.

Büchel, Daniela (2000): Sortimentsplanung in Apotheken. In: Müller-Hagedorn, Lothar (Hrsg.): Mitteilungen des Institutes für Handelsforschung an der Universität Köln, 52. Jahrgang, Nr. 1 – Januar 2000. Köln, S. 15-22.

Byszio, Ulrich (1995): Erfolg mit Shop-in-the-shop. In: Tietz, Bruno (Hrsg.): Zukunft im Handel, Band 2. Frankfurt am Main.

Cabana, Herbert (2000): Kampf statt Zusammenarbeit – Aus der Kammer. In: ÖAZ, 54. Jahrgang, Nr. 26 v. 27.12.2000. Wien, S. 1262-1264.

Cabana, Herbert (2001): Leistung überzeugt! In: Traxler, Martin / Koessler, Andreas: Die österreichische Apotheke in Zahlen, 2001. Wien.

Cabanna, Herbert (2000): The Austrian Chamber of Pharmacists. In: ÖAZ, 54. Jahrgang, Nr. 17 v. 21. August 2000. Wien, S. 816-817.

Camp, Robert C. (1994): Benchmarking. München, Wien.

Chmielewicz, Klaus (1974): Forschungsmethoden der Betriebswirtschaftslehre. In: Grochla, Erwin / Wittmann, Waldemar (Hrsg.): Handwörterbuch der Betriebswirtschaft. Band I/1, 4. Auflage 1974-1976, Stuttgart. Spalte 1548-1558.

Clement, Werner (2000): Gewachsenes System mit hohen Kosten. In: Der Standard vom 29./30. April/1. Mai 2000, S. 14. Wien.

Clement, Werner / Juricek, Michael / Kolb, Walter / Mikulits, Rainer / Oettl, Manfred (1995): Arzneimittelpreise und Struktur der österreichischen Pharmawirtschaft im internationalen Vergleich. In: Industriewissenschaftliches Institut (IWI), (Hrsg.): IWI-Studien, Band XXIII. Wien.

Conradi, Erwin (1999): Internationalisierung und Globalisierung – was sonst? Erwägungen zu Strategie und Umsetzung in einem Handelsunternehmen. In: Beisheim, Otto (Hrsg.): Distribution im Aufbruch. München, S. 39-60.

Crolly, Hannelore (1997): Europas Pillenhändler suchen Heil im Verbund. Branche erlebt gewaltige Konzentrationswelle. In: Die Welt v. 13.05.1997. Berlin.

Dawson, Mike (2000): Geballte Kompetenz – Apotheken und Drogerien ergänzen sich in ihren Sortimenten und Kompetenzen. Der britische Gesundheitsfachmarkt Boots macht es vor – mit einer traumhaften Rendite. In: Lebensmittelzeitung Spezial (Hrsg.): Wellness – Das Geschäft mit dem Körperkult. LZ Spezial 2/2000, S. 69.

DG-Bank (1996): Neuemission Sanacorp - Analysebericht. In: DG-Bank-Deutsche Genossenschafts-bank (Hrsg.). Frankfurt.

Dichtl, Erwin / Lingenfelder, Michael (1989): Der Mitarbeiter als Schlüsselfigur im Apothekenmarketing. In: Dichtl, Erwin (Hrsg.): Innovatives Pharma-Marketing. Wiesbaden, S. 419-434.

Diener, Frank (2000): Apotheken 1999 – Wirtschaftsbericht. In: ABDA (Hrsg.): 37. Wirtschaftsforum des Deutschen Apothekerverbandes e.V. Berlin, S. 1-21.

Dietz, Dirk (2000): Der Wohlfühl-Fachmarkt. In: Lebensmittelzeitung Spezial (Hrsg.): Wellness – Das Geschäft mit dem Körperkult. LZ Spezial 2/2000, S. 66-68.

Dietz, Dirk (2000): Wellness-Träume. In: Lebensmittelzeitung Spezial (Hrsg.): Wellness – Das Geschäft mit dem Körperkult. LZ Spezial 2/2000, S. 60-65.

Diller, Hermann (1999): Discounting: Erfolgsgeschichte oder Irrweg? In: Beisheim, Otto (Hrsg.): Distribution im Aufbruch. München, S. 351-372.

Dohet-Gremminger, Annick (1997): Dohet-Gremminger, Annick (1997): Marktstrategien im Großhandel. Wiesbaden.

Dolinar, Elfriede (2000): Association of Austrian Hospital Pharmacists – Hospital pharmacy has a long trdition in Austria, and for the future ist role in the health care field will constently grow. In: ÖAZ, 54. Jahrgang, Nr. 17 v. 21. August 2000. Wien, S. 832-834.

Eccles, Robert C. (1991): Wider das Primat der Zahlen – die neuen Steuergrößen. In: Havardmanager Nr. 4/1991, S. 14-22.

Eckstein, Peter P. (1999): Angewandte Statistik mit SPSS. Praktische Einführung für Wirtschaftswissenschaftler. 2., vollständig überarbeitete und erweiterte Auflage. Göttingen.

Eckstein, Peter P. (1999): Angewandte Statistik mit SPSS. Praktische Einführung für Wirtschaftswissenschaftler. 2., vollständig überarbeitete und erweiterte Auflage. Wiesbaden.

Eickhoff, Markus (1997): Erfolgsfaktorenforschung im Bekleidungshandel. Frankfurt am Main.

Eisenmann, Holger / Gielen, Elke Erfolgsfaktoren für den Absatz von Randsortimenten und nicht-

(1998): apothekenpflichtigen Arzneimitteln in Apotheken. In: Müller-Hagedorn, Lothar (Hrsg.): Sonderhefte der Mitteilungen des Institutes für Handelsforschung an der Universität zu Köln, Sonderheft 43 - Management in Apotheken. Köln, S. 177-206.

Erdmann, Benedikt (1996): Die Einzelhandelsentwicklung von gestern – die Apothekenentwicklung von morgen? In: Müller-Hagedorn, Lothar (Hrsg.): Mitteilungen des Institutes für Handelsforschung an der Universität zu Köln, Nr. 4 – April 1996, S. 49-57. Köln.

Europäische Kommission (1998): Mitteilungen der Kommission über den Binnenmarkt in Europa. In: Europäische Kommission/Generaldirektion Industrie (Hrsg.). Brüssel.

Fiethen, Gerd (1989): Die Einbeziehung der Apotheker in das pharmazeutische Marketing. In: Dichtl, Erwin (Hrsg.): Innovatives Pharma-Marketing. Wiesbaden, S. 397-417.

Fischer, Marc / Förster, Friedrich / Thiel, Michael (1996): Preis-Management für Generika. In: Pharma-Marketing Journal, Nr. 2/96. S. 48-53.

Franzen, Karl-Heinz / Nettesheim, Horst / Schaub, Stefan / Witte, Axel (1995): Apothekenbetriebslehre – Ein Handbuch für die Praxis, 3. Neu bearbeitete Auflage. Stuttgart.

Friese, Hans-Günther (2000): Bericht über die aktuelle politische Lage. In: ABDA (Hrsg.): 24. Informationsgespräch mit wirtschafts- und sozialpolitischen Journalisten am 8./9. Mai 2000. Berlin, S. 1-10.

Fromm, Helmut (1994): Benchmarking. In: Masing, W (Hrsg.): Handbuch für Qualitätsmanagement. 3. Auflage, S. 121-128, München-Wien.

Gabler (1995): Gabler-Wirtschafts-Lexikon: classic. - Taschenbuch-Kassette mit 8 Bände. 13., vollständig überarbeitete Auflage. Wiesbaden.

Gaertner, Siegfried (1996): Krankenhausapotheke und Qualitätsmanagement. In: f&w, 13. Jahrgang, Nr. 2/96. S. 134-137.

GEHE (1998): Geschäftsbericht der Gehe AG 1997. Duisburg.

GEHE (1999): Geschäftsbericht der Gehe AG 1998. Duisburg.

GIRP (1998): European Pharmaceutical Distribution Data 1997. Oostende.

GIRP (1999): European Pharmaceutical Distribution Data 1998. Oostende.

Graw, Eva-Maria (2000): Gericht verbietet Internet-Apotheke. In: Die Welt v. 10.11.2000, S. 40. Berlin.

Greipl, Erich / Müller, Stefan / Gelbrich Katja (1999): Konsumgüterhandel global betrachtet: Mythen und Realität. In: Beisheim, Otto (Hrsg.): Distribution im Aufbruch. München, S. 78-108.

Hauke, Eugen (1993): Änderungen der Krankenhausstrukturen - Warum? Sind die neuen Modelle eine Illusion. In: Eugen Hauke (Hrsg.): Aufbruch in die Zukunft. Österreichische Krankenhauszeitung - Supplement zur Sonderfolge 2A/1993. Wien.

Hauke, Eugen (1999): Vorwort. In: Festschrift: 10 Jahre Ludwig Boltzmann Institut für Krankenhausorganisation 1989-1999. Wien.

Hauptverband der österreichischen Sozialversicherungsträger (2001): Zahl der Heilmittelverordnungen und Heilmittelaufwand 1993-1999. In: Die österreichische Sozialversicherung in Zahlen, 11. Ausgabe, März 2001. Wien, S. 17.

Hengstenberg, Helmut (1989): Die Rolle des Apothekers – heute und in der Zukunft. In: Wettbewerbsstrategien im Pharmamarkt. Wiesbaden, S. 288-300.

Herba Chemosan (1999): Geschäftsbericht der Herba Chemosan Apotheker AG 1998. Wien.

Homann, Daniela (1999): Kampf um Herba mischt die Branche auf. In: Wirtschaftsblatt vom 13.10.1999. Wien, S. D4.

Hurth, Joachim (1998): Erfolgsfaktoren im mittelständischen Einzelhandel, Dissertation. Frankfurt.

Hüsgen, Matthias (1998): Die öffentliche Apotheke im Gesundheitsmarkt. In: Müller-Hagedorn, Lothar (Hrsg.): Sonderhefte der Mitteilungen des Institutes für Handelsforschung an der Universität zu Köln, Sonderheft 43 - Management in Apotheken. Köln, S. 9-32.

IMS (2000): IMS – Institute for Medical Statistics – Favourable trend of the pharmaceutical market. Europe takes it's place right behind North America. In: ÖAZ, 54. Jahrgang, Nr. 17 v. 21.08.2000. Wien, S. 815-817.

Juricek, Michael / Kolb, Walter (1995): Hoffnungsbranche Pharma. In: Industriewissenschaftliches Institut (IWI), (Hrsg.). Wien.

Kaapke, Andreas (1998): Vorwort. In: Müller-Hagedorn, Lothar (Hrsg.): Sonderhefte der Mitteilungen des Institutes für Handelsforschung an der Universität zu Köln, Sonderheft 43 - Management in Apotheken. Köln, S. 5-6.

Kaapke, Andreas / Heemann, Lars (1998): Erwartungen und Bedürfnisse von Konsumenten gegenüber Apotheken – Ausgewählte Ergebnisse einer empirischen Untersuchung. In: Müller-Hagedorn, Lothar (Hrsg.): Mitteilungen des Institutes für Handelsforschung an der Universität zu Köln, 50. Jahrgang, Nr. 4, April 1998. Köln, S. 69-82.

Kaapke, Andreas / Lindstädt, Birte (1998): Die Erfolgsmessung von Verkaufsförderungsaktionen in Apotheken. In: Müller-Hagedorn, Lothar (Hrsg.): Sonderhefte der Mitteilungen des Institutes für Handelsforschung an der Universität zu Köln, Sonderheft 43 - Management in Apotheken. Köln, S. 107-124.

Kaapke, Andreas / Wirtz, Klaus (1998): Controlling in Apotheken mit Hilfe des Jahresbetriebsvergleichs des Institutes für Handelsforschung. In: Müller-Hagedorn, Lothar (Hrsg.): Sonderhefte der Mitteilungen des Institutes für Handelsforschung an der Universität zu Köln, Sonderheft 43 – Management in Apotheken. Köln, S. 57-86.

Kalka, Regine (1996): Marketingerfolgsfaktoren im Facheinzelhandel. Wiesbaden.

Kieselbach, Kurt (1997): Die Apotheker fürchten den Aldi-Angriff. Verbrauchermärkte expandieren im Arzneimittelgeschäft – Preisverordnung steht auf dem Prüfstand. In: Die Welt v. 25.09.1997. Berlin.

Kieselbach, Kurt (2000): Jede zweite Arznei geht ohne Zuzahlung über den Tresen. In: Die Welt v. 24.01.2000. Berlin.

Klement, Alfred (2000): Research at the University of Vienna. In: ÖAZ, 54. Jahrgang, Nr. 17, v. 21. August 2000. Wien, S. 788-789.

Klement, Alfred (2000): Die „Millenniums"-FIP 2000 in Wien. In: ÖAZ, 54. Jahrgang, Nr. 19 v. 18. September 2000. Wien, S. 914-916.

Korinek, Raja (2001): Sparen ist angesagt. In: Das österreichische Wirtschaftsmagazin Trend Spezial 1/2001: Top 500 Österreichs größte Unternehmen. Wien. S. 118.

Kotler, Philip (1999): Grundzüge des Marketing, 9. Auflage. Stuttgart.

Kotler, Philip (1999): Marketing – Märkte schaffen, erobern und beherrschen. München.

Kotler, Philip / Bliemel, Friedhelm (1999): Marketing-Management, 9., überarbeitete und aktualisierte Auflage. Stuttgart.

Krammer, Heinz (2000): Pharmaceutical Wholesale – Link between Industry and Pharmacies. In: ÖAZ, 54. Jahrgang, Nr. 17 v. 21.08.2000. Wien, S. 806-808.

Kresse, Dodo (2000): Hinter den Kulissen – Räume die der Kunde niemals zu Gesicht bekommt. In: Der Standard v. 1.09.2000: Pharmazie 2000. Wien, S. A 2.

Krüger, Peter / Prinz, Rainer (1999): PKA 2 – Lehrbuch für pharmazeutisch-kaufmännische Assistentinnen und Assistenten. Wien.

Kühn, Iki (2000): Superfood. In: Lebensmittelzeitung Spezial (Hrsg.): Wellness – Das Geschäft mit dem Körperkult. LZ Spezial 2/2000, S. 44-46.

Landgericht Frankfurt am Main (2000): Internetapotheke geschlossen. In: (www. landgericht-frankfurt-main.de): Pressestelle für Zivilprozess vom 09.11.2000. Frankfurt/Main.

Laut, Ulrich (2000): Shop-in-shop-Werbung. In: Tisch, Lutz (Hrsg.): Apotheke im Wettbewerb – Rechtliche Möglichkeiten und Grenzen. PZ-Schriftenreihe 11. Eschborn, S. 28-30.

Lechner, Karl / Egger, Anton / Schauer, Reinbert (1997): Einführung in die Allgemeine Betriebswirtschaftslehre. 17., überarbeitete Auflage. Wien.

Lechner, Manfred (2000): Europaweit nehmen österreichische Apotheken eine Spitzenstellung ein – Guter Service bei geringer Kostenbelastung. In: Der Standard v. 26./27. August 2000. Wien, S. 34.

Leder, Horst (1999): Neue Konzepte und Trends im pharmazeutischen Großhandel.

Dissertation. Wien.

Levin, Mark (2001): Mastering the Value Chain. An Interview with Mark Levin of Millennium Pharmaceuticals by David Champion. In: Harvard Business Review, June 2001. S. 108-115.

Löffler, Siegfried (2000): Apotheker wollen mehr Verantwortung – Deutschland – Grundsatzbeschlüsse des Apothekertages in Köln. In: ÖAZ, 54 Jahrgang, Nr. 23 v. 13. November 2000. Wien, S. 1130.

Luszczak, Ernst (2000): Federal Ministry for Social Security and Generations. In: ÖAZ, 54. Jahrgang, Nr. 17, v. 21. August 2000. Wien, S. 802-805.

Macarthur, Donald (1997): Macarthur, Donald (1997): Pharmaceutical Distribution in Europe - 1997 Edition. FT Management Report. London.

Mayrhofer, Wolfgang (1999): Personalarbeit im Handel: eine europäische Perspektive. In: Beisheim, Otto (Hrsg.): Distribution im Aufbruch. München, S. 641-652.

Mecking, Bettina (2000): Werbung mit Gesundheitszentrum oder Haus der Gesundheit. In: Tisch, Lutz (Hrsg.): Apotheke im Wettbewerb – Rechtliche Möglichkeiten und Grenzen. PZ-Schriftenreihe 11. Eschborn, S. 34-36.

Meffert, Heribert (1988): Theoretische Konzeption der Erfolgsfaktorenforschung im Handel. In: Arbeitspapier Nr. 45: Erfolgsfaktoren im Handel (Hrsg. Meffert, Heribert/Wagner, Helmut), S. 1-13. Münster.

Meffert, Heribert (1994): Marketing-Management. Wiesbaden.

Meffert, Heribert (1998): Marketing – Grundlagen marktorientierter Unternehmensführung. 8., vollständig neubearbeitete und erweiterte Auflage. Wiesbaden.

Meffert, Heribert (1998): Herausforderungen an die Betriebswirtschaftslehre – Die Perspektive der Praxis. In: Die Betriebswirtschaft (DBW), 58 Jg., Nr. 6/98, S. 709-727.

Meyer, Cordula (2000): Viagra aus der Apotheke – Internet-Angebote locken Patienten mit Billig-Angeboten - die Apotheker protestieren. In: Der Spiegel v. 25.09.2000, S. 88.

Morck, Hartmut (1998): Die Apotheker haben das Sagen bei Sanacorp. In: Pharmazeutische Zeitung (PZ), Nr. 5/98.

Müller-Hagedorn, Lothar (1999): Bausteine eines Management-Informationssystem: Balanced Scorecard – Benchmarking – Betriebsvergleich. In: Beisheim, Otto (Hrsg.): Distribution im Aufbruch. München, S. 729-754.

Müller-Hagedorn, Lothar (1999): Strategische Optionen für die Apotheke. In: Müller-Hagedorn, Lothar (Hrsg.): Sonderhefte der Mitteilungen des Institutes für Handelsforschung an der Universität zu Köln, Sonderheft 43 - Management in Apotheken. Köln, S. 33-55.

Müller-Hagedorn, Lothar / Greune, M. (1992): Erfolgsfaktorenforschung und Betriebsvergleich im Handel. In: Müller-Hagedorn, Lothar (Hrsg.): Mitteilungen des Institutes für Handelsforschung an der Universität Köln, Jg. 44, Nr. 9 - September 1992, S. 121-131. Köln.

Myers Enzyklopädisches Lexikon (1973): Band 8. Mannheim, Wien, Zürich.

Newzella, Andreas (1996): Auswirkungen der Generika-Marktentwicklungen auf medizinische Qualität und Kostenstrukturen -Risiko/Nutzenaspekte für Patient, Arzt, Kostenträger und Hersteller. In: Diplomarbeit am Centrum für Krankenhausmanagement (CKM) der Westfälischen Wilhelms-Universität Münster. Münster.

Nieschlag, Robert / Dichtl, Erwin / Hörschgen, Hans (1997): Marketing, achtzehnte durchgesehene Auflage. Berlin.

Nowatschek, Wolfgang (2000): Service for Pharmacists: General salary fund of Austrian pharmacists. In: ÖAZ, 54. Jahrgang, Nr. 17 v. 21. August 2000. Wien, S. 818-821.

o. V., (2001): Über den Griff zur Pille - Mit Bedacht kaufen und verkaufen. In: Der Standard v. 31. Mai 2001: Pharmazie & Vorsorge 2001. Wien, S. C 1-C 8.

o.V. (1997): Aldi im Visier der Pharmabranche. In: Die Welt v. 1.12.1997.

o.V. (1997): Aldi im Visier der Pharmabranche. Handelsriese erhält Reihe von Abmahnungen wegen Verkaufs von frei freiverkäuflichen Arzneimitteln. In: Die Welt v. 01.12.1997. Berlin.

o.V. (1998a): Beratung bei Aldi-Arzneimitteln nicht wichtig. In: Deutsche Apothekerzeitung (DAZ) v. 29.06.1998.

o.V. (1998b): Friese contra Deutsche BP. In: Pharmazeutische Zeitung v. 24.09.1998.

o.V. (1999a): o.V. (1999): dm ist bei Wellness Nummer 1 vor Spar, Billa und Merkur. In: Regal, 3/1999, S. 50-70.

o.V. (1999b): Billa kauft bei Meinl 3 Prozent Marktanteil. In: Key Account – Fachinformationen für Entscheidungsträger im Handel und in der Makenartikelindustrie vom 5.7.1999, Nr. 14/99, S. 1. Korneuburg.

o.V. (2000a): Die gesunde Kaufkraft. In: Lebensmittelzeitung Spezial (Hrsg.): Wellness – Das Geschäft mit dem Körperkult. LZ Spezial 2/2000, S. 14-15.

o.V. (2000b): Sozialversicherung: Mehr Geld nötig. In: Der Standard vom 06/07. Mai 2000, S. 9. Wien.

o.V., (2000): DocMorris beim Europäischen Gerichtshof. In: ÖAZ, 55. Jahrgang, Nr. 15 v. 23. Juli 2001. Wien, S. 699.

o.V., (2001): Internet-Apotheke: Verfügung aufgehoben! In: ÖAZ, 55. Jahrgang, Nr. 2 v. 22. Januar 2001. Wien, S. 50.

Oberdorfer, Karin (2000): Versandhandel mit Arzneimitteln in der EU? In: Österreichischer Apothekerverband (Hrsg.): Marketing & Service – Die

Apotheke und Ihr wirtschaftlicher Erfolg, Nr. 2/2000. Wien, S. 5.

Olbrich, Rainer (1998): Unternehmenswachstum, Verdrängung und Konzentration im Konsumgüterhandel. Stuttgart.

Oschmann, Annette / Rosmanith, Uwe (1997): Apotheken – am Tropf, Deutschlands Apotheker blicken in eine ungewisse Zukunft. Die Branche sucht ein Patentrezept für sich selbst. In: Der Handel, Nr. 9/97, S. 26-33.

Ottenjann, Michael (1996): Lernende Unternehmungen im Handel. In: Ahlert, Dieter (Hrsg.): Schriften zu Distribution und Handel, Band 18. Frankfurt a.M; Berlin; Bern; New York; Paris; Wien.

Patt, Paul-Josef (1988): Strategische Erfolgsfaktoren im Einzelhandel: Eine empirische Analyse am Beispiel des Bekleidungseinzelhandels. Frankfurt am Main, Bern, New York, Paris.

Pharmig (1997): Basic Information: Drug Prices. In: Pharmig (Austrian Association of Pharmaceutical Companies), (Hrsg.). Vienna.

Pharmig (1999): Drugs Help and Heal – Facts & Figures 1998/99. In: Pharmig (Austrian Association of Pharmaceutical Companies), (Hrsg.): The Health Care System & Pharmaceutical Market in Austria. Vienna.

Pharmig (2001): Drugs Help and Heal – Facts & Figures 1999/2000. In: Pharmig (Austrian Association of Pharmaceutical Companies), (Hrsg.): The Health Care System & Pharmaceutical Market in Austria. Vienna.

Phoenix (1998): Phoenix (1998): Geschäftsbericht der Phoenix Pharmahandel AG & Co. 1997/98, Mannheim.

Porter, M. E (1990): Wettbewerbsstrategie: Methoden zur Analyse von Branchen und Konkurrenten. 6. Auflage, Frankfurt am Main.

Preißner, Markus (2000): Käufer von Medikamenten zur Selbstmedikation – Ergebnisse einer empirischen Studie in Apotheken. In: Müller-Hagedorn, Lothar (Hrsg.): Mitteilungen des Institutes für Handelsforschung an der Universität zu Köln, 52. Jahrgang, Nr. 1, Januar 2000. Köln, S. 2-15.

Rabitsch, Margit (1997): Die Benchmarking-Methode und der PIMSBenchmarking-Ansatz. Diplom-Arbeit, Wirtschaftsuniversität Wien.

Raffée, Hans (1995): Gegenstand, Methoden und Konzepte der Betriebswirtschaftslehre. In: Bitz, Michael / Dellmann, Klaus / Domsch, Michel / Egner, Henning (Hrsg.): Vahlens Kompendium der Betriebswirtschaftslehre, Band 1, 3. Auflage, S. 1-46.

Rahner, Erwin (1995): Dramatische Verdrängungswettbewerb auf dem Generikamarkt. In: Pharmind, 57. Jg., Nr. 12 / 1995, S. 243-244.

Red.-LZSpezial (2000): Der Wellness-Food-Markt. In: Lebensmittelzeitung Spezial (Hrsg.): Wellness – Das Geschäft mit dem Körperkult. LZ Spezial 2/2000, S. 29.

Reuter, Fritz-Eberhard (1998): Arzneimittel im Einzelhandel – Ein Leitfaden für den Handel mit freiverkäuflichen Arzneimitteln. 9. aktualisierte Auflage, Ludwigshafen.

Rosbach, Britta (2000): Raus aus der Nische. In: Lebensmittelzeitung Spezial (Hrsg.): Wellness – Das Geschäft mit dem Körperkult. LZ Spezial 2/2000, S. 40-42.

Rosian, Ingrid / Habl, Claudia / Vogler, Sabine (1998): Arzneimittel – Steuerung der Märkte in neun europäischen Ländern. In: ÖBIG (Österreichisches Bundesinstitut für Gesundheitswesen), (Hrsg.). Wien.

Roth, Petra (1999): Die Zukunft der städtischen Zentren unter besonderer Berücksichtigung der Auswirkungen großflächiger Einzelhandelsbetriebe. In: Otto Versand (Hrsg.): Faktor Einzelhandel in Deutschland. Hamburg, S. 121-142.

Rück, Daniela (2000): Vitaler Kick. In: Lebensmittelzeitung Spezial (Hrsg.): Wellness – Das Geschäft mit dem Körperkult. LZ Spezial 2/2000, S. 24-28.

Salz, Jürgen (2000): Bedeutung verloren. In: Wirtschaftswoche, Nr. 4 / 20.01.2000, Düsseldorf, S. 58-60.

Sanacorp (1998): Geschäftsbericht der Sanacorp Pharmahandel AG 1997/98. Planegg,

Schaeunberg, Bernd (1998): Gegenstand und Methoden der Betriebswirtschaftslehre. In: Vahlens Kompendium der Betriebswirtschaftslehre (Hrsg. Bitz, Michael et al.), Band 1, 4. Auflage. München.

Schanz, Günther (1988): Methodologie für Betriebswirte. 2. Überarbeitete Auflage. Stuttgart.

Scheifele, Bernd (2000): Trends und Perspektiven im Pharmagroßahandel. In: Handelsblatt (Hrsg.): Pharma 2000 – Handelsblattforum vom 20-22. März 2000, Berlin, S. 1-14.

Schenk, Hans-Otto (1991): Marktwirtschaftslehre des Handels. Wiesbaden.

Schenk, Hans-Otto (1999): Vierzig Jahre moderner Handel in der Bundesrepublik Deutschland. In: Beisheim, Otto (Hrsg.): Distribution im Aufbruch. München, S. 443-468.

Scherbel, Günter (1996): Die Zukunft der Krankenhauspharmazie. In: f&w, 13. Jahrgang, Nr. 4/96. S. 348-354.

Schipper, Herbert (2000): Warum ein Solidaritätsbeitrag? „Big Spender"-Mentalität oder faktischer Zwang. In: ÖAZ, 54. Jahrgang, Nr. 8 v. 17. April, 2000. Wien.

Schlecht, Otto (1999): Die Distributionswirtschaft im Orientierungsrahmen der sozialen Marktwirtschaft. In: Beisheim, Otto (Hrsg.): Distribution im Aufbruch. München, S. 281-294.

Schleert, Dirk (1995): Alternativen in der Arzneimitteldistribution. In: Arbeit und Sozialpolitik, Nr. 2/95, S. 42-51.

Schlitt, Petra (2000): Vorsicht Pharma. In: Lebensmittelzeitung Spezial (Hrsg.): Wellness – Das Geschäft mit dem Körperkult. LZ Spezial 2/2000, S. 22.

Schmitz, Sebastian (2000a): Werbung mit Sonderbezeichnungen. In: Tisch, Lutz (Hrsg.): Apotheke im Wettbewerb – Rechtliche Möglichkeiten und Grenzen. PZ-Schriftenreihe 11. Eschborn, S. 30-32.

Schmitz, Sebastian (2000b): Kundenkarten und Rabattgewährung. In: Tisch, Lutz (Hrsg.): Apotheke im Wettbewerb – Rechtliche Möglichkeiten und Grenzen. PZ-Schriftenreihe 11. Eschborn, S. 77-79.

Schnedlitz, Peter (1994): „Verkaufsmaschinen“ als Danaergeschenk? In: Cash, Nr. 10/94, S. 122-128. Wien.

Schnedlitz, Peter (1999): Weltweite Konzentration im Handel und kein Ende in Sicht. In: Neue Kronenzeitung v. 17. Juli 1999. Wien.

Schnedlitz, Peter (2000): Streitpunkt „Sparkurs“: Brauchen wir den Pharmahandel? In: Neue Kronenzeitung v. 27. Mai 2000. Wien.

Schnedlitz, Peter / Kotzab, Herbert / Cerha, Cordula (2000): Betriebstypenspezifische Einkaufsstättenwahl und Nahversorgungsproblematik – Ergebnisse empirischer Studien. In: Trommsdorff, Volker (Hrsg.): Handelsforschung 1999/00, S. 195-212, Wiesbaden.

Schnedlitz, Peter / Kresse, Dodo (2000): Optimale Versorgung ist bei Apotheken wichtiger als Kostensenkung - Qualität und Solidarität als Grundprinzipien. In: Der Standard, v. 28.08.2000. Wien, S. 22.

Schnedlitz, Peter / Leder, Horst / Newzella, Andreas (1999): Funktion und Bedeutung des Pharmagroßhandels. Auftragsgutachten der ARGE Pharmazeutika. Wien.

Schnedlitz, Peter / Madlberger, Maria / Haller, Thomas (1999): Entwicklungstendenzen im Ladenbau aus der Sicht des Handels. In: Schnedlitz, Peter (Hrsg.): Schriftenreihe Handel und Marketing, Band 23. Wien.

Schnedlitz, Peter / Newzella, Andreas (2001): Pharmagroßhandel zwischen Kooperation und Wettbewerb. In: Trommsdorff, Volker (Hrsg.): Handelsforschung 2000/01, S. 139-160, Köln.

Schnedlitz, Peter / Reutterer Thomas (1999): Die Zukunft der Handelsbetriebslehre. In: Beisheim, Otto (Hrsg.): Distribution im Aufbruch. München, S. 1129-1142.

Schneider, Max (1998): Schwanger? Den Test gibt's jetzt in der Tankstelle. In: Bild Zeitung vom 19.10. 1998.

Schöffski, Oliver (1995): Die Regulierung des deutschen Apothekenwesens: Eine ökonomische Analyse. In: Oberender, Peter / Gäfgen, Gérard (Hrsg.): Gesundheitsökonomische Beiträge, Band 21. Baden Baden.

Schöffski, Oliver (1996): Gedanken zur Deregulierung des deutschen Apothekenwesens. In: Zeitschrift für Wirtschaftspolitik, 45. Jahrgang, Nr. 2/96. Stuttgart, S. 216-248.

Schröder, Hendrik (1999): Veränderungen von Sortimentsstrukturen und Konsequenzen für das Handelsmarketing. In: Beisheim, Otto (Hrsg.): Distribution im Aufbruch. München, S. 907-939.

Schulenburg, Matthias Graf von der / Greiner, Wolfgang (2000): Gesundheitsökonomik. In: Richter, Rudolf (Hrsg.): Neue ökonomische Grundrisse. Tübingen.

Schulenburg, Matthias Graf von der / Wähling, Susanne (2000): Denken heute über Konzepte von morgen. Die Zukunft des Arzneimittelmarktes. Studie vom Institut für Versicherungsbetriebslehre, Universität Hannover.

Schulte-Zurhausen, Manfred (1999): Organisation, 2. Auflage. München.

Schwarzhütte, Patrick (1996): Strategien für mittelgroße Pharmaunternehmen – zu groß für die Nische, zu klein für den internationalen Wettbewerb? In: Lonsert, Michael / Preuß, Klaus-Jürgen / Kucher, Eckhard (Hrsg.): Handbuch für Pharma-Management, Band 1, Wiesbaden, S. 457-476.

Seibert, Sabine (1988): Strategische Erfolgsfaktoren in mittleren Unternehmen: Untersucht am Beispiel der Fördertechnikindustrie. Frankfurt am Main, Bern, New York.

Semrau, Claudia / Osztovics, Walter / Pesendorfer, David (2000): Der Preis der Gesundheit. In: Format, Nr. 19/2000, S. 44-51.

Siedenburg, Birte (2000): Gesundheit: Dünn, hübsch und potent. In: Focus v. 11.09.2000, S. 262.

Snizek, Birgit (1999): Basic Information: Self-Medication in cooperation with IGEPHA. In: Pharmig (Austrian Association of Pharmaceutical Companies), (Hrsg.): Drugs help reduce the healthcare budget, 1. Edition. Vienna

Stadler, Marinus (1986): Verkaufsförderung. In: Poth, Ludwig von (Hrsg.): Marketing, 2. Auflage, Band 2, Kap. 44. Neuwied, S. 5.

Stinnel, Peter (1998): Brauchen Arzneimittel neue Vertriebswege? In: Absatzwirtschaft (ASW), Heft 2, 1998, S. 18-22.

Striegler, Arndt (1999): Superapotheken auf der grünen Wiese. In: Pharmazeutische Zeitung (PZ), Nr. 40. Eschborn.

Striegler, Arndt (2000): Supermärkte in Konkurrenz zu Boots. In: Pharmazeutische Zeitung (PZ), Nr. 24. Eschborn.

Stummerer, Gerhard (2000): Does the Patient 2000 have the Pharmacy 2000? In: ÖAZ, 54. Jahrgang, Nr. 17 v. 21. August 2000. Wien, S. 812-813.

Tietz, Bruno (1992): Einzelhandelsperspektiven für die Bundesrepublik Deutschland bis zum Jahre 2010. In: Tietz, Bruno (Hrsg.): Dynamik im Handel, Band 1. Frankfurt am Main.

Tietz, Bruno (1993): Der Handelsbetrieb. Saarbrücken.

Tietz, Bruno (1993): Großhandelsperspektiven für die Bundesrepublik Deutschland bis zum Jahre 2010. In: Tietz, Bruno (Hrsg.): Dynamik im Handel, Band 2. Frankfurt am Main.

Tomczak, Torsten (1992): Forschungsmethoden in der Marketingwissenschaft – Ein Plädoyer für den qualitativen Forschungsansatz. In: Marketing Zeitschrift für Forschung und Praxis (ZFP), Heft 2/1992, S. 77-86.

Traxler, Martin (2000): Apothekenleistungen im europäischen Vergleich – Performance sehr gut. In: ÖAZ, 54. Jahrgang, Nr. 22 v. 22.10.2000. Wien, S. 1060-1063.

Traxler, Martin / Koessler, Martin / Oberdorfer, Karin (1999): The Austrian Pharmacy – Facts and Figures. In: ÖAK (Austrian Chamber of Pharmacists), (Hrsg.). Wien.

Traxler, Martin / Koessler, Martin / Oberdorfer, Karin (2001): The Austrian Pharmacy – Facts and Figures. In: ÖAK (Austrian Chamber of Pharmacists), (Hrsg.). Wien.

Trommsdorff, Volker / Bienert, Michael (1995): Handelsforschung. In: Gabler-Wirtschafts-Lexikon. 13., vollständige überarbeitete Auflage. Wiesbaden, S. 1461-1466.

Trommsdorff, Volker / Kube, Christian (1991): Erfolgsfaktor-Strukturen im Filialsystem erforschen und steuern. In: Handelsforschung 1991, Erfolgsfaktoren und Strategien (Hrsg. Trommsdorff, Volker), S. 17-45. Berlin.

Vogel, Mathias (2000): Den Nerv getroffen. In: Lebensmittelzeitung Spezial (Hrsg.): Wellness – Das Geschäft mit dem Körperkult. LZ Spezial 2/2000, S. 64-65.

Vogler, Sabine / Habl, Claudia / Kranvogel-Zellermayer, Edith / Rosian, Ingrid (1998): Arzneimittel – Vertrieb in Europa. Österreichisches Bundesinstitut für Gesundheitswesen (ÖBIG), (Hrsg.). Wien.

Voß, Werner (2000): Praktische Statistik mit SPSS. 2., aktualisierte Auflage. München.

Wähling, Susanne (1996): Krankenversicherung und Arzneimittelmarkt – Ein Simulationsmodell zur Analyse der Regulierungswirkungen. In: Versicherungswissenschaft in Hannover, Matthias Graf von der Schulenburg (Hrsg.). Band 5, Hannoveraner Reihe, Karlsruhe.

Welzel, Robert (2000): Kollege Welzel, der Internet Trainer. In: Österreichischer Apothekerverband (Hrsg.): Marketing & Service, Nr. 2 / Mai 2000. Wien, S. 6.

Wenniger, Walter (1994): Chancen nutzen, Verantwortung übernehmen – Aufgaben für Politik, Industrie und Gesellschaft. In: Verband forschender Arzneimittelhersteller E.V. (VFA): Pharmastandort Deutschland – eine Standortbestimmung. Bonn, S. 40-48.

Wesp, Roswitha (1999): Brückenschlag in Pharmadies. In: Der Handel, Nr. 1/99. S. 22-24.

Wirtz, Klaus (1999): Bericht über die Ergebnisse des Betriebsvergleiches der Apotheken im Jahre 1997. In: Müller-Hagedorn, Lothar (Hrsg.): Mitteilungen des Institutes für Handelsforschung an der Universität zu Köln, Nr. 4 – April 1999, S. 79-81. Köln.

Wölk, Andrea (1991): Erfolgsfaktoren kleiner und mittlerer Unternehmen im Einzelhandel. In: Handelsforschung 1991, Erfolgsfaktoren und Strategien (Hrsg. Trommsdorff, Volker). Berlin, S. 47-63.

Zeidler, Franz (1997): Arzneimittelmarkt. In: Österreichischer Apotheker-Verlag (Hrsg.): Apothekenbetrieb + Arzneimittelverkehr – Pharmazeutische Schriftenreihe. Wien.

Zumbusch, Johannes (1992): Apotheken – Betulicher Alltag. In: Wirtschaftswoche, Nr. 43/16.10.1992. S. 262-263.

Anhang

Apothekerbefragung 2001 - Fragebogen

Österreichischer Apothekerverband
Interessenvertretung der selbständigen Apotheker

Wien, 2. Februar 2001

Betrifft: Dissertation von Dkfm. Andreas Newzella

Sehr geehrte Frau Kollegin!
Sehr geehrter Herr Kollege!

Im Rahmen seines Studiums an der Wirtschafsuniversität Wien bearbeitet Herr Dkfm. Newzella betriebswirtschaftliche Fragen der Apothekenunternehmen. Seine Dissertation untersucht, welch Einflüsse den wirtschaftlichen Erfolg einer Apotheke bestimmen (Erfolgsfaktorenforschung, Benchmarking).

Nach ihrer Approbation wird uns die Dissertation zur Verfügung stehen, weshalb wir sie mit freundlichem Interesse begleiten. Immerhin handelt es sich nach unserem Wissen um die erste Doktorarbeit seit 46 Jahren, die sich mit der wirtschaftlichen Seite der Apotheke als Handelsunternehmen der Nahversorgung befaßt.

Herr Dkfm. Newzella vervollständigt seine wissenschaftliche Arbeit mit den Ergebnissen einer Umfrage unter Apothekern. Der Fragebogen dazu ist zwar recht umfangreich geraten, von unsere Seite besteht jedoch kein Einwand dagegen, wenn Sie ihn ausfüllen und anonym zurücksenden.

Mit freundlichen Grüßen

ÖSTERREICHISCHER APOTHEKERVERBAND
Der Präsident:

(Mag. pharm. Gottfried Bahr)

Leistung ist unser Rezept

A-1094 Wien, Spitalgasse 31, Postfach 49, Tel: 01 404 14-300, Fax: 01 408 62 80
Bankverbindung: Österreichische Apothekerbank (BLZ 44220), Kto.Nr. 9780, E-Mail: Apoverband@aon.at

ABTEILUNG FÜR HANDEL UND MARKETING

LEITER: ORD. UNIV.-PROF. DR. PETER SCHNEDLITZ
Projektleiter: Dipl.-Kfm. Andreas Newzella

Die Wirtschaftsuniversität Wien führt im Rahmen der Dissertation „Der Handel mit Arzneimitteln – Situationsanalyse und Erfolgsfaktorenforschung im Apothekeneinzelhandel" eine anonyme Untersuchung durch, die sich in Teilen an den vom Apothekerverband jährlich durchgeführten Betriebsvergleich (BV) anlehnt. Dazu bitten wir Sie die folgenden Fragen auf der Vorder- und Rückseite zu beantworten. Alle Angaben werden streng vertraulich behandelt.

Bitte verwenden Sie bei der Bewertung im folgenden die Schulnotenskala und kreuzen Sie die Note an, die Ihrer Meinung nach am besten Ihrer Einstellung zu dem jeweiligen Thema entspricht!

Welche Entwicklung wird der Apothekenbereich aus Ihrer Sicht in den nächsten Jahren durchmachen, d.h. welche Themen werden Apotheken in der Zukunft zunehmend beschäftigen?

	Wird in Zukunft EIN Thema sein		....	Wird in Zukunft KEIN Thema sein		Weiß nicht
• Neue Sortimente (Wellness, Kosmetik etc.)	1	2	3	4	5	0
• Liberalisierung der Werbepolitik	1	2	3	4	5	0
• Verkaufsraumgestaltung und Warenpräsentation	1	2	3	4	5	0
• Aufhebung des Substitutionsverbotes	1	2	3	4	5	0
• Übernahme zusätzlicher Dienstleistungsfunktionen	1	2	3	4	5	0
• Generika	1	2	3	4	5	0
• Versandhandel (Internethandel) mit AM	1	2	3	4	5	0
• Fremd- und Mehrbesitz	1	2	3	4	5	0
• Konzessionssystem	1	2	3	4	5	0

Standort

Wieviel Einwohner hat der Ort, in dem Sie Ihre Apotheke führen?

Ort bis unter 30.000 Einwohnern ❑	Ort mit 100.000 bis unter 300.000 Einwohnern ❑
Ort mit 30.000 bis unter 100.000 Einwohnern ❑	Ort mit über 300.000 Einwohnern ❑

☞ **Name des Bundeslandes:**

Burgenland ❑	Tirol ❑	Oberösterreich ❑
Steiermark ❑	Vorarlberg ❑	Niederösterreich ❑
Kärnten ❑	Salzburg ❑	Wien ❑

Wie würden Sie den Standort Ihrer Apotheke bezogen auf die Frequenz- und Wohnlage bezeichnen?

Innenstadt ❑	Stadtrand/Vorstadt ❑	ländliche Lage ❑

☞ **Ihre Apotheke besteht an diesem Standort seit .... Jahren**

Wie hoch ist die tatsächliche oder die kalkulatorischen Miete (bei Eigentum) in Prozent vom Umsatz Ihrer Apotheke?

unter 2 % ❑	4 % bis unter 6 % ❑	8 % bis unter 10 % ❑
2 % bis unter 4 % ❑	6 % bis unter 8 % ❑	10 % und mehr ❑

Im Rahmen der Standortpolitik hört man öfter die These: „Eine Apotheke ohne Ärzte ist wie ein Fisch ohne Wasser". Bitte schätzen Sie, wieviele Ärzte für die Hälfte Ihres Umsatzes mit verschreibungspflichtigen Arzneimitteln verantwortlich sind: ....

Schätzen Sie bitte, wie groß der Anteil der Stammkunden in Ihrer Apotheke ist? ....in %

ABTEILUNG FÜR HANDEL UND MARKETING

LEITER: ORD. UNIV.-PROF. DR. PETER SCHNEDLITZ
Projektleiter: Dipl.-Kfm. Andreas Newzella

Wenn Sie Ihre gesamte Kundschaft (100 %) in Altersklassen einteilen würden, welche Prozentsätze würden Sie den folgenden Altersklassen zuteilen (siehe bitte nächste Seite).

Altersklasse der Kunden Zwischen...	**Prozentualer Anteil der Kunden in der Altersklasse...**	
I. 0 Jahren bis unter 30 Jahren	.............%	**Bitte schätzen Sie, wieviel Prozent Ihrer Kunden Frauen sind:** ....%
II. 30 Jahren bis unter 60 Jahren	.............%	
III. 60 Jahren und älter	.............%	
• Summe	100 %	

Wenn möglich, wäre ich Ihnen dankbar, wenn Sie mir, die auch im BV des Apothekerverbandes angegebenen Kennzahlen Ihrer Apotheke für das Jahr 2000 angeben könnten.

Kundenzahl		Rezeptzahl:	
Betriebsräume in qm		Offizin in qm:	

Personalpolitik

Wir freuen uns, wenn Sie uns nun Fragen zur Personalpolitik Ihrer Apotheke beantworten würden - die Fragestellungen nehmen teilweise Bezug auf den Betriebsvergleich des Apothekerverbandes. Diese sind notwendig um die österreichischen Apotheken nach der Zahl der Mitarbeiter zu klassifizieren.

Wieviele Mitarbeiter beschäftigen Sie in Ihrer Apotheke? ....Mitarbeiter

Wieviele Mitarbeiter sind Teilzeitkräfte? ....Teilzeitkräfte

Wieviele Pharmazeutische Fachkräfte beschäftigen Sie in Ihrer Apotheke? ....(Apothekenleiter, Apotheker, Dispensanten und Aspiranten)

Wieviele Apothekenhilfskräfte (Angestellte und Arbeiter) **beschäftigen Sie in Ihrer Apotheke?** ....(PKA, Lehrlinge, sonst. Angestellte, Apothekenhelfer u.a.)

Sortimentspolitik

Vielfach werden derzeit die Selbstmedikation und die Kosmetik als Wachstumsfelder der öffentlichen Apotheken bezeichnet. Weiters hört man auch immer wieder, daß der Bereich Wellness künftig sowohl im sonstigen Einzelhandel als auch in den Apotheken eine wachsende Bedeutung einnehmen soll. Uns interessiert nun Ihre Meinung, als akademischer Praktiker, wie Sie die Sortimentspolitik Ihrer Apotheke sehen.

Welcher Umsatzanteil kommt in Ihrem derzeitigen Sortiment den folgenden Artikelgruppen zu. Bitte schätzen Sie den Umsatzanteil der Warengruppen in den nächsten 10 Jahren ein (in %).

	Umsatzanteil **heute** (in %)	Umsatzanteil **in 10 Jahren** (in %)
• Krankenkassenumsatz	.............%	.............%
• Privatumsatz von rezeptfreien AM	.............%	.............%
• Privatumsatz von AM im Ergänzungssortiment (z. B. Kosmetik, Diät, Wellness)	.............%	.............%
• Krankenpflegeartikel	.............%	....%

Schätzen Sie bitte, wieviel Artikel Sie durchschnittlich in Ihrer Apotheke vorrätig halten?

0 bis unter 4000 ❑	6000 bis unter 8.000 ❑	10.000 bis unter 12.000 ❑
4000 bis unter 6000 ❑	8.000 bis unter 10.000 ❑	12.000 und mehr ❑

ABTEILUNG FÜR HANDEL UND MARKETING

LEITER: ORD. UNIV.-PROF. DR. PETER SCHNEDLITZ
Projektleiter: Dipl.-Kfm. Andreas Newzella

Welches Apothekenrandsortiment (Ergänzungssortiment) bieten Sie an?

	Biete ich an	Biete ich nicht an
• Apothekeneigene Hausspezialitäten	❑	❑
• Pflaster/Verband/Bandagen und Fuß	❑	❑
• Videos und Bücher zum Thema Gesundheit	❑	❑
• Kosmetik/Gesichtspflege/Hautpflege	❑	❑
• Meßgeräte	❑	❑
• Veterinärpräparate	❑	❑
• Mundhygiene	❑	❑
• Diabetiker- und Diätsortiment	❑	❑
• Sonnenschutzartikel	❑	❑
• Babynahrung	❑	❑
• Teeartikel	❑	❑
• Haarpflege (Shampoo, Deomittel)	❑	❑

Bitte schätzen Sie, wieviel Prozent des Umsatzes Sie mit Ihrem Hauptgroßhändler machen?....................%

Mit wieviel Pharmagroßhändlern arbeiten Sie regelmäßig zusammen? ....(Anzahl d. Großhändler)

Bitte schätzen Sie, wieviel Prozent des Einkaufs machen Sie jährlich mit der Direktbelieferung der Pharmaindustrie? ca..............% pro Jahr!

Wie oft werden Sie pro Woche durchschnittlich von den Pharmareferenten / Außendienstmitarbeitern der Industrie aufgesucht? ca.....................pro Woche!

Servicepolitik

Die Apotheken belegen im Kundenbarometer seit Jahren die vordersten Plätze, wenn es um die Kundenzufriedenheit geht. Im Bereich Dienstleistung sind die Apotheken traditionell stark. Uns würde nun interessieren, welche Service- und Kundendienstleistungen Sie in Ihrer Apotheke anbieten.

Welche zusätzlichen Kundendienstleistung bieten Sie an?

	Biete ich an	Biete ich nicht an .
• Reise- und Impfberatung	❑	❑
• Blutdruckmessungen	❑	❑
• Blutzuckerkontrolle	❑	❑
• Körperfettbestimmung	❑	❑
• Ernährungsberatung	❑	❑
• Rauchentwöhnungsberatung	❑	❑
• Beratung auch am Telefon	❑	❑
• Rücknahme von AM (Entsorgung)	❑	❑
• Sitzgelegenheiten im Geschäft	❑	❑
• Kinderspielecken	❑	❑
• eigene Parkplätze	❑	❑
• Einlösen von Parkscheinen	❑	❑
• Zustelldienst/Hausbelieferung	❑	❑
• Kundenkarten	❑	❑
• Kundenzeitschriften	❑	❑
• Verkauf durch Bankomatcarte (EC)	❑	❑
• Verkauf auf Kreditkarte	❑	❑
• Anschreiben des Rechnungsbetrages	❑	❑

Wieviel Zeit nimmt Ihrer Erfahrung nach im Durchschnitt die Beratung eines Kunden/Patienten ein?
....................Minuten!

ABTEILUNG FÜR HANDEL UND MARKETING

LEITER: ORD. UNIV.-PROF. DR. PETER SCHNEDLITZ
Projektleiter: Dipl.-Kfm. Andreas Newzella

Offizingestaltung und Warenpräsentation

In welchem Jahr wurde das letzte Mal Ihr Verkaufsraum renoviert bzw. neu gestaltet? ....

Wie oft werden Ihre Schaufenster und Displays neu gestaltet bzw. dekoriert?

	wöchentlich	14 tägig	monatlich	6 wöchentlich	quartalsweise
• Schaufensterwerbung	☐	☐	☐	☐	☐
• Displays i. d. Offizin	☐	☐	☐	☐	☐

Nach welchen Prinzipien ist Ihr Verkaufsraum gestaltet bzw. werden Ihre Waren präsentiert?

	Habe ich bereits in meiner Apotheke verwirklicht		Plane ich in meiner Apotheke	
	ja	nein	ja	nein
• Einladender Eingangsbereich	☐	☐	☐	☐
• mehrere Apothekentaren	☐	☐	☐	☐
• Freier Zugang zu den SB-Regalen	☐	☐	☐	☐
• Verkaufs- und Beratungsinseln	☐	☐	☐	☐
• Farbiges Ambiente	☐	☐	☐	☐
• Übersichtliche und einladende Warenpräsentation	☐	☐	☐	☐
• Helligkeit	☐	☐	☐	☐
• Traditionelles und konservatives Interieur	☐	☐	☐	☐

Werbung und Verkaufsförderung

Die Werbemöglichkeiten der Apotheker sind eingeschränkt. Gerne würden wir erfahren, wie Ihre Einstellung zur Werbepolitik in Ihrer Apotheke ist.

Welche der folgenden Werbemittel setzen Sie ein?

	mind. 1x im Monat	mind. 1x pro Quartal	mind. 1x pro Jahr	mind. alle 2 Jahre und mehr	nie
• Anzeigen in Druckschriften (Telefonbüchern, örtlichen Anzeigenblättern, etc.)	☐	☐	☐	☐	☐
• Werbung auf Hinweistafeln	☐	☐	☐	☐	☐
• Eigene Kundenzeitschriften	☐	☐	☐	☐	☐

Wie hoch sind in etwa Ihre Ausgaben für Werbung in Prozent vom Umsatz?

0 bis unter 1 %	☐	3 % bis unter 5 %	☐	7 % bis unter 9 %	☐
1 % bis unter 3 %	☐	5 % bis unter 7 %	☐	9 % und mehr	☐

Wie intensiv nutzen Sie die folgenden Instrumente der Verkaufsförderung? Bitte verwenden Sie die Schulnotenskala!

	viel...		....		gar nicht...
• Schaufensterwerbung	1	2	3	4	5
• Verkaufsschulungen der Mitarbeiter	1	2	3	4	5
• Preisausschreiben	1	2	3	4	5
• Gutscheine (z.B. Einkaufsgutscheine zu Weihnachten)	1	2	3	4	5
• Warenaktionen nach bestimmte Themen	1	2	3	4	5
• Warenaktionen zu bestimmten Jahreszeiten	1	2	3	4	5
• Flugblattaktionen	1	2	3	4	5
• Kundenkarten	1	2	3	4	5

ABTEILUNG FÜR HANDEL UND MARKETING

LEITER: ORD. UNIV.-PROF. DR. PETER SCHNEDLITZ
Projektleiter: Dipl.-Kfm. Andreas Newzella

Unter der Voraussetzung, daß Sie Kundenkarten ausgeben, würde es uns interessieren, wieviele Karten Sie bisher circa verteilt haben? ....Karten habe ich bisher an meine Kunden verteilt!

Welche imageorientierten Aktionen der Verkaufsförderung (PR) werden bei Ihnen eingesetzt?

	Führe ich durch	**Plane ich** durchzuführen	Erachte ich als **nicht sinnvoll**
• Kontaktveranstaltungen, wie Tag der offenen Tür	❑	❑	❑
• Sponsoring von Veranstaltungen	❑	❑	❑
• Glückwunschdienst zu Geburtstagen	❑	❑	❑
• Förderung von Vereinen oder Verbänden	❑	❑	❑
• Veröffentlichungen in der Tagespresse	❑	❑	❑
• Home Page Ihrer Apotheke (Internet Auftritt)	❑	❑	❑
• Kundenabende (z.B. Vorträge in Altenheimen)	❑	❑	❑

Versuchen Sie bestimmte Gruppen in der Bevölkerung im Rahmen Ihrer Werbung gezielt anzusprechen? Wenn ja, welche? Bitte verwenden Sie wieder die Schulnotenskala!

	Werden von mir gezielt beworben		....	Werden von mir nicht beworben	
• Ältere Menschen und Pensionisten	1	2	3	4	5
• Berufstätige	1	2	3	4	5
• Kinder	1	2	3	4	5
• Frauen	1	2	3	4	5
• Männer	1	2	3	4	5

Statistische Angaben

Nun würden wir Sie gerne noch um einige Angaben zu Ihrer Person bitten:

a) ☞ Geschlecht: männlich ❑ oder weiblich ❑

b) ☞ Sie sind Pächter ❑ Konzessionär (Mit-)Eigentümer ❑ angestellter Leiter ❑

c) ☞ Sie sind Apotheker seit ....Jahren!

d) ☞ Sie haben ein Lebensalter von ....Jahren!

Abschließend möchten wir Sie bitten uns Ihren ungefähren Umsatz zu nennen, den Sie jährlich gemeinsam mit Ihren Mitarbeitern erwirtschaften, auch diese Einteilung lehnt sich an den BV des Apothekerverbandes an.

Uns ist bewußt, daß dies eine sehr sensible Frage ist, die auch in jedem Fall vertraulich behandelt wird. Im Rahmen der Erfolgsfaktorenforschung ist diese Angabe aber von entscheidender Bedeutung für die Auswertung der von Ihnen freundlicherweise gemachten Angaben in diesem Fragebogen. Weiters möchten wir Ihnen explizit versichern, daß es für uns unmöglich ist die einzelnen Fragebögen mit Ihnen und Ihrer Apotheke zu identifizieren.

0 bis 1.1 Mio. € ❑	1.1 bis unter 1.8 Mio. € ❑	1.8 Mio. € und mehr ❑

Die ausgewerteten Ergebnisse der gesamten Befragung fließen als ganzes in meine Dissertation ein und diese wird, nach Annahme derselben durch die zuständigen Professoren, veröffentlicht werden. Zeitlich versetzt werden wir Sie auch auf die Veröffentlichung der gesamten Dissertation noch einmal gesondert hinweisen.

ABTEILUNG FÜR HANDEL UND MARKETING

LEITER: ORD. UNIV.-PROF. DR. PETER SCHNEDLITZ
Projektleiter: Dipl.-Kfm. Andreas Newzella

Vielen Dank für Ihren Einsatz und Ihre Zeit, Sie haben uns und mir sehr geholfen!

evtl. Rückfragen bitte an:

Andreas Newzella

Tel. 0676 / 55 69 201
Fax. 01 / 47 84 608
E-Mail andreas.newzella@newzella.com

Severin Schreibergasse 29-32/1/2/6
A-1180 Wien

Kolibri 360 GmbH
Ferdinand-Jühlke-Straße 7
99095 Erfurt, Deutschland
produktsicherheit@kolibri360.de

Druck:
CPI Druckdienstleistungen GmbH
im Auftrag der
Kolibri 360 GmbH
Ferdinand-Jühlke-Str. 7
99095 Erfurt